Carpe diem!

Das neue Lexikon der lateinischen Zitate

Mit Stichwortregister neu herausgegeben von Lukas Moritz

Anaconda

Die Deutsche Bibliothek verzeichnet diese Publikation in der
Deutschen Nationalbibliografie; detaillierte bibliografische Daten sind
im Internet unter http://dnb.d-nb.de abrufbar.

Umschlagmotiv: »Eine junge Frau trägt einen Opfergabenteller« (Ausschnitt),
Römisches Fresko, Villa dei Misteri / Photo: akg-images
Umschlaggestaltung: Druckfrei. Dagmar Herrmann, Köln
Satz und Layout: GEM mbH, Ratingen
Printed in Czech Republic 2008
ISBN 978-3-86647-264-8
info@anaconda-verlag.de

Vorwort

Latein war die Sprache des Römischen Reiches. Auch nach seinem Zerfall lebte die lateinische Sprache weiter und war bis weit in die Neuzeit die Sprache der Universitäten und Gebildeten. Noch heute wird sie als Fremdsprache an Gymnasien unterrichtet. Juristen, Theologen, Mediziner, Biologen und Sprachwissenschaftler können auf Grundkenntnisse des Lateinischen nicht verzichten.

Aber auch jeder, der die klassischen Werke der Literatur und Philosophie liest, stößt immer wieder auf Begriffe und Redewendungen, die den Klassikern der römischen Literatur und der Gelehrten des Mittelalters entnommen sind. Die Texte Montaignes, Schopenhauers und vieler anderer kann man ohne die Übersetzung lateinischer Zitate nur schwer verstehen. Inschriften in Kirchen und auf anderen Bauwerken und Denkmälern sind in lateinischer Sprache verfasst.

Dieses Lexikon versammelt die wichtigsten und verbreitesten Zitate, Begriffe und Redewendungen in alphabetischer Reihenfolge. Die meisten Zitate wurden stilistisch überarbeitet und neu übertragen.

Wichtig bei der Auswahl war, dass ein Zitat oder Begriff auch heute verständlich oder noch in Gebrauch ist. Auch wenn elektronische Medien einen größeren Umfang an Zitaten bieten, hat ein Buch doch den Vorteil, stets zur Hand und ohne technische Hilfsmittel nutzbar zu sein.

Sprache lebt und verändert sich ständig, wird durch fremde Einflüsse bereichert und verfremdet. Die Kenntnis der lateinischen Begriffe, Redewendungen und Zitate erinnert daran, wie stark und nachhaltig das Denken im Abendland von der Sprache und dem Geist des römischen Reiches geprägt wurde.

Der Herausgeber

A

1 a. a. (ad acta)
zu den Akten

2 A bonis bona disce.
Von Guten Gutes lernen.
Erasmus, Adagia

3 A bove maiore discat arare minor.
Vom größeren Ochsen lernt der kleinere das Pflügen.
Anonymus Neveleti

4 a. c. (anni currentis)
im laufenden Jahr, unter der Bedingung

5 A cane non magno saepe tenetur aper.
Ein kleiner Hund kann oft einen Eber aufhalten.
Ovid, Remedia amoris 422

6 a capite
vom Ursprung her
Cicero, De legibus 1.18

7 A capite bona valetudo.
Die Gesundheit fängt im Kopf an.
Seneca, De clementia 2.2,1

8 A casu describe diem, non solis ab ortu.
Beim Untergang bewerte den Tag, nicht beim Aufgang der Sonne.
Walther, Proverbia sententiaeque 7

a. Chr. n. (ante Christum natum) 9
vor Christi Geburt

A cibo bis cocto, a medico indocto, 10
a mala muliere libera nos, Domine.
Vor aufgewärmtem Essen, einem unfähigen Arzt, einem bösen Weib erlöse uns, o Herr.
Walther, Proverbia sententiaeque 34288

A! crudele genus nec fidum femina 11
nomen! / a! pereat, didicit fallere siqua virum!
O welch grausames Geschlecht, Untreue ist dein Name, Weib! O verwünscht sei die, die ihren Mann zu hintergehen gelernt hat!
Tibull (Lygdamus), Elegiae 3.4,61–62

a. D. / A. D. (anno Domini) 12
im Jahr des Herrn (d. h. nach Christi Geburt)

A dis immortalibus sunt nobis agendi 13
capienda primordia.
Was wir beginnen, muss alles bei den Unsterblichen seinen Anfang nehmen.
Cicero, De legibus 2.7

A ducenda autem uxore sic abhorret, 14
ut libero lectulo neget esse quicquam iucundius.
Eine Wiederverheiratung erschreckt ihn so sehr, dass er meint, es gebe nichts Besseres als ein leeres Bett.
Cicero, Ad Atticum 14.13,5

15 a falsis vera diiudicare
vom Falschen das Wahre unterscheiden
Seneca, De vita beata 2,2

16 A feminis utcumque spoliari viros, / ament, amentur, nempe exemplis discimus.
Wir wissen aus Erfahrung, dass Frauen, ob sie lieben oder geliebt werden, die Männer nach Kräften ausrauben.
Phaedrus, Liber fabularum 2.2,12

17 A forma removeatur omnis viro non dignus ornatus.
Von unserem Äußeren soll jeder eines Mannes nicht würdige Schmuck fern gehalten werden.
Cicero, De officiis 1.130

18 a fronte praecipitium, a tergo lupi
Vorne ist ein Abgrund, hinten lauern Wölfe.
Erasmus, Adagia 2394

19 A fructibus eorum cognoscetis eos.
An ihren Früchten werdet ihr sie erkennen.
Vulgata, Evangelium secundum Matthaeum 7,16

20 A Iove Musarum primordia.
Bei Jupiter ist der Anfang der Musen.
Aratos bei Cicero, De legibus 2.7

21 A Iove percussus non leve vulnus habet.
Wer von Jupiter geschlagen wurde, der hat keine leichte Wunde.
Ovid, Epistulae ex Ponto 1.7,50

A iure nemo recedere praesumitur. 22
Von niemand wird erwartet, dass er auf sein Recht verzichtet.

A lasso rixa quaeritur. 23
Wer ermüdet ist, sucht Streit.
Seneca, De ira 3.9,5

a latere 24
auf der Seite, zur Seite
Cicero, In Verrem 2.5,98

a limine 25
von der Schwelle (d. h. von vornherein, ungeprüft)
Catull, Carmina 68,4

a linea incipere 26
am Anfang anfangen
Erasmus, Adagia 557

a lineis excidere 27
vom Weg abkommen
Tertullian, Adversus Hermogenem 39

a. m. (ante meridiem) 28
vor dem Mittag
Cicero, De oratore 3.17

A magnitudine enim et pulchritudine 29
creaturarum cognoscibiliter potest creator horum videri.
An der Größe und Schönheit der Kreaturen erkennt man ihren Schöpfer.
Vulgata, Liber Sapientiae 13,5

30 a maiori ad minus
vom Größeren zum Kleineren (schließen)
Servius, Commentarius in Vergilii Aeneidem 7,142

31 A malis hominibus tutissimum est cito effugere.
Bösen Menschen geht man am besten aus dem Weg.
Pseudo-Seneca, Liber de moribus 134

32 A mari usque ad mare.
Von Meer zu Meer.
Wahlspruch im Staatswappen von Kanada

33 a maximis ad minima
vom Größten zum Kleinsten

34 a minori ad maius
vom Kleineren zum Größeren (schließen)
Victorinus, De arte grammatica

35 a mortuo tributum exigere
von einem Toten Steuern fordern
Erasmus, Adagia 812 (nach Aristoteles)

36 A muliere initium factum est peccati, et per illam omnes morimur.
Die Sünde begann mit einer Frau, und deshalb müssen wir alle sterben.
Vulgata, Liber Ecclesiasticus 25,33

A natura non deerrare et ad illius legem exemplumque formari sapientia est. 37
Von der Natur nicht abzuirren und sich nach ihrem Beispiel zu halten ist Weisheit.
Seneca, De vita beata 3,3

A! nimium est, quod, amice, petis: moderatius opta. 38
Es ist zu viel was du begehrst, Freund: bleibe angemessen.
Ovid, Epistulae ex Ponto 1.8,71

a. p. (anni praeteriti) 39
im letzten Jahr
Cassiodor, Variae 12.25,4

A pereat, si quis lentus amare potest! 40
Zum Henker mit dem, der bei der Liebe zögern kann.
Properz, Elegiae 1.6,12

A posse ad actum non valet consecutio. 41
Vom Können auf die Tat zu schließen ist nicht zulässig.

a posteriori 42
vom Späteren her (d. h. nachträglich)

a potiori 43
vom Stärkeren her (d. h. wegen der Überzahl)

a prima aetate 44
vom ersten Alter an
Cicero, Pro Plancio 52

45 a principio ad principiatum
vom Prinzip zum Prinzipiellen

46 A principio ordiamur!
Mit dem Prinzip anfangen!
Cicero, Orationes Philippicae 2,44

47 a priori
von vornherein (d. h. unabhängig von der Erfahrung)

48 a proposito aberrare
vom Thema abweichen
Cicero, De finibus bonorum et malorum 5.83

49 a re publica recedere
sich aus dem öffentlichen Leben zurückziehen
Cicero, De officiis 1.71

50 a solis ortu usque ad occasum
vom Aufgang der Sonne bis zu ihrem Niedergang
Vulgata, Psalm 50,1

51 A studiis venter nimium distentus abhorret.
Ein voller Bauch studiert nicht gern.
Walther, Proverbia sententiaeque 98

52 A te quaeratur medium, nimium fugiatur!
Die Mitte suchen und nicht übertreiben!
Walther, Proverbia sententiaeque 104

a tergo 53
im Rücken, von hinten
Cicero, Pro Milone 29

A tristitia enim festinat mors, et tristitia cordis flectit virtutem. 54
Vom Trauern kommt schneller der Tod, und die Traurigkeit des Herzens lähmt die Kraft.
Vulgata, Liber Ecclesiasticus 38,19

a verbis ad verbera 55
von Worten zu Schlägen
Corpus Iuris Civilis, Digesta 32.69 pr.

A verbis legis non est recedendum. 56
Vom Wort des Gesetzes darf man nicht abweichen.
Corpus Iuris Civilis, Digesta 32.69 pr.

A vicinis exemplum habent. 57
An den Nachbarn haben sie sich ein Beispiel genommen.
Erasmus, Adagia 3163

Ab alio exspectes, alteri quod feceris. 58
Erwarte vom anderen, was du ihm selbst auch getan hast.
Publilius Syrus, Sententiae 2

Ab amante lacrimis redimas iracundiam. 59
Mit Tränen stillt man den Zorn der Liebsten.
Publilius Syrus, Sententiae 19

60 Ab amico reconciliato cave!
Hab acht bei einem wieder versöhnten Freund.
Vulgata, Liber Ecclesiasticus 12,11

61 ab antiquo
seit altersher

62 ab asinis ad boves transcendere
von den Eseln an die Stiere geraten
Plautus, Aulularia 235

63 Ab homine homini cotidianum periculum; adversus hoc te expedi, hoc intentis oculis intuere: nullum est malum frequentius, nullum pertinacius, nullum blandius.
Vom Menschen droht dem Menschen jeden Tag Gefahr; davor schütze dich, das verfolge aufmerksam: kein Übel ist häufiger, keines härter, keines drohender.
Seneca, Epistulae morales 103,1

64 ab imo pectore
aus tiefstem Herzen
Lukrez, De rerum natura 3.57

65 ab incunabulis
von der Wiege an, von klein auf
Livius, Ab urbe condita 4.36,5

66 ab initio
von Anfang an
Livius, Ab urbe condita 1.2,3

Ab initio nullum semper nullum. 67
Was am Anfang nichts galt, bleibt nichtig.
Corpus Iuris Civilis, Digesta 50.17,29

Ab inquieto saepe simulatur quies. 68
Wer unruhig ist, täuscht oft Ruhe vor.
Seneca, Oedipus 684

Ab Iove principium. 69
Den Anfang mit Jupiter machen.
Vergil, Bucolica 3,60

ab irato 70
im Zorn

ab officio 71
von Amts wegen

ab ovo usque ad mala 72
vom Ei bis zu den Äpfeln (d. h. von der Vorspeise bis zum Nachtisch, von Anfang bis Ende)
Horaz, Sermones 1.3,5–6

Ab universale ad particulare valet, a particulari ad universale non valet consequentia. 73
Die Schlussfolgerung vom Allgemeinen aufs Besondere gilt, vom Besonderen kann man aber nicht auf das Allgemeine schließen.

Ab utroque enim notitia paritur, a cognoscente et cognito. 74
Beide sind an der Erkenntnis beteiligt, der Erkennende und das, was er erkennt.
Augustinus, De trinitate 9,18

75 Ab utroque parte dolus compensandus.
Misstrauen auf beiden Seiten gleicht sich aus.
Corpus Iuris Civilis, Digesta 2.10,3,3 (Iulianus)

76 Abducet praedam, qui occurrit prior.
Die Beute nimmt, wer zuerst da ist.
Plautus, Pseudolus

77 Abeunt studia in mores.
Studien verbessern die Sitten.
Ovid, Heroides 15,83

78 Abiit, non obiit.
Er ist gegangen, nicht verschwunden.
Grabschrift

79 Ablue peccata, non solum faciem.
Wasch die Sünden ab, nicht nur das Antlitz.
Inschrift am Taufbecken der Hagia Sophia

80 abrupte cadere in narrationem
unvermittelt in eine Erzählung hineinfallen
Quintilian, Institutio oratoria 4.1,79

81 Absens absentis curator esse nequit.
Ein Abwesender kann nicht Bevollmächtigter eines Abwesenden sein.
Rechtsregel

82 Absens heres non erit.
Die Abwesenden können nicht erben.
Walther, Proverbia sententiaeque 34367

absente reo 83
in Abwesenheit des Angeklagten

Absentem laedit, cum ebrio qui litigat. 84
Wer mit einem Trunkenen zankt, greift einen Abwesenden an.
Publilius Syrus, Sententiae 12

Absentum causas contra maledicta tuere! 85
Schütze die Abwesenden gegen Verleumdungen.
Monosticha Catonis 78

Absint inani funere neniae, / luctusque turpes et querimoniae; / compesce clamorem ac sepulcri / mitte supervacuos honores. 86
Am offenen Grab soll es keine Klagen geben, kein bösartiges Trauern und Klagen; unterdrück das Jammern und lass am Grab unnütze Lobreden.
Horaz, Carmina 2.20,21–24

Absit invidia verbo. 87
Ohne Missgunst sprechen.
Livius, Ab urbe condita 9.19,15

Absit superbia, asperitas! 88
Ohne Überheblichkeit und Grobheit!
Plinius, Epistulae 8.24,5

Absoluta sententia expositore non indiget. 89
Klare Worte bedürfen keiner Auslegung.
Corpus Iuris Civilis, Digesta 32.1,25,1

90 Absolutus de certo crimine amplius accusari non potest.
Wer von einem Verbrechen freigesprochen ist, kann dafür nicht noch einmal angeklagt werden.
Rechtsregel

91 Absolvo.
Ich erteile Absolution.
Cicero, Pro Milone 15

92 Absque labore gravi non possunt magna parari.
Ohne schwere Arbeit wird nichts Großes geschaffen.
Walther, Proverbia sententiaeque 197

93 Absque malo pravum potuit devincere nullus.
Ohne Bosheit kann niemand das Böse besiegen.
Walther, Proverbia sententiaeque 34375

94 Absque modo tractus saepissime frangitur arcus.
Allzu stark gespannt zerbricht der Bogen leicht.
Wipo, Proverbia

95 Abstulerat vires corporis ipse timor.
Die Furcht lähmt die Kraft des Körpers.
Ovid, Fasti 6.442

96 Abundans cautela non nocet.
Übertriebene Vorsicht ist nicht von Nachteil.
Corpus Iuris Civilis, Codex Iustinianus 6.23,17

Abunde est. 97
Das ist genug.
Celsus, De medicina 1.3

Abusus non tollit usum. 98
Missbrauch spricht nicht gegen den Gebrauch.
Cicero, Topica 17

Abusus optimi pessimus. 99
Der Missbrauch des Besten ist das Schlimmste.
Schopenhauer (nach Gregorius Magnus, Moralia in Iob)

ac ne multa 100
ohne Umschweife
Cicero, De re publica 6.12

Accedas socius, laudes, lauderis ut absens. 101
Sei Genosse und lobe, damit man dich wieder lobt, wenn du nicht da bist.
Horaz, Sermones 2.5,72

Accedo. 102
Ich stimme zu.
Seneca, Epistulae morales 48,4

Accepi enim non minus interdum oratorium esse tacere quam dicere. 103
Ich habe erkannt, dass Schweigen manchmal mehr sagt als Reden.
Plinius, Epistulae 7.6,7

104 Accepti numquam, cito dati obliviscere.
Vergiss nicht, was du bekommen, schnell, was du gegeben hast.
Publilius Syrus, Sententiae A188

105 Acceptum officium memora atque extolle! Sed abs te / collatum extenua et potius sine praedicet alter.
Behalte eine gute Tat im Gedächtnis und lobe sie! Was du selbst geleistet hast, achte gering und lass es die Anderen loben.
Muretus, Institutio puerilis 79–80

106 Accessit huic patellae dignum operculum.
Diese Schale hat den richtigen Deckel.
Hieronymus, Epistulae 7,5

107 Accessorium naturam sequi congruit principalis.
Die Zutat fügt sich der Hauptsache.
Liber Sextus Decretalium, Regulae iuris 42

108 Accidit in puncto, quod non speratur in anno.
Manchmal passiert etwas plötzlich, was man in einem Jahr nicht erwartet hatte.
Walther, Proverbia sententiaeque 242; Wahlspruch Ferdinands I.

109 Accipe quam primum: brevis est occasio lucri.
Greif sofort zu: kurz ist die Gelegenheit, einen Vorteil zu erhaschen.
Matial, Epigrammata 8.9,3

Accipere quam facere praestat 110
iniuriam.
Besser Unrecht erleiden als zuzufügen.
Cicero, Tusculanae disputationes 5.56

Accipite, comedite: hoc es corpus 111
meum.
Nehmt hin und esst, das ist mein Leib.
Vulgata, Evangelium secundum Matthaeum 26,26

accipitri timidas columbas credere 112
dem Falken die Tauben anvertrauen
Ovid, Ars amatoria 2.363

Accusare nemo se debet nisi coram 113
Deo.
Keiner muss sich selbst anklagen, es sei denn vor Gott.
Rechtsregel

Acer et ad palmae per se cursurus 114
honores, / si tamen horteris, fortius ibit equus.
Ein hitziges Pferd, das gewinnen will, wird noch stürmischer rennen, wenn man es anspornt.
Ovid, Epistulae ex Ponto 2.11,21–22

Acerbarum facetiarum apud 115
praepotentes in longum memoria est.
Für bösartige Witze haben Machthaber ein langes Gedächtnis.
Tacitus, Annales 5.2,2

116 Acerrima virtus est, quam ultima necessitas extundit.
Die Tapferkeit ist am größten, die aus größter Bedrängnis entspringt.
Seneca, De clementia 1.12,5

117 Acrior est cupiditas ignota cognoscendi quam nota repetendi.
Das Begehren, Unbekanntes kennen zu lernen, ist größer als der, Bekanntes wieder zu sehen.
Seneca maior, Controversiae 4.pr.1

118 Acrius appetimus nova, quam iam parta tenemus.
Wir sind mit mehr Eifer dabei, Neues zu gewinnen als das schon Erworbene zu erhalten.
Monosticha Catonis 33

119 Acrius invitos multoque ferocius urget, / quam qui servitium ferre fatentur, Amor.
Stärker und ungestümer bedrängt Amor die Widerstrebenden als die, die sich ihm fügen.
Ovid, Amores 1.2,17–18

120 Acta deos numquam mortalia fallunt.
Die Götter lassen sich von den Taten der Sterblichen nicht täuschen.
Ovid, Tristia 1.2,97

121 Acta exteriora indicant interiora secreta.
Äußere Zeichen verraten das im Inneren Verborgene.
Rechtsregel

Acta Sanctorum 122
Die Taten der Heiligen
Kirchenlatein

actam rem agere 123
etwas Getanes tun
Plautus, Cistellaria 702

Actio autem nihil aliud est quam ius persequendi iudicio, quod sibi debetur. 124
Eine Klage ist das Recht, gerichtlich einzufordern, was einem zusteht.
Corpus Iuris Civilis, Institutiones 4.6 pr.

Actio est reactio. 125
Wirkung ist gleich Gegenwirkung.
Newton (1643–1727)

Actio nulla est contra eum, cum quo nihil negotii gestum. 126
Gegen jemand, mit dem man kein Geschäft gemacht hat, kann man auch keinen Anspruch erheben.
Rechtsregel

Actiones heredi et in heredem competunt. 127
Rechtsansprüche werden auf den Erben und gegen den Erben übertragen.
Corpus Iuris Civilis, Digesta 5.6,3,2 (Ulpianus)

128 Actiones transeunt ad heredes et in heredes.
Rechtsansprüche gehen sowohl auf die Erben als auch gegen die Erben über.
Corpus Iuris Civilis, Institutiones 4.12

129 Actore non probante reus absolvitur.
Wenn der Kläger keine Beweise bringt, wird der Angeklagte freigesprochen.
Corpus Iuris Civilis, Codex Iustinianus

130 Actum est de rebus humanis, si sola servatur utilitatum fides.
Die Sache der Menschlichkeit ist vorbei, wenn allein dem Nutzen gedient wird.
Pseudo-Quintilian, Declamationes maiores 16,7

131 Actum ut supra.
Geschehen wie oben vermerkt. (Schlussformel in Protokollen)

132 actus contrarius
entgegengesetzter Rechtsakt (zur Aufhebung eines Vertrags)

133 actus fidei
Glaubensakt; Urteil der Inquisition
Kirchenlatein

134 Actus me invito non est meus actus.
Ein Vertrag gegen meinen Willen ist nicht mein Vertrag.
Rechtsregel

Actus non facit reum, nisi mens sit rea. 135
Die Tat macht niemand zum Schuldigen, wenn seine Absicht nicht schuldig ist.
Rechtsregel

Actus omissa forma legis corruit. 136
Ein Vertrag ohne Rechtsform ist nicht gültig.
Rechtsregel

Actutum fortunae solent mutari, 137
varia vita est.
Das Schicksal wechselt wie sich das Leben verändert.

Acu rem tetigisti. 138
Du hast die Angelegenheit mit der Nadelspitze berührt.
Plautus, Rudens 1306

Acuit ingenium vinum moderamine 139
sumptum; / absque modo sumptum perdit cum robore sensum.
In Maßen genossen stärkt der Wein den Geist; ohne genossen lähmt er mit der Kraft auch den Sinn.
Walther, Proverbia sententiaeque 320

acutas manus habere 140
spitze Finger haben
Apuleius, Metamorphoses 5.30,1

ad absurdum 141
unsinnig
Cicero, Tusculanae disputationes 1.61

142 ad acta (a. a.)
zu den Akten

143 ad amussim
nach der Richtschnur
Gellius, Noctes Atticae 20.1,34

144 ad arbitrium
nach freiem Ermessen
Cicero passim

145 ad arma
zu den Waffen
Livius, Ab urbe condita 9.24,9

146 Ad astra per aspera.
Zu den Sternen auf steinigem Weg.
Seneca, Hercules furens 437

147 Ad auctorem redit / sceleris coacti culpa.
Eine erpresste Schuld Vergehens fällt auf den Urheber zurück.
Seneca, Troades 870–871

148 ad audiendum verbum
zum mündlichen Vortrag

149 ad bestias
zu den Bestien
Corpus Iuris Civilis, Digesta 28.1,8,4 (Gaius)

Ad calamitatem quilibet rumor valet. 150
Zum Unglückl reicht ein Gerücht.
Publilius Syrus, Sententiae 17

ad calcem pervenire 151
ans Ziel gelangen
Cicero, Laelius de amicitia 101

ad civitatis vitam reductus 152
ins bürgerliche Leben zurückgekehrt
Seneca, Epistulae morales 108,15

Ad conectendas amicitias vel tenacissimum vinculum morum similitudo. 153
Die Ähnlichkeit der Charaktere ist das beste Band der Freundschaft.
Plinius, Epistulae 4.15,2

ad deliberandum 154
zur Überlegung
Caesar, De bello Gallico 1.7,6

ad dies vitae 155
auf Lebenszeit

Ad discendum, quod opus est, 156
nulla mihi aetas sera videri potest.
Um zu lernen, was nötig ist,
kann mir kein Alter zu alt erscheinen.
Augustinus, Epistulae 166,1

157 Ad ea potius debet aptari ius, quae et frequenter et facile quam quae perraro eveniunt.
Das Recht muss eher nach den Fällen gesprochen werden, die häufig, als nach denen, die selten vorkommen.
Corpus Iuris Civilis, Digesta 1.3,5 (Celsus)

158 Ad emendationem sui unusquisque nostrum debet habere aut valde amicum aut valde inimicum.
Um sich zu bessern braucht man entweder einen guten Freund oder einen harten Feind.
Diogenes bei Caecilius Balbus, Sententiae (W) 5,2

159 ad eundem gradum
im gleichen Grad
Fragmenta Vaticana 217

160 ad eundem lapidem bis offendere
wiederholt an denselben Stein stoßen
Ausonius, Epistulae 11

161 Ad exhibendum possunt agere omnes, quorum interest.
Auf Aushändigung können alle klagen, der ein Interesse daran haben.
Corpus Iuris Civilis, Digesta 10.4,19 (Paulus)

162 ad experimentum
versuchsweise
Augustinus, De civitate Dei 10.32

ad extremum 163
zuletzt
Cicero, Ad Quintum fratrem 1.1,46

ad fontes 164
zu den Quellen
Vulgata, Liber Isaiae 49,10

Ad fora dum veniunt stulti, mercator ab illis / extorquet multum fenoris atque lucri. 165
Wenn Narren auf den Markt kommen, macht der Händler mit ihnen viel Geld und Gewinn.
Walther, Proverbia sententiaeque 361

ad frugem bonam se recipere 166
sich eines Besseren besinnen
Cicero, Pro Caelio 28

ad futuram memoriam 167
zu künftigem Gedenken
Cicero, Pro Sestio 129

Ad gloriam nihil maius patientia. 168
Für den Ruhm ist nichts wichtiger als Geduld.
Cyprianus, De bono patientiae 1

ad hoc 169
jetzt, spontan
Sallust, De coniuratione Catilinae 17,4

170 Ad hoc anima est coniuncta corpori, ut feneretur scientias et virtutes.
Deshalb hat der Körper eine Seele, dass sie Wissen und Kraft gewinnt.
Auctoritates, Platon, Timaeus 13

171 ad hominem
menschlich

172 Ad honesta vadenti contemnendus est ipse contemptus.
Wer gute Sitten will, muss die Verachtung verachten.
Seneca, Epistulae morales 76,4

173 ad honorem
ehrenhalber
Cicero, In Verrem 2.2,157

174 Ad id, quod, ne timeatur, fortuna facit, minime tuti sunt homines.
Die Menschen sind am wenigsten sicher vor dem, was vom Schicksal nicht droht.
Livius, Ab urbe condita 25.38,14

175 Ad impossibile nemo tenetur.
Unmögliches wird von niemand verlangt.
Codex Iuris Civilis, Digesta 50.17,185 (Celsus)

176 Ad inceptum redeo.
Auf mein Vorhaben zurückkommend.
Sallust, Bellum Iugurthinum 4,9

ad indefinitum 177
auf unbestimmt

ad infinitum (usque) 178
unendlich
Quintilian, Institutio oratoria 11.2,41

ad instar 179
ebenso wie
Justinus, Epitoma historiarum Philippicarum 36,3

ad interim 180
einstweilen (d. h. vorläufig)

ad latus 181
zur Seite gestellt
Cicero, In Verrem 2.5,107

ad libitum 182
nach Belieben
Cassiodor, Variae 3.17,4

ad litem 183
zum Prozess
Corpus Iuris Civilis, Codex Iustinianus 2.58,6

ad litteram 184
wörtlich
Cicero, De oratore 2.249

ad locum 185
zur Stelle
Livius, Ab urbe condita 27.27,2

186 Ad lucrum plures multo sunt quam ad honores.
Auf Vorteil sind viel mehr aus als auf Ehren.
Walther, Proverbia sententiaeque 381

187 Ad magna gaudia perveniri non potest nisi per magnos labores.
Große Freude kann man nur über große Mühe erreichen.
Beda Venerabilis, Proverbia

188 Ad maiorem Dei gloriam
Zum größeren Ruhm Gottes
Gregorius Magnus, Dialogi 1.2,6
(Wahlspruch des Jesuitenordens)

189 ad maiorem rei memoriam
zur besseren Erinnerung
Gregorius Magnus, Dialogi 1.2,6

190 Ad manum est, quod sat est.
Was zur Hand ist, das ist genug.
Seneca, Epistulae morales 4,11

191 ad manus medici
zur Hand des Arztes

192 ad manus proprias
zu eigenen Händen

193 ad marginem
an den Rand (Anmerkungen zu Schriftstücken)
Vergil Maro grammaticus, Epistulae 5

Ad medicam dubius confugit aeger opem. 194
Wer wirklich krank ist, sucht ärztliche Hilfe.
Ovid, Epistulae ex Ponto 3.4,8

ad modum 195
nach Art und Weise
Quintilian, Institutio oratoria 11.3,120

Ad mores et opiniones audientium prudens vocem formabit. 196
Wer klug ist, passt seine Worte den Sitten und Ansichten seiner Zuhörer an.
Sententiae Varronis 105

Ad mortem sic vita fluit velut ad mare flumen. / Vivere nam res est dulcis, amara mori. 197
Das Leben fließt zum Tod wie der Fluss zum Meer. Das Leben ist süß, das Sterben bitter.
Owen, Epigrammata 1.32

ad multos annos 198
auf viele Jahre

ad nauseam (usque) 199
bis zur Seekrankheit (d. h. bis zum Erbrechen)
Salvianus, Ad ecclesiam 3,4

Ad neminem ante bona mens venit quam mala. 200
Eine schlechte Gesinnung merkt man eher als die gute.
Seneca, Epistulae morales 50,7

201 ad notam
zur Kenntnis

202 Ad nova homines concurrunt, ad nota non veniunt.
Neuigkeiten locken die Menschen an, Bekanntes nicht.
Seneca maior, Controversiae 4.pr.1

203 Ad nummum convenit.
Es stimmt genau.
Cicero, Ad Atticum 5.21,12

204 ad oculos
vor Augen führen
Cicero, Partitiones oratoriae 20

205 ad omnes casus
für alle Fälle
Caesar, De bello Gallico 4.31,2

206 Ad omnia alia aetate sapimus rectius, / solum unum hoc vitium affert senectus hominibus: / attentiores sumus ad rem omnes, quam sat est.
In allen Dingen werden wir mit dem Alter weiser, nur ein Laster bringt das Alter: genauer aufs Geld achten, als recht ist.
Terenz, Adelphoe 832–834

Ad omnia patienda pares sumus: nemo altero fragilior est, nemo in crastinum sui certior. 207
Wir sind alle gleich, dass wir alles ertragen müssen. Keiner ist hinfälliger als der andere, keiner sicherer, was den nächsten Tag betrifft.
Seneca, Epistulae morales 91,16

Ad opem brevis hora ferendam est. 208
Zu helfen bleibt wenig Zeit.
Ovid, Metamorphoses 4.696

Ad paenitendum properat, cito qui iudicat. 209
Wer vorschnell urteilt, bereut schnell.
Publilius Syrus, Sententiae 32

ad patres 210
zu den Vätern (versammelt, d. h. verstorben)
Vulgata, Liber Genesis 15,15

Ad perniciem solet agi sinceritas. 211
Aufrichtigkeit führt ins Verderben.
Phaedrus, Liber fabularum 4.13,3

ad perpetuam rei memoriam 212
zum ewigen Gedenken

ad personam 213
zur Person
Cicero, De inventione 2.22

ad pias causas 214
zu guten Zwecken
Corpus Iuris Civilis, Novellae 131,12 pr.

215 Ad praesens ova cras pullis sunt meliora.
Besser heute Eier als morgen Hennen.
Rabelais, Gargantua 3,42

216 ad primam materiam
zurückversetzen
Lullus, Metaphysica nova 2,7

217 Ad profectum enim opus est studio, non indignatione.
Vorwärts kommt man mit Eifer, nicht mit Lustlosigkeit.
Quintilian, Institutio oratoria 10.3,15

218 Ad profectum scientiae nil aeque impedit ut diffidentia.
Den Fortschritt des Wissens hält nichts mehr auf als Misstrauen.
Sententiae Varronis 26

219 ad propositum reverti
zum Thema zurückkehren
Cicero, De divinatione 2.79

220 ad publicandum
zur Veröffentlichung

221 Ad quae noscenda iter ingredi, transmittere mare solemus, ea sub oculis posita neglegimus.
Manche Dinge sehen wir nur, wenn wir das Meer überqueren und nehmen sie nicht zur Kenntnis, wenn wir sie stets vor Augen haben.
Plinius, Epistulae 8.20,1

Ad quas igitur res aptissimi erimus, in iis potissimum elaborabimus. 222
Wozu wir am meisten begabt sind, dafür werden wir die größte Mühe aufwenden.
Cicero, De officiis 1.114

Ad quem non ceno, barbarus ille mihi est. 223
Wer mich nicht zum Essen einlädt, ist für mich ein Barbar.
Corpus Inscriptionum Latinarum IV (Graffito aus Pompeji)

Ad quem spectat onus, et emolumentum. 224
Wer die Last trägt, dem gehört auch der Vorteil.
Damasus, Regulae canonicae 85

Ad quod amat, tendit plus, quam si fune trahatur. 225
Was man liebt, treibt einen mehr an, als wenn man mit einem Seil gezogen würde.
Walther, Proverbia sententiaeque 448

Ad quod niti socordia non patitur, id otiosi votis sibi attribuunt. 226
Wozu ihr Wille zu schwach ist, davon sprechen die Trägen in Gebeten.
Sententiae Varronis 116

ad referendum 227
zur Berichterstattung (d. h. zur späteren Entscheidung)
Corpus Iuris Civilis, Digesta 1.12,1,12 (Ulpianus)

228 ad rem
zur Sache (gehörend)
Cicero, Orationes Philippicae 2,56

229 Ad rem gerendam autem qui accedit, caveat, ne id modo consideret, quam illa res honesta sit, sed etiam ut habeat efficiendi facultatem.
Wer eine Aufgabe übernimmt, darf nicht nur sehen, wie ehrenvoll sie ist, sondern auch wie er sie durchsetzen kann.
Cicero, De officiis 1.73

230 Ad rem gerendam non superstitionem habeas, sed rationem ducem.
Handle nicht nach dem Aberglauben, sondern nach der Vernunft.
Cicero, De divinatione 2.83

231 ad requisita naturae discedere
um seine Notdurft zu verrichten
Historiae Augustae scriptores, Caracalla 6,6

232 Ad rerum actus excitandi ac tractatione bonarum artium occupandi sumus, quotiens nos male habet inertia sui impatiens.
Wir müssen etwas mit Energie tun und wissenschaftlich arbeiten, sooft uns Untätigkeit unzufrieden macht.
Seneca, Epistulae morales 56,8

ad rivum eundem 233
an denselben Bach (d. h. zum selben Zweck)
Phaedrus, Liber fabularum 1.1,1

ad saturationem 234
bis zur Sättigung
Plautus, Rudens 758

ad se ipsum 235
zu sich selbst
Cicero, De oratore 2.211

Ad securitatem non opus est fortuna. 236
Um sorgenfrei zu sein, braucht man kein besonderes Glück.
Seneca, Epistulae morales 18,7

ad spectatores 237
an die Zuschauer

Ad sua facta velut calcar laus quemque fatigat, / fitque malus peior laude, bonus melior. 238
Lob treibt zu Taten, und darum wird der Schlechte durch Lob schlechter, der Gute besser.
Moscherosch, Gesichte Philanders von Sittewalt 2.6

ad subsidium memoriae 239
als Gedächtnisstütze
Gellius, Noctes Atticae, praefatio 2

240 Ad suum quisque quaestum callidus est.
Jeder benutzt seine Klugheit zum eigenen Vorteil.
Plautus, Asinaria 186

241 Ad tristem partem strenua est suspicio.
Misstrauen neigt immer zum Schlimmen.
Publilius Syrus, Sententiae 7

242 Ad turpia nemo obligatur.
Zur Unsittlichkeit ist niemand verpflichtet.
Corpus Iuris Civilis, Digesta 2.14,27,4 (Paulus)

243 ad unguem
bis auf die Nagelprobe (d. h. haargenau)
Horaz, Sermones 1.5,32

244 ad unum
ohne Ausnahme
Vergil, Aeneis 5.687

245 ad unum omnes
alle ohne Ausnahme
Caesar, De bello Gallico 4.15,3

246 ad usum
zum Gebrauch
Cicero, Divinatio in Q. Caecilium 41

247 ad usum proprium
für den Eigenbedarf
Codex Theodosianus 4.13,2

Ad veras potius te converte divitias; 248
disce parvo esse contentus.
Suche lieber echten Reichtum;
lerne, mit wenig zufrieden zu sein.
Seneca, Epistulae morales 110,18

ad verbum 249
Wort für Wort
Cicero, Academica priora 2.135

ad verbum excerpta 250
wörtlich herausgeschrieben
Sueton, De vita Caesarum, Augustus 89,2

Ad virtutem una ardua via est. 251
Zur Tugend gibt es nur eine steile Straße.
Sallust, Epistulae ad Caesarem senem de re publica 2.7,9

Ad virtutes difficile consurgimus, 252
ad vitia sine labore dilabimur.
Ista enim prona, illa ardua sunt.
Nur schwer erringen wir die Tugenden,
zu den Lastern sinken wir mühelos herab.
Sie kommen uns entgegen, jene sind eher spröde.
Isidor von Sevilla, Sententiae 2

ad vitam revocare 253
ins Leben zurückrufen
Plinius maior, Naturalis historia 7.175

ad vitrum 254
in einer Flasche

255 ad vivum resecare
aufs lebendige Fleisch zurückschneiden
Cicero, Laelius de amicitia 18

256 Adam fodiente, quis nobilior,
Eva nente?
Als Adam grub und Eva spann,
wo war denn da der Edelmann?
Walther, Proverbia sententiaeque 512

257 adamanta movere
Stahl bewegen
Ovid, Amores 3.7,57–58

258 Adauge nobis fidem.
Stärke uns den Glauben.
Vulgata, Evangelium secundum Lucam 17,5

259 add. (additur)
wird hinzugefügt
Cicero, Pro Tullio 26

260 Adde caritatem, prosunt omnia:
detrahe caritatem, nihil prosunt cetera.
Mit der Liebe wird alles nützlich; ohne
Liebe ist alles andere nutzlos.
Augustinus, Sermones 138,2

261 Adde fidem dictis auxiliumque refer!
Halt dein Wort und erwidere die Hilfe!
Ovid, Heroides 12,196

Adde manus in vincla meas, 262
meruere catenas.
Leg meine Hände in Ketten, sie haben es
nicht anders verdient.
Ovid, Amores 1.7,1

addenda 263
Zusatz
Plinius, Epistulae 3.10,5

addere calcaria sponte currenti 264
einem, der rennt, noch die Sporen geben
Plinius, Epistulae 1.8,1

Addiscunt iuvenes, quod cecinere 265
senes.
Die Jungen lernen, was die Alten
lehren.
Walther, Proverbia sententiaeque 544

addita aetate 266
in vorgerücktem Alter
Plinius maior, Naturalis historia 11.260

addito salis grano 267
mit einem Körnchen Salz
Plinius maior, Naturalis historia 23.149

268 Adeo familiare est hominibus omnia sibi ignoscere, nihil aliis remittere et invidiam rerum non ad causam, sed ad voluntatem personasque dirigere.
Die Menschen haben mit sich selbst Nachsicht, anderen lassen sie nichts durchgehen und ihre Unzufriedenheit mit den Verhältnissen beziehen sie nicht auf die Ursache, sondern auf persönliche Abneigung.
Velleius Paterculus, Historia Romana 2.30,3

269 Adeo in teneris consuescere multum est.
So viel bewirkt in zarter Jugend die Gewöhnung.
Vergil, Georgica 2.272

270 Adeo maxima quaeque ambigua sunt, dum alii quoquo modo audita pro compertis habent, alii vera in contrarium vertunt, et gliscit utrumque posteritate.
Gerade das Wesentliche bleibt strittig: die einen glauben, was sie nur gehört haben, die anderen verdrehen die Wahrheit in ihr Gegenteil, und so verbreitet sich beides in der Nachwelt.
Tacitus, Annales 3.19,2

271 Adeo nihil motum ex antiquo probabile est.
Man kann nichts gutheißen, was von der Tradition abgerückt ist.
Livius, Ab urbe condita 34.54,8

Adeo occaecat animos fortuna, ubi vim suam ingruentem refringi non vult. 272
Das Schicksal macht die Menschen blind, wenn es verhindern will, dass seine Macht schon zu Beginn gebrochen wird.
Livius, Ab urbe condita 5.37,1

Adhibe rationem difficultatibus: possunt et dura molliri et angusta laxari et gravia scite ferentes minus premere. 273
Geh vorsichtig mit Schwierigkeiten um: Hartes kann weich, Enges weit werden und Schweres den weniger bedrücken, der es zu tragen versteht.
Seneca, De tranquillitate animi 10,4

Adhibenda est igitur quaedam reverentia adversus homines et optimi cuiusque et reliquorum. Nam neglegere, quid de se quisque sentiat, non solum arrogantis est, sed etiam omnino dissoluti. 274
Den Menschen ist Anerkennung zu erweisen, und zwar den Besten wie auch den Übrigen. Denn sich nicht darum zu kümmern, was ein jeder von sich hält, zeigt nicht nur Anmaßung, sondern auch Rücksichtslosigkeit.
Cicero, De officiis 1.99

adhuc flagrante crimine 275
auf frischer Tat
Corpus Iuris Civilis, Codex Iustinianus 9.13,1,1

276 Adhuc neminem cognovi poetam, qui sibi non optimus videretur.
Ich habe noch keinen Dichter getroffen, der sich nicht selbst für den besten gehalten hätte.
Cicero, Tusculanae disputationes 5.63

277 Adhuc nemo exsistit, cuius virtutes nullo vitiorum confinio laederentur.
Es gab noch niemand, dessen Tugenden nicht unter der Nähe von Lastern gelitten haben.
Plinius, Panegyricus 4,5

278 Adhuc supersunt multa, quae possim loqui.
Ich hätte noch viel zu sagen.
Phaedrus, Liber fabularum 4, Epilogus 1

279 Adipiscimur possessionem corpore et animo neque per se animo aut per se corpore.
Besitz erlangen wir durch körperlichen Einsatz und durch den Willen, aber nicht nur durch den Willen oder nur durch Einsatz.
Corpus Iuris Civilis, Digesta 41.2,3,1 (Paulus)

280 Aditum nocendi perfido praestat fides.
Dem Untreuen öffnet die Treue die Tür zu seinem schlechten Tun.
Seneca, Oedipus 686

281 Adiuvant urbanitatem et versus commode positi.
Zur feinen Lebensart verhelfen auch gute Verse.
Quintilian, Institutio oratoria 6.3,96

Adiuvare nos possunt non tantum, qui sunt, sed qui fuerunt. 282
Helfen können uns die Lebenden und auch die Toten.
Seneca, Epistulae morales 52,7

Adiuvari quippe nos, non decipi beneficio oportet. 283
Eine gut Tat muss uns helfen und darf uns nicht betrügen.
Corpus Iuris Civilis, Digesta 13.6,17,3 (Paulus)

Adiuvat in bello pacatae ramus olivae. 284
Helfen kann im Krieg der Zweig des friedlichen Ölbaums.
Ovid, Epistulae ex Ponto 1.1,31

Adiuvat in duris aliquos praesentia rebus. 285
In schwieriger Lage hilft schon, wenn man da ist.
Ovid, Epistulae ex Ponto 2.7,53

Admiratio maxima non verba parit, sed silentium. 286
Die allergrößte Bewunderung hat keine Worte, sondern nur Schweigen.
Gellius, Noctes Atticae 5.1,5

Admiror, paries, te non cecidisse ruinis, / qui tot scriptorum taedia sustineas. 287
Ich staune, Mauer, dass du nicht in Trümmer zusammenfällst, wo du doch das Gekritzel so vieler Schmierfinken aushalten musst.
Corpus Inscriptionum Latinarum IV 1904

288 admodum tenui filo suspensum esse
an einem ziemlich dünnen Faden hängen
Valerius Maximus, Facta et dicta memorabilia 6.4,1

289 Admoneri bonus gaudet, pessimus quisque rectorem asperrime patitur.
Der Gute freut sich über Kritik, doch die Schlechten lassen sich nicht kritisieren.
Seneca, De ira 3.36,4

290 Adolescentia deferbuit.
In der Jugend hat man sich ausgetobt.
Cicero, Pro Caelio 43

291 Adoptio enim non ius sanguinis, sed ius agnationis affert.
An Kindes statt angenommen, verschafft nicht das Recht der eigenen Familie, sondern nur das der Verwandtschaft.
Corpus Iuris Civilis, Digesta 1.7,23 (Paulus)

292 Adoptio naturam imitatur.
Die Annahme an Kindes statt imitiert die Natur.
Calpurnius Flaccus, Declamationes 30

293 Adora, quod incendisti!
Bete an, was du verbrannt hast.
Gregorius von Tours, Historia Francorum 2,31 (bei der Taufe Chlodwigs)

Adspirat primo Fortuna labori. 294
Das Glück unterstützt den Anfang der Unternehmung.
Vergil, Aeneis 2.385

adulatio perpetuum malum regum 295
Schmeichelei ist für Könige ein ständiges Übel.
Curtius Rufus, Historiae Alexandri Magni 8.5,6

Adulationis est specimen, cum laus 296
postulationem praecessit.
Es kennzeichnet die Schmeichelei, wenn das Lob dem Wunsch danach zuvorkommt.
Sententiae Varronis 130

Adulator quippe blandus inimicus est. 297
Der liebedienernde Schmeichler ist ein Feind.
Hieronymus, Epistulae 22,2

Adulatores ut inimicos cave; 298
corrumpunt fictis laudibus leves animas.
Hüte dich vor Schmeichlern wie vor Feinden; mit falschem Lob verderben sie schwache Seelen.
Pseudo-Seneca, Liber de moribus, Appendix

Adulescens cum sis, tum, cum est 299
sanguis integer, / rei tuae quaerundae convenit operam dare.
Solange du jung bist und dein Herz kräftig pulsiert, musst du dir über deine Zukunft Gedanken machen.
Plautus, Mercator 550–551

300 Adulterium sine dolo malo non committitur.
Ehebruch ist immer mit Bosheit verbunden.
Corpus Iuris Civilis, Digesta 48.5,44 (Gaius)

301 Adversa magnos probant.
Unglück zeigt die wahre Größe.
Plinius, Epistulae 9.33,6

302 Adversae deinde res admonuerunt religionum.
Unglück bringt die Religion wieder in Erinnerung.
Livius, Ab urbe condita 5.51,9

303 Adversarum impetus rerum viri fortis non vertit animum.
Das Unglück ändert nicht den Charakter eines starken Menschen.
Seneca, De providentia 2,1

304 Adversas res expertus cum maxime disco ne secundas quidem minus discriminis habere.
Obwohl ich schon viel Unglück erlebt habe, stelle ich fest, dass auch das Glück nicht weniger gefährlich ist.
Tacitus, Historiae 1.29,2

305 adversis rerum immersabilis undis
auch im größten Unglück nicht vom Untergang bedroht
Horaz, Epistulae 1.2,22

adverso flumine 306
gegen den Strom (stromaufwärts)
Caesar, De bello Gallico 7.60,3

Adversum notum noli contendere verbis: / his rebus minimis interdum maxima crescunt. 307
Meide Streit mit einem Bekannten; aus Kleinigkeiten entsteht oft der größte Streit.
Disticha Catonis 2.11

adversum stimulum calcare 308
wider den Stachel löcken
Terenz, Phormio 78

Adversus consentientes nullus rex satis validus est; discordia et seditio omnia opportuna insidiantibus faciunt. 309
Gegen Gleichgesinnte ist kein König stark genug; Zwietracht und Aufstand öffnen den Feinden Tür und Tor.
Livius, Ab urbe condita 34.49,9–10

Adversus hostes nulla praetereunda est occasio. 310
Feinden gegenüber darf man keine Gelegenheit versäumen.
Wahlspruch der Hansestadt Lübeck

Adversus miseros inhumanus est iocus. 311
Unglücklichen gegenüber ist Scherz unmenschlich.
Quintilian, Institutio oratoria 6.3,33

312 Adversus necessitatem ne dii quidem resistunt.
Gegen die Notwendigkeit wehren sich nicht einmal die Götter.
Livius, Ab urbe condita 9.4,16

313 Adversus periculum naturalis ratio permittit se defendere.
Gegen Gefahr erlaubt die Vernunft, sich zu verteidigen.
Corpus Iuris Civilis, Digesta 9.2,4 pr. (Gaius)

314 Advocatorum error litigatoribus non nocet.
Ein Fehler der Anwälte schadet dem Gegner nicht.
Corpus Iuris Civilis, Codex Iustinianus 2.9,3

315 advocatus Dei
Anwalt Gottes
Kirchenlatein

316 advocatus diaboli
Anwalt des Teufels
Kirchenlatein

317 Advorsae res edomant et docent, quid opus siet facto. Secundae res laetitia transvorsum trudere solent a recte consulendo atque intellegendo.
Unglück überwältigt und lehrt, was zu tun ist. Glück versetzt meist in einen Taumel und lenkt vom rechten Weg ab, weg von Klugheit und Einsicht.
Cato bei Gellius, Noctes Atticae 6.3,14

Aedes exstruuntur, ut in iis habitemus, 318
non ut eas spectemus.
Häuser baut man, um in ihnen zu wohnen, nicht zur Ansicht.
Bacon, Sermones fideles 53

Aedificare domus multas et pascere 319
multos / est brevis ad summum semita pauperiem.
Viele Häuser bauen und viele leute beschäftigen, ist ein kurzer Weg zur größten Armut.
Walther, Proverbia sententiaeque 581

Aedificare in proprio solo non licet, 320
quod alteri nocet.
Auf eigenem Besitz darf man nichts bauen, was einem anderen schaden könnte.
Rechtsregel

Aedificia autem solo cohaerent. 321
Gebäude sind mit dem Grundbesitz verbunden.
Corpus Iuris Civilis, Digesta 43.24,10 (Venuleius)

Aedificia et lites faciunt pauperes. 322
Bauen und Prozessieren machen arm.
Walther, Proverbia sententiaeque 34507

Aeger animus falsa pro veris videt. 323
Ein kranker Sinn sieht Falsches als wahr.
Seneca, Oedipus 204

324 Aegre formosam poteris servare puellam.
Ein schönes Mädchen kann man nicht hüten.
Owen, Monosticha 20,1

325 Aegre reprehendas, quod sinas consuescere.
Man kann schwer tadeln, was zur Gewohnheit wurde.
Publilius Syrus, Sententiae A180

326 Aegri animi ista iactatio est: primum argumentum compositae mentis existimo posse consistere et secum morari.
Unausgeglichenheit ist ein Zeichen seelischer Krankheit: Zeichen eines geordneten Geistes ist meiner Meinung nach die Fähigkeit zu Geduld und zur Einkehr in sich selbst.
Seneca, Epistulae morales 2,1

327 Aegrotis medicus magis est quam sanis opus.
Die Kranken brauchen den Arzt mehr als die Gesunden.
Caecilius Balbus, Sententiae (F) 2

328 Aegroto dum anima est, spes esse dicitur.
Man sagt, solange ein Kranker noch atmet, besteht noch Hoffnung für ihn.
Cicero, Ad Atticum 9.10,3

329 aequa lance
mit gleicher Waagschale
Corpus Iuris Civilis, Digesta 42.1,20 (Modestinus)

Aequalitas non facit bellum (non parit 330
bellum).
Gleichheit lässt keinen Krieg aufkommen.
Walther, Proverbia sententiaeque 34523

Aequat crimen omnes, quos inquinat, 331
et ideo dissimilis ab accusato debet esse, qui iudicat.
Ein Verbrechen beschmutzt alle, die damit zu tun haben, und deshalb muss ein Richter sich vom Angeklagten unterscheiden.
Cassiodor, Variae 12.2,4

Aequat omnes cinis. Impares nascimur, 332
pares morimur.
Die Asche macht alle gleich: verschieden werden wir geboren, im Tod sind wir alle gleich.
Seneca, Epistulae morales 91,16

Aequis aequus. 333
Den Rechten recht.
Wahlspruch Kaiser Leopolds I.

Aequissima vox est et ius gentium prae 334
se ferens: »Redde, quod debes«; haec turpissima est in beneficio.
Eine recht angemessene und dem Völkerrecht entsprechende Forderung ist: »Gib zurück, was du schuldest!«; bei einer Wohltat ist das aber verabscheuenswert.
Seneca, De beneficiis 3.14,3

335 Aequitas compensationis usurarum excludit computationem.
Ein guter Ausgleich schließt die Anrechnung von Zinsen aus.
Corpus Iuris Civilis, Codex Iustinianus 4.31,5

336 Aequitas enim lucet ipsa per se: dubitatio cogitationem significat iniuriae.
Gerechtigkeit bezieht den Glanz aus sich selbst: das Zögern zeigt, dass man an Unrecht denkt.
Cicero, De officiis 1.30

337 Aequitas numquam contravenit legi.
Billigkeit steht niemals im Gegensatz zum Gesetz.
Rechtsregel

338 Aequitas praefertur rigori.
Billigkeit geht vor Strenge.
Rechtsregel

339 Aequo animo audienda sunt imperitorum convicia.
Die Schmähungen der Unwissenden muss man mit Gleichgültigkeit über sich ergehen lassen.
Seneca, Epistulae morales 76,4

340 Aequo animo poenam, qui meruere, ferunt.
Wer Strafe verdient hat, nimmt sie gelassen an.
Ovid, Amores 2.7,12

Aequum animum indigna iniquat contumelia. 341
Ungerechte Schmach bringt Gelassenheit außer Fassung.
Laberius bei Nonius Marcellus, De compendiosa doctrina 2. (Iniquat)

Aequum est / peccatis veniam poscentem reddere rursus. 342
Es ist nur gut und recht, dass, wer für eigene Schwächen Nachsicht fordert, selbst nachsichtig ist.
Horaz, Sermones 1.3,74–75

Aequum est enim, ut, cuius participavit lucrum, participet et damnum. 343
Es ist in Ordnung, dass, wer am Gewinn beteiligt ist, sich auch am Schaden beteiligt.
Corpus Iuris Civilis, Digesta 17.2,55 (Ulpianus)

Aequum est reponi per fidem, quod creditum est. 344
Man soll getreu aufbewahren, was einem anvertraut wurde.
Plautus, Cistellaria 760

Aequum inter omnes cives ius sit! 345
Gleiches Recht gelte unter allen Bürgern!
Seneca, Epistulae morales 86,2

346 Aequus amor morum connectit corda duorum.
Gleiche Liebe zu guten Sitten verbindet die Herzen.
Walther, Proverbia sententiaeque 635

347 Aeris alieni comes miseria.
Schulden haben Not in Begleitung.
Plinius maior, Naturalis historia 7.119

348 aes alienum conflare
Schulden anhäufen
Sallust, De coniuratione Catilinae 14,2

349 Aestas non semper durabit; condite nidos!
Der Sommer wird nicht immer währen: baut Nester!
Walther, Proverbia sententiaeque 666

350 Aestuat ingens / uno in corde pudor mixtoque insania luctu / et furiis agitatus amor et conscia virtus.
In einem Herzen brennt ungeheure Scham, Wahnsinn mit Leid vermischt, von Furien gepeitschte Liebe und strotzendes Selbstbewusstsein.
Vergil, Aeneis 12.666–668

351 Aetas cinaedum celat, aetas indicat.
Die Zeit verbirgt den Lüstling, die Zeit verrät ihn.
Publilius Syrus, Sententiae 24

Aetas nostra bene disponenti multum patet. 352
Unsere Zeit bietet, wenn man sie gut nutzt, viel Spielraum.
Seneca, De brevitate vitae 1,4

Aetas parentum peior avis tulit / nos nequiores mox daturos / progeniem vitiosiorem. 353
Eine Generation von Eltern, schon schlechter als ihre Eltern, hat uns geboren, die wir noch schlechter sind und noch schlechtere Kinder zeugen werden.
Horaz, Carmina 3.6,46–48

Aetas volat. 354
Die Zeit fliegt.
Cicero, Tusculanae disputationes 1.76

Aetate alia aliud factum condecet. 355
In jedem Alter ist ein unterschiedliches Verhalten richtig.
Plautus, Mercator 984

Aetate fruere! Mobili cursu fugit. 356
Genieße das Leben! Es flieht dahin.
Seneca, Phaedra 446

Aetate prudentiores reddimur. 357
Mit zunehmendem Alter werden wir klüger.
Walther, Proverbia sententiaeque 34556d

358 Aetatis cuiusque notandi sunt tibi mores.
In jedem Alter muss man auf seine Gewohnheiten achten.
Horaz, De arte poetica 156

359 Aeternum vale!
Leb wohl auf ewig.
Vergil, Aeneis 11.98

360 Aevo rarissima nostro / simplicitas.
Einfachheit ist mehr als selten.
Ovid, Ars amatoria 1.241–242

361 Affatim si quoi fortuna est, longe interitum non habet.
Wer zuviel Glück hat, ist nicht weit vom Untergang.
Publilius Syrus, Sententiae 695

362 Affectus cito cadit, aequalis est ratio.
Die Leidenschaft lässt nach, die Vernunft bleibt gleich.
Seneca, De ira 1.17,5

363 Affectus non punitur, nisi sequatur effectus.
Die Absicht ist nicht strafbar, wenn sie unausgeführt bleibt.
Rechtsregel

364 Affectus quidem tam mali ministri quam duces sunt.
Die Leidenschaften sind genauso schlechte Diener wie Führer.
Seneca, De ira 1.9,4

Affectus tuus nomen imponit operi 365
tuo.
Erst die Absicht gibt dem Werk seinen Namen.
Ambrosius, De officiis 1.147

Affert autem vetustas omnibus in rebus 366
longinqua observatione incredibilem scientiam.
Die Tradition birgt aufgrund lang dauernder Beobachtung unglaublich viel Weisheit.
Cicero, De divinatione 1.109

Affidavit. 367
Unter Eid versichert.

Affines sunt viri et uxoris cognati. 368
Verschwägerte sind die Verwandten des Mannes und der Frau.
Corpus Iuris Civilis, Digesta 38.10,4,3 (Modestinus)

Affirmanti incumbit probatio, non 369
neganti.
Der Behauptende hat den Beweis zu bringen, nicht der Verneinende.
Corpus Iuris Civilis, Digesta 22.3,2 (Paulus)

Afflavit Deus et dissipati sunt. 370
Gott blies, und sie wurden (in alle Winde) zerstreut.
Inschrift auf einer Münze zur Erinnerung an die Vernichtung der Armada (1588)

371 Afflictis longae, celeres gaudentibus horae.
Lang sind die Stunden für die Betrübten, kurz für die Fröhlichen.
Inschrift auf Sonnenuhren

372 Agatur aliquid.
Man soll etwas tun.
Seneca, Epistulae morales 117,25

373 Age, quod agis.
Was du tust, das mach richtig.
Plautus, Mostellaria 1100

374 agenda
was zu tun ist
Cicero, Ad familiares 2.13,1

375 Agere non valenti non currit praescriptio.
Für den, der nicht klagen darf, kann es keine Verjährung geben.
Corpus Iuris Civilis, Codex Iustinianus 7.40,1,2

376 Agit nos agiturque velox dies.
Der Tag jagt dahin und wird selbst gejagt.
Seneca, Epistulae morales 118,24

377 Agnosci se amat, qui odit sese ostendere.
Wer es hasst, sich anzubieten, möchte gern gebeten werden.
Publilius Syrus, Sententiae A184

Agnosco veteris vestigia flammae. 378
Ich spüre die Flamme der alten Liebe.
Vergil, Aeneis 4.23

Agricola semper in novum annum dives. 379
Der Bauer ist immer im neuen Jahr reich.
Erasmus, Adagia 1814

Agunt opus suum fata. 380
Das Schicksal vollendet sein Werk.
Seneca, Ad Marciam de consolatione 21,7

Ah dictum sapienti sat est. 381
Ah zu sagen reicht bei einem Klugen aus.
Terenz, Phormio 541

Aiunt homines plus in alieno negotio 382
videre.
Die Menschen haben für fremde Angelegenheiten ein schärferes Auge.
Seneca, Epistulae morales 109,16

Aiunt solere (senem) rursus 383
repuerascere.
Greise werden wieder zu Kindern.
Plautus, Mercator 296

Albus an ater sit, nescio. 384
Ich weiß nicht, ob er schwarz oder weiß ist.
Cicero, Orationes Philippicae 2,41

Alea iacta est. 385
Der Würfel ist gefallen.
Sueton, De vita Caesarum, Caesar 33,1

386 Alea, vina, venus: tribus his sum factus egenus; / haec tria qui sequitur, mox miser efficitur.
Würfelspiel, Wein und Liebe haben mich arm gemacht; wer diesen dreien folgt, kommt schnell ins Elend.
Walther, Proverbia sententiaeque 773

387 Aleam fuge.
Meide das Glücksspiel.
Sententiae Catonis 37

388 Aleator quanto in arte est melior, tanto est nequior.
Je geschickter ein Spieler ist, desto weniger nutzt er.
Publilius Syrus, Sententiae 33

389 alere flammam
Die Flammen anfachen
Tacitus, Germania 45,8

390 Aliam aetatem alia decent.
Für verschiedene Altersstufen gehören sich je andere Dinge.
Plautus, Mercator 984

391 alias
sonst auch (mit anderem Namen)
Terenz, Andria 529

392 alibi
anderswo
Plautus, Truculentus 76

Alibi tu medicamenta obligas. 393
Du legst an der falschen Stelle ein Pflaster auf.
Fronto, De eloquentia 2,9

Aliena enim vitia quisque reprendi mavult quam sua. 394
Jedem ist lieber, dass die Fehler anderer getadelt werden als die eigenen.
Quintilian, Institutio oratoria 2.5,16

aliena loqui 395
Unsinn reden
Ovid, Tristia 3.3

Aliena narrans crimina audibit sua. 396
Wer fremde Vergehen weitersagt, wird seine eigenen zu hören bekommen.
Publilius Syrus, Sententiae A268

Aliena ne cures. 397
Kümmere dich nicht um die Dinge der anderen.
Terenz, Heauton timorumenos 76

aliena negotia curare 398
sich um fremde Geschäfte sorgen
Horaz, Sermones 2.3,19

Aliena nobis, nostra plus aliis placent. 399
Anderen gefällt mehr was wir, uns das was die anderen haben.
Publilius Syrus, Sententiae 28

400 Aliena sic age, ut tuorum memineris.
Verrichte fremde Geschäfte so genau, als wären es deine eigenen.
Publilius Syrus, Sententiae A282

401 Aliena vitia in oculis habemus, a tergo nostra sunt.
Die Fehler anderer fallen uns auf, die eigenen lassen wir unbeachtet.
Seneca, De ira 2.28,8

402 aliena vivere quadra
Vom Brot anderer leben
Juvenal, Saturae 5,2

403 Alienam qui agit causam, se perhibet reum.
Wer einen Schuldigen verteidigt, klagt sich selber an.
Publilius Syrus, Sententiae 698

404 alienis gloriari bonis
sich mit fremden Federn schmücken
Phaedrus, Liber fabularum 1.3,1

405 Alienis perimus exemplis; sanabimur, si separemur modo a coetu.
Am Beispiel anderer gehen wir zugrunde; wir werden gerettet, wenn wir uns nur von der Menge absondern.
Seneca, De vita beata 1,4

406 alieno nomine agere
auf fremdem Namen klagen
Gaius, Institutiones 4.82

alienos rigare agros tuis sitientibus 407
fremde Felder bewässern, während die eigenen verdorren
Erasmus, Adagia 2042

Alienum aes homini ingenuo acerba est servitus. 408
Schulden sind für einen Ehrlichen bittere Knechtschaft.
Publilius Syrus, Sententiae 11

Alienum est omne, quicquid optando evenit. 409
Fremd ist alles, was nach Wunsch geschieht.
Publilius Syrus, Sententiae 1

Alienum est, quod auditur. 410
Was man hört, gehört einem nicht.
Sententiae Varronis 150

alienum fundum arare 411
fremden Boden beackern
Plautus, Asinaria 874

Alii sementem faciunt, alii metent. 412
Die einen säen, die anderen werden ernten.
Walther, Proverbia sententiaeque 34620

Aliis leporem excitavi. 413
Für andere habe ich den Hasen aufgescheucht.
Petron, Satyricon 131,7

414 Aliis lingua, aliis dentes.
Die einen sind stark mit der Zunge, die anderen mit den Zähnen.
Erasmus, Adagia 2172 (nach Zenobios)

415 Aliis qui male dicunt, ipsi faciunt sibi convicium.
Wer andere in Verruf bringt, macht sich selbst Vorwürfe.
Publilius Syrus, Sententiae A53

416 Aliis, non sibi clemens.
Gegen andere milde, nicht gegen sich.
Wahlspruch von Papst Clemens IX.

417 Aliorum respice casus: / Mitius ista feres.
Das Leid anderer sehen, hilft das eigene leichter ertragen.
Ovid, Metamorphoses 15.494–495

418 Alios effugere saepe, te numquam potes.
Anderen kannst du oft entfliehen, dir selbst nie.
Publilius Syrus, Sententiae A203

419 Aliquando enim et vivere fortiter facere est.
Manchmal ist es schon tapfer, am Leben zu bleiben.
Seneca, Epistulae morales 78,2

Aliquando et insanire iucundum est. 420
Dann und wann ist es auch angenehm, verrückt zu sein.
Seneca, De tranquillitate animi 17,10

Aliquando quis manus in sinu tenens plus proficit, quam qui exertis lacertis tota die satagit. 421
Wer die Hände in den Taschen lässt, erreicht manchmal mehr, als wer mit beiden Armen sich den ganzen Tag abmüht.
Galandus, Libellus Proverbiorum 140

Aliquid amplius invenies in silvis quam in libris. Ligna et lapides docebunt te, quod a magistris audire non possis. 422
In den Wäldern findest du mehr als in Büchern. Hölzer und Steine lehren, was du von Lehrern nicht zu hören bekommst.
Bernhard von Clairvaux, Epistulae 106,2

Aliquid crastinus dies ad cogitandum dabit. 423
Der morgige Tag wird uns etwas zu Denken geben.
Cicero, Ad Atticum 15.8,2

Aliquid et pro otio audendum est. 424
Auch für die Muße muss man etwas wagen.
Seneca, Epistulae morales 19,8

Aliquid mali esse propter vicinum malum. 425
Ein böser Nachbar ist ein großes Unglück.
Plautus, Mercator 772

426 Alit concordiam mores ad cohabitantium animos conformare.
Seine Gewohnheiten an die Lebensart der Mitbürger anpassen stärkt die Gemeinschaft.
Sententiae Varronis 33

427 Alit lectio ingenium et studio fatigatum reficit.
Lektüre kräftigt den Geist und erfrischt ihn, wenn er vom Nachdenken müde ist.
Seneca, Epistulae morales 84,1

428 Aliter homines amicam, aliter liberos osculantur.
Männer küssen ihre Geliebte anders als ihre Kinder.
Seneca, Epistulae morales 75,3

429 Alitur vitium vivitque tegendo.
Das Laster wächst und lebt vom Verbergen.
Vergil, Georgica 3.454

430 Aliud alios decet.
Für jeden ziemt sich etwas anderes.
Quintilian, Institutio oratoria 11.3,177

431 Aliud autem est meminisse, aliud scire.
Erinnern und Wissen sind verschiedene Dinge.
Seneca, Epistulae morales 33,8

432 Aliud est cito surgere, aliud est non cadere.
Es ist etwas anderes, ob man rasch wieder auf die Beine kommt oder gar nicht erst fällt.
Augustinus, Confessiones 10.57

Aliud est enim laborare, aliud dolere. 433
Zwischen Mühsal und Schmerz ist ein großer Unterschied.
Cicero, Tusculanae disputationes 2.35

Aliud est enim reficere, longe aliud facere. 434
Wiederherstellen ist anders als Herstellen.
Corpus Iuris Civilis, Digesta 43.19,3,15 (Ulpianus)

Aliud ex alio malum. 435
Ein Übel verursacht ein anderes.
Terenz, Eunuchus 987

Aliud fori ius, aliud triclinii. 436
Vor Gericht gilt ein anderes Recht als zu Hause.
Ennodius, Epistulae 1.3

Aliud hominum, aliud corda agunt. 437
Die Lippen der Menschen sagen etwas anderes als ihre Herzen.
Salvianus, De gubernatione Dei 3.9,48

Aliud sceptrum, aliud plectrum. 438
Zepter und Zither sind nicht dasselbe.
Walther, Proverbia sententiaeque 792b

Aliud stans, aliud sedens (loquitur). 439
Im Stehen redet man anders als im Sitzen.
Sallust, Invectiva in Ciceronem 7

Aliudque cupido, / mens aliud suadet. 440
Die Gier rät etwas anderes als die Vernunft.
Ovid, Metamorphoses 7.19–20

441 Alium hominem tamquam aeque hominem tracta.
Behandle jeden Menschen als einen gleichberechtigten Menschen.
Thomasius, Institutiones iurisprudentiae divinae 2.3,19

442 Alium honores, alium opes vinciunt; quosdam nobilitas, quosdam humilitas premit.
Den einen fesseln seine Ämter, den anderen sein Reichtum; manche leiden unter ihrer hohen, manche unter ihrer geringen Stellung.
Seneca, De tranquillitate animi 10,3

443 Alium silere quod voles, primus sile.
Soll ein anderer schweigen, schweig zuerst.
Seneca, Phaedra 876

444 alius et idem
anders und doch derselbe
Horaz, Carmen saeculare 10

445 Allegans contra non est audiendus.
Wer sich auf das Gegenteil (dessen, was er tut) beruft, darf nicht angehört werden.
Rechtsregel

446 Allegans turpitudinem suam non auditur.
Wer sich auf eigene Fehler beruft, wird nicht angehört.
Rechtsregel

Alma dies noctem sequitur somnosque labores. 447
Der Tag erquickt nach der Nacht und die Mühen nach dem Schlaf.
Monosticha Catonis A38

alma mater 448
die segensreiche Mutter
Lukrez, De rerum natura 2.992–993

Alta die solo non est exstructa Corinthus. 449
Korinth wurde nicht an einem Tag erbaut.
Walther, Proverbia sententiaeque 830

Alta mane: supraque tuos exsurge dolores / infragilemque animum, quod potes, usque tene. 450
Bleib gut gesinnt: erheb dich über dein Leid und bleib, soweit du vermagst, unbeugsam.
Consolatio ad Liviam 353–354

Alter alterius auxilio eget. 451
Jeder braucht Hilfe des anderen.
Sallust, De coniuratione Catilinae 1,7

Alter alterius onera portate, et sic adimplebitis legem Christi. 452
Einer trage des anderen Last, so werdet ihr das Gesetz Christi erfüllen.
Vulgata, Epistula ad Galatas 6,2

453 Alter amat, quod amas, et quod petis, hoc petit alter.
Der andere liebt, was du liebst, und wonach du strebst, danach strebt der andere auch.
Walther, Proverbia sententiaeque 843

454 alter ego
das andere Ich
Cicero, Ad Atticum 3.15,4

455 Alter frenis eget, alter calcaribus.
Der eine braucht Zügel, der andere die Sporen.

456 Alter nare cupit: alter pugnare paratust.
Der eine will schwimmen, der andere kämpfen.
Ennius, Annales frg. 252

457 Altera manu fert lapidem, panem ostentat altera.
In der einen Hand hält er einen Stein, in der anderen ein Stück Brot.
Plautus, Aulularia 195

458 Alteri semper ignoscito, tibi ipsi numquam.
Vergib anderen immer, dir selbst nie.
Pseudo-Seneca, Liber de moribus 111

459 Alteri vivas oportet, si vis tibi vivere.
Man muss für andere leben, wenn man für sich selbst leben will.
Seneca, Epistulae morales 48,2

Alterius lucra dolet invidus ut sua damna. 460
Der Gewinn eines anderen ärgert den Neider wie eigener Verlust.
Walther, Proverbia sententiaeque 866

Alterius non sit, qui suus esse potest. 461
Wer sein eigener Herr sein kann, soll keinem anderen dienen.
Anonymus Neveleti 21b,22
(Wahlspruch des Paracelsus)

Alternant spesque timorque vicem. 462
Hoffnung und Furcht wechseln sich ab.
Ovid, Heroides 6,38

alterum tantum 463
doppelt soviel
Plautus, Bacchides 1185

Altior adversis. 464
Allen Widrigkeiten überlegen.
Wahlspruch des mecklenburgisch-schwerinischen Greifenordens

Altior ascensus, gravior plerumque ruina. 465
Je höher der Aufstieg, desto tiefer der Fall.
Walther, Proverbia sententiaeque 9

Altissima quaeque flumina minimo sono labuntur. 466
Die tiefsten Flüsse gleiten beinahe lautlos dahin.
Curtius Rufus, Historiae Alexandri Magni 7.4,13

467 Altius praecepta descendunt, quae teneris imprimuntur aetatibus.
Tiefer prägen die Lehren, die sich im jungen Alter einprägen.
Seneca, Ad Helviam matrem de consolatione 18,8

468 altum silentium
tiefes Schweigen
Vergil, Aeneis 10.63

469 Ama nesciri!
Bleib unbekannt.
Thomas a Kempis, Imitatio Christi 1.2,15

470 Ama tamquam osurus, oderis tamquam amaturus.
Liebe, als würdest du später einmal hassen, hasse, als würdest du später einmal lieben.
Cicero, Laelius de amicitia 59

471 Amans iratus multa mentitur sibi.
Ein Liebender in seinem Zorn redet sich viel ein.
Publilius Syrus, Sententiae 13

472 Amans quid cupiat, scit, quid capiat, non videt.
Ein Liebender weiß, was er sich wünscht, was er bekommt, beachtet er nicht.
Publilius Syrus, Sententiae 15

Amns quod suspicatur, vigilans somniat. 473
Was ein Liebender fürchtet, davon träumt er im Wachen.
Publilius Syrus, Sententiae 16

Amans sicut fax agitando ardescit magis. 474
Ein Liebender lodert wie eine Fackel noch heller, wenn sie in Bewegung gehalten wird.
Publilius Syrus, Sententiae 39

Amant alterna Camoenae. 475
Die Musen lieben Abwechslung.
Vergil, Bucolica 3,59

Amant miseri lamenta malisque fruuntur. 476
Die Unglücklichen lieben es, zu jammern, und weiden sich an ihrem Unglück.
Statius, Thebais 12.45

Amantes amentes. 477
Wer liebt, ist verrückt.
Plautus, Mercator 82

Amantis ius iurandum poenam non habet. 478
Liebesbeteuerungen werden nicht bestraft.
Publilius Syrus, Sententiae 38

Amantium caeca iudicia sunt. 479
Das Urteil der Liebenden ist blind.
Hieronymus, Commentarius in Osea 3,10

480 Amantium irae amoris integratio.
Streit unter Liebenden versprichtt Erneuerung der Liebe.
Terenz, Andria 555

481 Amare autem nihil aliud est nisi eum ipsum diligere quem ames, nulla indigentia, nulla utilitate quaesita.
Lieben heißt den zu schätzen, den man liebt, ohne dabei einen eigenen Wunsch oder eine Absicht zu verfolgen.
Cicero, Laelius de amicitia 100

482 Amare et mare sunt idem: in utroque multi (pereunt).
Die Liebe und das Meer sind gleich: in beiden gehen viele unter.
Abraham a Santa Clara

483 Amare et sapere vix deo conceditur.
Lieben und zugleich vernünftig sein ist selbst Gott nicht möglich.
Publilius Syrus, Sententiae 22

484 Amare incipias sic, quasi numquam desinas.
Liebe von Anfang an so, als wolltest du nie damit aufhören.
Publilius Syrus, Sententiae A194

485 Amare iuveni fructus est, crimen seni.
In der Jugend ist die Liebe ein Gewinn, im Alter ein Vergehen.
Publilius Syrus, Sententiae 29

Amare liceat, si potiri non licet. 486
Was man nicht haben darf, soll man lieben dürfen.
Anthologie Latina 1.712,1

amare tamquam oculos 487
wie die eigenen Augen lieben
Plautus, Miles gloriosus 984

Amat enim, qui se sic amari putat, ut 488
taedium non pertimescat.
Nur der liebt wirklich, der glaubt, so geliebt zu werden und dabei nicht fürchtet zu missfallen.
Plinius, Epistulae 8.21,5

Amat victoria curam. 489
Der Sieg liebt Anstrengung.
Catull, Carmina 62,16

Amator, quasi piscis, nequam est, 490
nisi recens.
Der Liebende ist wie Fisch, ist er nicht frisch, ist er schlecht.
Plautus, Asinaria 178

Amator veri non tam spectat, qualiter 491
dicatur quam quid.
Wer die Wahrheit liebt, sieht eher darauf, wie etwas gesagt wird, als was.
Sententiae Varronis 52

Amatores amant flores. 492
Liebende lieben Blumen.
volkstümlich

493 Ambages narras.
In Rätseln sprechen.
Terenz, Heauton timorumenos 318–319

494 Ambitio inimica semper iustitiae.
Ehrgeiz ist immer der Feind der Gerechtigkeit.
Cassiodor, Variae 10.28,2

495 Ambitiosa non est fames.
Hunger ist nicht wählerisch.
Seneca, Epistulae morales 119,14

496 Ambulatoria enim est voluntas defuncti usque ad vitae supremum exitum.
Der menschliche Wille lässt sich bis zum Lebensende verändern.
Corpus Iuris Civilis, Digesta 34.4,4 (Ulpianus)

497 Amen dico vobis.
Wahrlich, ich sage euch.
Vulgata, Evangelium secundum Lucam 4,24

498 amens amansque
bis zum Wahnsinn verliebt
Plautus, Mercator 82

499 Ames iudicio, non amore iudices.
Liebe mit Vernunft, aber urteile nicht aus Liebe.
Pseudo-Seneca, Liber de moribus 48

500 Ames parentem, si aequus est, aliter feras.
Liebe deinen Vater, wenn er gerecht ist, sonst ertrag ihn.
Publilius Syrus, Sententiae 8

Ames probatos, non amatos post probes. 501
Liebe die, die sich bewährt haben, und stell keinen später auf die Probe, den du liebst.
Caecilius Balbus, Sententiae (F) 5

Amica rerum humanarum cum 502
benevolentia est concordia.
Die Freundin der Menschheit ist der Eintracht verbunden mit Freundlichkeit
Pseudo-Seneca, Liber de moribus, Appendix

Amica salutatio gratum responsum 503
inveniet.
Ein freundlicher Gruß findet eine freundliche Antwort.
Bebel, Proverbia Germanica 491

Amici, diem perdidi. 504
Freunde, ich habe einen Tag verloren.
Sueton, De vita Caesarum, Titus 8,1

Amici divitum paleae sunt circa grana. 505
Der Reichen Freunde sind die Spreu um die Körner.
Sententiae Varronis 20

Amici famam tuam putato gloriam. 506
Der gute Ruf deines Freunds ist wie eigenes Lob.
Publilius Syrus, Sententiae A240

Amici mores noveris, non oderis. 507
Die Gewohnheiten des Freundes sollst du kennen, nicht hassen.
Publilius Syrus, Sententiae A178

508 Amici vinclum arctissimum est sapientia.
Das stärkste Freundschaftsband ist die Weisheit.
Caecilius Balbus, Sententiae (F) 7

509 Amici vitia noveris, non oderis.
Die Fehler des Freundes solltest du kennen, nicht hassen.
Publilius Syrus, Sententiae A178

510 Amici vitia si feras, facias tua.
Wenn man Fehler eines Freundes zulässt, begeht man eigene.
Publilius Syrus, Sententiae 10

511 Amicis exhibeto, quae tu tibi velis.
Gönne deinen Freunden, was du selbst gern hättest.
Publilius Syrus, Sententiae A247

512 Amicis inest adulatio.
Schmeichelei ist Teil der Freundschaft.
Tacitus, Annales 2.12,3

513 Amicitia et fides: duae res sanctissimae.
Freundschaft und Treue sind die größten Werte.
Cicero, Pro Sex. Roscio Amerino 112

514 Amicitia inter pocula contracta plerumque est vitrea.
Freundschaft, beim Trinken geschlossen, ist meist zerbrechlich wie Glas.
Walther, Proverbia sententiaeque 34704

Amicitia magis elucet inter aequales. 515
Unter Gleichaltrigen gewinnt Freundschaft noch mehr Glanz.
Cicero, Laelius de amicitia 101

Amicitia melior est divitiis. 516
Freundschaft ist besser als Reichtum.
Auctoritates, Aristoteles, Topica 46

Amicitia olim petebatur, nunc praeda. 517
Früher war man auf Freundschaft aus, heute auf Gewinn.
Seneca, Epistulae morales 19,4

Amicitia pares aut accipit aut facit. 518
Freundschaft zieht Gleiche an oder macht gleich.
Minucius Felix, Octavius 4,6

Amicitia, quae desinere potest, vera 519
numquam fuit.
Eine Freundschaft, die zerbrechen konnte, bestand nicht wirklich.
Hieronymus, Epistulae 3,6

Amicitia semper prodest, amor 520
aliquando etiam nocet.
Freundschaft bringt immer Nutzen, Liebe schadet manchmal auch.
Seneca, Epistulae morales 35,1

521 Amicitia veterrima quaeque, ut ea vina, quae vetustatem ferunt, esse debet suavissima.
Die älteste Freundschaft muss uns die teuerste sein, wie Wein, bei dem es auf das Alter ankommt.
Cicero, Laelius de amicitia 67

522 Amicitiae clarorum virorum calamitati hominibus aut ornamento sunt.
Freundschaften mit berühmten Männern bedeuten Unglück oder Ehre.
Cicero, Pro Balbo 65

523 Amicitiae dissuendae magis quam discindendae.
Freundschaften soll man besser langsam auflösen als auf einmal zerreißen.
Cato bei Cicero, Laelius de amicitia 76

524 Amicitiae immortales, mortales inimicitiae debent esse.
Freundschaften müssen unsterblich, Feindschaften sterblich sein.
Livius, Ab urbe condita 40.46,12

525 Amicitiam trahit amor.
Liebe zieht Freundschaft nach sich.
Walther, Proverbia sententiaeque 34708

526 Amicitias et tibi iunge pares.
Suche dir passende Freundschaften.
Ovid, Tristia 3.4,44

Amicorum sunt communia omnia. 527
Freunden ist alles gemeinsam.
Cicero, De officiis 1.51

Amicos inter iudices molestius. 528
Es ist peinlich, unter den Richtern Freunde zu haben.
Publilius Syrus, Sententiae A171

Amicos secundae res optime parant, 529
adversae certissime probant.
Glück schafft Freunde, das Unglück prüft sie.
Pseudo-Seneca, Liber de moribus 51

Amicos vincere inhonesta est victoria. 530
Freunde zu besiegen ist kein ehrenwerter Sieg.
Publilius Syrus, Sententiae A189

Amicum an nomen habeas, aperit 531
calamitas.
Ob du wirklich einen Freund hast oder nur dem Namen nach, beweist das Unglück.
Publilius Syrus, Sententiae 42

Amicum blandum cave, cuius amarum 532
est semper, quod fuerit dulce.
Hüte dich vor einem schmeichlerischen Freund; bei ihm wird bitter, was süß war.
Walther, Proverbia sententiaeque 34716a1

Amicum cum vides, obliscere miserias. 533
Siehst du einen Freund, vergiss deine Nöte.
Appius Claudius bei Priscianus, Institutiones grammaticae 8.18

534 Amicum laedere ne ioco quidem licet.
Nicht einmal zum Spaß darf man einen Freund verletzen.
Publilius Syrus, Sententiae A246

535 Amicum multi cupiunt, pauci se exhibent.
Einen Freund wünschen sich viele, wenige sind es selber.
Publilius Syrus, Sententiae A79

536 Amicum perdere est damnorum maximum.
Einen Freund zu verlieren ist der größte aller Verluste.
Walther, Proverbia sententiaeque 958

537 Amicum raro acquiras, amittas cito.
Einen Freund gewinnt man selten und verliert man schnell.
Caecilius Balbus, Sententiae (F) 10

538 Amicum secreto admone, palam lauda.
Ermahne den Freund unter vier Augen, aber lobe ihn in der Öffentlichkeit.
Publilius Syrus, Sententiae A103

539 amicus amico
dem Freund wie ein Freund
Plautus, Miles gloriosus 660

540 Amicus certus in re incerta cernitur.
Den wahren Freund erkannt man in der Gefahr.
Ennius bei Cicero, Laelius de amicitia 64

Amicus diu quaeritur, vix invenitur, 541
difficile servatur.
Freundschaft sucht man lange, findet man nur mit Mühe, bewahrt man schwer.
Hieronymus, Epistulae 3,6

Amicus esse mihi coepi. 542
Ich habe angefangen, mein Freund zu sein.
Hekaton bei Seneca, Epistulae morales 6, 7

Amicus omnibus amicus nemini. 543
Wer mit allen Freund ist, ist niemands Freund.
volkstümlich

Amicus stultorum efficietur similis. 544
Wer sich mit Toren anfreundet, wird ihnen ähnlich.
Otloh, Liber proverbiorum

Amicus verus rara avis. 545
Ein echter Freund ist wie ein seltener Vogel.
Walther, Proverbia sententiaeque 34731

Amittit bonam famam, qui se indignis 546
comparat.
Wer sich zu Unwürdigen gesellt, verliert seinen guten Ruf.
Walther, Proverbia sententiaeque 970

Amittit merito proprium, qui alienum 547
appetit.
Wer nach fremdem Besitz trachtet, verliert zu Recht sein eigenes.
Phaedrus, Liber fabularum 1.4,1

548 Amittit totum, qui mittit ad omnia votum.
Wer seine Wünsche auf alles richtet, verliert schließlich alles.
Walther, Proverbia sententiaeque 972

549 Amnis et annus abit, semper sapientia stabit.
Strom und Jahr gehen dahin, die Weisheit dauert.
Walther, Proverbia sententiaeque 979

550 ›Amo‹ et ›cupio‹ et ›te solum diligo‹ et ›sine te iam vivere nequeo‹ et cetera.
›Ich hab' dich lieb‹ und ›Ich hab' dich gern‹ und ›Dich allein liebe ich‹ und ›Ohne dich kann ich nicht leben‹ und so weiter.
Apuleius, Metamorphoses 10.21,2

551 Amo proditionem, odi proditorem.
Ich liebe den Verrat, aber ich hasse den Verräter.
Walther, Proverbia sententiaeque 980a

552 Amor amara dat tamen.
Liebe bringt auch Bitterkeit.
Plautus, Trinummus 260

553 Amor animi arbitrio sumitur, non ponitur.
Liebe wird aus freiwillig begonnen, aber nicht beendet.
Publilius Syrus, Sententiae 5

Amor arma ministrat. 554
Die Liebe verschafft die Waffen.
Vergil, Aeneis 1.150

Amor crescit dolore repulsae. 555
Der Schmerz des Verschmähtwerdens lässt die Liebe wachsen.
Ovid, Metamorphoses 3.395

Amor Electis Iniustis Ordinat Ultor 556
(A. E. I. O. U.) (und ähnliche Umschreibungen)
Liebe den Erwählten, die Ungerechten richtet der Rächer.
Wahlspruch Kaiser Friedrichs III.

Amor enim, ex quo amicitia nominata 557
est, princeps est ad benevolentiam coniungendam.
Die Liebe, nach der die Freundschaft benannt ist, ist besonders geeignet, gegenseitige Zuneigung zu wecken.
Cicero, Laelius de amicitia 26

Amor et melle et felle est 558
fecundissumus.
Liebe ist reich an süßem Honig und Bitterkeit.
Plautus, Cistellaria 69

Amor formae rationis oblivio est et 559
insaniae proximus.
Liebe zur Schönheit bedeutet Verlust des Verstands und nähert sich dem Wahnsinn.
Seneca bei Hieronymus, Adversus Iovinianum 1

560 Amor extorqueri non pote, elabi pote.
Liebe kann man nicht ausreißen, doch sie kann schwinden.
Publilius Syrus, Sententiae 18

561 amor fati
Liebe zum Schicksal
Nietzsche, Ecce homo, Der Fall Wagner

562 Amor ingenii neminem umquam divitem fecit.
Liebe zu geistigen Dingen macht nicht reich.
Petron, Satyricon 83,9

563 Amor magister est optimus.
Liebe ist der beste Lehrer.
Plinius, Epistulae 4.19,4

564 Amor misceri cum timore non potest.
Liebe kann man nicht mit Furcht paaren.
Walther, Proverbia sententiaeque 989a

565 Amor nequit cogi, timor cogi potest.
Liebe kann man nicht zwingen, Furcht lässt sich zwingen.
Walther, Proverbia sententiaeque 34745b

566 Amor occultari non potest.
Liebe lässt sich nicht verbergen.
Bebel, Proverbia Germanica 278

567 Amor odit inertes.
Amor hasst die Faulen.
Ovid, Ars amatoria 2.229

Amor otiosae causa est sollicitudinis. 568
Die Liebe sorgt für Unruhe.
Publilius Syrus, Sententiae 34

amor patriae 569
Vaterlandsliebe
Vergil, Aeneis 6.823

Amor patriae ratione valentior omni. 570
Die Liebe zur Heimat ist stärker als jede Vernunft.
Ovid, Epistulae ex Ponto 1.3,29

Amor perennis coniugis castae manet. 571
Die Liebe einer treuen Gattin dauert ewig.
Pseudo-Seneca, Octavia 192

Amor tenet omnia. 572
Die Liebe beherrscht alles.
Carmina Burana 87, 1,1

Amor timere neminem verus potest. 573
Wahre Liebe zeigt keine Furcht.
Seneca, Medea 416

Amor / transvolat in medio posita et 574
fugientia captat.
Die Liebe lässt liegen, was sich ihr anbietet, und greift nach dem, was sich ihr entzieht.
Horaz, Sermones 1.2,108

575 Amor tussisque non celatur.
Liebe und Husten lassen sich nicht verheimlichen.
Walther, Proverbia sententiaeque 995

576 Amor ut lacrima ab oculo oritur, in pectus cadit.
Wie die Träne entspringt die Liebe dem Auge und überfällt das Herz.
Publilius Syrus, Sententiae 40

577 Amore et timore.
Mit Liebe und Furcht.
Wahlspruch Kaiser Josephs I.

578 Amore, more, ore, re iunguntur amicitiae.
Liebe, Sitte, Wort und Tat knüpfen Freundschaften.
Walther, Proverbia sententiaeque 999

579 Amori finem tempus, non animus facit.
Die Zeit setzt der Liebe ein Ende, nicht der Wille.
Publilius Syrus, Sententiae 43

580 Amoris vulnus idem sanat, qui facit.
Die Wunden der Liebe heilt nur der, der sie schlägt.
Publilius Syrus, Sententiae 31

Ampliat aetatis spatium sibi vir bonus: 581
hoc est / vivere bis, vita posse priore frui.
Ein guter Mensch verdoppelt die Zeit seines Lebens: zweimal leben heißt, sich seines vergangenen Lebens zu freuen.
Matial, Epigrammata 10.23,7–8

An di sint caelumque regant, ne quaere 582
doceri: / cum sis mortalis, quae sunt mortalia, cura.
Versuch nicht zu erfahren, ob es Götter gibt und sie im Himmel herrschen: Du bist ein Mensch, sorge dich um das Menschliche.
Disticha Catonis 2.2

An dives omnes quaerimus, nemo an 583
bonus.
Alle fragen, ob jemand reich ist, niemand, ob er gut ist.
Euripides bei Seneca, Epistulae morales 115,14

An ego totiens de eadem re audiam? 584
Soll ich mir ständig dasselbe anhören?
Terenz, Adelphoe 128

Anathema sit! 585
Er sei verflucht.
Vulgata, Epistula ad Corinthios 1.16,22

586 Anceps forma bonum mortalibus, /
exigui donum breve temporis, /
ut velox celeri pede laberis!
Schönheit, zwiespältiges Gut für die Menschen, kurzlebiges Geschenk von kurzerr Dauer, wie rasch entschwindestt du mit schnellem Fuß!
Seneca, Phaedra 761–763

587 Anceps hic et lubricus locus est.
Das ist eine fragliche und heikle Sache.
Plinius, Epistulae 1.8,6

588 Anceps malum urget.
Ein doppeltes Übel droht.
Livius, Ab urbe condita 3.28,9

589 ancoras tollere
sich aus dem Staub machen
Varro, De re rustica 3.17,1

590 angelica salutatio
der Engelsgruß
Petrus Damianus, Sermones 46

591 angina pectoris
Brustbeklemmung

592 Anguilla est: elabitur.
Er ist ein Aal: Er entgleitet.
Plautus, Pseudolus 747

593 anilia praecepta
alte Vorschriften
Seneca, Epistulae morales 94,2

anima candida 594
eine reine Seele
Horaz, Sermones 1.5,41

Anima de caelo cadit. 595
Die Seele fällt vom Himmel.
Tertullian, De testimonio animae 6,3

Anima est amica amanti. 596
Die Freundin ist für den Liebenden das Leben.
Plautus, Bacchides 193

Anima est tamquam principium omnium animalium. 597
Die Seele ist der Grundstoff alles Belebten.
Auctoritates, Aristoteles, De anima 4

Anima igitur immortalis est. 598
Die Seele ist folglich unsterblich.
Cassiodor, De anima 4

Anima saturata calcabit favum, anima esuriens et amarum pro dulce sumet. 599
Eine satte Seele zertritt die Wabe, einer hungrigen ist auch Bitteres süß.
Vulgata, Liber proverbiorum 27,7

animae dimidium meae 600
mein halbes Leben
Horaz, Carmina 1.3,8

Animae duae, animus unus. 601
Zwei Seelen, ein Gedanke.
Sidonius Apollinaris, Epistulae 5.9,4

602 Animae morbus est impossibilia cupere.
Unmögliches zu begehren ist eine Krankheit der Seele.
Bias bei Burley, Liber de vita et moribus philosophorum

603 animal sociale atque commune
auf das soziale Leben gerichtetes Wesen
Lactantius, Epitome 29,2

604 Animam debet.
Er schuldet seine Seele.
Terenz, Phormio 661

605 animi causa
zum Vergnügen
Plautus, Asinaria 542

606 Animi est enim omnis actio et imago animi vultus.
Vom Geist hängt die Rede ab, und dessen Abbild ist das Gesicht.
Cicero, De oratore 3.221

607 Animi motus eos putemus sanissimos validissimosque, qui nostro arbitrio ibunt, non suo ferentur.
Die seelischen Regungen müssen wir für die gesündesten und stärksten halten, die unserem Willen fügen und sich nicht durch den eigenen Trieb hinreißen lassen.
Seneca, De ira 2.34,7

Animi non omnes culti fructum ferunt. 608
Nicht alle ausgebildeten Seelen tragen Frucht.
Cicero, Tusculanae disputationes 2.13

Animi remedia inventa sunt ab antiquis; 609
quomodo autem admoveantur aut quando, nostri operis est quaerere.
Heilmittel für die Seele haben schon die Alten gefunden; aber zu wissen, wie sie angewendet werden und wann, das ist unsere Aufgabe.
Seneca, Epistulae morales 64,8

Animo aegrotanti medicus est oratio. 610
Worte sind Medizin für ein krankes Gemüt.
Erasmus, Adagia 2100

Animo cupienti nihil satis festinatur. 611
Einem gierigen Menschen geht nichts schnell genug.
Sallust, Bellum Iugurthinum 64,6

Animo dolenti nil oportet credere. 612
Einem Leidenden soll man nichts glauben.
Publilius Syrus, Sententiae 27

Animo imperabit sapiens, stultus serviet. 613
Der Weise beherrscht seine Gefühle, der Narr dient ihnen.
Publilius Syrus, Sententiae 41

614 Animo ni imperabis, animus imperet potius tibi.
Wenn du nicht Herr deiner Leidenschaften wirst, herrschen die Leidenschaften bald über dich.
Publilius Syrus, Sententiae 700

615 Animo nunc huc, nunc fluctuat illuc.
Innerlich schwankt er bald hierhin, bald dorthin.
Vergil, Aeneis 10.680

616 Animo ventrique imperare debet, qui frugi esse volt.
Trieb und Bauch muss beherrschen, wer ein guter Mensch sein will.
Publilius Syrus, Sententiae 701

617 Animo virum pudicae, non oculo eligunt.
Sittsame Frauen suchen sich ihren Mann mit dem Herzen, nicht mit dem Auge.
Publilius Syrus, Sententiae 36

618 Animorum impetus assiduus labor franget.
Stete Anstrengung wird die geistige Kraft lahm legen.
Seneca, De tranquillitate animi 17,5

619 Animos immoderata felicitas rumpit.
Zu großes Glück zerbricht die Menschen.
Seneca, Epistulae morales 39,4

Animosa nullos mater admittit metus. 620
Eine beherzte Mutter hat keine Furcht.
Seneca, Troades 588

animula vagula blandula … 621
Seelchen, schweifendes, schmeichelndes …
Historiae Augustae scriptores, Hadrianus 25,9

Animus aequus optimum est aerumnae 622
condimentum.
Gelassenheit ist die beste Würze im Leid.
Plautus, Rudens 402

Animus affectus minimis offenditur, 623
adeo ut quosdam salutatio et epistula et oratio et interrogatio in litem evocent.
Ein leidendes Gemüt wird schon von Kleinigkeiten gereizt, so dass ein Gruß, ein Brief, eine Anrede oder eine Frage Verärgerung hervorrufen kann.
Seneca, De ira 3.9,5

animus auctoris 624
Täterwille

animus corrigendi 625
Absicht zu verbessern
Corpus Iuris Civilis, Digesta 47.10,15,38 (Ulpianus)

626 Animus defessus audiendo aut admiratione integratur aut risu novatur.
Ein vom Zuhören müder Geist frischt sich entweder durch Staunen wieder auf oder erholt sich durch Lachen.
Cicero, De inventione 1.25

627 animus donandi
Schenkungsabsicht
Corpus Iuris Civilis, Digesta 2.14,32 (Paulus)

628 Animus enim ut luxu solvitur, ita frugalitate firmatur.
Wohlstand ermüdet den Geist, Genügsamkeit stärkt ihn.
Minucius Felix, Octavius 36,3

629 Animus est in patinis.
Er ist in Gedanken bei den Schüsseln.
Terenz, Eunuchus 816

630 Animus est, qui divites facit.
Der Geist ist es, der reich macht.
Seneca, Ad Helviam matrem de consolatione 11,5

631 animus fraudandi
Betrugsabsicht

632 Animus gaudens aetatem floridam facit, spiritus tristis exsiccat ossa.
Ein fröhliches Herz macht das Leben lustig, ein betrübter Sinn vertrocknet die Gebeine.
Vulgata, Liber proverbiorum 17,22

Animus hominis quicquid sibi imperat, obtinet. 633
Der Mensch bekommt alles, was er sich abverlangt.
Walther, Proverbia sententiaeque 1074a

Animus in pedes decidit. 634
Das Herz fällt in die Füße.
Erasmus, Adagia (nach Homer)

animus iniuriandi 635
krimineller Sinn

Animus meminisse horret. 636
Meine Seele schaudert bei der Erinnerung.
Vergil, Aeneis 2.12

Animus quidem ipse sacer et aeternus est et cui non possit inici manus. 637
Der Geist selbst ist heilig und ewig und gegen äußere Einwirkung geschützt.
Seneca, Ad Helviam matrem de consolatione 11,7

Animus, quod perdidit, optat / atque in praeterita se totus imagine versat. 638
Der Mensch trauert dem Verlorenen nach und geht ganz in der Erinnerung an die Vergangenheit auf.
Petron, Satyricon 128,6

animus socii 639
Wille des Tatbeteiligten

640 Animus, vereri qui scit, scit tuto ingredi.
Wer sich fürchten kann, weiß in Sicherheit auszukommenn.
Publilius Syrus, Sententiae 3

641 anni praesentis
im gegenwärtigen Jahr
Vulgata, Liber Esther 3,13

642 anni praeteriti (a. p.)
im vergangenen Jahr
Cassiodor, Variae 12.25,4

643 anno …
im Jahr …

644 anno Domini (a. D. oder A. D.)
im Jahr des Herrn (d. h. nach Christi Geburt)
Consuetudines 263

645 Annosa arbor non transplantatur.
Einen alten Baum verpflanzt man nicht.
Walther, Proverbia sententiaeque 1091a

646 Annosa vulpes haud capitur laqueo.
Ein alter Fuchs lässt sich nicht zweimal in derselben Schlinge fangen.
Erasmus, Adagia 917 (nach Zenobios)

647 Annoso leoni vel lepores insultant.
Einen alten Löwen verspotten sogar die Hasen.
Walther, Proverbia sententiaeque 34810

Annuit coeptis. 648
(Gott) heißt unser Beginnen gut.
Inschrift auf dem Siegel der USA

Annus producit, non ager. 649
Das Jahr lässt die Saat wachsen, nicht der Acker.
Erasmus, Adagia 44 (nach Theophrast)

Ante antidotum quam venenum. 650
Erst das Gegenmittel, dann das Gift.
Hieronymus, Adversus Rufinum 2,34

ante Christum natum (a. Chr. n.) 651
vor Christi Geburt

ante cibum 652
vor der Mahlzeit
Plinius maior, Naturalis historia 23.41

Ante circumspiciendum est, cum 653
quibus edas et bibas, quam quid edas et bibas.
Zuerst muss man darauf achten, mit wem man isst und trinkt, dann, was man isst und trinkt.
Epikur bei Seneca, Epistulae morales 19,10

Ante conscientiae consulendum est 654
quam famae.
Man muss eher sein Gewissen befragen als die öffentliche Meinung.
Velleius Paterculus, Historia Romana 2.115,5

655 Ante consulas / post agas.
Denk erst nach, dann handle.
Rom, Sala Paolina in der Engelsburg (über der Statue der Klugheit)

656 Ante dapem vina tibi sumas pro medicina.
Vor dem Mahl trink den Wein als Medizin.
Walther, Proverbia sententiaeque 1115

657 ante diem
vor Tagesanbruch
Cicero, Ad Atticum 16.2,1 bzw. Vergil, Aeneis 1.374

658 Ante diem mortis nullus laudabilis exstat.
Vor seinem Todestag ist niemand rühmenswert.
Monosticha Catonis A22

659 Ante factum, post relatum.
Erst im Nachhinein registriert.
Cicero, De oratore 2.280

660 ante lentem augere ollam
vor der Linsenernte sich einen größeren Topf zulegen
Erasmus, Adagia 2097 (nach Krates)

661 ante meridiem (a. m.)
vor dem Mittag
Cicero, De oratore 3.17

Ante molam primo veniens molet hic prius imo. 662
Wer zuerst zur Mühle kommt, mahlt nicht als Letzter.
Walther, Proverbia sententiaeque 1142

ante mortem 663
vor dem Tod
Cicero, Ad Quintum fratrem 3.5,1

Ante mortem ne laudes hominem quemquam. 664
Rühme niemanden vor seinem Ende.
Vulgata, Liber Ecclesiasticus 11,30

Ante omnia norit quisque naturam sui corporis. 665
Vor allem anderen sollte jeder die Beschaffenheit seines Körpers kennen.
Celsus, De medicina 1.3,13

ante portas 666
vor den Toren (d. h. im Kommen)

Ante prandium esurire, ante potum sitire, ante lucem surgere sanitas magna est. 667
Hunger vor dem Essen, Durst vor dem Trinken, Aufstehen vor Tagesanbruch, das sichert gute Gesundheit.
Galandus, Libellus Proverbiorum 1

668 Ante senectutem curavi, ut bene viverem; in senectute, ut bene moriar; bene autem mori est libenter mori.
Vor Eintritt des Alters war ich darauf bedacht, ordentlich zu leben, im Alter, gut zu sterben; gut sterben aber heißt gern sterben.
Seneca, Epistulae morales 61,2

669 Ante suas aedes semper canis est animosus.
Vor seiner Hütte ist ein Hund immer mutig.
Walther, Proverbia sententiaeque 1161

670 Ante victoriam triumphandum non est.
Vor dem Sieg soll man nicht triumphieren.
Walther, Proverbia sententiaeque 34824

671 Antequam voceris, ad consilium ne accesseris.
Komm nicht zur Beratung, ehe man dich ruft.
Sententiae Catonis 7

672 antica expulsum postica recipere
durch die Hintertür kommend
volkstümlich

673 Antiquior omnibus veritas.
Nichts ist älter als die Wahrheit.
Tertullian, Apologeticum 47,1

674 Antiquitates saeculi iuventus mundi.
Das Alter des Jahrhunderts ist die Jugend der Welt.
Bacon, De dignitate et augmentis scientiarum 1

Antiquus amor cancer est. 675
Eine alte Liebe ist ein Krebs.
Petron, Satyricon 42,7

Anulus in digito subter tenuatur habendo. 676
Ein Ring nutzt sich am Finger durch den Gebrauch ab.
Lukrez, De rerum natura 1.312

Anus cum ludit, morti delicias facit. 677
Wenn eine Alte fröhlich ist, spielt sie mit dem Tod.
Publilius Syrus, Sententiae 30

Anus rursum ad armillum. 678
Die Alte wieder zum Weinkrug.
Nonius Marcellus, De compendiosa doctrina 2. (Armillum)

Anus subsultans multum excitat pulveris. 679
Eine tanzende Alte wirbelt viel Staub auf.
Erasmus, Adagia 1712 (nach Zenobios)

Apage, Satana! 680
Weiche, Satan!
Vulgata, Evangelium secundum Matthaeum 4,10

Apelles post tabulam 681
Apelles hinter seinem Gemälde (wo der griechische Maler das Urteil der Betrachter erlauscht haben soll)
Plinius maior, Naturalis historia 35.84

682 Aperta quoque apertiora fieri solent.
Auch Verständliches kann oft noch verständlicher werden.
Seneca, Epistulae morales 94,26

683 aperta transire
am Offenbaren vorbeigehen
Seneca, Epistulae morales 68,4

684 Aperte mala cum est mulier, tum demum est bona.
Wenn eine Frau offensichtlich böse ist, dann ist sie gut.
Publilius Syrus, Sententiae 20

685 apertis tibiis
mit unverdeckten Grifflöchern
Quintilian, Institutio oratoria 11.3,50

686 Apertius indica mihi, ut intelligam.
Sag es klar, damit ich es verstehe.
Historia Apollonii regis Tyri 15

687 aperto pectore
mit offenem Herzen
Cicero, Laelius de amicitia 97

688 aperto vivere voto
mit offenbaren Wünschen leben
Persius, Saturae 2,7

Apex est autem senectutis auctoritas. 689
Der größte Schmuck des Alters ist die Autorität.
Cicero, Cato maior de senectute 60

Apiscimur possessionem corpore et animo, 690
neque per se animo aut per se corpore.
Besitz erwerben wir mit dem Körper und dem Willen und nicht nur mit dem Körper oder nur mit dem Willen.
Corpus Iuris Civilis, Digesta 41.2,3,1 (Paulus)

Appingit fluctibus aprum. 691
Ein Wildschwein in die Wellen malen.
Horaz, De arte poetica 30

Approximavit sidera. 692
die Sterne näherbringen.
Grabschrift Fraunhofers (1787–1826)

Apta mihi vis est, vi tristia nubila pello. 693
Zu mir passt Gewalt, mit Gewalt verjage ich die düsteren Wolken.
Ovid, Metamorphoses 6.690

apud acta 694
aktenkundig
Fragmenta Vaticana 249

Apud bonos enim homines amicitia 695
praemio non comparatur.
Mit guten Menschen erwirbt man keine Freundschaft durch Belohnung.
Historia Apollonii regis Tyri 8

696 Apud Deum autem omnia possibila sunt.
Bei Gott ist alles möglich.
Vulgata, Evangelium secundum Matthaeum 19,26

697 Apud me, ut apud bonum iudicem, argumenta plus quam testes valent.
Wie bei einem guten Richter sind für mich Tatsachen wichtiger als Zeugen.
Cicero, De re publica 1.59

698 apud novercam queri
bei der Stiefmutter klagen
Plautus, Pseudolus 314

699 Apud paucos post rem manet gratia.
Nur wenige sind nach Erhalt der Sache dankbar.
Seneca, De beneficiis 1.12,2

700 aqua destillata
destilliertes Wasser

701 aqua et igni interdicere
von Wasser und Feuer ausschließen
Cicero, De domo sua 47

702 Aqua et panis – vita canis.
Wasser und Brot – ein Leben für Hunde.
Walther, Proverbia sententiaeque 1234a

703 Aqua haeret.
Das Wasser staut sich
Cicero, De officiis 3.117

Aqua quieta periculosior nulla. 704
Kein Wasser ist gefährlicher als das stille.
volkstümlich

aqua vitae 705
Wasser des Lebens

Aquae furtivae dulciores sunt. 706
Geraubte Wasser sind süßer.
Vulgata, Liber proverbiorum 9,17

Aquam bibens nihil boni parias. 707
Wer nur Wasser zu trinken hat, bringt nichts Gutes zustande.
Erasmus, Adagia 1502 (nach Zenobios)

Aquam foras, vinum intro. 708
Weg mit dem Wasser, rein mit dem Wein!
Petron, Satyricon 52,6

aquam frigidam suffundere 709
mit kaltem Wasser übergießen
Plautus, Cistellaria 35

Aquam hercle plorat, cum lavat, profundere. 710
Wenn er sich wäscht, weint er darüber, dass Wasser verschwendet wird.
Plautus, Aulularia 308

aquam igni miscere 711
Wasser mit Feuer mischen
Erasmus, Adagia 3294 (nach Plutarch)

712 aquam liberam gustare
das Wasser der Freiheit genießen
Petron, Satyricon 71,1

713 aquas in mare fundere
Wasser ins Meer gießen
Ovid, Amores 3.2,34

714 aquas infundere in cinerem
Wasser in die Asche schütten
Pseudo-Quintilian, Declamationes maiores 12,23

715 Aquila non captat muscas.
Ein Adler fängt keine Fliegen.
Erasmus, Adagia 2165 (nach Zenobios)

716 Aquilam cornix provocat.
Die Krähe fordert einen Adler heraus.
Erasmus, Adagia 2218 (nach Apostolios)

717 Aquilam volare doces.
Einem Adler das Fliegen lehren.
Walther, Proverbia sententiaeque 34864

718 Aquis submersus.
Im Wasser ertrunken.
Grabschrift; Titel einer Novelle von Theodor Storm

719 Arabum gazae
die Schätze der Araber
Horaz, Carmina 1.29,1–2

arare bove et asino 720
mit einem Ochsen und einem Esel ackern
Hieronymus, Epistulae 123,5

Arare malim quam sic amare. 721
Besser pflügen als so lieben.
Plautus, Mercator 356

Arator nisi incurvus praevaricatur. 722
Wenn der Bauer sich nicht bückt, kann er nicht gerade pflügen.
Plinius maior, Naturalis historia 18.179

Arbitrii non est nostri, quid quisque loquatur. 723
Wir können kein Urteil darüber fällen, was alle reden.
Disticha Catonis 3.2,2

arbitrio popularis aurae 724
nach der willkürlichen Gunst des Volkes
Horaz, Carmina 3.2,20

Arbor honoretur, cuius nos umbra tuetur. 725
Ehre den Baum, dessen Schatten schützt.
Walther, Proverbia sententiaeque 1244

Arbor iniqua bonos nescit producere fructus. 726
Ein schlechter Baum kann keine guten Früchte haben.
Walther, Proverbia sententiaeque 1247

727 Arbor non primo, sed saepe cadit feriendo.
Der Baum fällt nicht mit dem ersten Schlag, sondern nach vielen Schlägen.
Walther, Proverbia sententiaeque 1251

728 Arbor per primum non quaevis corruit ictum.
Nicht jeder Baum fällt durch den ersten Axthieb.
Walther, Proverbia sententiaeque 1254

729 Arbor sit qualis, fas est cognoscere malis.
Den Baum kann man an den Äpfeln erkennen.
Walther, Proverbia sententiaeque 1258

730 Arbore de dulci dulcia poma cadunt.
Vom lieblichen Baum kommen liebliche Früchte.
Panfilus 350

731 Arbore deiecta quivis ligna colligit.
Ist der Baum gefällt, sammelt jeder sein Holz.
Erasmus, Adagia 2086 (nach Theokritos)

732 Arboris appellatione etiam vites continentur.
Die Bezeichnung Baum gilt auch für Rebstöcke.
Corpus Iuris Civilis, Digesta 43.27,1,3 (Ulpianus)

Arcanum demens detegit ebrietas. 733
Trunkenheit enthüllt Geheimnisse.
Anthologia Latina 1.633,6

arcem facere e cloaca 734
aus einer Kloake ein Schloss machen
Cicero, Pro Plancio 95

Ardor inexpertum nil sinet esse meus. 735
Meine Wut versucht alles.
Ovid, Heroides 20,42

Ardua molimur, sed nulla, nisi ardua, virtus. 736
Wir wollen uns anstrengen, denn ohne Anstrengung gibt es keinen Erfolg.
Ovid, Ars amatoria 2.537

Ardua per praeceps gloria vadit iter. 737
Schwer und steil ist der Weg zum Ruhm.
Ovid, Tristia 4.3,74

Ardua res est regi simul carum esse et gregi. 738
Es ist schwer, beim König und zugleich dem Volk beliebt zu sein.
Walther, Proverbia sententiaeque 1313

Arduum est eodem loci potentiam et concordiam esse. 739
Machtgier und Einigkeit lassen sich nur schwer miteinander vereinen.
Tacitus, Annales 4.4,1

740 Arduum videtur res gestas scribere.
Geschichte schreiben ist eine schwere Sache.
Sallust, De coniuratione Catilinae 3,2

741 Argenteis pugna telis, atque omnia vinces.
Kämpfe mit silbernen Waffen, und du wirst alle besiegen.
Walther, Proverbia sententiaeque 1324

742 argenti sitis importuna famesque
unstillbarer Durst und Hunger nach Geld
Horaz, Epistulae 1.18,23

743 Argumenta non sunt numeranda, sed ponderanda.
Argumente sollen nicht gezählt, sondern müssen abgewogen werden.
Rechtsregel

744 argumentum ad absurdum
absurdes Argument

745 argumentum ad baculum
Berufung auf die Macht

746 argumentum ad hominem
ein Argument für die Menschlickeit

747 argumentum e contrario
Schlussfolgerung aus dem Gegenteil
Julius Victor, Ars rhetorica 39

Argumentum morum ex minimis quoque licet capere. 748
Auf den Charakter kann man auch aus Kleinigkeiten schließen.
Seneca, Epistulae morales 52,12

Arida pellente lascivos amores canitie. 749
Lüsterne Leidenschaften vertreiben das Alter.
Horaz, Carmina 2.11,6–8

Arma amens capio, nec sat rationis in armis. 750
Kopflos zu den Waffen, doch in den Waffen liegt keien Vernunft.
Vergil, Aeneis 2.314

Arma, nisi ut summoveas. 751
Mit Waffen, um Waffen zu verhindern.
Walther, Proverbia sententiaeque 899

Arma vincunt leges. 752
Gewalt geht vor dem Gesetz.
Seneca, Hercules furens 401

Armaque in armatos sumere iura sinunt. 753
Mit Waffen darf man gegen Bewaffnete vorgehen.
Ovid, Ars amatoria 3.492

Armati nudum non privant quattuor unum. 754
Einen nackten Mann können auch vier Bewaffnete nicht ausrauben.
Walther, Proverbia sententiaeque 1358

755 Arrectae sunt horrore comae.
Vor Schreck sträuben sich die Haare.
Vergil, Aeneis 4.280

756 arrectis auribus
mit gespitzten Ohren
Vergil, Aeneis 1.152

757 Arrige aures!
Spitz die Ohren!
Terenz, Andria 933

758 Ars aemula naturae.
Die Kunst ist der Natur ähnlich.
Apuleius, Metamorphoses 2.4,5

759 ars amandi
Liebeskunst
Titel, mit dem oft die Ars amatoria von Ovid bezeichnet wird

760 ars antiqua
die alte Kunst

761 Ars casu similis.
Kunst ist Zufall.
Ovid, Ars amatoria 3.155

762 Ars deluditur arte.
List wird mit List besiegt.
Disticha Catonis 1.26

Ars est celare artem. 763
Es ist eine Kunst, die Kunst nicht zu merken.

Ars est enim philosophia vitae; de qua 764
disserens arripere verba de foro non potest.
Philosophie ist die Lehre der Lebenskunst; wer von ihr spricht, kann seine Worte nicht vom Markt holen.
Cicero, De finibus bonorum et malorum 3.4

Ars est posse suis adhibere silentia 765
rebus: / parturit invidiam garrulitatis amor.
Es gehört schon etwas dazu, von den eigenen Dingen zu schweigen; Geschwätzigkeit macht neidisch.
Ovid, Ars amatoria 2.603–604

Ars gratia artis. 766
Kunst um der Kunst willen.
Motto von Metro-Goldwyn-Mayer (Hollywood)

Ars hominis magnum superat studiosa 767
periclum.
Es ist eine große Kunst des Menschen die Gefahr durch Ausdauer zu überwinden.
Panfilus 469

Ars humana aedificavit urbes. 768
Menschliche Kunst hat Städte erbaut.
Varro, De re rustica 3.1,4

769 Ars imitatur naturam, in quantum potest.
Die Kunst ahmt so viel wie möglich die Natur nach.
Auctoritates, Aristoteles, Physica 60

770 ars inveniendi
die Kunst des Erfindens
Cicero, Topica 6

771 Ars longa, vita brevis.
Die Kunst ist lang, das Leben kurz.
Hippokrates bei Seneca, De brevitate vitae 1,1

772 ars moriendi
die Kunst des Sterbens
Titel eines Trostbuchs von Gerson (1363–1429)

773 ars nova
die neue Kunst
Titel eines Traktats von Philippe de Vitry (ca. 1320)

774 Ars poetica
Kunst der Poesie
Horaz, übliche Bezeichnung für seine Epistula ad Pisones

775 Ars prima regni est posse invidiam pati.
Die erste Kunst des Herrschers ist, den Neid zu ertragen.
Seneca, Hercules furens 353

ars sterilis 776
brotlose Kunst

Ars supplet defectum naturae. 777
Die Kunst gleicht den Mangel der Natur aus.
Auctoritates, Aristoteles, Politica 134

Artem ne pudeat proloqui, quam factites. 778
Schäm dich nicht für den Beruf, den du ausübst.
Cicero, Orator 147

Artem non odit, nisi qui non novit. 779
Die Kunst verachtet nur, wer nichts von ihr versteht.
Walther, Proverbia sententiaeque 1476

Artem quaevis alit terra. 780
Jedes Land ernährt die Kunst.
Sueton, De vita Caesarum, Nero 40,2

artes liberales 781
die freien Künste
Sueton, De vita Caesarum, Tiberius 70,1

Artibus ingenuis quaesita est gloria multis. 782
Viele haben in den Künsten Ruhm erworben.
Ovid, Epistulae ex Ponto 2.7,47

Artificium numquam moritur. 783
Handwerk stirbt nie.
Petron, Satyricon 46,8

784 Artis maxime proprium est creare et gignere.
Schaffen und Zeugen ist die Hauptsache in der Kunst.
Zenon bei Cicero, De natura deorum 2.57

785 asciam sibi in crus impingere
sich mit der Axt ins Bein treffen
Petron, Satyricon 74,16

786 Asini est clitellam ferre libenter.
Der Esel tut gern Lasten tragen.
Palingenius, Zodiacus vitae 5.462

787 asinus ad lyram
ein Esel mit der Leier
Phaedrus, Liber fabularum, Appendix Perottina 14

788 Asinus asino pulcherrimus.
Für einen Esel ist ein Esel am schönsten.
Erasmus, Adagia 3964 (nach Diogenes Laertios)

789 Asinus asinum fricat.
Ein Esel kratzt den anderen
Walther, Proverbia sententiaeque 34950a

790 asinus in cathedra
ein Esel auf dem Katheder
volkstümlich

791 asinus in tegulis
ein Esel auf dem Dach
Petron, Satyricon 63,2

Asinus stramenta mavult quam aurum. 792
Ein Esel mag lieber Heu als Gold.
Erasmus, Adagia 3738 (nach Aristoteles)

Aspera disce pati, si vis aeterna lucrari. 793
Lerne Schwierigkeiten zu ertragen, wenn du ewigen Ruhm willst.
Walther, Proverbia sententiaeque 1545a

Asperitas odium saevaque bella 794
movet.
Grobheit weckt Hass und Krieg.
Ovid, Ars amatoria 2.146

Asperius nihil est humili, cum surgit in 795
altum.
Keiner ist unzugänglicher als jemand von niedrigem Stand, der nach oben kommt.
Claudianus, In Eutropium 1,181

Aspice et inspice! 796
Betrachte und prüfe!
Wahlspruch Kaiser Karls VI.

Aspicere oportet, quicquid possis 797
perdere.
Was man verlieren kann, das muss man im Auge behalten.
Publilius Syrus, Sententiae 9

Aspiciunt oculi duo lumine clarius 798
uno.
Zwei Augen sehen klarer als eines.
Walther, Proverbia sententiaeque 1582a

799 Aspiciunt oculis superi mortalia iustis.
Die Götter blicken auf die Menschen mit gerechten Augen.
Ovid, Metamorphoses 13.70

800 Assem habeas, assem valeas; habes, habeberis.
Hast du einen Groschen, bist du einen Groschen wert; hast du etwas, giltst du als etwas.
Petron, Satyricon 77,6

801 Assidua ei sunt tormenta, qui se ipsum timet.
Ständige Qualen leidet, wer sich vor sich selber fürchtet.
Publilius Syrus, Sententiae 699

802 Assidua eminentis fortunae comes invidia.
Ausdauernder Begleiter des Erfolgs ist der Neid.
Velleius Paterculus, Historia Romana 1.9,6

803 Assidua stilla saxum excavat.
Steter Tropfen höhlt den Stein.
Erasmus, Adagia 2203 (nach Apostolios)

804 assiduis occupationibus impediri
ständig mit Geschäften beschäftigt
Plinius, Epistulae 7.2,1

805 Assiduos Deus ipse iuvat, verum odit inertes, / et sua dat nullis absque labore bona.
Den Fleißigen hilft Gott, doch er hasst die Faulen und gibt keinem etwas ohne Mühsal.
Walther, Proverbia sententiaeque 1602

Assiduus generis humani discursus est. 806
Cotidie aliquid in tam magno orbe mutatur.
Unaufhörlich reisen die Menschen hin und her. Täglich ändert sich etwas in der großen Welt.
Seneca, Ad Helviam matrem de consolatione 7,5

Assiduus usus uni rei deditus et 807
ingenium et artem saepe vincit.
Lange Erfahrung mit einer Sache, ist oft mehr wert als Begabung und Geschick.
Cicero, Pro Balbo 45

Assignatum a natura locum tuere. 808
Quaeris, quis hic sit locus? Viri.
Du musst den Posten halten, den die Natur dir angewiesen hat. Du fragst, was das für ein Posten ist? Der eines Mannes.
Seneca, De constantia sapientis 19,4

Assuesce unus esse. 809
Gewöhne dich daran, ein Einzelner zu sein.
Ambrosius, Epistulae extra collectionem 14,60

Assuesces et dicere verum et audire. 810
Man muss sich daran gewöhnen, die Wahrheit zu sagen und anzunehmen.
Seneca, Epistulae morales 68,6

Astra regunt homines, sed regit astra Deus. 811
Die Sterne herrschen über die Menschen, doch Gott herrscht über die Sterne.
Walther, Proverbia sententiaeque 1620

812 Astutam vapido servat sub pectore vulpem.
In seinem bösen Herzen nistet die Schlauheit des Fuchses.
Persius, Saturae 5,117

813 At haec individua bona, pax et libertas, ea tam omnium tota quam singulorum sunt.
Friede und Freiheit sind unteilbar, sie gehören allen und jedem Einzelnen.
Seneca, Epistulae morales 73,8

814 At mihi nulla satis nuda puella iacet.
Aber mir liegt kein Mädchen nackt genug da.
Matial, Epigrammata 11.104,7

815 At non effugies meos iambos!
Doch meinen Jamben wirst du nicht entfliehen.
Catull frg. 3

816 At non est beneficium, quod ingeritur recusanti.
Was man einem gegen seinen Willen aufzwingt, ist keine Wohltat.
Lactantius, Divinae institutiones 5.20,5

817 At nonnumquam bonos exitus habent boni.
Manchmal haben die Guten auch ein gutes Ende.
Cicero, De natura deorum 3.89

At nunc in feminis prae auro nullum leve est membrum, prae vino nullum liberum est osculum, repudium vero iam et votum est, quasi matrimonii fructus. 818
Heute ist bei den Frauen kein Körperteil mehr ohne Goldbehang, kein Kuss ungezwungen durch allzuviel Wein, der Gedanke an Auflösung der Ehe ist schon bei dem Versprechen der Ehe dabei, gewissermaßen als Ergebnis der Ehe.
Tertullian, Apologeticum 6,6

At pulchrum est digito monstrari et dicier: Hic est! 819
Schön ist es, wenn die Leute mit dem Finger auf einen zeigen und sagen: Das ist er!
Persius, Saturae 1,28

At qui favoris gloriam veri petit, / animo magis quam voce laudari volet. 820
Wer echte Anerkennung haben will, will eher mit dem Herzen als mit Worten gelobt werden.
Seneca, Thyestes 209–210

At qui se supra modum extollit, premere ac despicere creditur nec tam se maiorem quam minores ceteros facere. 821
Wer sich über das Mittelmaß hinaus erhebt, von dem glaubt man, er unterdrücke und verachte die anderen und mache weniger sich selbst groß als vielmehr diese klein.
Quintilian, Institutio oratoria 11.1,16

822 At suave est ex magno tollere acervo.
Es ist ein gutes Gefühl, aus dem Vollen zu schöpfen.
Horaz, Sermones 1.1,51

823 At sunt morosi et anxii et iracundi et difficiles senes.
Alte Leute sind mürrisch und ängstlich und jähzornig und unzugänglich.
Cicero, Cato maior de senectute 65

824 At te nocturnis iuvat impallescere chartis.
Du hast Freude am nächtlichen Studium.
Persius, Saturae 5,62

825 At tu, dum primi floret tibi temporis aetas, / utere: non tardo labitur illa pede.
Solange die Zeit deiner Jugend blüht, nutze sie; sie gleitet nicht langsamen Schrittes dahin.
Tibull, Elegiae 1.8,47

826 At veniam ignorantia iure meretur, / forte sit et nobis haec excusatio certa.
Doch Unwissenheit hat Anspruch auf Vergebung, diese Rechtfertigung könnte auch für uns gelten.
Dracontius, De laudibus Dei 2.275–276

827 At vindicta bonum vita iucundius ipsa.
Rache ist ein angenehmeres Gut als das Leben selbst.
Juvenal, Saturae 13,180

At voluptas tunc, cum maxime delectat, 828
exstinguitur.
Doch die Lust stirbt gerade dann, wenn sie am meisten Freude macht.
Seneca, De vita beata 7,4

Atque ego optimum et emendatissimum 829
existimo, qui ceteris ita ignoscit, tamquam ipse cottidie peccet, ita peccatis abstinet, tamquam nemini ignoscat.
Ich halte den für den besten und vollkommensten Menschen, der den anderen verzeiht, als ob er selbst täglich Fehler beginge, sich selbst aber vor Verfehlungen hütet, als ob er niemand verzeihen würde.
Plinius, Epistulae 8.22,2

Atque etiam in rebus prosperis et ad 830
voluntatem nostram fluentibus superbiam magnopere fastidium arrogantiamque fugiamus.
Auch wenn wir Erfolg haben und alles nach unseren Willen geschieht, müssen wir uns vor Überheblichkeit, Hochmut und Anmaßung sehr hüten.
Cicero, De officiis 1.90

Atque utinam muti omnes homines 831
essemus! Minus improbitas instrumenti haberet.
Ach, wären wir Menschen doch alle ohne Sprache! Die Unredlichkeit hätte ein Werkzeug weniger.
Cato bei Gellius, Noctes Atticae 18.7,3

832 Atqui, in quem cadit aegritudo, in eundem timor.
Doch wen Sorge plagt, den plagen auch Ängste.
Cicero, Tusculanae disputationes 3.14

833 Atqui melius fuisset non queri quam vindicari.
Es wäre doch besser gewesen, keinen Grund zur Klage zu haben, als dass eingegriffen werden muss.
Tacitus, Dialogus de oratoribus 41,2

834 Atqui tertium certe nihil inveniri potest.
Eine dritte Möglichkeit gibt es nicht.
Cicero, Cato maior de senectute 66

835 Attempto.
Ich wag's.
Wahlspruch des Grafen Eberhard im Bart von Württemberg

836 Attendite a falsis prophetis, qui veniunt ad vos in vestimentis ovium, intrinsecus autem sunt lupi rapaces.
Hütet euch vor den falschen Propheten, die zu euch im Schafsgewand kommen, innerlich aber reißende Wölfe sind.
Vulgata, Evangelium secundum Matthaeum 7,15

Attenuant iuvenum vigilatae corpora noctes. 837
Durchwachte Nächte schwächen den Leib der jungen Männer.
Ovid, Ars amatoria 1.735

Auctor abit operis, sed tamen exstat opus. 838
Der Schöpfer des Werks verschwindet, und doch bleibt das Werk erhalten.
Consolatio ad Liviam 238

Auctor opus laudat. 839
Jeder lobt sein Werk.
Ovid, Epistulae ex Ponto 3.3,9

Auctor se non obligat. 840
Der Vertreter haftet nicht
Rechtsregel

Auctoritas ab oratoribus vel historicis peti solet. 841
Von Rednern oder Historikern erwartet man Glaubwürdigkeit.
Quintilian, Institutio oratoria 1.6,2

Auctoritas, non veritas facit legem. 842
Die Macht, nicht die Wahrheit schafft das Gesetz.
Hobbes (1588–1679)

auctoritas tutoris 843
Zustimmung des Vormunds
Cicero, In Verrem 2.1,144

844 Audacem fecerat ipse timor.
Die Furcht selbst hat den Mut geweckt.
Ovid, Fasti 3.644

845 Audaces cogimur esse metu.
Furcht zwingt uns, tapfer zu sein.
Ovid, Tristia 1.4,4

846 Audaces fortuna iuvat.
Dem Tapferen hilft das Schicksal.
Corippus, Ioannis 1.561–562

847 Audacia pro muro habetur.
Durch Mut hat man einen Schutzwall.
Sallust, De coniuratione Catilinae 58,17

848 Audacis lasciviae pretium est voluptas spectantium.
Der einzige Gewinn des waghalsigen Treibens ist das Vergnügen der Zuschauer.
Tacitus, Germania 24,1

849 Audacter calumniare, semper aliquid haeret.
Verleugne nur frech, es bleibt immer etwas hängen.
Walther, Proverbia sententiaeque 1688a

850 Audax est ad omnia, quae amat vel odit, femina.
Draufgängerisch ist eine Frau bei allem, was sie liebt oder hasst.
Walther, Proverbia sententiaeque 1691

Aude, hospes, contemnere opes et te 851
quoque dignum / finge deo.
Wag es, Freund, verachte den Reichtum und sei des Gottes würdig.
Vergil, Aeneis 8.364–365

Aude, hospes, contemnere opes: via 852
prima salutis.
Wag es, Freund, den Reichtum zu verachten. Das ist der beste Weg zum Heil.
Anthologia Latina 1.719,62

Audemus iura nostra defendere. 853
Wir trauen uns, unsere Rechte zu verteidigen.
Motto des US-Staats Alabama

Audendo magnus tegitur timor. 854
Mit kühner Tat verdeckt man große Angst.
Lucanus, Bellum civile (Pharsalia) 4.702

Audendo virtus crescit, tardando timor. 855
Wenn man es wagt, wächst der Mut, wenn man zögert, die Furcht.
Publilius Syrus, Sententiae A227

Audendum est in periclo, ut possis 856
vincere.
In der Gefahr muss man etwas wagen, um gewinnen zu können.
Caecilius Balbus, Sententiae (F) 19

Audentem forsque Venusque iuvat. 857
Dem Mutigen helfen Zufall und Venus.
Ovid, Ars amatoria 1.608

858 Audentes deus ipse iuvat.
Den Mutigen hilft Gott selbst.
Ovid, Metamorphoses 10.586

859 Audentes fortuna adiuvat.
Den Mutigen hilft das Schicksal.
Vergil, Aeneis 10.284

860 Audi multa, loquere pauca.
Hör viel, sprich wenig.
Walther, Proverbia sententiaeque 35017

861 Audi, quantum mali faciat nimia subtilitas et quam infesta veritati sit.
Hör, wie viel Unheil übertriebene Spitzfindigkeit anrichtet und wie wenig sie der Wahrheit nutzt.
Seneca, Epistulae morales 88,43

862 Audi, / quo rem deducam.
Hör, worauf ich hinaus will.
Horaz, Sermones 1.1,14–15

863 Audi, vide, tace, si vis vivere in pace.
Hör, sieh und schweig, wenn du in Ruhe leben willst.
Walther, Proverbia sententiaeque 1720

864 Audiat optatos semper amica sonos.
Sag der Geliebten stets, was sie gern hört.
Ovid, Ars amatoria 2.156

Audiatur et altera pars. 865
Auch die Gegenseite soll Gehör finden.
Seneca, Medea 199–200

Audiendum, deinde audendum. 866
Erst muss man sich umhören, dann erst handeln.
Walther, Proverbia sententiaeque 35022

Audit carnificem, nolens audire parentem. 867
Wer nicht auf den Vater hören will, hört den Henker.
Walther, Proverbia sententiaeque 1734

Audit, quod non vult, qui pergit dicere, quod vult. 868
Wer immer wieder sagt, was er will, bekommt zu hören, was er nicht will.
Monosticha Catonis 10

Auditis? an me ludit amabilis / insania? 869
Hört ihr es, oder täuscht mich eitler Wahn?
Horaz, Carmina 3.4,5–6

Auditorum benevolentia crescit dicentium facultas. 870
Der Einfluss des Redners wächst mit dem Wohlwollen der Zuhörer.
Donatianus bei Priscianus, Institutiones grammaticae 6.34

871 Audivi enim saepe: securius esse audire, et accipere consilium quam dare.
Ich hörte oft, es sei viel besser, sich raten zu lassen, als anderen zu raten.
Thomas a Kempis, Imitatio Christi 1.9,12

872 Audivit, quod audire nolebat.
Er bekam zu hören, was er nur ungern vernahm.
Historia Apollonii regis Tyri 4

873 Aufer te hinc.
Hau ab!
Terenz, Phormio 559

874 Aufert vim praesentibus malis, qui futura prospexit.
Wer künftige Übel vorausgesehen hat, nimmt den gegenwärtigen ihre Gewalt.
Seneca, Ad Marciam de consolatione 9,5

875 Aulica vita est splendida miseria.
Leben am Hof ist vergoldetes Elend.
Walther, Proverbia sententiaeque 35030e1

876 aura popularis
Die Gunst des Volkes
Cicero, De haruspicum responso 43

877 Aurae serenae et principi ridenti non credas, quia facile mutantur.
Trau keinem schönen Wetter und keinem lachenden Herrn, sie ändern sich schnell.
Bebel, Proverbia Germanica 40

Aurea libertas nullo mercabilis aere; / 878
conveniens homini, non tribuenda feris.
Goldene Freiheit, um kein Geld zu kaufen; dem Menschen schicklich, wilden Tieren nicht zustehend.
Inschrift am Rathaus in Danzig

aurea mediocritas 879
der goldene Mittelweg
Horaz, Carmina 2.10,5

Aurea ne credas, quaecumque nitescere 880
cernis!
Glaub nicht, es sei Gold, was du auch immer glänzen siehst.
Walther, Proverbia sententiaeque 1776

Aurea sunt vere nunc saecula: 881
plurimus auro / venit honos, auro conciliatur amor.
Wahrhaft goldene Zeiten: die meiste Ehre kommt vom Gold, durch Gold gewinnt man Liebe.
Ovid, Ars amatoria 2.277–278

aurem sibi pervellere 882
sich selbst das Ohr lang ziehen
Seneca, De beneficiis 4.36,1

aureo hamo piscari 883
mit goldenem Haken angeln
Sueton, De vita Caesarum, Augustus 25,4

884 Aures habent et non audient.
Sie haben Ohren und hören nicht.
Vulgata, Psalm 115,6

885 Auri caecus amor ducit in omne nefas.
Die blinde Gier nach Gold verleitet zu jeglicher Missetat.
Namatianus, De reditu 1,358

886 Auribus frequentius quam lingua utere!
Gebrauch deine Ohren häufiger als deine Zunge!
Pseudo-Seneca, Liber de moribus 104

887 Auriculas asini quis non habet?
Wer hat keine Eselsohren?
Persius, Saturae 1,121

888 auriculas demittere
die Ohren hängen lassen
Horaz, Sermones 1.9,20

889 aurificis statera examinare
auf die Goldwaage legen
Cicero, De oratore 2.159

890 Auro loquente nihil pollet quaevis oratio.
Wenn das Gold spricht, ist jedes Wort zwecklos.
Erasmus, Adagia 2216 (nach Apostolios)

Auro pulsa fides, auro venalia iura, 891
aurum lex sequitur, mox sine lege pudor.
Die Treue hat dem Gold Platz gemacht, das Recht ist für Gold käuflich, das Gesetz ist auf Geld aus, bald auch, ohne Gesetz, die Ehre.
Properz, Elegiae 3.13,49–50

Auro solent adamantinae etiam perfringi fores. 892
Gold pflegt selbst eiserne Tore aufzubrechen.
Apuleius, Metamorphoses 9.18,2

Aurora Musis amica est. 893
Die Morgenröte ist die Freundin der Musen.
Walther, Proverbia sententiaeque 1815a (nach Hesiodos)

Aurum flamma probat, homines temptatio iustos. 894
Das Gold wird im Feuer geprüft, der Mensch in der Versuchung.
Columbanus, Praecepta vivendi 172

Aurum fortuna invenitur, natura ingenium bonum. 895
Gold beschert uns Glück, die Natur einen guten Charakter.
Plautus, Poenulus 302

Aurum in stercore quaero. 896
Ich suche Gold im Mist.
Cassiodor, Institutiones divinarum et saecularium litterarum 1.540

897 Aurum lex sequitur.
Das Gesetz richtet sich nach dem Gold.
Properz, Elegiae 3.13,50

898 aurum monedulae committere
der Elster Gold anvertrauen
Cicero, Pro Flacco 76

899 Aurum omnes victa iam pietate colunt.
Nach dem Untergang guter Sitten verehren alle das Gold.
Properz, Elegiae 3.13,48

900 Auscultare disce, si nescis loqui.
Lerne zuzuhören, wenn du nicht sprechen kannst.
Pomponius bei Nonius Marcellus, De compendiosa doctrina 4. (Auscultare)

901 Auspicium melioris aevi.
Beginn eines besseren Zeitalters.
Motto des britischen Ordens vom heiligen Michael und heiligen Geor

902 Austriae est imperare orbi universo (A. E. I. O. U.)
Aufgabe Österreichs ist es, über den ganzen Erdkreis zu herrschen.
Wahlspruch Kaiser Friedrichs III.

903 Ausus maiores fert canis ante fores.
Vor dem eigenem Haus ist der Hund mutiger.
Walther, Proverbia sententiaeque 1836

aut ›etiam‹ aut ›non‹ respondere 904
entweder mit Ja oder mit Nein antworten
Cicero, Academica priora 2.104

Aut accipit pares amicitia aut facit. 905
Freundschaft nimmt Gleiche auf und macht gleich.
Publilius Syrus, Sententiae A321

Aut amat aut odit mulier, nihil est tertium. 906
Entweder liebt oder hasst eine Frau, etwas Drittes gibt es nicht.
Publilius Syrus, Sententiae 6

Aut assentiendum est nulla cum gravitate paucis aut frustra dissentiendum. 907
Man kann entweder unterwürfig den wenigen zustimmen oder vergeblich widersprechen.
Cicero, Ad familiares 1.8,3

aut – aut 908
entweder – oder

Aut bibat aut abeat! 909
Er soll trinken oder verschwinden.
Cicero, Tusculanae disputationes 5.118

Aut brevis aut nullus sit somnus meridianus. 910
Der Mittagsschlaf sei kurz oder finde nicht statt.
Walther, Proverbia sententiaeque 1841

911 Aut Caesar, aut nihil.
Entweder Caesar oder nichts.
Sueton, De vita Caesarum, Caligula 37,1 (Wahlspruch Cesare Borgias)

912 Aut captantur aut captant.
Entweder man wird hintergangen oder man hintergeht selbst.
Petron, Satyricon 116,6

913 aut cavere aut carere
entweder Vertrauen oder Verzicht
Corpus Iuris Civilis, Digesta 39.2,9 pr. (Ulpianus)

914 Aut diligendi sunt doctores aut non audiendi.
Lehrer muss man lieben, sonst soll man ihnen gar nicht erst zuzuhören.
Sententiae Varronis 54

915 Aut fer aut feri; ne feriaris, feri!
Steck ein oder schlag zu! Willst du nicht geschlagen werden, schlag zu!
Walther, Proverbia sententiaeque 35067

916 aut fortiter mori aut liberos vivere
entweder tapfer sterben oder in Freiheit leben
Augustinus, De civitate Dei 5.12

Aut gratuitum est, quo egemus, aut vile: 917
panem et aquam natura desiderat.
Was wir wirklich benötigen gibt es entweder umsonst oder billig: Unsere Natur verlangt nur Brot und Wasser.
Seneca, Epistulae morales 25,4

aut idem 918
oder derselbe

Aut insanit homo aut versus facit. 919
Der Mensch ist närrisch oder er macht Verse.
Horaz, Sermones 2.7,117

Aut manenti vincendum aut 920
moriendum.
Wer bleibt, muss entweder siegen oder sterben.
Erasmus, Adagia 2410 (nach Apostolios)

Aut non temptaris aut perfice. 921
Versuch es gar nicht erst, oder halt durch.
Ovid, Ars amatoria 1.389

Aut nulla ebrietas aut tanta sit, ut tibi 922
curas / eripiat: si qua est inter utrumque nocet.
Entweder ist Nüchternheit angesagt oder so große Trunkenheit, dass sie die Sorgen beseitigt: Alles dazwischen ist schädlich.
Ovid, Remedia amoris 809–810

Aut numquam temptes aut perfice! 923
Beginne erst gar nicht oder beende es auch!
Ovid, Ars amatoria 1.389

924 Aut omnia aut nihil.
Alles oder nichts.
Livius, Ab urbe condita 6.40,11

925 Aut poena est aurum aut decus aut parricidium.
Gold ist entweder Strafe oder Schmuck oder Anlass zum Morden.
Caecilius Balbus, Sententiae (F) 20

926 Aut potentior te aut imbecillior laesit; si imbecillior, parce illi, si potentior, tibi.
Entweder hat ein Mächtigerer dich beleidigt oder ein Schwächerer; ist es ein Schwächerer, schone ihn, ist es ein Mächtigerer, schone dich.
Seneca, De ira 3.5,8

927 Aut regem aut fatuum nasci oportet.
Zum König oder zum Narren muss man geboren sein.
Seneca, Apocolocyntosis 1,1

928 aut simile
oder etwas Ähnliches
Celsus, De medicina 5.19,12

929 Aut tibi ipse sis necesse est vilis aut pecunia.
Man muss sich selbst oder sein Geld für wertlos halten.
Caecilius Balbus, Sententiae (F) 21

Autumat hoc in te, quod novit perfidus in se. 930
Der Gauner hält von dir, was er von sich selbst weiß.
Walther, Proverbia sententiaeque 1859

Autumni serenitas ventosam hiemem facit. 931
Ein milder Herbst sorgt für einen harten Winter.
Plinius maior, Naturalis historia 18.352

Auxilia humilia firma consensus facit. 932
Eintracht macht auch schwache Helfer stark.
Publilius Syrus, Sententiae 4

Auxilium a notis petito, si forte labores; 933
nec quisquam melior medicus quam fidus amicus.
Bitte Bekannte um Hilfe, wenn du in Not bist; ein treuer Freund ist der beste Arzt.
Disticha Catonis 4.13

Auxilium profligatis contumelia est. 934
Hilfe nach der Erniedrigung ist Kränkung.
Publilius Syrus, Sententiae 694

Avara fuge, iusta sequere, modesta 935
dilige, iracunda contemne!
Meide Habgier, übe Gerechtigkeit, liebe Maß, verachte Zorn!
Cassiodor, Variae 3.11,2

936 Avarior redeo, ambitiosior, luxuriosior, immo vero crudelior et inhumanior, quia inter homines fui.
Habgieriger, ehrgeiziger, verschwenderischer, ja sogar grausamer und unmenschlicher komme ich zurück, weil ich unter Menschen war.
Seneca, Epistulae morales 7,3

937 Avaritia et arrogantia praecipua validiorum vitia.
Habgier und Anmaßung sind die Laster der Mächtigen.
Tacitus, Historiae 1.51,4

938 Avaritia omnia vitia habet.
Habgier hat alle Laster.
Gellius, Noctes Atticae 11.2,2

939 Avaritia paupertatem intulit et multa concupiscendo omnia amisit.
Habgier sorgte für Armut, und weil sie vieles begehrte, verlor sie alles.
Seneca, Epistulae morales 90,38

940 Avaritia porro hominem ad quodvis maleficium impellit.
Die Habsucht treibt den Menschen zu jedem Verbrechen.
Rhetorica ad Herennium 2.34

941 Avaritia prima scelerum mater.
Habsucht ist die Mutter aller Verbrechen.
Claudianus, De consulatu Stilichonis 2.111

Avaritiam si tollere vultis, mater eius est tollenda, luxuries. 942
Wer die Habsucht besiegen will, muss ihre Mutter besiegen, die Verschwendung.
Cicero, De oratore 2.171

Avaro acerba poena natura est sua. 943
Ein Geizhals erleidet bittere Strafe.
Publilius Syrus, Sententiae 696

Avaro non est vita, sed mors longior. 944
Ein Geizhals lebt nicht, sondern stirbt lange.
Publilius Syrus, Sententiae 697

Avaro quid mali optes, nisi ›vivat diu‹? 945
Was könnte man dem Geizhals Schlimmeres wünschen als ein langes Leben?
Publilius Syrus, Sententiae 26

Avarum facile capias, ubi non sis item. 946
Einen Geizhals kann man leicht entdecken, wenn man es nicht selbst ist.
Publilius Syrus, Sententiae 21

Avarum irritat, non satiat pecunia. 947
Den Geizhals macht Geld nicht satt, es lockt ihn nur.
Publilius Syrus, Sententiae A48

Avarus animus nullo satiatur lucro. 948
Einen Habgierigen macht Gewinn nicht satt.
Seneca, Epistulae morales 94,43

949 Avarus ipse miseriae causa est suae.
Der Habgierige ist selbst der Grund seines Elends.
Publilius Syrus, Sententiae 14

950 Avarus nisi cum moritur, nil recte facit.
Der Habgierige kann nichts gutmachen, außer wenn er stirbt.
Publilius Syrus, Sententiae 23

951 Avarus non implebitur.
Der Geizige wird nicht satt.
Wahlspruch von Papst Innozenz XI.

952 Avarus non sibi vivit, sed libidini.
Der Geizhals lebt nicht für sich, sondern für seine Gier.
Publilius Syrus, Sententiae A153

953 Ave atque vale!
Sei gegrüßt und leb wohl!
Catull, Carmina 101,10

954 Ave, imperator, morituri te salutant.
Sei gegrüßt, Kaiser, die Todgeweihten begrüßen dich! (Gruß der Gladiatoren)
Sueton, De vita Caesarum, Claudius 21,6

Ave, Maria, gratia plena; Dominus 955
tecum: benedicta tu in mulieribus, et benedictus fructus ventris tui Iesus. Sancta Maria, Mater Dei, ora pro nobis peccatoribus, nunc et in hora mortis nostrae. Amen
Gegrüßet seist du, Maria, voll der Gnade; der Herr ist mit dir: du bist gebenedeit unter den Weibern, und gebenedeit ist die Frucht deines Leibes, Jesus. Heilige Maria, Mutter Gottes, bitte für uns arme Sünder, jetzt und in der Stunde unsres Todes. Amen.
Vulgata, Evangelium secundum Lucam 1.28

Ave, maris stella, / Dei mater alma / 956
atque semper virgo, / felix caeli porta.
Ave, Stern der Meere, Gottesmutter hehre, allzeit Jungfrau, süße Tür zum Paradies!
Kirchenlatein (Hymnus, 9. Jh.)

Ave, verum corpus, natum de Maria 957
virgine.
Sei gegrüßt, wahrer Leib, geboren von der Jungfrau Maria.
Kirchenlatein

aversus a Musis 958
fern von den Musen
Cicero, Pro Archia 20

959 Averte impuris procul a sermonibus aures: / et qui illis gaudent, horum consortia vita!
Wende deine Ohren weit ab von lasterhaften Reden und meide die Gesellschaft derer, die sich daran erfreuen!
Muretus, Institutio puerilis 23–24

960 Avida est periculi virtus.
Tapferkeit sehnt sich nach Gefahr.
Seneca, De providentia 4,4

961 Avidissimus pacis in bellum cogor.
Obwohl ich nichts mehr wünsche als Frieden, werde ich in den Krieg getrieben.
Petrarca, De ignorantia

962 Avidissimus quisque est egeno proximus.
Gerade der Gierigste ist dem Bedürftigen am nächsten.
Caecilius Balbus, Sententiae (F) 23

963 Avita et aucta.
Ererbt und vermehrt.
Inschrift des preußischen Roter-Adler-Ordens

964 Avius a vera longe ratione vagaris.
Du schweifst weit ab vom wahren Kern.
Lukrez, De rerum natura 2.82

B

Babylonis opes 965
die Reichtümer Babylons
Statius, Silvae 3.2,137

Balbus melius balbi verba cognoscit. 966
Ein Stotterer versteht die Worte eines Stotternden besser.
Hieronymus, Epistulae 50,4

Balnea, vina, Venus conservant corpora nostra; / corrumpunt eadem balnea, vina, Venus. 967
Bäder, Wein und Liebe erhalten unseren Körper, richten ihn aber auch zugrunde.
Corpus Inscriptionum Latinarum VI 15258

Balnea, vina, Venus corrumpunt corpora nostra; / sed vitam faciunt balnea, vina, Venus. 968
Bäder, Wein und Liebe zerrütten unseren Körper; doch Bäder, Wein und Liebe machen das Leben aus.
Corpus Inscriptionum Latinarum VI 15258

Barba non facit philosophum. 969
Der Bart macht noch keinen Philosophen.
Walther, Proverbia sententiaeque 35116

970 Barba tangenda te virum esse memineris.
Denk beim Berühren des Barts daran, dass du ein Mann bist.
Caecilius Balbus, Sententiae (F) 24

971 Barbarus hic ego sum, quia non intellegor ulli.
Hier gelte ich als Barbar, weil mich niemand versteht.
Ovid, Tristia 5.10,37

972 Basia fert meretrix iuveni non propter amorem
Nicht aus Liebe gibt die Dirne dem Mann Küsse.
Walther, Proverbia sententiaeque 1939

973 Beata Maria Virgo
selige Jungfrau Maria
Leo Magnus, Tractatus septem et nonaginta 24

974 beatae memoriae
seligen Angedenkens
Hieronymus, Epistulae 24,1

975 Beatam civitatem, quae in pace bellum timet.
Glücklich der Staat, der im Frieden den Krieg fürchtet.
Caecilius Balbus, Sententiae (W) 21A

Beate enim vivendi cupiditate incensi omnes sumus. 976
Wir alle sind beseelt von dem Wunsch glücklich zu leben.
Cicero, De finibus bonorum et malorum 5.86

Beati misericordes, quoniam ipsi misericordiam consequentur. 977
Selig die Barmherzigen, denn sie werden Barmherzigkeit erlangen.
Vulgata, Evangelium secundum Matthaeum 5,7

Beati monoculi in terra caecorum. 978
Glücklich die Einäugigen im Land der Blinden.
Walther, Proverbia sententiaeque 15030b

Beati mundo corde, quoniam ipsi Deum videbunt. 979
Selig sind, die reines Herzens sind, denn sie werden Gott schauen.
Vulgata, Evangelium secundum Matthaeum 5,8

Beati non numerant horas. 980
Die Glücklichen zählen die Stunden nicht.
volkstümlich

Beati oculi, qui te viderunt. 981
Glücklich die Augen, die dich sehen durften!
Vulgata, Evangelium secundum Matthaeum 13,16

Beati pauperes spiritu, quoniam ipsorum est regnum caelorum. 982
Selig sind Armen im Geist, denn ihrer ist das Himmelreich.
Vulgata, Evangelium secundum Matthaeum 5,3

983 Beati possidentes.
Glücklich die Besitzenden
Corpus Iuris Civilis, Digesta 50.16,49 (Ulpianus)

984 Beati, qui lugent, quoniam ipsi consolabuntur.
Selig sind, die da Leid tragen, denn sie sollen getröstet werden.
Vulgata, Evangelium secundum Matthaeum 5,4

985 Beati, qui non viderunt et crediderunt.
Selig sind, die nicht sehen und doch glauben.
Vulgata, Evangelium secundum Ioannem 20,29

986 Beati, qui persecutionem patiuntur propter iustitiam: quoniam ipsorum est regnum caelorum.
Selig sind, die Verfolgung leiden um der Gerechtigkeit willen, denn ihrer ist das Himmelreich.
Vulgata, Evangelium secundum Matthaeum 5,10

987 beatissima virgo
die allerseligste Jungfrau
Bonaventura, Breviloquium 4,3

Beatitudo est ultimus finis humanae vitae. 988
Glückseligkeit ist das größte Ziel des menschlichen Lebens.
Thomas von Aquin, Summa theologiae 1.2,69,1

Beatitudo non est virtutis praemium, 989
sed ipsa virtus; nec eadem gaudemus, quia libidines coercemus, sed contra, quia eadem gaudemus, ideo libidines coercere possumus.
Glückseligkeit ist nicht der Lohn der Tugend, sondern die Tugend selbst; und wir erfreuen uns ihrer nicht, weil wir unsere Begierden einschränken, sondern umgekehrt, weil wir uns ihrer erfreuen, deshalb können wir unsere Begierden einschränken.
Spinoza, Ethica 5.42

Beatius est magis dare quam accipere. 990
Geben ist seliger denn nehmen.
Vulgata, Actus Apostolorum 20,35

Beatos puto, quibus deorum munere 991
datum est aut facere scribenda aut scribere legenda: beatissimus vero, quibus utrumque.
Für glücklich halte ich die, denen die Götter die Gabe verliehen haben, etwas zu leisten, was niedergeschrieben zu werden, oder etwas zu schreiben, was gelesen zu werden verdient; für die Glücklichsten aber die, denen beides gegeben ist.
Plinius, Epistulae 6.16,3

992 Beatus enim dici nemo potest extra veritatem proiectus.
Niemand kann glücklich genannt werden, wenn er sich nicht in Übreinstimmung mit der Wahrheit befindet.
Seneca, De vita beata 5,2

993 Beatus ergo est iudicii rectus; beatus est praesentibus, qualiacumque sunt, contentus amicusque rebus suis; beatus est is, cui omnem habitum rerum suarum ratio commendat.
Glücklich ist also, wer richtig urteilt; glücklich ist, wer mit seiner Gegenwart, wie sie auch sein mag, zufrieden und mit seinen Verhältnissen übereinstimmt; glücklich ist, wessen Vernunft seinen Lebensumständen zustimmt.
Seneca, De vita beata 6,2

994 Beatus vir, qui timet Dominum: in mandatis eius volet nimis.
Wohl dem, der den Herrn fürchtet, der große Freude hat an seinen Geboten.
Vulgata, Psalm 112,1

995 Bellaria ea maxime sunt mellita, quae mellita non sunt.
Die Nachspeise ist besonders süß, die nicht süß ist.
Macrobius, Saturnalia 2.8,3

Bellum autem ita suscipiatur, ut nihil aliud nisi pax quaesita videatur. 996
Einen Krieg unternehme man in der Absicht, nichts anderes als den Frieden zu erreichen.
Cicero, De officiis 1.80

Bellum gerunt cum timidis etiam insomnia. 997
Mit Ängstlichen führen selbst Träume Krieg.
Publilius Syrus, Sententiae A225

bellum iustum 998
gerechter Krieg
Cicero, In Catilinam 2,1

Bellum nec timendum nec provocandum. 999
Den Krieg darf man nicht fürchten, aber man darf ihn auch nicht herausfordern.
Plinius, Panegyricus 16,2

bellum omnium contra omnes 1000
Krieg aller gegen alle
Hobbes, Leviathan 1,13

Bellum omnium pater. 1001
Der Krieg ist der Vater aller Dinge.
Erasmus, Adagia 2436 (nach Heraklit)

Bellum se ipsum alet. 1002
Der Krieg nährt sich selbst.
Cato bei Livius, Ab urbe condita 34.9,12

1003 Bene audire alterum patrimonium est.
Ein guter Ruf ist wie ein zweites Erbe.
Publilius Syrus, Sententiae 83

1004 Bene cogitata si excidunt, non occidunt.
Gute Gedanken verliert man nicht, auch wenn man nicht an sie denkt.
Publilius Syrus, Sententiae 70

1005 Bene consurgit diluculo, qui bona quaerit.
Wer Gutes leisten will, muss früh aufstehen.
Otloh, Liber Proverbiorum

1006 Bene docet loqui, qui bene docet facere.
Gut zu reden lehrt, wer gut zu handeln lehrt.
Pseudo-Seneca, Liber de moribus 2

1007 Bene docet loqui, qui bene docet tacere.
Gut zu reden lehrt, wer gut zu schweigen lehrt.
Pseudo-Seneca, Liber de moribus 2

1008 Bene docet, qui bene distinguit.
Wer gut unterscheidet, lehrt gut.
Comenius, Didactica magna 20,23

1009 Bene dormit, qui non sentit, an male dormiat.
Wer nicht merkt, ob er schlecht schläft, schläft gut.
Publilius Syrus, Sententiae 67

Bene emitur, quod necesse est. 1010
Was man dringend braucht, bezahlt man nicht zu teuer.
Cicero, Ad Atticum 12.23,3

Bene eveniat! 1011
Es möge gut ausgehen!
Cicero, Ad Atticum 7.2,4

Bene facit, qui communitati magis quam suae voluntati servit. 1012
Gut handelt, wer der Gemeinschaft mehr dient als seinem eigenen Willen.
Thomas a Kempis, Imitatio Christi 1.15,7

Bene facta in luce se collocari volunt. 1013
Gute Taten wollen ins rechte Licht gerückt werden.
Cicero, Tusculanae disputationes 2.64

Bene facta male locata male facta arbitror. 1014
Schlecht gemachte Wohltat halte ich für Übeltat.
Ennius bei Cicero, De officiis 2.62

Bene factis noscare amico, sed inimico iniuriis. 1015
Zeig dich dem Freund mit guten Taten, dem Feind mit Gewalttaten.
Publilius Syrus, Sententiae A141

Bene ferre magnam / disce fortunam. 1016
Lerne, dein Geschick recht zu tragen.
Horaz, Carmina 3.27,74–75

1017 Bene iudicat, qui distinguit.
Wer unterscheidet, urteilt gut.
Rechtsregel

1018 Bene loqui et male vivere nihil est aliud nisi se ipsum damnare.
Schön zu reden und schändlich zu leben ist nichts anderes, als sich selbst zu verurteilen.
Beda Venerabilis, Proverbia

1019 bene meritus
wohl verdient
Cicero, De re publica 2.4

1020 Bene moritur, quisquis moritur, dum lucrum facit.
Gut stirbt, wer stirbt, indem er Gewinn macht.
Seneca, Epistulae morales 115,14

1021 Bene natis turpe est male vivere.
Für Menschen guter Abstammung ist es eine Schande, schlecht zu leben.
Erasmus, Adagia 4134 (nach Sophokles)

1022 Bene operans et iniuriam patiens fructus colligit optimos in futuro.
Wer gut arbeitet und Unrecht erträgt, erntet in der Zukunft die besten Früchte.
Thomas a Kempis, Recommendatio humilitatis 48

Bene perdas gaudium, ubi dolor pariter 1023
perit.
Es ist gut, eine Lust zu verlieren, wenn der Schmerz auch verloren geht.
Publilius Syrus, Sententiae 81

Bene perdit nummos, iudici cum dat 1024
nocens.
Wenn der Schuldige dem Richter Geld gibt, verliert er es zu Recht.
Publilius Syrus, Sententiae 71

Bene praecipiunt, qui vetant quicquam 1025
agere, quod dubites, aequum sit an iniquum.
Die raten gut, die verbieten etwas zu tun, wenn man unsicher ist, ob es richtig oder falsch ist.
Cicero, De officiis 1.30

Bene qui loquitur, esse amicus coepit, 1026
qui male, desinit.
Wer gut über einen redet, wird zum Freund, wer schlecht, hört damit auf.
Caecilius Balbus, Sententiae (F) 26

Bene sentire recteque facere satis est ad 1027
bene beateque vivendum.
Gut denken und recht handeln reicht für ein gutes und glückliches Leben aus.
Cicero, Ad familiares 6.1,3

1028 Bene si egeris, tibi ipse personam dabis.
Wer gut handelt, zeigt Charakter.
Caecilius Balbus, Sententiae (F) 27

1029 Bene valete!
Lebt wohl!
Plautus, Miles gloriosus 1340

1030 Bene vixit is, qui potuit, cum voluit, mori.
Glücklich hat gelebt, wer sterben konnte wie er es sich wünschte.
Publilius Syrus, Sententiae 82

1031 Benedicamus Domino.
Lasst uns Gott lobpreisen.
Consuetudines 166

1032 Benedicat et custodiat nos omnipotens et misericors Dominus, Pater et Filius et Spiritus Sanctus. Amen.
Es segne und behüte uns der allmächtige und barmherzige Gott, Vater, Sohn und Heiliger Geist. Amen.
Consuetudines 50

1033 Benedicat tibi Dominus et custodiat te! Illuminet Dominus faciem suam super te et misereatur tui! Convertat Dominus vultum suum ad te et det tibi pacem!
Der Herr segne dich und behüte dich; der Herr lasse sein Angesicht leuchten über dir und sei dir gnädig; der Herr hebe sein Angesicht über dich und gebe dir Frieden!
Vulgata, Liber Numeri 6,24–26

Benedictio Dei divites facit. 1034
Gottes Segen macht reich.
Vulgata, Liber proverbiorum 10,22

Benedictio Dei omnipotentis, Patris et 1035
Filii et Spiritus Sancti descendat super vos et maneat semper. Amen.
Der Segen des allmächtigen Gottes, des Vaters, des Sohnes und des Heiligen Geistes komme auf euch herab und bleibe immer bei euch. Amen.
Kirchenlatein (Segensformel)

Benedictio patris firmat domos filiorum. 1036
Des Vaters Segen baut den Kindern Häuser.
Vulgata, Liber Ecclesiasticus 3,11

Benedictus, qui venit in nomine 1037
Domini. Hosanna in excelsis.
Hochgelobt sei, der da kommt im Namen des Herrn. Hosianna in der Höhe.
Vulgata, Evangelium secundum Marcum 11,9–10

Benedictus vir, qui confidit in Domino. 1038
Gesegnet ist der Mann, der sich auf den Herrn verlässt.
Vulgata, Liber Ieremiae 17,7

Beneficia plura recipit, qui scit reddere. 1039
Noch mehr Wohltaten empfängt, wer sie zu erwidern versteht.
Publilius Syrus, Sententiae 51

1040 Beneficii accepti numquam oportet oblivisci, dati protinus.
Eine empfangene Wohltat sollte man nie vergessen, eine erwiesene sofort.
Pseudo-Seneca, Liber de moribus 67

1041 Beneficio saepe inimicos dando torqueas.
Durch Nachsicht beschämt man seine Gegner.
Caecilius Balbus, Sententiae (F) 28

1042 Beneficium accipere libertatem est vendere.
Eine Wohltat empfangen bedeutet seine Freiheit verkaufen.
Publilius Syrus, Sententiae 48

1043 Beneficium collocetur, quemadmodum thesaurus alte obrutus, quem non eruas, nisi fuerit necesse.
Eine Wohltat soll man wie einen tief vergrabenen Schatz bewahren, den man nur im Notfall ausgräbt.
Seneca, De vita beata 24,2

1044 Beneficium dando accepit, qui digno dedit.
Wer einem Würdigen eine Wohltat erweist, erweist sich sich selbst.
Publilius Syrus, Sententiae 55

Beneficium dare qui nescit, iniuste 1045
petit.
Wer keine Gefälligkeit tut, hat auch kein Anrecht auf eine.
Publilius Syrus, Sententiae 46

Beneficium est eo carere, quod tu 1046
invitus possides.
Es ist eine Wohltat, das nicht zu haben, was man nicht gern besitzt.
Publilius Syrus, Sententiae A159

Beneficium in acta non mitto. 1047
Ich hänge meine Wohltaten nicht an die große Glocke.
Seneca, De beneficiis 2.10,3

Beneficium legis amittit, qui legem 1048
subvertere intendit.
Den Schutz des Gesetzes verliert, wer das Gesetz zu hintergehen versucht.
Corpus Iuris Civilis, Digesta 46.5,8 pr. (Papinianus)

Beneficium non est, cuius sine rubore 1049
meminisse non possum.
Es ist keine Wohltat, woran ich nicht ohne Beschämung denken kann.
Seneca, De beneficiis 2.8,2

1050 Beneficium non in eo, quod fit aut datur, consistit. Sed in ipso dantis aut facientis animo.
Eine Wohltat besteht nicht darin, was gemacht oder gegeben wird, sondern in der Absicht dessen, der gibt oder tut.
Seneca, De beneficiis 1.6,1

1051 Beneficium qui dedisse se dicit, petit.
Wer seine Wohltat in Erinnerung ruft, fordert sie zurück.
Publilius Syrus, Sententiae 58

1052 Beneficium quibuslibet datum nulli gratum.
Eine gute Tat für alle Welt dankt niemand.
Seneca, De beneficiis 1.14,1

1053 Beneficium saepe dare docere est reddere.
Oft Gefälligkeiten erweisen lehrt, sie zu erwidern.
Publilius Syrus, Sententiae 60

1054 Benignius leges interpretandae sunt, quo voluntas earum conservetur.
Gesetze müssen großzügig ausgelegt werden, damit man ihre Absicht befolgt.
Corpus Iuris Civilis, Digesta 1.3,18 (Celsus)

1055 Benignus etiam causam dandi cogitat.
Der Gütige erfindet einen Anlass für sein Geschenk.
Publilius Syrus, Sententiae 65

Benivoli coniunctio animi maxima est cognatio. 1056
Mit einem Liebenswürdigen in Verbindung sein ist die beste Verwandtschaft.
Publilius Syrus, Sententiae 59

Bestia bestiam novit. 1057
Tiere erkennen einander.
Erasmus, Adagia 3657 (nach Aristoteles)

Bestia crudelis est cor prave mulieris. 1058
Ein Bestie ist das falsche Herz einer Frau.
Walther, Proverbia sententiaeque 2014

Bibamus et gaudeamus, dum iuvenes sumus, / nam tarda senectus venit / et post eam mors; post mortem nihil! 1059
Trinken wir und freuen wir uns, solange wir noch jung sind, denn lähmend kommt das Alter und danach der Tod; nach dem Tod nichts.
Studentenlied

Bibere humanum est, ergo bibamus. 1060
Trinken ist menschlich, also lasst uns trinken.
Inschrift im Nürnberger Ratskeller

bipes asellus 1061
zweibeiniger Esel
Juvenal, Saturae 9,92

Bis dat, qui cito dat. 1062
Doppelt gibt, wer schnell gibt.
Publilius Syrus, Sententiae 235

1063 Bis est gratum, quod ultro offeras.
Doppelt willkommen ist, was man ungebeten anbietet.
Publilius Syrus, Sententiae 44

1064 Bis peccas, cum peccanti obsequium accommodas.
Doppelt schuldig wird man, wenn man einem Schuldigen gehorcht.
Publilius Syrus, Sententiae 52

1065 Bis peccat, qui crimen negat.
Der ist doppelt schuldig, wer ein Verbrechen leugnet.
Rechtsregel

1066 Bis puer ipse senex, pueris colludere gestit.
Der Greis wird wieder zum Kind, er will mit den Kindern spielen.
Walther, Proverbia sententiaeque 2255

1067 Bis pueri senes.
Die Alten werden doppelt kindisch.
Erasmus, Adagia 436 (nach Diogenianos)

1068 Bis repetita placent.
Erst beim Wiederholen findet es Anklang.
Horaz, De arte poetica 365

1069 Bis vincit, qui se vincit in victoria.
Doppelt siegt, wer über sich selbst zu siegen weiß.
Publilius Syrus, Sententiae 64

Blanda facit segnes matrum indulgentia natos. 1070
Die verwöhnende Nachgiebigkeit der Mütter macht die Kinder träge.
Walther, Proverbia sententiaeque 2065

Blanda venire Venus, tristis abire solet. 1071
Schmeichelnd naht meist die Liebe, traurig geht sie weg.
Walther, Proverbia sententiaeque 35209

Blandiloquum cave amicum: semper dulcedo in amarum abierit. 1072
Hüte dich vor einem schmeichelnden Freund: Die Süße wird immer bitter.
Caecilius Balbus, Sententiae (F) 31

Blanditia, non imperio fit dulcis Venus. 1073
Durch Schmeicheln, nicht durch Befehlen wird die Liebe süß.
Publilius Syrus, Sententiae 56

Blanditiae fallunt homines et dulcia verba. 1074
Schmeicheln und süße Worte täuschen die Menschen.
Walther, Proverbia sententiaeque 2076

Blandum etiam in servos esse oportet, qui imperat. 1075
Wer regiert, muss auch zu Dienern höflich sein.
Caecilius Balbus, Sententiae (F) 32

1076 Bona causa nullum iudicem verebitur.
Eine gute Sache fürchtet keinen Richter.
Publilius Syrus, Sententiae 702

1077 Bona certa sunt, quae fidem ab exordio trahunt.
Das Gute ist sicher, das wegen seiner Herkunft vertrauenswürdig ist.
Cassiodor, Variae 2.15,1

1078 Bona comparat praesidia misericordia.
Mitgefühl ist ein guter Schutz.
Publilius Syrus, Sententiae 77

1079 Bona conscientia prodire vult et conspici: ipsas nequitia tenebras timet.
Ein gutes Gewissen will sich zeigen und sehen lassen: Schlechtigkeit hat Angst vor der Finsternis.
Seneca, Epistulae morales 97,12

1080 Bona consuetudo excutere debet, quod mala instruxit.
Die gute Gewohnheit muss das ausgleichen, was durch schlechte geschehen ist.
Pseudo-Seneca, Liber de moribus 2

1081 Bona disciplina excutiat, quod prava indidit.
Die gute Erziehung treibt das aus, was eine schlechte eingeführt hat.
Publilius Syrus, Sententiae A137

Bona et mala, vita et mors, paupertas 1082
et honestas a Deo sunt.
Gutes und Schlechtes, Leben und Tod, Armut und Reichtum: alles kommt von Gott.
Vulgata, Liber ecclesiasticus 11,14

Bona fama in tenebris proprium 1083
splendorem tenet.
Ein guter Ruf behält auch in dunklen Zeiten seinen Glanz.
Publilius Syrus, Sententiae 69

bona fide 1084
in gutem Glauben
Seneca maior, Controversiae 2.14,1

Bona fides exigit, ut, quod convenit, 1085
fiat.
Treu und Glauben verlangen, dass gehalten wird, was vereinbart wurde.
Corpus Iuris Civilis, Digesta 19.2,21 (Iavolenus)

Bona fides praesumitur. 1086
Den guten Glauben vorausgesetzt.
Rechtsregel

Bona malis paria non sunt, etiam pari 1087
numero.
Gut und böse sind nicht gleich, auch wenn sie die gleiche Anzahl haben.
Plinius maior, Naturalis historia 7.132

1088 Bona mens nec commodatur nec emitur; et puto, si venalis esset, non haberet emptorem: at mala cotidie emitur.
Einen gesunden Verstand kann man nicht ausleihen noch kaufen; wäre er käuflich, würde er keinen Käufer finden: Dummheit wird jeden Tag gekauft.
Seneca, Epistulae morales 27,8

1089 Bona mors est homini, vitae quae extinguit mala.
Der Tod ist gut für den Menschen, dessen alle Übel der Tod beendet.
Publilius Syrus, Sententiae 54

1090 Bona nemini hora est, ut non alicui sit mala.
Es gibt für niemanden eine gute Stunde, die nicht für einen anderen schlecht ist.
Publilius Syrus, Sententiae 49

1091 Bona opinio hominum tutior pecunia est.
Ein guter Ruf hat größeren Wert als Geld.
Publilius Syrus, Sententiae 62

1092 Bona quae accidunt, nisi sustineantur, oppprimunt.
Was einem Gutes zustößt, erdrückt einen, wenn man ihm nicht gewachsen ist.
Publilius Syrus, Sententiae 72

Bona turpitudo est, quae periclum vindicat. 1093
Gut ist die Schande, die vor Gefahren schützt.
Publilius Syrus, Sententiae 76

bona venia 1094
mit Nachsicht
Terenz, Phormio 378

Bonae mentis soror est paupertas. 1095
Ein guter Geist hat die Armut als Schwester.
Petron, Satyricon 84,4

Bonarum rerum consuetudo pessima est. 1096
Sich ans Glück gewöhnen ist ein Übel.
Publilius Syrus, Sententiae 45

Bonas partes tecum ipse tracta! 1097
Schau dir deine guten Seiten an!
Seneca, Epistulae morales 78,18

Boni est viri etiam in morte nullum fallere. 1098
Ein guter Mensch wird selbst im Tod niemand betrügen.
Publilius Syrus, Sententiae 84

Boni futuri spes malorum est remedium. 1099
Auf künftigen Erfolg hoffen, hilft Misserfolge vergessen.
Caecilius Balbus, Sententiae (F) 33

1100 Boni iudicis est ampliare iustitiam.
Ein guter Richter soll die Gerechtigkeit mehren.
Rechtsregel

1101 Boni nullo emolumento impelluntur in fraudem, improbi saepe parvo.
Die Guten lassen sich durch keinen Vorteil zum Betrug verführen, die Schlechten schon durch einen geringen.
Cicero, Pro Milone 32

1102 Boni pastoris est tondere pecus, non deglubere.
Ein guter Hirte schert sein Schaf, aber zieht ihm nicht das Fell ab.
Sueton, De vita Caesarum, Tiberius 32,2

1103 Boni vicini adsint, mali absint.
Gute Nachbarn mögen um uns sein, böse fern bleiben.
Rom, Piazza Barberini, Ecke Via Veneto / Via di S. Basilio

1104 bonis auspiciis
mit guten Vorzeichen
Catull, Carmina 45,19

1105 bonis avibus
zur guten Stunde
Ovid, Metamorphoses 15.640

Bonis enim meritis cum aetate dignitas 1106
et pondus accedit.
Gute Taten gewinnen mit der Zeit an Gewicht und Bedeutung.
Panegyrici Latini 5.(8.) 4,1

Bonis frueris, dum vites, quae vituperes. 1107
Du genießt deinen Besitz, solange du meidest, was du tadeln könntest.
Publilius Syrus, Sententiae A202

Bonis legibus occurrendum est malis 1108
moribus
Schlechten Sitten muss man mit guten Gesetzen begegnen.
Erasmus, Institutio Principis Christiani 10

Bonis malisque dimotis patenti via ad 1109
verum perges.
Wenn du Gut und Böse voneinander unterscheiden kannst, wirst du auf geradem Weg das Richtige finden.
Sallust, Epistulae ad Caesarem senem de re publica 1.5,1

Bonis necesse est noceat, qui parcit malis. 1110
Wer die Schlechten verschont, schadet den Guten.
Pseudo-Seneca, Liber de moribus 114

Bonis nocet, si quis malis pepercerit. 1111
Den Guten schadet, wer die Schlechten schont.
Publilius Syrus, Sententiae A205

1112 Bonis quod bene fit, haud perit.
Was man Guten Gutes tut, ist nicht umsonst.
Plautus, Rudens 939

1113 Bonitas dei fuit causa factionis mundi et originis omnium rerum.
Die Güte Gottes war die Ursache für die Schöpfung der Welt und den Ursprung aller Dinge.
Auctoritates, Platon, Timaeus 8

1114 Bonitatis verba imitari maior malitia est.
Mit Worten Güte zu heucheln ist der Gipfel der Bosheit.
Publilius Syrus, Sententiae 61

1115 Bono imperante animo prodest pecunia.
Geld ist nützlich, wenn ein gutes Herz es besitzt.
Publilius Syrus, Sententiae 73

1116 Bono nulla cuiusquam boni invidia est.
Ein Guter hat kein Misstrauen gegen etwas Gutes.
Seneca, Epistulae morales 65,10

1117 Bono vinci satius est quam malo more iniuriam vincere.
Ein guter Mensch lässt sich eher besiegen, als dass er mit unrechten Mitteln das Unrecht besiegt.
Sallust, Bellum Iugurthinum 42,3

Bonorum beata vita est. 1118
Das Leben der Guten ist schön.
Cicero, Tusculanae disputationes 5.47

Bonorum unum propositum est consentire naturae; hoc in omnibus par est. 1119
Der einzig wahre Wert ist der Einklang mit der Natur; das gilt für alle in gleicher Weise.
Seneca, Epistulae morales 66,41

Bonos corrumpunt mores congressus mali. 1120
Schlechter Umgang verdirbt gute Sitten.
Tertullian, Ad uxorem 1.8,4 nach Vulgata, Epistula ad Corinthios 1.15,33

Bonum ad virum cito moritur iracundia. 1121
Bei einem guten Mann vergeht der Zorn schnell.
Publilius Syrus, Sententiae 74

Bonum appello, quicquid secundum naturam est. 1122
Ich halte für gut, was im Einklang mit der Natur steht.
Cicero, De finibus bonorum et malorum 5.89

Bonum auget, malum minuit. 1123
Das Gute mehrt, das Böse zehrt.
Wahlspruch von Papst Clemens X.

1124 Bonum autem facientes non deficiamus.
Lasst uns nicht aufhören, Gutes zu tun.
Vulgata, Epistula ad Galatas 6,9

1125 Bonum certamen certavi, cursum consummavi, fidem servavi.
Ich habe einen guten Kampf gekämpft, ich habe meinen Lauf vollendet, ich habe den Glauben bewahrt.
Vulgata, Epistula ad Timotheum 2.4,7

1126 Bonum ergo coniugii non est fervor concupiscentiae, sed quidam licitus et honestus illo fervore utendi modus, propagandae proli, non explendae libidini accomodatus.
Das Wert der Ehe liegt nicht in leidenschaftlicher Sinnenlust, sondern in einer statthaften ehrbaren Art, diese Leidenschaft einzusetzen, die darauf abzielt, Nachkommen zu zeugen, nicht die Lust auszuleben.
Augustinus, De peccatorum meritis et remissione 1,57

1127 Bonum est duabus niti ancoribus.
Es ist gut, sich auf zwei Anker verlassen zu können.
Erasmus, Adagia 3772 (nach Pindaros)

Bonum est fugienda aspicere in alieno malo. 1128
An fremdem Unglück lässt sich erkennen, was man vermeiden sollte.
Publilius Syrus, Sententiae 47

Bonum est laudari, sed praestantius est esse laudabilem. 1129
Es ist gut, gelobt zu werden, doch es ist besser, lobenswert zu sein.
Pseudo-Seneca, Liber de moribus 38

Bonum quippe amissum dum quaeritur, plus amatur. 1130
Ein verlorenes Glück liebt man umso mehr, wenn man es vermisst.
Cassiodor, Variae 8.14,2

Bonum quod est, supprimitur, numquam extinguitur. 1131
Was gut ist, lässt sich unterdrücken, aber niemals auslöschen.
Publilius Syrus, Sententiae 63

bonum summum, quo tendimus omnes 1132
das größte Gut, nach dem wir alle streben
Lukrez, De rerum natura 6.26

Bonum virum deus in deliciis non habet; experitur, indurat, sibi illum parat. 1133
Einen guten Menschen verwöhnt Gott nicht, er prüft ihn, härtet ihn ab, erzieht ihn für sich.
Seneca, De providentia 1,6

1134 Bonus animus numquam erranti obsequium accommodat.
Ein gutes Herz gehorcht einem Irrenden nicht.
Publilius Syrus, Sententiae 57

1135 Bonus atque fidus / iudex honestum praetulit utili.
Ein guter und gerechter Richter schätzt die Ehre mehr als den eigenen Vorteil.
Horaz, Carmina 4.9,40–41

1136 Bonus esse in alios non potest, qui in se est malus.
Gut zu anderen kann nicht sein, wer zu sich schlecht ist.
Caecilius Balbus, Sententiae (F) 35

1137 Bonus esto et sic quaere alterum similem tui.
Sei gut und suche nach Gleichgesinnten.
Publilius Syrus, Sententiae A128

1138 Bonus intra, melior exi!
Als Guter tritt ein, als Besserer geh weg.
Inschrift vom Asklepieion in Lambaese

1139 Bonus iudex damnat improbanda, non odit.
Ein guter Richter verurteilt, was er missbilligen muss, aber er hasst es nicht.
Seneca, De ira 1.16,6

Bonus iudex varie ex personis causisque 1140
constituet.
Ein guter Richter wird Person und Sache unterschiedlich richten.
Corpus Iuris Civilis, Digesta 6.1,38 (Celsus)

Bonus quilibet praesumitur in dubio. 1141
Im Zweifelsfall hat jeder als unbescholten zu gelten.
Rechtsregel

Bonus vero vir sine deo nemo est. 1142
Ohne Gott ist kein Mensch gut.
Seneca, Epistulae morales 41,2

Bonus vir nemo est, nisi qui bonus est 1143
omnibus.
Keiner ist gut, der nicht zu allen gut ist.
Publilius Syrus, Sententiae 703

bovi clitellas imponere 1144
einen Ochsen satteln
Cicero, Ad Atticum 5.15,3

bracatae et Transalpinae nationes 1145
die behosten Völker jenseits der Alpen
Cicero, Ad familiares 9.21,2

Breve confinium artis et falsi. 1146
Dichtung und Unwahrheit sind einander nah.
Tacitus, Annales 4.58,3

1147 Breve enim tempus aetatis satis longum est ad bene honesteque vivendum.
Auch ein kurzes Leben reicht aus, um gut und ehrenwert zu leben.
Cicero, Cato maior de senectute 70

1148 Breve maneat ipsa memoria iracundiae.
Auch die Erinnerung an den Zorn soll nur kurz dauern.
Publilius Syrus, Sententiae 75

1149 Breve nobis tempus nos fecimus. Quantulum enim studiis partimur! Alias horas vanus salutandi labor, alias datum fabulis otium, alias spectacula, alias convivia trahunt.
Wir selbst kürzen unsere Zeit. Wie wenig verwenden wir auf unsere Studien! Manche Stunden verschwenden wir mit der überflüssigen Mühe von Besuchen, andere beim untätigem Betrachten von Theaterstücken, andere mit dem von Darbietungen, andere mit Gastmählern.
Quintilian, Institutio oratoria 12.11,18

1150 Breve sit, quod turpiter audes.
Was du Schändliches tust, mach es kurz.
Juvenal, Saturae 8,165

Brevis a natura nobis vita data est; at memoria bene redditae vitae sempiterna. 1151
Ein kurzes Leben ist uns von der Natur gegeben; doch die Erinnerung an ein gut verbrachtes Leben dauert unendlich.
Cicero, Orationes Philippicae 14,32

Brevis cantio cito decantatur. 1152
Ein kurzes Lied ist schnell gesungen.
Bebel, Proverbia Germanica 338

Brevis esse laboro, / obscurus fio. 1153
Ich mühe mich kurz zu fassen, und werde unverständlich.
Horaz, De arte poetica 25–26

Brevis est institutio vitae honestae beataeque, si cedas naturae. 1154
Kurz ist die Anleitung zu einem ehrenwerten und glücklichen Leben, wenn man der Natur folgt.
Quintilian, Institutio oratoria 12.11,12

Brevis ipsa vita est, sed malis fit longior. 1155
Das Leben ist kurz, aber durch Leid wird es lang.
Publilius Syrus, Sententiae 79

Brevis omnis malitia super malitiam mulieris. 1156
Kurz dauert alle Bosheit im Vergleich zur Bosheit einer Frau.
Beda Venerabilis, Proverbia

1157 Brevis oratio penetrat caelos, longa potatio evacuat cyphos.
Ein kurzes Gebet erreicht den Himmel, langes Trinken leert die Becher.
Rabelais, Gargantua 1,42

1158 Brevis sit ratio amicis, longa oratio.
Unter Freunden sei das Geschäft kurz, das Gespräch lang.
Caecilius Balbus, Sententiae (F) 36

1159 Brevissima ad divitias per contemptum divitiarum via est.
Der kürzeste Weg zum Reichtum ist den Reichtum zu verachten.
Seneca, Epistulae morales 62,3

C

1160 C. M. B. (Christus mansionem benedicat bzw. Caspar, Melchior, Balthasar)
Christus segne dieses Haus.
Kirchenlatein

1161 c. t. (cum tempore)
mit akademischer Viertelstunde (d. h. Beginn 15 Minuten später)

1162 ca. (circa)
ungefähr
Livius, Ab urbe condita 27.42,8

Cacatum non est pictum. 1163
Geschmiert ist nicht gemalt.
Walther, Proverbia sententiaeque 35320

Cacumen radicis loco ponis. 1164
Du vertauschst Wipfel und Wurzel.
Seneca, Epistulae morales 124,7

Caeca est temeritas, quae petit casum ducem. 1165
Blind ist die Verwegenheit, die dem Zufall folgt.
Seneca, Agamemnon 145

Caecat amor mentes ac interdum sapientes. 1166
Die Liebe macht die Sinne blind und manchmal auch die Weisen.
Walther, Proverbia sententiaeque 2208

Caeci sunt oculi, cum animus alias res agit. 1167
Blind sind die Augen, wenn der Geist sich mit anderem beschäftigt.
Publilius Syrus, Sententiae 115

Caecis hoc satis clarum est. 1168
Das sieht selbst ein Blinder.
Quintilian, Institutio oratoria 12.7,9

caecus amor sui 1169
blinde Selbstliebe
Horaz, Carmina 1.18,14

1170 Caecus autem si caeco ducatum praestet, ambo in foveam cadunt.
Wenn ein Blinder einen anderen führt, fallen beide in die Grube.
Vulgata, Evangelium secundum Matthaeum 15,14

1171 Caecus caeco dux.
Ein Blinder führt einen Blinden.
Erasmus, Adagia 740 (nach Suidas)

1172 caecus casus
blinder Zufall
Cicero, De divinatione 2.15

1173 Caecus non iudicat de coloribus.
Der Blinde urteilt nicht über Farben.
Walther, Proverbia sententiaeque 35332b

1174 Caederem te, nisi irascerer.
Ich würde dich schlagen, wenn ich nicht zornig wäre.
Sokrates bei Seneca, De ira 1.15,3

1175 Caelebs caelestium vitam ducens.
Ein Junggeselle lebt wie im Himmel.
Priscianus, Institutiones grammaticae 1.23

1176 Caeli enarrant gloriam Dei, et opera manuum eius annuntiat firmamentum.
Die Himmel erzählen die Ehre Gottes, und die Feste verkündigt seiner Hände Werk.
Vulgata, Psalm 19,2

Caeli ratio in animo, terrae autem in corpore est. 1177
Der Verstand des Himmels liegt in der Seele, der der Erde aber im Leib.
Lactantius, Divinae institutiones 6.1,10

Caelo Musa beat. 1178
Die Muse schenkt Himmelsfreuden.
Horaz, Carmina 4.8,28

Caelo quamvis sereno nubecula quamvis parva ventum procellarum dabit. 1179
Auch bei heiterem Himmel kann ein kleines Wölkchen einen Sturm auslösen.
Plinius maior, Naturalis historia 18.356

caelum ac terras miscere 1180
Himmel und Erde vermischen
Livius, Ab urbe condita 4.3,6

Caelum avarus in coeno quaerit. 1181
Der Gierige sucht den Himmel im Dreck.
Walther, Proverbia sententiaeque 35553

Caelum et terra transibunt, verba autem mea non transibunt. 1182
Himmel und Erde werden vergehen, aber meine Worte werden nicht vergehen.
Vulgata, Evangelium secundum Marcum 13,31

Caelum, non animum mutant, qui trans mare currunt. 1183
Wer übers Meer flieht, wechselt den Ort, nicht seine Stimmung.
Horaz, Epistulae 1.11,27

1184 caelum vituperare
selbst den Himmel kritisieren
Phaedrus, Liber fabularum 4.7,26

1185 caestum Veneris habere
den Gürtel der Liebe besitzen
Erasmus, Adagia 2136

1186 Calamitas saepius disciplina virtutis est.
Unglück ist oft eine gute Schule der Kraft.
Minucius Felix, Octavius 36,8

1187 Calamitosus est animus futuri anxius.
Unglücklich ist, wer um die Zukunft bangt.
Seneca, Epistulae morales 98,6

1188 calcem impingere
einen Fußtritt verpassen
Petron, Satyricon 46,5

1189 calculum reducere
einen Rückzug machen
Cicero bei Nonius Marcellus, De compendiosa doctrina 2. (Scripta)

1190 Calidiore caelo maiora fiunt stillicidia.
Wenn es warm ist, fallen größere Tropfen.
Seneca, Naturales quaestiones 4.4,2

1191 caligare in sole
blind vor Sonne
Quintilian, Institutio oratoria 1.2,19

Calles antiquos serves, veteres et 1192
amicos.
Vertraute Wege und vertraute Freunde soll man nicht verlassen.
Walther, Proverbia sententiaeque 2242

Calliope, Polymneia, Erato, Clio atque 1193
Thalia, / Melpomene, Euterpe, Terpsichore, Urania.
Kalliope (Epik), Polyhymnia (Musik); Erato (Lyrik), Klio (Geschichtsschreibung) und Thalia (Komödie), Melpomene (Tragödie), Euterpe (Flötenspiel), Terpsichore (Lyra, Tanz), Urania (Astronomie).
Merkvers der neun Musen

Calumnia magiae facilius infamatur 1194
quam probatur.
Der Vorwurf der Magie wird leichter als Rufschädigung vorgebracht als belegt.
Apuleius, Apologia 2,2

camera obscura 1195
dunkle Kammer

campus patens 1196
ein weites Feld
Seneca, De vita beata 22,1

candida de nigris et de candentibus atra 1197
(facere)
aus Schwarz Weiß und aus Weiß Schwarz machen
Ovid, Metamorphoses 11.314

1198 Candida me docuit nigras odisse puellas, / odero, si potero, si non, invitus amabo.
Candida (wörtlich: die Weiße) hat mich gelehrt, die dunkeln Mädchen zu hassen; ich werde sie hassen, wenn ich kann, wenn nicht, werde ich sie lieben, auch wenn ich es nicht will.
Corpus Inscriptionum Latinarum IV 1520

1199 Candida virginitas res est gratissima divis.
Reine Unschuld ist den Göttern am liebsten.
Palingenius, Zodiacus vitae 10.255

1200 candidatus (reverendi) ministerii
Kandidat des Predigtamts
Kirchenlatein

1201 Candor in hoc aevo res intermortua paene.
Ehrlichkeit ist heute eine fast ausgestorbene Tugend.
Ovid, Epistulae ex Ponto 2.5,5

1202 canere surdis
tauben Ohren predigen
Vergil, Bucolica 10,8

1203 Canes plurimum latrantes raro mordent.
Hunde, die viel bellen, beißen selten.
Walther, Proverbia sententiaeque 2287a

Canescunt turpi tecta relicta situ. 1204
Ein aus Schande vergessenes Haus verfällt schnell.
Ovid, Amores 1.8,52

Canis caninam non est. 1205
Ein Hund frisst kein Hundefleisch.
Varro, De lingua Latina 7.31

Canis festinans caecos parit catulos. 1206
Ein eiliger Hund bringt blinde Welpen zur Welt.
Walther, Proverbia sententiaeque 35384

Canis fidele animal. 1207
Der Hund ist ein treues Tier.
Walther, Proverbia sententiaeque 35385

Canis mortuus non mordet. 1208
Ein toter Hund beißt nicht.
Bebel, Proverbia Germanica 23

Canis peccatum sus dependit. 1209
Das Schwein büßt, was der Hund gesündigt hat.
Erasmus, Adagia 2299 (nach Apostolios)

Canis timidus vehementius latrat, quam mordet. 1210
Ein ängstlicher Hund bellt lauter, als er beißt.
Curtius Rufus, Historiae Alexandri Magni 7.4,13

cantare et dicere 1211
singen und sagen (und loben)
Vulgata, Psalm 57,8

1212 Cantat avis quaevis, sicut rostrum sibi crevit.
Jeder Vogel singt, wie ihm der Schnabel gewachsen ist.
Walther, Proverbia sententiaeque 2309

1213 Cantate Domino canticum novum, quia mirabilia fecit.
Singt dem Herrn ein neues Lied, denn er tut Wunder.
Vulgata, Psalm 98,1

1214 Cantet, amat quod quisque: levant et carmina curas.
Jeder soll nach seiner Laune singen: Lieder mildern die Sorgen.
Nemesianus, Bucolica 4,19

1215 cantherio comeso mulo pervehi
nachdem das Pferd verzehrt ist, auf einem Maulesel weiterreiten
Cicero, Ad familiares 9.18,4

1216 Canticum canticorum
Lied der Lieder (das Hohe Lied)
Vulgata, Titel

1217 cantilenam eandem canere
immer dasselbe Lied singen
Terenz, Phormio 495

1218 cantiones sacrae
heilige Lieder
Kirchenlatein

Cantores amant humores. 1219
Musikanten trinken gern.
Walther, Proverbia sententiaeque 2313

cantus firmus 1220
fester Gesang

capere crines 1221
beim Kopf packen
Plautus, Mostellaria 226

Capillos liberos non habet. 1222
Noch nicht einmal seine Haare sind unverpfändet.
Petron, Satyricon 38,12

Capita aut navia! 1223
Kopf oder Schiff (Saturn oder Schiff auf römischen Münzen)
Macrobius, Saturnalia 1.7,22

capitis deminutio 1224
Minderung des Haupts (der Stellung)
Gaius, Institutiones 2.146

Capra nondum peperit, haedus autem ludit in tectis. 1225
Die Ziege hat noch nicht geworfen, und schon springt der Bock auf den Dächern umher.
Erasmus, Adagia 1510

caprinum proelium 1226
Kampf der Ziegenböcke
Varro, Titel einer Menippeischen Satire

1227 captatio benevolentiae
nach Wohlwollen trachten
Cicero, De inventione 1.21

1228 Captiosus de verbis disputator canis est aerem captans pro praeda.
Wer unnütz um Worte streitet, ist wie ein Hund, der nach Luft statt nach Beute jagt.
Sententiae Varronis 23

1229 Captores saepe ipsi capiuntur.
Betrüger werden oft betrogen.
Walther, Proverbia sententiaeque 35403

1230 Caput aquae illud est, unde aqua nascitur.
Die Quelle des Wassers ist dort, wo das Wasser entspringt.
Corpus Iuris Civilis, Digesta 43.20,1,8 (Ulpianus)

1231 Caput autem est in omni procuratione negotii et muneris publici, ut avaritiae pellatur etiam minima suspicio.
Die Hauptsache bei jedem Geschäft und jeder öffentlichen Arbeit ist, dass auch der kleinste Verdacht auf Habgier vermieden wird.
Cicero, De officiis 2.75

1232 Caput eius agitur.
Es geht um seinen Kopf.
Cicero, Laelius de amicitia 61

Caput est artis decere, quod facias. 1233
Die Kunst setzt voraus, dass sich schickt, was man tut.
Quintilian, Institutio oratoria 11.3,177 (nach Cicero, De oratore 1.132)

caput mortuum 1234
totes Haupt

caput perfricare 1235
sich am Kopf kratzen
Cicero, In Pisonem 61

Caput prurit. 1236
Es juckt am Kopf.
Plautus, Bacchides 1193

cara deum suboles 1237
Abkömmling der Götter
Vergil, Bucolica 4,49

Cara mihi semper eris: / Nisi fallar, non 1238
falleris.
Du wirst mir immer wert sein: Bleibst du treu, werde ich treu bleiben.
Carmina Burana 117.11,3–4

Carere debet omni vitio, qui in alium 1239
paratus est dicere.
Wer einen anderen anklagen will, muss selbst ohne Schuld sein.
Walther, Proverbia sententiaeque 35413

1240 Carere non potest fame, qui panem pictum lingit.
Es wird nicht satt, wer an einem gemalten Brot leckt.
Augustinus, De civitate Dei 4.23

1241 Carere patria intolerabile est.
Heimweh ist unerträglich.
Seneca, Ad Helviam matrem de consolatione 6,2

1242 Caret periclo, qui etiam, cum est tutus, cavet.
Sicher vor der Gefahr ist, wer Acht gibt, wenn er sich sicher fühlt.
Publilius Syrus, Sententiae 116

1243 Cari rixantur, rixantes conciliantur.
Wer sich gern hat, streitet, wer streitet, verträgt sich.
Walther, Proverbia sententiaeque 2360

1244 Caritas bene ordinata incipit a se ipsa.
Die wahre Liebe beginnt bei sich selbst.
Walther, Proverbia sententiaeque 35415

1245 Caritas enim Christi urget nos.
Die Liebe Christi treibt uns.
Vulgata, Epistula ad Corinthios 2.5,14

1246 Caritate enim benevolentiaque sublata omnis est e vita sublata iucunditas.
Hören Liebe und guter Wille auf, ist dem Leben aller Reiz genommen.
Cicero, Laelius de amicitia 102

Carius est carum, si praegustatur amarum. 1247
Süßes schmeckt noch süßer, wenn man vorher Bitteres genossen hat.
Walther, Proverbia sententiaeque 2366

Carmen sibi intus canit. 1248
Er singt sich selbst ein Loblied.
Cicero, De lege agraria 2,68

Carmina Burana 1249
Lieder aus Beuren (aus der mittelalterlichen Liederhandschrift des Klosters Benediktbeuren, ca. 1300)
Buchtitel (1847)

Carmina morte carent. 1250
Lieder sterben nicht.
Ovid, Amores 1.15,32

Carmina proveniunt animo deducta sereno. 1251
Lieder werden aus heiterem Geist geboren.
Ovid, Tristia 1.1,39

Carmina quam tribuent, fama perennis erit. 1252
Der Ruhm der Lieder wird dauern.
Ovid, Amores 1.10,62

Carmina secessum scribentis et otia quaerunt. 1253
Wer Verse schreibt, braucht einen abgeschiedenen Ort und Ruhe.
Ovid, Tristia 1.1,41

1254 Carmina vel caelo possunt deducere lunam.
Lieder können den Mond vom Himmel holen.
Vergil, Bucolica 8,69

1255 Carmine formosae, pretio capiuntur avarae.
Die Schönen gewinnt man mit einem Liebeslied, die Gierigen nur mit Geld.
Tibull (Lygdamus), Elegiae 3.1,7

1256 Carpe diem!
Nutze den Tag!
Horaz, Carmina 1.11,8

1257 Carpe viam, et susceptum perfice munus.
Geh deinen Weg und mach die begonnene Arbeit fertig.
Vergil, Aeneis 6.629

1258 Carpent tua poma nepotes.
Deine Enkel werden die Früchte ernten.
Vergil, Bucolica 9,50

1259 Cascus cascam ducit.
Der Alte heiratet eine Alte.
Manilius bei Varro, De lingua Latina 7.28

1260 Caseus est sanus, quem dat avara manus.
Käse ist gesund, wenn man ihn sparsam gibt.
Walther, Proverbia sententiaeque 2440

Caseus et panis sunt optima fercula sanis. 1261
Käse und Brot sind die beste Speise für Gesunde.
Walther, Proverbia sententiaeque 2442

Casta ad virum matrona parendo imperat. 1262
Eine kluge Frau herrscht über ihren Mann, in dem sie tut, was er will.
Publilius Syrus, Sententiae 93

Casta est, quam nemo rogavit. 1263
Keusch bleibt die, um die niemand wirbt.
Ovid, Amores 1.8,43

Casta vivat, panem faciat, domum servet. 1264
Sie lebe keusch, backe Brot, hüte das Haus.
volkstümlich

Caste iubet lex adire ad deos. 1265
Das Gesetz befiehlt, sich den Göttern rein zu nähern.
Cicero, De legibus 2.24

Castigat ridendo mores. 1266
Die Moral durch Lachen bessern.
Motto der Opéra Comique

Casus a nullo praestantur. 1267
Für Zufälle haftet niemand.
Corpus Iuris Civilis, Digesta 50.17,23 (Ulpianus)

1268 casus belli
im Kriegsfall
Cicero, Ad familiares 6.1,7

1269 casus foederis
im Bündnisfall

1270 Casus magister alius et paene numerosior.
Der Zufall ist ein Lehrmeister, und fast der häufigste.
Plinius maior, Naturalis historia 17.101

1271 casus obliquus
abhängiger Fall
Varro, De lingua Latina 8.6

1272 Casus ubique valet. Semper tibi pendeat hamus; / quo minime credis, gurgite piscis erit.
Der Zufall herrscht überall. Wirf immer deine Angel aus; wenn du es am wenigsten erwartest, wirst du einen Fisch fangen.
Ovid, Ars amatoria 3.425–426

1273 Catti invalidi longius vivunt.
Kranke Katzen leben länger.
Bebel, Proverbia Germanica 246

1274 Cattus saepe satur cum capto mure iocatur.
Wenn sie satt ist, spielt die Katze mit der Maus.
Walther, Proverbia sententiaeque 2502

Causa aequat effectum. 1275
Die Ursache entspricht der Wirkung.

Causa aliqua subest. 1276
Das hat seinen Grund.
Cicero, De finibus bonorum et malorum 5.29

Causa causae est causa causati. 1277
Die Ursache der Ursache ist die Ursache des Verursachten.

causa cognita 1278
nach Ermittlung der Ursache
Cicero, In Verrem 2.1,25

Causa et effectus debent esse proportionata. 1279
Ursache und Wirkung müssen sich entsprechen.
Auctoritates, Aristoteles, Physica 73

Causa fuit multis noster amoris amor. 1280
Meine Liebe war für viele Anlass zur Liebe.
Ovid, Amores 3.11,20

Causa latet, vis est notissima. 1281
Die Ursache ist verborgen, aber die Wirkung kennen wir.
Walther, Proverbia sententiaeque 35438

Causa patrocinio non bona peior erit. 1282
Eine schlechte Sache wird schlechter, wenn man sie rechtfertigt.
Ovid, Tristia 1.1,26

1283 causa sine qua non
grundlegende Bedingung

1284 Causa tanti mali coniunx iterum.
Ursache für so großes Unheil ist wieder eine Frau.
Vergil, Aeneis 6.93

1285 causam infirmiorem fortiorem facere
die schwächeren Gründe zu den stärkeren machen
Protagoras bei Gellius, Noctes Atticae 5.3,7

1286 Causidicus lites, sed vinitor undique vites, / vulnus amat medicus, presbyter interitus.
Der Anwalt liebt Prozesse, der Winzer Weinberge, der Arzt Wunden, der Priester das Sterben.
Walther, Proverbia sententiaeque 2545

1287 Cautela abundans non nocet.
Übertriebene Vorsicht schadet nicht.
Walther, Proverbia sententiaeque 35445

1288 Cautio medicina est arresti.
Bürgschaft ist ein Mittel gegen Haft.
Rechtsregel

1289 Cautis prodesse pericula aliorum solent.
Vorsichtige lernen aus den Gefahren anderer.
Phaedrus, Liber fabularum, Appendix Gudiana 30,8

Cautius loquitur. 1290
Er drückt sich vorsichtig aus.
volkstümlich

Cautum intellegitur, sive personis sive 1291
rebus cautum sit.
Etwas gilt als Bürgschaft, ob es durch Personen oder Sachen geleistet wird.
Corpus Iuris Civilis, Digesta 50.16,188,1 (Paulus)

Cave a consequentariis. 1292
Hüte dich vor den Allzukonsequenten.
Leibniz

Cave amici invidias inimici insidiis 1293
magis.
Hüte dich vor dem Neid des Freundes mehr als vor den Angriffen des Feindes.
Caecilius Balbus, Sententiae (F) 37

Cave amicum credas, nisi si quem 1294
probaveris.
Trau keinem Freund, bevor du ihn nicht erprobt hast.
Publilius Syrus, Sententiae 120

Cave canem. 1295
Vorsicht vor dem Hund!
Petron, Satyricon 29,1

Cave faxis / te quicquam indignum. 1296
Tu nichts, was deiner Würde schadet.
Horaz, Sermones 2.3,38–39

1297 Cave multos, si singulos non times.
Nimm dich vor der Menge in Acht, wenn du Einzelne auch nicht fürchtest.
Historiae Augustae scriptores, Maximini duo 9,4

1298 Cave, ne armarium quam pectus habeas doctum.
Achte darauf, dass deine Bibliothek nicht klüger ist als du selbst.
Caecilius Balbus, Sententiae (W) 16

1299 Cave, ne nimia mellis dulcedine diutinam bilis amaritudinem contrahas.
Pass auf, dass dir nicht durch zuviel Süße des Honigs bitter zumute wird!
Apuleius, Metamorphoses 2.10,2

1300 Cave, ne vinum bibas!
Hüte dich, Wein zu trinken!
Vulgata, Liber Iudicum 13,7

1301 Cave quicquam dicas, nisi quod scieris optime.
Rede nicht über etwas, was du nicht genau kennst.
Caecilius Balbus, Sententiae (F) 39

1302 Cave quicquam incipias, quod paeniteat postea.
Beginne nichts, was du später bereuen musst.
Publilius Syrus, Sententiae 111

Cave, quod turpe est facere, credas esse honestum dicere. 1303
Glaube nicht, dass man über das, was schändlich ist, ohne Schande sprechen kann.
Caecilius Balbus, Sententiae (F) 38

Cave tibi a cane muto et aqua silenti. 1304
Hüte dich vor stillem Wasser und stummem Hund.
Walther, Proverbia sententiaeque 2566b

Caveat lector. 1305
Der Leser muss aufpassen.

Cavendi nulla est dimittenda occasio. 1306
Vorsicht darf man bei keiner Gelegenheit weglassen.
Publilius Syrus, Sententiae 87

Cavendum est, ne maior poena quam 1307
culpa sit et ne iisdem de causis alii plectantur, alii ne appellentur quidem.
Man muss Acht geben, dass die Strafe nicht schwerer ist als die Schuld und dass nicht die einen verurteilt, andere nicht einmal angeklagt werden.
Cicero, De officiis 1.89

1308 Cavendumque, ne in secunda valetudine adversae praesidia consumantur.
Man muss darauf achten, dass man in der Gesundheit nicht die Reserven für Krankheiten aufbraucht.
Celsus, De medicina 1.1,4

1309 Cavere aut carere.
Aufpassen oder lassen.
volkstümlich

1310 Cavere quam pavere mala prudentiust.
Unheil meiden ist klüger, als vor ihm zu zittern.
Publilius Syrus, Sententiae A280

1311 Caveto amicum, cuius amarum dulce sit.
Hüte dich vor einem Freund, für den Bitteres süß ist.
Publilius Syrus, Sententiae A244

1312 Cede repugnanti; cedendo victor abibis.
Gib nach, wenn sie sich sträubt, durch Nachgeben wirst du gewinnen.
Ovid, Ars amatoria 2.197

1313 Cedere maiori non est pudor inferiori.
Dem Größeren zu weichen ist für den Kleineren keine Schande.
Walther, Proverbia sententiaeque 2585

Cedere maiori virtutis fama secunda 1314
est; / illa gravis palma est, quam minor hostis habet.
Dem Stärkeren zu weichen ist die zweitgrößte Ehre für den Tapferen; schwer lastet jener Sieg, den der Schwächere davonträgt.
Matial, Liber de spectaculis 32,1

Cedite, pello duos. 1315
Weicht, ich besiege auch zwei.
Wahlspruch Kaiser Leopolds I.

Cedo maiori. 1316
Ich weiche dem Stärkeren.
Matial, Liber de spectaculis 32,1

Cedo nulli. 1317
Ich weiche vor niemandem.
Wahlspruch des Erasmus

Cedunt laeta malis, cedunt mala 1318
tempora laetis.
Heiterkeit weicht der Betrübnis, traurige Zeiten weichen heiteren.
Epigrammata Bobiensia 42,4

Celari vult sua furta Venus. 1319
Venus will, dass ihre Liebesabenteuer geheim bleiben.
Tibull, Elegiae 1.1,36

cena comesa venire 1320
kommen, wenn schon alles vorbei ist
Varro, De re rustica 1.2,11

1321 cena dominica
das Mahl des Herrn (Abendmahl)
Vulgata, Epistula ad Corinthios 1.11,20

1322 censura sedis apostolicae
Spruch des päpstlichen Stuhls
Kirchenlatein

1323 census Romanus
die römische Steuer (der Peterspfennig)
Kirchenlatein

1324 Centum sunt causae, cur ego semper amem.
Es gibt hundert Gründe, warum ich ständig verliebt bin.
Ovid, Amores 2.4,10

1325 cera tractabilior
geschmeidiger als Wachs
Erasmus, Adagia 2133 (nach Suidas)

1326 Cernere iustitiam nescit, quem munera caecant.
Gerechtigkeit kennt nicht, wen Geschenke blind machen.
Walther, Proverbia sententiaeque 35477b1

1327 Cernere plus uno lumina bina queunt.
Zwei Augen sehen mehr als eines.
Walther, Proverbia sententiaeque 2635

Cernis, ut ignavum corrumpant otia 1328
corpus, / ut capiant vitium, ni moveantur aquae.
Du siehst, wie die Untätigkeit den trägen Körper verdirbt und wie das Wasser faul wird, wenn es nicht fließt.
Ovid, Epistulae ex Ponto 1.5,5–6

Cernitur in mundo nullus, qui dicat: 1329
›abundo.‹
Da ist keiner auf der Welt, der sagen würde: ›Ich habe genug.‹
Walther, Proverbia sententiaeque 2647

Cernuntur facta, nemini animus cernitur. 1330
Man sieht nur, was jemand tut, ins Herz blickt man keinem.
Publilius Syrus, Sententiae A11

Certa mittimus, dum incerta petimus. 1331
Sicheres geben wir auf, wenn wir Unsicheres suchen.
Plautus, Pseudolus 685

Certa res, certa pecunia. 1332
Jede Sache hat ihren Preis.
Rechtsregel

Certamina factionum fuerunt eruntque 1333
pluribus populis exitio quam bella externa, quam fames morbive.
Innere Unruhen brachten und bringen mehr Völker ins Verderben als Krieg mit Feinden, als Hungersnöte und Seuchen.
Livius, Ab urbe condita 4.9,3

1334 Certe difficile est abscondere pectoris aestus, / panditur et clauso saepius ore furor.
Es ist schwierig, die Glut im Herz zu verbergen, der Liebeswahn offenbart sich selbst bei geschlossenem Mund.
Maximian, Elegiae 4,27–28

1335 Certe enim domus animae caro est, et inquilinus carnis anima.
Jedenfalls ist der Leib das Haus der Seele und die Seele die Bewohnerin des Leibes.
Tertullian, De anima 38,4

1336 Certe equidem finis vitae mortalibus adstat / nec devitari letum pote, quin obeamus.
Sicher steht den Menschen das Ende des Lebens bevor, und niemand kann dem entkommen.
Lukrez, De rerum natura 3.1078–1079

1337 Certe igitur ignoratio futurorum malorum utilior est quam scientia.
Zukünftiges Leid nicht zu kennen ist besser als die Kenntnis davon.
Cicero, De divinatione 2.23

1338 Certe in optimorum consiliis posita est civitatium salus.
Ohne Zweifel gründet das Wohl der Staaten auf dem Rat ihrer besten Bürger.
Cicero, De re publica 1.51

Certe liberi labores humanos suaviores, 1339
verum infortunia amariora reddunt.
Kinder machen die Mühe im Leben süßer, doch ihr Unglück umso bitterer.
Bacon, Sermones fideles 7

Certe maior est virtutis victoriaeque 1340
iucunditas quam ista voluptas, quae percipitur ex libidine et cupiditate.
Sicher ist der Genuss eines errungenen Erfolges größer als die Lust, die aus sinnlicher Begierde folgt.
Cicero, In Verrem 2.1,57

Certe omnes virtutis compotes beati sunt. 1341
Glücklich sind gewiss alle, die im Besitz der Tugend sind.
Cicero, Tusculanae disputationes 5.39

Certissimum enim est ex alterius 1342
contractu neminem obligari.
Es ist unbestritten, dass niemand durch einen Vertrag Dritter verpflichtet wird.
Corpus Iuris Civilis, Codex Iustinianus 4.12,3

Certius est quam mors, quam mors 1343
incertius est nil.
Nichts ist gewisser als der Tod, nichts ungewisser als der Tod.
Palingenius, Zodiacus vitae 8.354

certo certius 1344
gewisser als gewiss
Plautus, Captivi 643

1345 Certum atque decretum est.
Es ist endgültig beschlossen.
Livius, Ab urbe condita 2.45,13

1346 Certum est, quod is committit in legem, qui legis verba complectens contra legis nititur voluntatem.
Es ist nicht zu leugnen, dass der gegen ein Gesetz verstößt, der sich zwar an die Worte des Gesetzes hält, aber gegen die Absicht des Gesetzes verstößt.
Liber Sextus Decretalium, Regulae iuris 88

1347 Cessante causa cessat effectus.
Fehlt die Ursache, fehlt auch die Wirkung.
Thomas von Aquin, Summa theologiae 1.96,3,3

1348 Cessante ratione legis cessat lex ipsa.
Wenn der Zweck des Gesetzes entfällt, fällt das Gesetz selbst weg.
Rechtsregel

1349 Cesset vindicta, donec pertranseat ira.
Rache soll unterbleiben, bis der Zorn verraucht ist.
Walther, Proverbia sententiaeque 2701

1350 cessio bonorum
Abtretung der Güter
Corpus Iuris Civilis, Codex Iustinianus 7.71,7

1351 Cetera cura tua est.
Der Rest ist deine Sache.
Ovid, Heroides 21,243

Cetera desiderantur. 1352
Das Weitere ist nicht erhalten.

Cetera desunt. 1353
Das Weitere fehlt.
Ovid, Metamorphoses 5.528

Cetera mitte loqui! 1354
Sprich nicht vom Übrigen.
Horaz, Iambi 13,7

Cetera res expediet. 1355
Das Weitere wird sich finden.
Sallust, De coniuratione Catilinae 20,10

Ceterum censeo Carthaginem esse 1356
delendam.
Im Übrigen bin ich dafür, dass Karthago zerstört wird.
Plutarch, Cato maior 27,2

Ceterum libertas et speciosa nomina 1357
praetexuntur; nec quisquam alienum servitium et dominationem sibi concupivit, ut non eadem ista vocabula usurparet.
Im Übrigen werden Freiheit und andere wohlklingende Begriffe als Vorwand genommen; denn keiner hat je Macht durch Unterwerfung anderer angestrebt, ohne eben dieselben Begriffe zu benutzen.
Tacitus, Historiae 4.73,3

1358 Ceterum neque generosior spiritus vanitatem amat neque concipere aut edere partum mens potest nisi ingenti flumine litterarum inundata.
Doch ein wirklich großer Geist neigt nicht zur Angeberei, und der Geist kann nur nehmen und geben, wenn er in den großen Fluss der Gelehrsamkeit eingetaucht ist.
Petron, Satyricon 118

1359 cf. / cfr. (confer)
vergleiche
Cicero, Tusculanae disputationes 1.94

1360 Charta non erubescit.
Papier errötet nicht.
Cicero, Ad familiares 5.12,1

1361 Christianos ad leonem!
Werft die Christen den Löwen vor.
Tertullian, Apologeticum 40,2

1362 Cibi condimentum fames.
Hunger würzt die Speise.
Sokrates bei Cicero, De finibus bonorum et malorum 2.90

1363 cibum e flamma petere
das Essen vom Herd wegholen
Terenz, Eunuchus 491

1364 Cicatrix conscientiae pro vulnere est.
Die Narben des Gewissens brennen wie Wunden.
Publilius Syrus, Sententiae 118

Ciccum non interduim. 1365
Ich gebe nichts darum.
Plautus, Rudens 580

Cineri gloria sero venit. 1366
Für die Asche kommt der Ruhm zu spät.
Matial, Epigrammata 1.25,8

Cineri nunc medicina datur. 1367
Jetzt gibt man einem Toten Medizin.
Properz, Elegiae 2.14,16

circa (ca.) 1368
ungefähr

Circa difficilia semper est ars et virtus. 1369
Können und Mut beweisen sich immer bei Schwierigkeiten.
Auctoritates, Aristoteles, Ethica 33

Circa voluptates et tristitias est virtus 1370
moralis.
Der Wert der Moral hat mit Lust und Unlust zu tun.
Auctoritates, Aristoteles, Ethica 31

Circuit fatum, et si quid diu praeteriit, 1371
repetit; quaedam rarius sollicitat, saepius quaedam, nihil immune esse et innoxium sinit.
Das Schicksal geht im Kreis, und wenn es etwas lange übersehen hat, kommt es wieder; manches ruft es seltener auf, manches öfter, nichts lässt es in Ruhe und unangetastet.
Seneca, Naturales quaestiones 6.1,13

1372 circuitus verborum
Umschreibung
Cicero, Orator 78

1373 circulus vitiosus
Zirkelschluss, Trugschluss

1374 Circumretit enim vis atque iniuria quemque, / atque, unde exorta est, ad eum plerumque revertit.
Gewalt und Unrecht umgarnen jeden, und sie fallen auf den zurück, der sie verursacht hat.
Lukrez, De rerum natura 5.1152–1153

1375 Circumspiciendum ergo nobis est, quomodo a vulgo tuti esse possimus.
Wir müssen gründlich prüfen, wie wir uns vor der Masse schützen können.
Seneca, Epistulae morales 14,9

1376 Circus maximus
der größte Zirkus
Cicero, In Verrem 2.1,154

1377 citato loco
an der erwähnten Stelle

1378 Citharoedus / ridetur, chorda qui semper oberrat eadem.
Der Zitherspieler wird ausgelacht, der immer bei derselben Saite danebengreift.
Horaz, De arte poetica 355–356

Citius, altius, fortius. 1379
schneller, höher, stärker
de Coubertin (Motto der Olympischen Spiele der Neuzeit)

Citius venit periclum, cum contemnitur. 1380
Eine Gefahr kommt schneller, wenn man sie gering schätzt.
Publilius Syrus, Sententiae 92

Cito culpam effugisse potis es, si incurrisse paenitet. 1381
Wer bereut, in Schuld geraten zu sein, wird sie auch schnell wieder tilgen.
Publilius Syrus, Sententiae 656

Cito enim exarescit lacrima, praesertim in alienis malis. 1382
Schnell trocknen die Tränen, besonders bei fremdem Unglück.
Cicero, Partitiones oratoriae 57

Cito fit, quod di volunt. 1383
Schnell kommt, was die Götter wollen.
Petron, Satyricon 76,7

1384 Cito hac relicta, aliena quam struxit manus, / aeternam inibimus, ipsi quam struimus domum.
Wenn wir dieses Haus verlassen haben, das eine fremde Hand erbaut hat, werden wir bald in das ewige Haus gehen, das wir selbst erbauen.
Rom, Via Sistina, an der Front des Hauses Nr. 147

1385 Cito ignominia fit superbi gloria.
Der Ruhm eines Hochmütigen wird schnell zur Schande.
Publilius Syrus, Sententiae 94

1386 Cito improborum laeta ad perniciem cadunt.
Schnell verkehrt sich der Jubel des Bösartigen in Jammer.
Publilius Syrus, Sententiae 101

1387 Cito rumpes arcum, semper si tensum habueris.
Wenn man den Bogen immer gespannt hält, zerbricht man ihn schnell.
Phaedrus, Liber fabularum 3.14,10

1388 Cito scribendo non fit, ut bene scribatur, bene scribendo fit, ut cito.
Schreibt man schnell, schreibt man nicht selbstverständlich auch gut, schreibt man gut, schreibt man schnell.
Quintilian, Institutio oratoria 10.3,10

Cito transcursa citius labuntur. 1389
Was schnell vorbeieilt, wird schnell vergessen.
Sententiae Varronis 85

Cito turgens spuma dilabitur. 1390
Der aufgeblasene Schaum löst sich schnell auf.
Hieronymus, Epistulae 66,9

Citra perfectionem omne est principium. 1391
Ohne Vollendung ist alles Anfang.
Sententiae Varronis 138

Civis Romanus sum. 1392
Ich bin ein römischer Bürger.
Cicero, in Verrem 2.5,147

civis totius mundi 1393
Bürger der ganzen Welt
Cicero, De legibus 1.61

civitas Dei 1394
der Gottesstaat
Titel des Hauptwerks Augustins

Civitas non mutatur, sed amittitur. 1395
Das Bürgerrecht wird nicht gewechselt, sondern geht verloren.
Rechtsregel

Civitas sibi faciat civem. 1396
Der Staat bestimmt selber, wer sein Bürger ist.
Rechtsregel

1397 Clades scire qui refugit suas, / gravat timorem; dubia plus torquent mala.
Wer sich scheut, von seinen Niederlagen zu erfahren, verstärkt die Furcht; ungewisse Leiden quälen mehr.
Seneca, Agamemnon 419–420

1398 Clamitat ad caelum.
Es schreit zum Himmel.
Vulgata, Liber Genesis 4,10

1399 clare et distincte
klar und deutlich
Descartes, Discours de la méthode 2

1400 Clarior est solito post maxima nubila Phoebus, / post inimicitias clarior est et amor.
Heller als gewohnt strahlt nach starker Bewölkung die Sonne, nach Streit leuchtet die Liebe heller.
Walther, Proverbia sententiaeque 2794

1401 clarorum virorum facta moresque posteris tradere
Taten und Gesinnung berühmter Männer der Nachwelt überliefern
Tacitus, De vita Iulii Agricolae 1,1

1402 classici auctores
die Klassiker
Gellius, Noctes Atticae 19.8,15

Claude os, aperi oculos! 1403
Sei still und mach die Augen auf!
Walther, Proverbia sententiaeque 35536

Claudicat hic versus. 1404
Dieser Vers hinkt.
Claudianus, Carmina minora 13,3

Claudite iam rivos, pueri: sat prata biberunt. 1405
Schließt jetzt die Kanäle, Jungen: Die Wiesen haben genug Wasser.
Vergil, Bucolica 3,111

Clauditur oranti, sed panditur aula ferenti. 1406
Für Bittsteller bleibt der Hof geschlossen, für Spender ist sie offen.
Walther, Proverbia sententiaeque 2810

Clausa fides miseris. 1407
Zuversicht fehlt den Unglücklichen.
Lucanus, Bellum civile (Pharsalia) 9.246

Clausae sunt aures obstrepente ira. 1408
Wenn der Zorn tobt, bleiben die Ohren verschlossen.
Curtius Rufus, Historiae Alexandri Magni 8.1,49

clausula rebus sic stantibus 1409
vorbehaltlich unveränderter Bedingungen
Rechtsregel

clavum clavo eicere 1410
einen Nagel mit einem anderen austreiben
Cicero, Tusculanae disputationes 4.75

1411 Clemens et constans, ut res expostulat, esto: / temporibus mores sapiens sine crimine mutat.
Sei weich oder hart, je nach Lage der Dinge: Ein kluger Mann passt sich, ohne schuldig zu werden, den Umständen an.
Disticha Catonis 1.7

1412 Clementia in quamcumque domum pervenerit, eam felicem tranquillamque praestabit.
Die Güte macht jedes Haus, in das sie einkehrt, glücklich und ruhig.
Seneca, De clementia 1.5,4

1413 Clementia non habet legem.
Gnade ist keinem Gesetz unterworfen.
Cassiodor, Variae 2.30,1

1414 Clericus applaudit, cum casum funeris audit.
Der Priester beglückwünscht sich, wenn er von einem Trauerfall hört.
Walther, Proverbia sententiaeque 2847

1415 clipeum post vulnera sumere
nach der Verwundung zum Schild greifen
Ovid, Tristia 1.3,35

1416 cloacas Augiae purgare
den Augiasstall ausmisten
Seneca, Apocolocyntosis 7,5

Coactum servitium Deus non quaerit. 1417
Erpressten Dienst möchte Gott nicht haben.
Beda Venerabilis, Proverbia

codex accepti et expensi 1418
Buch der Einnahmen und Ausgaben
Cicero, Pro Q. Roscio comoedo 4

Codex argenteus 1419
silbernes Buch

Codex aureus 1420
goldenes Buch

Codex Iuris Canonici 1421
Sammlung des katholischen Kirchenrechts
Kirchenlatein

Coena comesa venit. 1422
Er kam, als gegessen war.
Varro, De re rustica 1.2,11

Coepisti melius, quam desinis; ultima primis / cedunt. 1423
Du hast besser begonnen, als du endest, das Ende entspricht nicht dem Beginn.
Ovid, Heroides 9,23

Coepit licitum esse, quod publicum est. 1424
Was allgemein Brauch ist, gilt bald als zulässig.
Cyprianus, Ad Donatum 10

1425 Cogas amantem irasci, amari si velis.
Willst du geliebt werden, bring die Geliebte in Rage.
Publilius Syrus, Sententiae 108

1426 Cogita, quantum boni opportuna mors habeat, quam multis diutius vixisse nocuerit.
Denk daran, wie viel Gutes der Tod an sich hat, wie vielen es geschadet hat, lange zu leben.
Seneca, Ad Marciam de consolatione 20,4

1427 Cogita, quantum nobis exempla bona prosint: scies magnorum virorum non minus praesentiam esse utilem quam memoriam.
Erkenn wie nützlich gute Vorbilder sind: du wirst merken, dass die Gegenwart großer Männer genauso nützlich ist wie die Erinnerung an sie.
Seneca, Epistulae morales 102,30

1428 Cogitandum est, quanto levior dolor sit non habere quam perdere.
Man sollte bedenken, wie viel weniger man darunter leidet, nichts zu haben, als etwas zu verlieren.
Seneca, De tranquillitate animi 8,2

1429 Cogitate nihil praeter animum esse mirabile, cui magno nihil magnum est.
Erkennt, dass nur der Geist Bewunderung verdient; ist er groß, ist für ihn nichts groß.
Seneca, Epistulae morales 8,5

Cogitatio humani cordis in malum 1430
prona est ab adulescentia sua.
Das Streben des menschlichen Herzens ist böse von Jugend auf.
Vulgata, Liber Genesis 8,21

Cogitatione finge! 1431
Stell dir vor!
Cicero, Pro Milone 79

Cogitationes enim mortalium timidae et 1432
incertae providentiae nostrae.
Die Gedanken der Menschen sind furchtsam und unsere Vorsorge für die Zukunft nicht sicher.
Vulgata, Liber sapientiae 9,14

Cogitationis poenam nemo patitur. 1433
Für seine Gedanken kann niemand bestraft werden.
Corpus Iuris Civilis, Digesta 48.19,18 (Ulpianus)

Cogitato, hiems quam longa siet. 1434
Bedenke, wie lange der Winter dauert.
Cato, De agri cultura 30

Cogito, ergo sum. 1435
Ich denke, also bin ich.
Descartes, Principia philosophiae 1,7

Cognatio movet invidiam. 1436
Verwandtschaft erregt Neid.
Erasmus, Adagia 3759 (nach Aristoteles)

1437 Cognita vilescunt; qui non est notus, amatur; / ut sis ignotus, effice! Carus eris.
Bekanntes ist nichts wert; wer unbekannt ist, wird geliebt; sorg dafür, dass man dich nicht kennt, und du wirst geliebt werden.
Walther, Proverbia sententiaeque 2930

1438 Cognitionemque rerum aut occultarum aut admirabilium ad beate vivendum necessarium ducimus.
Das Wissen um verborgene oder wunderbare Dinge halten wir für nötig, um glücklich zu leben.
Cicero, De officiis 1.13

1439 Cognoscetis veritatem, et veritas liberabit vos.
Ihr werdet die Wahrheit erkennen, und die Wahrheit wird euch frei machen.
Vulgata, Evangelium secundum Ioannem 8,32

1440 Cognovit dominus, qui sunt eius.
Der Herr kennt die Seinen.
Vulgata, Epistula ad Timotheum 2.2,19

1441 coincidentia oppositorum
Zusammenfall der Gegensätze
Cusanus, De coniecturis 76,12

1442 coitus interruptus
unterbrochener Geschlechtsverkehr

collegium musicum 1443
Vereinigung von Musikliebhabern an Hochschulen

Collegium non moritur. 1444
Eine Körperschaft stirbt nicht.
Rechtsregel

collegium publicum 1445
öffentliche Vorlesung

Collige sarcinulas! 1446
Pack deine sieben Sachen!
Juvenal, Saturae 6,146

Colluctari cum minoribus malis non 1447
vacat, ubi metus maior apparuit.
Man hat keine Zeit, sich mit kleineren Übeln abzugeben, wenn größere Gefahr droht.
Seneca, De ira 3.43,3

colludere cum altero 1448
mit einem anderen zusammenspielen
Cicero, In Verrem 2.2,58

Colubra restem nori parit. 1449
Die Natter bringt keinen Strick zur Welt.
Petron, Satyricon 45,9

colubrum in sinu fovere 1450
eine Schlange am Busen nähren
Erasmus, Adagia 3140

1451 Columna regni sapientia.
Weisheit ist die Seele des Reichs.
Wahlspruch der Königin Christine von Schweden

1452 Comedamus et bibamus, cras enim moriemur.
Lasst uns essen und trinken, denn morgen sind wir tot.
Vulgata, Liber Isaiae 22,13

1453 Comede in laetitia panem tuum et bibe cum gaudio vinum tuum.
Iss fröhlich dein Brot, und trink deinen Wein mit Genuss.
Vulgata, Liber Ecclesiastes 9,7

1454 Comedit multa ova paschalia.
Er hat schon viele Ostereier gegessen.
Erasmus, Adagia 3149

1455 Comes facundus in via pro vehiculo est.
Ein gesprächiger Begleiter ist so viel wert wie ein Wagen.
Publilius Syrus, Sententiae 104

1456 commemoratio animarum
Allerseelen
Kirchenlatein

1457 commemoratio omnium sanctorum
Allerheiligen
Kirchenlatein

Commercium exest, incipit fidelitas. 1458
Das Geschäft ist zu Ende, es beginnt das Vergnügen.

comminus et eminus 1459
in der Nähe wie aus der Ferne
Cicero, Cato maior de senectute 19

Committe Domino viam tuam et spera 1460
in eo, et ipse faciet.
Befiehl dem Herrn deine Wege und hoffe auf ihn, er wird's wohl machen.
Vulgata, Psalm 37,5

Commoditas omnis sua fert incommoda 1461
secum.
Jeder Vorteil bringt einen Nachteil mit sich.
Walther, Proverbia sententiaeque 2985

Commodum eius esse debet, cuius 1462
periculum est.
Der Gewinn muss dem zufallen, der die Gefahr verantwortet.
Corpus Iuris Civilis, Institutiones 3.23,3

Commorari leoni et draconi placebit 1463
quam habitare cum muliere nequam.
Es ist besser, unter Löwen und Drachen, als bei einem bösen Weib zu wohnen.
Vulgata, Liber Ecclesiasticus 25,23

commune bonum 1464
Gemeinwohl
Lukrez, De rerum natura 5.958

1465 Commune periculum concordiam parit.
Gemeinsame Gefahr bewirkt Eintracht.
Walther, Proverbia sententiaeque 2992a

1466 Commune proprium facere litis initium est.
Sich an Gemeinschaftlichem zu vergreifen, heißt einen Prozess anbahnen.
Publilius Syrus, Sententiae A56

1467 communi consensu
unter allgemeiner Zustimmung
Caesar, De bello Gallico 1.30,5

1468 Communi enim fit vitio naturae, ut invisitatis atque incognitis rebus magis confidamus vehementiusque exterreamur.
Es ist ein allgemeiner Fehler, dass wir ganz Neuem und Unbekanntem mehr vertrauen und davon heftiger erschreckt werden.
Caesar, De bello civili 2.4,4

1469 Communi sensu plane caret.
Ihm fehlt der gesunde Menschenverstand.
Horaz, Sermones 1.3,66

1470 Communia esse amicorum inter se omnia.
Unter Freunden ist alles gemeinsam.
Terenz, Adelphoe 803

1471 communio sanctorum
die Gemeinschaft der Heiligen
Symbolon apostolorum (Credo)

Communis est inimicus, qui est hostis suis. 1472
Ein Gegner aller ist, wer den Seinen Feind ist.
Publilius Syrus, Sententiae A172

communis opinio 1473
die allgemeine Meinung
Cicero, De oratore 1.94

Communis utilitas societatis maximum vinculum est. 1474
Der allgemeine Nutzen stellt das größte Band der Gesellschaft dar.
Livius, Ab urbe condita 36.7,11

Communiter ferenda sunt communia. 1475
Gemeinsames muss man gemeinsam tragen.
Walther, Proverbia sententiaeque 35604

Communiter neglegitur, quod communiter agitur. 1476
Gemeinsam wird vernachlässigt, was gemeinsam bertrieben wird.
Walther, Proverbia sententiaeque 35604a

Comparativa igitur est omnis inquisitio medio proportionis utens. 1477
Alles Forschen, das sich des Mittels der Proportionalität bedient, geschieht durch Vergleichen.
Cusanus, De docta ignorantia 1.2

1478 Compedes, quas ipse fecit, ipsus ut gestet faber.
Der Schmied wird zuletzt seine eigenen Ketten tragen.
Ausonius, Bissula pr. 6

1479 Compelle intrare, ut impleatur domus mea.
Nötige sie hereinzukommen, damit mein Haus voll werde.
Vulgata, Evangelium secundum Lucam 14,23

1480 Compensabatur cum summis doloribus laetitia.
Die größten Schmerzen wurden durch die Freude aufgewogen.
Epikur bei Cicero, De finibus bonorum et malorum 2.97

1481 Compesce mentem!
Bezwing deinen Groll!
Horaz, Carmina 1.16,22

1482 Compone mores tuos, attolle animum, adversus formidata consiste.
Zeige Charakterstärke, fasse Mut, lass dich von Ängsten nicht erschüttern.
Seneca, Epistulae morales 29,9

1483 compos sui
bei Sinnen

compressis manibus sedere 1484
mit zusammengepressten Händen dasitzen
Livius, Ab urbe condita 7.13,7

Concesso principali concedi et 1485
accessorium.
Wenn die Hauptsache zugestanden ist, ist auch das Beiwerk zugestanden.
Damasus, Regulae canonicae 23

Concessum a Graecia est, ut doctissimi 1486
homines de rebus non pervagatis inusitatis verbis uterentur.
Die Griechen erlaubten es, dass die größten Gelehrten für nicht allgemein bekannte Dinge ungebräuchliche Wörter benutzten.
Cicero, De finibus bonorum et malorum 3.5

conchas legere et umbilicos 1487
Muscheln und Schnecken sammeln
Cicero, De oratore 2.22

Conciliat animos coniugum partus fere. 1488
Kindersegen versöhnt gewöhnlich die Eheleute.
Seneca, Hercules Oetaeus 407

Conclamatum est. 1489
Es ist laut beklagt worden.
Terenz, Eunuchus 348

Concordi lumine maior. 1490
Größer durch vereinigtes Licht.
Wahlspruch von Kaiser Matthias

1491 Concordia domi, foris pax.
Eintracht daheim, draußen Friede.
Inschrift am Holstentor in Lübeck

1492 Concordia firmat viros.
Einigkeit stärkt die Männer.
Wahlspruch von Stadt und Kanton Basel

1493 Concordia parvae res crescunt, discordia maxumae dilabuntur.
Durch Eintracht wachsen selbst kleine Dinge, durch Zwietracht zerfallen die größten.
Sallust, Bellum Iugurthinum 10,6

1494 Concubitus nec nimis pertimescendus nec nimis concupiscendus; rarus corpus excitat, frequens solvit.
Beischlaf ist weder zu sehr zu meiden noch zu sehr zu erstreben; der seltene belebt den Körper, der häufige löst ihn auf.
Celsus, De medicina 1.1,4

1495 concursus
Zusammenlaufen

1496 concursus Dei
die Mithilfe Gottes
Descartes

1497 Condemno (C.).
Ich verurteile.
Cicero, Pro Milone 15

condicio humana 1498
die menschliche Bedingung
Cicero, Ad familiares 6.6,12

Condicio pendet. 1499
Die Bedingung ist in der Schwebe
Quintilian, Declamationes minores 311,7

condicio sine qua non 1500
unerlässliche Voraussetzung
Cicero, Topica 61

Condicione temporum incidunt 1501
quaedam, quae possint laudata puniri.
Die Zeiten bringen es mit sich, dass manches Lobenswerte getadelt wird.
Seneca, De clementia 1.2,1

Condit fercla fames, plenis insuavia 1502
cuncta.
Hunger würzt das Mahl, den Satten schmeckt alles fade.
Monosticha Catonis 39

confer (cf. oder cfr.) 1503
vergleiche

Confessio est celanda. 1504
Gebeichtetes muss geheim bleiben.

Confessio est regina probationum. 1505
Ein Geständnis ist die Königin der Beweise.
Rechtsregel

1506 Confessio pro veritate accipitur.
Ein Geständnis gilt als Wahrheit.
Rechtsregel

1507 confessionis sigillum
Beichtgeheimnis

1508 Confidens Domino non movetur.
Wer auf den Herrn vertraut, wird nicht erschüttert.
Wahlspruch der Vereinigten Niederlande 1576

1509 Confirmat usum, qui tollit abusum.
Wer den Missbrauch aufhebt, bekräftigt den Gebrauch.
Rechtsregel

1510 Confirmatio nihil dat novi.
Eine Bestätigung schafft keinen neuen Sachverhalt.
Rechtsregel

1511 Confitebor tibi, Domine, in toto corde meo, in consilio iustorum et congregatione.
Ich danke dem Herrn von ganzem Herzen, im Rate der Frommen und in der Gemeinde.
Vulgata, Psalm 111,1

1512 Confitemini Domino, quoniam bonus, quoniam in saeculum misericordia eius.
Danket dem Herrn, denn er ist freundlich, und seine Güte währet ewiglich.
Vulgata, Psalm 106,1

Confiteor. 1513
Ich bekenne

Confiteor Deo omnipotenti, beatae 1514
Mariae semper virgini, beato Michaeli Archangelo, beato Joanni Baptistae, sanctis apostolis Petro et Paulo, omnibus sanctis et tibi, Pater: quia peccavi nimis cogitatione, verbo et opere: mea culpa, mea culpa, mea maxima culpa.
Ich bekenne Gott, dem Allmächtigen, der seligen, allzeit reinen Jungfrau Maria, dem heiligen Erzengel Michael, dem heiligen Johannes dem Täufer, den heiligen Aposteln Petrus und Paulus, allen Heiligen und dir, Vater, dass ich vielfältig gesündigt habe mit Gedanken, Worten und Werken, durch meine Schuld, durch meine Schuld, durch meine übergroße Schuld.
Kirchenlatein

Coniugis iratae noli tu verba timere; / 1515
nam lacrimis struit insidias, cum femina plorat.
Fürchte nicht die Worte der zornigen Gattin, mit Tränen legt die Frau einen Hinterhalt, wenn sie klagt.
Disticha Catonis 3.20

Coniunctio animi maxima est cognatio. 1516
Seelenverwandtschaft ist größer als Verwandtschaft.
Publilius Syrus, Sententiae 59

1517 coniunctis viribus
mit vereinten Kräften

1518 Conscia mens recti famae mendacia risit, / sed nos in vitium credula turba sumus.
Ein gutes Gewissen lacht über Verleumdungen, doch übler Nachrede glauben wir leicht.
Ovid, Fasti 4.311–312

1519 Conscientia animi didicit maledictum contemnere.
Ein gutes Gewissen lernt über Verleumdungen hinwegzugehen.
Caecilius Balbus, Sententiae (F) 41

1520 Conscientia mille testes.
Das Gewissen steht für tausend Zeugen.
Quintilian, Institutio oratoria 5.11,41

1521 Conscientia verberat animam.
Das Gewissen schlägt die Seele.
Bebel, Proverbia Germanica 15

1522 Conscientiae quam famae potius est intendere.
Man muss mehr auf sein Gewissen als auf seinen Ruf achten.
Caecilius Balbus, Sententiae (F) 42

Conscientiam quam famam intende: 1523
famam enim saepe poteris fallere, conscientiam numquam.
Achte mehr auf dein Gewissen als auf die öffentliche Meinung: die öffentliche Meinung kannst du täuschen, dein Gewissen nicht.
Caecilius Balbus, Sententiae (W) 65A

Conscius ipse sibi de se putat omnia 1524
dici.
Wer ein schlechtes Gewissen hat, bezieht alles, was gesagt wird, auf sich.
Walther, Proverbia sententiaeque 3122

Consensu contrahitur. 1525
Durch Übereinstimmung wir ein Vertrag geschlossen.
Corpus Iuris Civilis, Digesta 18.5,3 (Paulus)

consensu omnium 1526
mit Zustimmung aller
Cicero, Pro Scauro 21

Consentire videtur, qui longo tempore 1527
patitur.
Wer lange Zeit zulässt, scheint einverstanden zu sein.
Rechtsregel

1528 Considera, quae sint, quae hominem in perniciem hominis instigent: invenies spem, invidiam, odium, metum, contemptum.
Sieh, was den Menschen dazu treibt, seinen Mitmenschen zu zerstören; du wirst finden: Hoffnung, Neid, Hass, Furcht und Verachtung.
Seneca, Epistulae morales 105,1

1529 Considera tecum, quantum natura poscat et non quantum cupiditas expetat.
Erkenne, wie viel die Natur fordert, und beachte nicht, wie viel deine Gier verlangt.
Bracarensis, Formula honestae vitae 3

1530 Considerata quippe infirmitas propria nobis excusat alienam.
Die Erkenntnis unserer eigenen Schwäche entschuldigt die der anderen.
Gregorius Magnus, Moralia in Iob 5.45

1531 Considero, quid dicas, non quid cogites.
Ich vertraue auf das, was du sagst, nicht auf das, was du denkst.
Publilius Syrus, Sententiae A322

1532 Consilia ex eventu, non ex voluntate a plerisque probari solent.
Ratschläge werden nach ihrem Ergebnis, nicht nach der Absicht bewertet.
Cicero, Ad Atticum 9.7, A1

Consilia qui dant prava cautis 1533
hominibus, et perdunt operam et deridentur turpiter.
Wer vorsichtigen Leuten schlechte Ratschläge gibt, bemüht sich vergeblich und macht sich lächerlich.
Phaedrus, Liber fabularum 1.25,1

Consiliata oportet operari velociter, 1534
consiliari autem tarde.
Einen Entschluss muss man schnell ausführen, überlegen aber muss man langsam.
Auctoritates, Aristoteles, Ethica 118

Consilio et industria. 1535
Mit Rat und Tat.
Asinius Pollio bei Seneca maior, Suasoriae 6,24 (Wahlspruch Kaiser Leopolds I.)

Consilio melius vincas quam iracundia. 1536
Mit Überlegung gewinnt man eher als durch Aufregung.
Publilius Syrus, Sententiae 95

Consilio tuo accedo: absconde te in 1537
otio. Sed et ipsum otium absconde.
Ich folge deiner Entscheidung: Versteck dich in der Muße, aber versteck auch die Muße.
Seneca, Epistulae morales 68,1

consilium abeundi 1538
Ausschluss

1539 Consilium arcanum tacito committe sodali; / corporis auxilium medico committe fideli.
Vertrau einen geheimen Plan einem schweigsamen Freund an; die Sorge für deinen Körper überlass einem guten Arzt.
Disticha Catonis 2.22

1540 Consilium luce, nocte agas convivium.
Am Tage Geschäft, abends Geselligkeit.
Caecilius Balbus, Sententiae (F) 43

1541 Consilium nobis resque locusque dabunt.
Aus der Situation wird sich das Weitere ergeben.
Ovid, Amores 1.4,54

1542 Consilium praeceps sequitur plerumque ruina.
Einer voreiligen Entscheidung folgt meist der Ruin.
Walther, Proverbia sententiaeque 3174

1543 Consilium solet esse senum iuvenumque voluptas.
Einsicht kennzeichnet die Alten, Übermut die Jungen.
Petrarca, Eclogae 8,9

1544 Consistit verbo non prodito inaestimabile pretium.
Einem nicht verratenen Wort kommt ein unschätzbarer Wert zu.
Caecilius Balbus, Sententiae (W) 23,1

Consortium rerum omnium inter nos facit amicitia. 1545
Die Gemeinsamkeit aller Dinge macht zwischen uns Freundschaft.
Seneca, Epistulae morales 48,2

Constanter continet orbem. 1546
Er wahrt die Ordnung der Welt.
Wahlspruch Kaiser Karls VI.

Constanter et sincere. 1547
Beharrlich und aufrichtig.
Wahlspruch Friedrichs des Großen

Constantes animos praemia nulla movent. 1548
Einen festen Sinn verführen keine Belohnungen.
Walther, Proverbia sententiaeque 3216a

Constantia et fortitudine. 1549
Mit Ausdauer und Kraft.
Tacitus, Historiae 4.8,3
(Wahlspruch Kaiser Karls VI.)

Constat aeterna positumque lege est, / ut constet genitum nihil. 1550
Es ist ein ewiges Gesetz, dass nichts Erschaffenes besteht.
Boethius, De consolatione philosophiae 2.c3,17–18

1551 Constat profecto ad salutem civium civitatumque incolumitatem vitamque hominum quietam et beatam inventas esse leges.
Wie bekannt, sind die Gesetze zum Wohl der Bürger, zur Erhaltung der Ordnung und für ein ruhiges und glückliches Leben der Menschen geschaffen worden.
Cicero, De legibus 2.11

1552 Constitutiones tantum extendi ad futura.
Verordnungen gelten nur für Künftiges.
Damasus, Regulae canonicae 19

1553 constructio ad sensum
nach dem Sinn konstruiert

1554 Consueta vitia ferimus, nova reprehendimus.
Gewohnte Fehler ertragen wir geduldig, neue werden getadelt.
Publilius Syrus, Sententiae 85

1555 Consuetudine levior est labor.
Durch Gewöhnung wird Arbeit leicht.
Livius, Ab urbe condita 35.35,10

1556 Consuetudine quasi alteram quandam naturam effici.
Gewohnheit wird zur zweiten Natur.
Cicero, De finibus bonorum et malorum 5.74

Consuetudinis magna vis est. 1557
Groß ist die Macht der Gewohnheit.
Cicero, Tusculanae disputationes 2.40

Consuetudo concinnat amorem. 1558
Aus Gewohnheit folgt Liebe.
Lukrez, De rerum natura 4.1283

Consuetudo consuetudine vincitur. 1559
Eine Gewohnheit wird durch eine andere besiegt.
Thomas a Kempis, Imitatio Christi 1.21,9

Consuetudo enim laborum 1560
perpessionem dolorum efficit faciliorem.
Die Gewöhnung an Mühsal macht das Ertragen von Schmerzen leichter.
Cicero, Tusculanae disputationes 2.35

Consuetudo est optima legum 1561
interpres.
Die Gewohnheit ist die beste Auslegung der Gesetze.
Codex iuris canonici, Can. 27

Consuetudo est quasi altera natura. 1562
Gewohnheit ist eine zweite Natur.
Cicero, De finibus bonorum et malorum 5.74

Consuetudo exercitatioque intellegendi 1563
prudentiam acuit.
Gewohnheit und Übung stärkt die Einsicht.
Cicero, De oratore 1.90

1564 Consuetudo rebus affert constantiam.
Die Gewohnheit macht die Dinge haltbar.
Seneca, De tranquillitate animi 1,3

1565 Consuetum semper notius est.
Das Gewohnte ist immer leichter.
Auctoritates, Aristoteles, Metaphysica 57

1566 Consummatum est.
Es ist vollbracht.
Vulgata, Evangelium secundum Ioannem 19,30

1567 Contemne famam: fama vix vero favet, / peius merenti melior et peior bono.
Beachte nicht das Gerücht. Es verhilft nicht zur Wahrheit, es lässt den Schlechteren besser und den Guten schlechter davonkommen.
Seneca, Phaedra 269–270

1568 Contemnere aliquis omnia potest, omnia habere nemo potest.
Verachten kann man alles, alles besitzen keiner.
Seneca, Epistulae morales 62,3

1569 Contemni est sapienti gravius quam stultitiae percuti.
Verachtung ist für den Weisen unerträglicher als Verfolgung.
Publilius Syrus, Sententiae 102

Contemnite paupertatem: nemo tam pauper vivit, quam natus est. 1570
Verachtet die Armut: keiner lebt so arm, wie er geboren wurde.
Seneca, De providentia 6,6

Contemptum periculorum assiduitas periclitandi dabit. 1571
Stete Gefahr sorgt dafür, dass man sie gering schätzt.
Seneca, De providentia 4,12

contemptus mundi 1572
Verachtung der Welt
Thomas a Kempis, Imitatio Christi 1.23,23

Contendere durum / cum victore. 1573
Mit einem Sieger zu streiten ist schwer.
Horaz, Sermones 1.9,42–43

Contenti simus hoc Catone! 1574
Seien wir mit dem zufrieden, was wir entdeckt haben; auch die Nachkommen sollen zur Wahrheit beitragen.
Sueton, De vita Caesarum, Augustus 87,1

Contentus esto negotiis, in quae descendisti! 1575
Sei mit den Aufgaben zufrieden, die du übernommen hast.
Seneca, Epistulae morales 22,4

1576 Contigimus portus, quo mihi cursus erat.
Ich habe den Hafen erreicht, den ich angesteuert habe.
Ovid, Remedia amoris 812

1577 Continua messe senescit ager.
Ständiges Ernten laugt den Acker aus.
Ovid, Ars amatoria 3.82

1578 continuum tempus
Folge der Zeit

1579 contra aquam remigare
gegen die Strömung rudern
Seneca, Epistulae morales 122,19

1580 contra bonos mores
gegen die guten Sitten

1581 Contra engantem principia non est disputandum.
Mit dem, der die Prinzipien missachtet, lässt sich nicht streiten.
Auctoritates, Aristoteles, Physica 6

1582 Contra facta non valent argumenta.
Gegen Tatsachen helfen keine Argumente.
Cicero, De divinatione 2.46

1583 Contra felicem vix deus viros habet.
Gegen Glückliche hat Gott keine Macht.
Publilius Syrus, Sententiae 121

Contra impudentem stulta est nimia ingenuitas. 1584
Bei Unverschämten hilft keine Großzügigkeit.
Publilius Syrus, Sententiae 107

contra legem 1585
gegen das Gesetz
Cicero, In Verrem 2.1,123

Contra naturam est torquere corpus suum. 1586
Es ist wider die Natur, seinen Körper zu quälen.
Seneca, Epistulae morales 5,4

Contra principia negantem disputari non potest. 1587
Mit dem, der die Regeln leugnet, lässt sich nicht streiten.
Auctoritates, Aristoteles, Physica 6

Contra quis ferat arma deos? 1588
Wer wollte die Waffen gegen die Götter richten?
Tibull, Elegiae 1.6,30

Contra vim mortis non est medicamen in hortis. 1589
Gegen den Tod gibt es keine Medizin.
Regimen sanitatis Salernitanum 179

Contra vim non valet ius. 1590
Gegen Gewalt gibt es kein Recht.
Rechtsregel

1591 contradictio in adiecto
Widerspruch in sich

1592 Contrahit celeriter similitudo eos.
Gleichartigkeit verbindet sie schnell.
Livius, Ab urbe condita 1.46,7

1593 Contraria contrariis curantur.
Entgegengesetztes heilt man mit Entgegengesetztem.
Walther, Proverbia sententiaeque 35737

1594 Contrariis rerum aeternitas constat.
Die Unendlichkeit beruht auf den Gegensätzen der Dinge.
Seneca, Epistulae morales 107,8

1595 Contritionem praecedit superbia.
Hochmut kommt vor dem Fall.
Vulgata, Liber proverbiorum 16,18

1596 Contumeliam si dices, audies.
Wer Beleidigungen ausspricht, wird welche hören.
Plautus, Pseudolus 1173

1597 Conturbare animam potis est, quicumque adoritur.
Verwirrung stiften kann, wer angreift.
Lucilius, Saturae, 3. Fragment 120

Conturbat audientem, quod frequenter 1598
dicitur.
Was wiederholt wird, langweilt den, der zuhört.
Auctoritates, Aristoteles, Topica 74

convenienter naturae vivere 1599
im Einklang mit der Natur leben
Cicero, De officiis 3.13

Convenit parcitatem sequi in tuo, 1600
quam luxum in alieno suscipias damno.
Besser durch eigenem Schaden sparsam leben als durch fremdem zu Wohlstand kommen.
Caecilius Balbus, Sententiae (W) 11,4

Conveniunt celebri sollemnia facta 1601
diei.
Zu einem Fest gehört Festlichkeit.
Walther, Proverbia sententiaeque 3361c

Conventio est lex. 1602
Eine Abmachung ist ein Gesetz.
Corpus Iuris Civilis, Digesta 16.3,1,6 (Ulpianus)

Conversari cum amicis absentibus 1603
licet.
Man kann auch mit abwesenden Freunden sprechen.
Seneca, Epistulae morales 55,9

1604 Convoco, signo, noto, compello, concino, ploro, arma, dies. horas, fulgura, festa, rogos.
Ich rufe zusammen, zeige, nenne, vertreibe, besinge, beklage: die Waffen, die Tage, die Stunden, die Blitze, die Feste, die Beerdigungen.
Inschrift auf Glocken (Spaltvers)

1605 Copia ciborum subtilitas animi impeditur.
Die Fülle der Speisen verhindert klaren Sinn.
Seneca, Epistulae morales 15,3

1606 Copia verborum est, ubi non est copia sensus.
Viele Worte sind ein Hinweis auf wenig Geist.
Abaelard, Monita ad Astralabium 15

1607 Cor cordioum
Herz der Herzen
Inschrift auf dem Grabstein von Shelley (1792–1822) in Rom

1608 Cor hominis disponet viam suam: sed Domini est dirigere gressus eius.
Des Menschen Herz plant seinen Weg, doch seine Schritte zu lenken ist Sache des Herrn.
Vulgata, Liber proverbiorum 16,9

1609 Cor mundum crea in me, Deus, et spiritum rectum innova in visceribus meis!
Schaffe in mir, Gott, ein reines Herz und gib mir einen neuen, beständigen Geist!
Vulgata, Psalm 51,12

Cor non mentitur. 1610
Das Herz lügt nicht.
Bebel, Proverbia Germanica 14

Cor non nugatur, licet os mendacia 1611
fatur.
Das Herz lässt sich nicht täuschen, mag auch der Mund lügen.
Walther, Proverbia sententiaeque 3418

Cor non sollicitat illud, quod visio vitat. 1612
Was man nicht sieht, beunruhigt das Herz nicht.
Walther, Proverbia sententiaeque 3419

Cor prudens possidebit scientiam, et 1613
auris sapientium quaerit doctrinam.
Ein kluges Herz besitzt Vernunft, und das Ohr des Weisen lässt sich gern belehren.
Vulgata, Liber proverbiorum 18,15

Cor purum penetrat caelum et 1614
infernum.
Ein reines Herz dringt durch Himmel und Hölle.
Thomas a Kempis, Imitatio Christi 2.4,9

coram publico 1615
vor aller Öffentlichkeit

corio ludere 1616
um seine Haut spielen
Matial, Epigrammata 3.16,5

1617 Cornix cornici numquam oculos effodit.
Eine Krähe hackt der anderen kein Auge aus.
Macrobius, Saturnalia 7.5,2

1618 Coronemus nos rosis, antequam marcescant.
Bekränzen wir uns mit Rosen, bevor sie welken.
Vulgata, Liber Sapientiae 2,8

1619 Corporis et fortunae bonorum ut initium sic finis est; omniaque orta occidunt et aucta senescunt.
Schönheit und Besitz haben einen Anfang und ein Ende; alles, was entsteht, verfällt, und was wächst, altert.
Sallust, Bellum Iugurthinum 2,3

1620 Corporis exigui vires contemnere noli: / consilio pollet, cui vim natura negavit.
Unterschätze nicht die Kraft eines schwachen Körpers; wem die Natur Kraft versagt hat, hat Geisteskraft.
Disticha Catonis 2.9

1621 Corporis exsuperat vires prudentia mentis.
Ein umsichtiger Verstand ist stärker als ein kräftiger Körper.
Monosticha Catonis A1

Corporis fulturis animus sustinetur. 1622
Der Körper hält den Geist beweglich.
Plinius, Epistulae 1.9,4

corpus Christi 1623
der Leib Christi

corpus delicti 1624
Gegenstand des Vergehens
Farinacius, Variae Quaestiones

Corpus enim multis eget rebus, ut valeat: animus ex se crescit, se ipse alit, se exercet. 1625
Der Körper braucht für sein Wohlbefinden viele Dinge, der Geist wächst aus sich, nährt und übt sich selbst.
Seneca, Epistulae morales 80,3

corpus sine pectore 1626
ein Körper ohne Gefühl
Horaz, Epistulae 1.4,6

corpus venerabile 1627
geweihter Leib
Karolellus 5.13

Correctis corrigendis imprimatur. 1628
Nach Ausführung der Korrekturen kann gedruckt werden.

corrigenda 1629
Korrekturen

1630 Corripe peccantem, noli at dimittere amicum.
Tadle den Freund, wenn er Fehler macht, doch entzieh ihm nicht deine Freundschaft.
Monosticha Catonis A40

1631 Corripe prudentem: reddetur gratia verbis.
Tadle den Klugen, seine Worte werden es dir danken.
Monosticha Catonis A26

1632 Corrixandi materiam saepius dant definitiones.
Definitionen sind oft der Anlass zu streiten.
Sententiae Varronis 47

1633 Corrumpunt mores bonos colloquia mala.
Schlechter Umgangt verdirbt die Moral.
Vulgata, Epistula ad Corinthios 1.15,33

1634 Corrumpunt otia mentem.
Untätigkeit verdirbt den Sinn.
Walther, Proverbia sententiaeque 3581

1635 Corrupti sunt saepe pravitatibus uxorum mariti: num ergo omnis caelibes integri?
Oft wurden die Männer durch die schlechten Eigenschaften ihrer Frauen verdorben: Sind deshalb aber die Junggesellen alle ohne Tadel?
Tacitus, Annales 3.34,3

Corruptio est mutatio de esse ad non esse. 1636
Korruption verändert vom Sein zum Nichtsein.
Auctoritates, Aristoteles, Physica 153

Corruptio optimi pessima. 1637
Die Korruption des Besten ist am schlimmsten.
nach Gregorius Magnus, Moralia in Iob

Corruptissima re publica plurimae leges. 1638
Je korrupter der Staat, desto zahlreicher die Gesetze.
Tacitus, Annales 3.27,3

corvos in cruce pascere 1639
zu Rabenfutter werden
Horaz, Epistulae 1.16,48

corvus albus 1640
ein weißer Rabe

Corvus corvo nigredinem obiicit. 1641
Ein Rabe wirft dem andern seine Schwärze vor.
Walther, Proverbia sententiaeque 35798

cos ingeniorum 1642
Schleifstein des Geistes

Cotidie damnatur, qui semper timet. 1643
Wer sich stets ängstig, wird dauernd bestraft.
Publilius Syrus, Sententiae 97

1644 Cotidie est deterior posterior dies.
Der nächste Tag ist schlechter als der heutige.
Publilius Syrus, Sententiae 103

1645 Cotidie morimur: cotidie enim demitur aliqua pars vitae, et tunc quoque, cum crescimus, vita decrescit.
Wir sterben jeden Tag; denn jeden Tag schwindet ein Teil unseres Lebens, und selbst dann, wenn wir wachsen, nimmt das Leben ab.
Seneca, Epistulae morales 24,20

1646 Cabrones irritare.
Hornissen reizen.

1647 Cras amet, qui numquam amavit, quique amavit, cras amet.
Morgen soll lieben, wer nie geliebt hat, und wer geliebt hat, soll morgen auch lieben.
Pervigilium Veneris 1

1648 Cras credo, hodie nihil.
Morgen glaube ich, heute nicht.
Varro, Titel einer Menippeischen Satire

1649 Cras legam.
Morgen werde ich es lesen.
Sueton, De vita Caesarum, Caesar 81,4

1650 crastinum sine sollicitudine exspectare
den morgigen Tag ohne Sorge erwarten
Seneca, Epistulae morales 12,9

creatio ex nihilo 1651
Schöpfung aus dem Nichts
Hieronymus, Ad Pammachium 2,9

Crede experto! 1652
Glaub dem Erfahrenen.
Silius Italicus, Punica 7,395

Crede mihi, bene qui latuit, bene vixit et intra / fortunam debet quisque manere suam. 1653
Glaub mir: Wer sich gut verborgen hielt, hat gut gelebt; jeder muss in seinen Grenzen bleiben.
Ovid, Tristia 3.4,25–26

Crede mihi, miseros prudentia prima relinquit. 1654
Glaube mir, in der Not bleibt zuerst der Verstand weg.
Ovid, Epistulae ex Ponto 4.12,47

Crede mihi, non est Veneris properanda voluptas, / sed sensim tarda prolicienda mora. 1655
Glaube mir, die Liebeslust darf man nicht übereilen, sondern muss man nach und nach durch langes Zögern anlocken.
Ovid, Ars amatoria 2.717–718

Crede mihi, quicquid discis, tibi discis. 1656
Glaube mir, was du lernst, lernst du für dich.
Petron, Satyricon 46,8

1657 Crede mihi, res est ingeniosa dare.
Glaube mir, Geben ist etwas, wozu man viel Geschick benötigt.
Ovid, Amores 1.8,62

1658 Crede mihi, sacra populi lingua est.
Glaube mir, die Rede des Volkes ist heilig.
Seneca maior, Controversiae 1.1,10

1659 Crede ratem ventis, animam ne crede puellis, / namque est feminea tutior unda fide.
Vertraue dein Boot den Winden an, doch nicht deine Seele den Mädchen, denn das Meer ist sicherer als die Treue.
Anthologia Latina 1.268 (Pentadius)

1660 Credebas dormienti haec tibi confecturos deos?
Hast du gedacht, die Götter würden dir das im Schlaf schenken?
Terenz, Adelphoe 693

1661 Credere fallaci gravis est dementia famae.
Verlogenem Gerede zu glauben ist eine große Dummheit.
Walther, Proverbia sententiaeque 3668

1662 Credere nil vitium est, vitium est quoque credere cuncta.
Nichts zu glauben ist falsch; aber ein Fehler ist es genauso, alles zu glauben.
Pseudo-Seneca, Liber de moribus 77

Credere te numquam falli fallacia 1663
summa est.
Zu glauben, man täuschte sich nie, ist die größte Täuschung.
Abaelard, Monita ad Astralabium 81

Credit homo semper, quod vivit stultior 1664
alter.
Der Mensch glaubt immer, es gebe einen, der noch dümmer ist.
Walther, Proverbia sententiaeque 3685

Credo in Deum, Patrem 1665
omnipotentem, creatorem caeli et terrae. Et in Jesum Christum, filium eius unicum, dominum nostrum, qui conceptus est de Spiritu Sancto, natus ex Maria Virgine, passus sub Pontio Pilato, crucifixus, mortuus et sepultus: descendit ad inferos, tertia die resurrexit a mortuis, ascendit ad caelos, sedet ad dexteram Dei Patris omnipotentis, inde vinturus est iudicare vivos et mortuos. Credo in Spiritum Sanctum, sanctam ecclesiam catholicam, sanctorum communionem, remissionem peccatorum, carnis ressurectionem et vitam aeternam. Amen.
Ich glaube an Gott, den allmächtigen Vater, Schöpfer Himmels und der Erde, und an Jesus Christus, seinen eingeborenen Sohn, unsern Herrn, der empfangen ist vom Heiligen Geist, geboren aus Maria, der Jungfrau, gelitten unter Pontius Pilatus, gekreuzigt,

gestorben und begraben, abgestiegen zu der Hölle, am dritten Tage wieder auferstanden von den Toten, aufgefahren in den Himmel, sitzet zur Rechten Gottes, des allmächtigen Vaters, von dannen er kommen wird, zu richten die Lebendigen und die Toten. Ich glaube an den Heiligen Geist, die heilige, allgemeine christliche Kirche, die Gemeinschaft der Heiligen, Vergebung der Sünden, Auferstehung des Fleisches und das ewige Leben. Amen.
Kirchenlatein (Symbolon Apostolorum)

1666 Credo, quia absurdum.
Ich glaube, weil es unvernünftig ist.
Tertullian, De carne Christi 5,4

1667 Credo, ut intellegam, non intellego, ut credam.
Ich glaube, um zu begreifen, ich begreife nicht, um zu glauben.
Anselm von Canterbury, Proslogion 1

1668 Credula est spes improba.
Übertriebene Hoffnung ist leichtgläubig.
Seneca, Thyestes 295

1669 Credula res amor est.
Liebe ist leichtgläubig.
Ovid, Heroides 6,21

1670 Crescente periculo crescunt vires.
Mit der Gefahr wachsen die Kräfte.
volkstümlich

Crescentem sequitur cura pecuniam / 1671
maiorumque fames.
Wächst der Reichtum, wächst auch die Sorge und der Hunger nach mehr.
Horaz, Carmina 3.16,17–18

Crescit amor nummi, quantum ipsa 1672
pecunia crescit.
Die Liebe zum Geld nimmt zu, je mehr das Geld zunimmt.
Juvenal, Saturae 14,139

Crescit animus, quotiens coepti 1673
magnitudinem attendit.
Der Mut wächst mit der Größe einer Aufgabe.
Seneca, Naturales quaestiones 3. pr. 4

Crescit audacia experimento. 1674
Glückt etwas, wird man kühner.
Plinius, Epistulae 9.33,6

Crescit enim cum amplitudine rerum 1675
vis ingenii.
Die Kraft des Geistes wächst mit der Größe der Aufgaben.
Tacitus, Dialogus de oratoribus 37,5

Crescit in adversis virtus. 1676
Der Mut wächst mit der Gefahr.
Lucanus, Bellum civile (Pharsalia) 3.614

Crescit occulto velut arbor aevo / fama. 1677
Der Ruhm wächst unmerklich wie ein Baum mit der Zeit.
Horaz, Carmina 1.12,45

1678 Crescit sub pondere virtus.
Unter Druck wächst die Leistung.
Lucanus, Bellum civile (Pharsalia) 3.614

1679 Crescite et multiplicamini.
Seid fruchtbar und mehret euch.
Vulgata, Liber Genesis 1,28

1680 Crescunt anni, decrescunt vires.
Die Jahre nehmen zu, die Kräfte nehmen ab.
volkstümlich

1681 Crescunt divitiae, tamen / curtae nescio quid semper abest rei.
Der Reichtum wächst, doch dem unersättlichen Besitzer fehlt immer noch etwas
Horaz, Carmina 3.24,63–64

1682 Crescunt sermones, ubi conveniunt mulieres.
Wenn sich Frauen treffen, wächst der Klatsch.
Walther, Proverbia sententiaeque 3744

1683 Crimen relinquit vitae, qui mortem appetit.
Wer den Tod sucht, beschuldigt das Leben eines Verbrechens.
Publilius Syrus, Sententiae 105

1684 Crucifige, crucifige eum!
Kreuzige ihn, kreuzige ihn!
Vulgata, Evangelium secundum Ioannem 19,6

Crudelem medicum intemperans aeger 1685
facit.
Die Unbeherrschtheit des Kranken macht den Arzt grausam.
Publilius Syrus, Sententiae 89

Crudelis est in re adversa obiurgatio. 1686
Es ist grausam, wenn man im Unglück auch noch getadelt wird.
Publilius Syrus, Sententiae 86

Crudelitatis mater avaritia est, pater 1687
furor.
Habgier hat Grausamkeit zur Mutter, Wahnsinn zum Vater.
Rutilius Lupus, Schemata dinoeas et lexeos 2,6

Crudelitatis mater iracundia est. 1688
Der Jähzorn ist die Mutter der Grausamkeit.
Publilius Syrus, Sententiae A83

Crudelius est quam mori, semper 1689
mortem timere.
Grausamer als der Tod ist die ständige Angst vor dem Tod.
Seneca maior, Controversiae 3.5,2

cubitum nullum procedere 1690
keine Elle vorankommen
Cicero, Ad Atticum 13.12,3

Cucullus non facit monachum. 1691
Die Kutte macht noch keinen Mönch.
Walther, Proverbia sententiaeque 35860

1692 Cui bono?
Wem nutzt es?
Cassius bei Cicero, Pro Sex. Roscio Amerino 84 (u. a.)

1693 Cui caput infirmum, cetera membra dolent.
Wenn der Kopf krank ist, schmerzen auch die anderen Glieder.
Walther, Proverbia sententiaeque 3839

1694 Cui comes est baculus, tutius ire potest.
Wer einen Stock zum Gefährten hat, kann sicherer gehen.
Walther, Proverbia sententiaeque 3843

1695 Cui convenit cum paupertate, dives est.
Wer mit der Armut gut auskommt, ist reich.
Publilius Syrus, Sententiae A302

1696 Cui enim assecuto satis fuit, quod optanti nimium videbatur? Non est, ut existimant homines avidi, ardua felicitas, sed pusilla: itaque neminem satiat.
Wem hat es genügt, etwas erreicht zu haben, was ihm in seinen Wünschen als unschätzbar groß erschienen ist? Das Glück ist nicht, wie die Menschen meinen, etwas Überwältigendes, sondern etwas Dürftiges; deshalb sättigt es niemanden.
Seneca, Epistulae morales 118,6

›Cui ergo ista didici?‹ Non est, quod timeas, ne operam perdideris, si tibi didicisti. 1697
›Für wen habe ich das alles gelernt?‹ Du brauchst nicht zu fürchten, umsonst gelernt zu haben, wenn du für dich gelernt hast.
Seneca, Epistulae morales 7,9

Cui fortuna favet, sponsa petita manet. 1698
Wem das Glück lacht, der bekommt die umworbene Braut.
Walther, Proverbia sententiaeque 3859

Cui homini dii propitii sunt, aliquid obiciunt lucri. 1699
Wem die Götter gnädig sind, dem werfen sie Gewinn zu.
Plautus, Persa 470

Cui honorem, honorem. 1700
Ehre, wem Ehre gebührt.
Vulgata, Epistula ad Romanos 13,7

Cui licet, quod est plus, licet utique, quod est minus. 1701
Wer mehr darf, darf grundsätzlich auch weniger.
Liber Sextus Decretalium, Regulae iuris 53

Cui malus est nemo, quis bonus esse potest? 1702
Wem niemand schlecht erscheint, wer kann dem gut erscheinen?
Matial, Epigrammata 12.80,2

1703 Cui multum datum est, multum ab eo exigitur.
Wem viel gegeben ist, von dem wird viel verlangt.
Vulgata, Evangelium secundum Lucam 12,48

1704 Cui nolis saepe irasci, irascaris semel.
Wem du nicht oft zürnen willst, dem zürne einmal.
Publilius Syrus, Sententiae 113

1705 Cui placet alterius, sua nimirum est odio sors.
Wem ein fremdes Los gefällt, dem ist das eigene verhasst.
Horaz, Epistulae 1.14,11

1706 Cui placet, obliviscitur, cui dolet, meminit.
Was gefällt, vergisst man, was schmerzt, bleibt im Gedächtnis.
Cicero, Pro Murena 42

1707 Cui plus licet, quam par est, plus vult, quam licet.
Wer mehr darf, als recht ist, der will mehr, als erlaubt ist.
Publilius Syrus, Sententiae 106

1708 Cui prodest scelus, / is fecit.
Wem ein Verbrechen nützt, der hat es verursacht.
Seneca, Medea 500–501

Cui prodest socius, qui non prodesse probatur? 1709
Wem nützt ein Partner, der nichts nützt?
Monosticha Catonis A14

Cui semper dederis, ubi neges, rapere imperes. 1710
Wenn man jemandem verweigert, was man ihm immer gegeben hat, lehrt man ihn stehlen.
Publilius Syrus, Sententiae 88

Cui tua post mortem commiseris, efficis hostem; / fert gravius vitae tempora nemo tuae. 1711
Wem du nach deinem Tod dein Vermögen vererbst, den machst du zu deinem Feind; niemand sieht dein langes Leben mit mehr Unwillen.
Abaelard, Monita ad Astralabium 1037–1038

Cui virtus aliqua contingit, omnes insunt. 1712
Wer im Besitz irgendeiner Tugend ist, besitzt sie alle.
Plinius, Panegyricus 59,5

Cui vis est, ius non metuit; ius obruitur vi. 1713
Wer Macht hat, fürchtet kein Recht, Recht wird von Macht überwältigt.
Palingenius, Zodiacus Vitae 10.830

1714 Cuilibet artifici in arte sua credendum.
Man soll jedem Meister in seiner Kunst glauben.
Walther, Proverbia sententiaeque 35881

1715 Cuique defensio tribuenda.
Jeder muss sich verteidigen dürfen.
Tacitus, Annales 13.20,3

1716 Cuique suum impressit vitium natura, nihilque est / tam pulchrum in terris, aliqua quin labe notetur.
Alles in der Natur hat einen Fehler, und nichts ist so schön auf Erden, dass ihm nicht irgendein Makel anhaftete.
Palingenius, Zodiacus vitae 12.388–389

1717 Cuius autem aures clausae veritati sunt, ut ab amico verum audire nequeat, huius salus desperanda est.
Wer seine Ohren der Wahrheit verschließt, so dass er von einem Freund nicht die Wahrheit annimmt, der ist ohne Rettung verloren.
Cicero, Laelius de amicitia 90

1718 Cuius est dare, eius est disponere.
Wer geben darf, darf auch verfügen.
Rechtsregel

1719 Cuius est solum, eius est usque ad caelum.
Wem der Boden gehört, dem gehört er bis zum Himmel.
Rechtsregel

Cuius regio, eius religio. 1720
Wem das Land gehört, der bestimmt die Religion.
Grundsatz des Augsburger Religionsfriedens von 1555

Cuius vulturis hoc erit cadaver? 1721
Welcher Geier wird über diesen Leichnam herfallen?
Matial, Epigrammata 6.62,4

Cuiuscumque facti causam require. 1722
Frag bei jeder Tat nach der Ursache.
Bracarensis, Formula vitae honestae 1

Cuiusvis hominis est errare, nullius nisi 1723
insipientis in errore perseverare.
Jeder Mensch kann irren, nur Unbelehrbare verharren im Irrtum.
Cicero, Orationes Philippicae 12,5

Cuivis dolori remedium est patientia. 1724
In seinem Leid hilft Geduld.
Publilius Syrus, Sententiae 96

Cuivis potest accidere, quod cuiquam 1725
potest.
Was einen treffen kann, kann alle treffen.
Publilius Syrus, Sententiae 119

culicem elephanti conferre 1726
eine Mücke mit einem Elefanten vergleichen
Erasmus, Adagia 2027

1727 Culpam poena premit comes.
Die Strafe folgt der Schuld auf dem Fuß.
Horaz, Carmina 4.5,24

1728 Cum accusas alium, propriam prius inspice vitam.
Bevor du einen andern anklagst, betrachte zuerst dein eigenes Leben.
Monosticha Catonis 41

1729 Cum ames, non sapias, aut cum sapias, non ames.
Wer liebt, denkt nicht, und wer denkt, liebt nicht.
Publilius Syrus, Sententiae 117

1730 Cum amicis ratio brevis, fides longissima est.
Mit Freunden ist die Verständigung kurz, die Treue äußerst lang.
Publilius Syrus, Sententiae A243

1731 Cum amico omnes curas, omnes cogitationes tuas misce!
Teile mit dem Freund all deine Sorgen, all deine Gedanken!
Seneca, Epistulae morales 3,3

1732 Cum autem pulchritudinis duo genera sint, quorum in altero venustas sit, in altero dignitas, venustatem muliebrem ducere debemus, dignitatem virilem.
Da es zwei Arten von Schönheit gibt – zur einen gehört die Anmut, zur anderen die Würde –, müssen wir die Anmut für weiblich, die Würde für männlich halten.
Cicero, De officiis 1.130

Cum autem sublatus fuerit ab oculis, etiam cito transit e mente. 1733
Aus den Augen, aus dem Sinn.
Thomas a Kempis, Imitatio Christi 1.23,3

cum basi sua metiri 1734
mit dem Sockel zusammen messen
Seneca, Epistulae morales 76,31

Cum bene vitaris, tamen auferet; invenit artem / femina, qua cupidi carpat amantis opes. 1735
Bist du auch noch so vorsichtig, sie erreicht doch ihr Ziel; die Frau findet einen Trick, mit dem sie den Verliebten ausnutzt.
Ovid, Ars amatoria 1.419–420

Cum bonis ambula. 1736
Such den Umgang mit Guten.
Sententiae Catonis 6

Cum caput aegrotat, corpus simul omne laborat. 1737
Ist der Kopf krank, leidet der ganze Körper.
Beda Venerabilis, Proverbia

cum contumelia 1738
ehrenwert

1739 Cum das avaro praemium, ut noceat rogas.
Wenn man einen Geizigen belohnt, ermutigt man ihn zu schaden.
Publilius Syrus, Sententiae 122

1740 Cum de unius moribus iudicabis, de publicis cogita.
Wenn man das Wesen eines Einzelnen beurteilen will, soll man an das aller denken.
Seneca, De ira 2.31,5

1741 Cum deus calculat, fit mundus.
Während Gott rechnet, wurde die Welt gemacht.
Leibniz, De arte characteristica

1742 cum dignitate otium
Muße mit Würde
Cicero, Pro Sestio 98

1743 Cum dubia incertis versetur vita periclis, / pro lucro tibi pone diem, quicumque sequetur.
Da das Leben durch Gefahren unsicher ist, nimm jeden weiteren Tag als Gewinn.
Disticha Catonis 1.33

1744 Cum duo sunt vina, mihi de meliore propina!
Wenn es zwei Weine gibt, setz mir den besseren vor.
Walther, Proverbia sententiaeque 4135

Cum enim infirmor, tunc potens sum. 1745
Wenn ich schwach bin, dann bin ich stark.
Vulgata, Epistula ad Corinthios 2.12,10

Cum feriant unum, non unum fulmina 1746
terrent.
Wenn der Blitz auch nur einen trifft, erschreckt er doch viele.
Ovid, Epistulae ex Ponto 3.2,9

Cum fueris felix, quae sunt adversa, 1747
caveto: / non eodem cursu respondent ultima primis.
Lacht dir das Glück, rechne auch mit Unglück: Anfang und Ende sind selten gleich.
Disticha Catonis 1.18

cum grano salis 1748
mit einem Körnchen Salz
Plinius maior, Naturalis historia 23.149

Cum grege non gradior. 1749
Ich gehe nicht mit der Herde.
Wahlspruch der Borghese

Cum ignoscis uni, gratos complures 1750
facis.
Wenn du einem verzeihst, verpflichtest du viele zu Dank.
Publilius Syrus, Sententiae 658

1751 Cum in domum alienam veneris, et mutus et surdus esto.
Kommst du in ein fremdes Haus, sei stumm und taub.
Historiae Augustae scriptores, Antoninus Pius 11,8

1752 cum infamia
mit Schande

1753 Cum inimico nemo in gratiam tuto redit.
Mit seinem Feind verträgt sich niemand ohne Gefahr.
Publilius Syrus, Sententiae 91

1754 Cum insanientibus furere necesse est.
Mit Verrückten muss man verrückt sein.
Petron, Satyricon 3,2

1755 Cum intellegitur, quid significetur, minus laborandum est de nomine.
Wenn man versteht, was gemeint ist, braucht man sich mit der Erklärung nicht viel Mühe zu geben.
Cicero, Topica 35

1756 Cum iudicaris, diligere oportet, non, cum dilexeris, iudicare.
Lieben soll man, wenn man sich sein Urteil gebildet hat, nicht sich sein Urteil bilden, wenn man bereits liebt.
Cicero, Laelius de amicitia 85

cum iure succedendi 1757
mit dem Recht auf Nachfolge

Cum lacte nutricis suximus. 1758
Das haben wir mit der Milch eingesogen.
Cicero, Tusculanae disputationes 3.2

cum laude 1759
mit Lob
Catull, Carmina 64,112

Cum libellis mihi plurimus sermo est. 1760
Am meisten unterhalte ich mich mit meinen Büchern.
Seneca, Epistulae morales 67,2

Cum libentissime edis, tum auferatur 1761
cena!
Wenn es am besten schmeckt, soll das Mahl abgetragen werden.
Gellius, Noctes Atticae 15.8,2

cum mortuis non nisi larvas luctari 1762
Nur Gespenster kämpfen mit den Toten.
Plinius maior, Naturalis historia pr. 31

Cum natura litigat, qui mori grave fert. 1763
Wem der Tod schwer fällt, bekämpft die Natur.
Sententiae Varronis 4

Cum olla male fervet, amici de medio. 1764
Wenn der Topf leer ist, machen sich die Freunde davon.
Petron, Satyricon 38,13

1765 Cum omnia, quae excesserunt modum, noceant, periculosissima felicitatis intemperantia est.
Zwar ist alles schädlich, was das Maß übersteigt, am gefährlichsten aber ist maßloses Glück.
Seneca, De providentia 4,9

1766 Cum omnis arrogantia odiosa est, tum illa ingeni atque eloquentiae multo molestissima.
Zwar ist jede Arroganz abscheulich, aber die der Intelligenz und der Beredsamkeit die unerträglichste.
Cicero, Divinatio in Q. Caecilium 36

1767 Cum periclo inferior quaerit, quod superior occulit.
Nur in Gefahren kommt der Schwächere dahinter, was der Stärkere zu verbergen hat.
Publilius Syrus, Sententiae 659a

1768 Cum ratione animus movetur placide atque constanter, tum illud gaudium dicitur.
Wenn die Seele durch die Vernunft sanft und gleichmäßig in Schwingung gerät, nennt man das Freude.
Cicero, Tusculanae disputationes 4.13

1769 cum ratione insanire
mit Vernunft unvernünftig sein
Terenz, Eunuchus 63

Cum rem animus occupavit, verba ambiunt. 1770
Wenn der Geist sich eines Themas angenommen hat, kommen die Worte von selbst.
Albucius bei Seneca maior, Controversiae 7. pr. 3

Cum res trepidae, reverentia divum / nascitur. 1771
Wenn die Dinge ernst werden, fürchtet man die Götter.
Silius Italicus, Punica, 7.88–89

Cum sale panis / latrantem stomachum bene leniet. 1772
Etwas Brot mit Salz wird den knurrenden Magen befriedigen.
Horaz, Sermones 2.2,17

Cum sapiente loquens perpaucis utere verbis. 1773
Wenn du mit einem klugen Menschen sprichst, fass dich kurz.
Monosticha Catonis A8

Cum semet vincit sapiens, minime vincitur. 1774
Wenn der Weise sich selbst besiegt, ist er unbesiegbar.
Publilius Syrus, Sententiae 654

Cum sis mortalis, quae sunt mortalia, cura! 1775
Da du sterblich bist, kümmere dich um die Sterblichen!

1776 Cum tacent, clamant.
Da sie schweigen, klagen sie sich an.
Cicero, in Catilinam 1,21

1777 cum tempore (c. t.)
mit akademischer Viertelstunde

1778 Cum tempore invenietur ratio rei expediendae.
Mit der Zeit wird sich ein Weg finden, die Dinge zu erledigen.
volkstümlich

1779 Cum tibi sufficiant cyathi, cur dolia quaeris?
Warum strebst du nach Fässern, wenn dir Becher reichen?
Palingenius, Zodiacus vitae 2.495

1780 Cum timidis etiam somnia bellum gerunt.
Mit Furchtsamen führen selbst die Träume Krieg.
Caecilius Balbus, Sententiae (W) 8,1

1781 cum tristibus severe, cum remissis iucunde, cum senibus graviter, cum iuventute comiter vivere
mit den Traurigen ernst, mit den Heiteren scherzend, mit den Greisen streng, mit der Jugend nachsichtig leben
Cicero, Pro Caelio 13

Cum victor arma posuit, et victum decet / deponere odia. 1782
Wenn der Sieger die Waffen abgelegt hat, gehört es sich auch für den Besiegten, den Hass aufzugeben.
Seneca, Hercules furens 409–410

Cum vitia alterius satis acri lumine cernas / nec tua prospicias, fis vero crimine caecus. 1783
Wenn du die Fehler des anderen genau siehst und die eigenen nicht, bist du blind von eigener Schuld.
Monosticha Catonis 48–49

Cum vitia prosunt, peccat, qui recte facit. 1784
Wenn Fehler Vorteile bringen, verfehlt sich, wer rechtmäßig handelt.
Publilius Syrus, Sententiae 98

cumini sector 1785
Kümmelspalter
Cassius Dio, Romaika 70,3 über Antoninus Pius

Cuncta manus avidas fugient haeredis, amico / quae dederis animo. 1786
Alles entgeht der gierigen Hand des Erben, was du mit freundlichem Sinn vorher verschenkt hast.
Horaz, Carmina 4.7,19–20

1787 Cuncta potest igitur tacito pede lapsa vetustas.
Alles vermag die Zeit, die mit leisem Fuß vorübergeht.
Ovid, Tristia 4.6,17

1788 Cuncta prius temptata, sed immedicabile vulnus / ense recidendum est, ne pars sincera trahatur.
Zuerst muss alles versucht sein, doch wenn die Wunde unheilbar ist, muss mit dem Messer geschnitten werden, damit kein gesunder Teil in Mitleidenschaft gezogen wird.
Ovid, Metamorphoses 1.190–191

1789 Cuncta sunt scibilia via rationis.
Mit Hilfe der Vernunft kann man alles erkennen.
Auctoritates, Aristoteles, De regimine principum 20

1790 Cuncta timemus amantes.
Wir Liebenden fürchten alles.
Ovid, Metamorphoses 7.719

1791 Cunctando senescunt consilia.
Zögern lässt guten Rat alt werden.
Livius, Ab urbe condita 35.12,3

1792 Cunctis qui placeat, non crede, quod modo vivat.
Glaub nicht, dass es jemanden gibt, der allen gefällt.
Walther, Proverbia sententiaeque 4643

Cunctis sua displicet aetas. 1793
Allen missfällt ihr jetziger Zustand.
Ausonius, Eclogae 19,10

Cupiditati nihil satis est, naturae satis est etiam parum. 1794
Der Gier ist nichts genug, der Natur reicht ganz wenig.
Seneca, Ad Helviam matrem de consolatione 10,11

Cupido atque ira pessumi consultores. 1795
Gier und Zorn sind die schlechtesten Ratgeber.
Sallust, Bellum Iugurthinum 64,5

Cupido dominandi cunctis affectibus flagrantior est. 1796
Machtgier ist die stärkste aller Leidenschaften.
Tacitus, Annales 15.53,4

Cupio dissolvi. 1797
Ich wünsche zu sterben.
Vulgata, Epistula ad Philippenses 1,23

Cur indecores in limine primo / deficimus? 1798
Warum versagen wir unrühmlich gleich am Anfang?
Vergil, Aeneis 11.423–424

Cur quaeris quietem; cum natus sis ad laborem? 1799
Warum suchst du die Ruhe, wo du doch zur Arbeit geboren bist?
Thomas a Kempis, Imitatio Christi 2.10,1

1800 cura posterior
eine spätere Sorge

1801 Cura, quid expediat, prior est, quam quid sit honestum.
Man fragt eher danach, welchen Nutzen es hat, als danach, ob es ehrt.
Ovid, Epistulae ex Ponto 2.3,9

1802 Cura, quicquid agis, te bene nosse magis.
Was du auch tust, sorg dafür, dass du dich besser kennst.
Walther, Proverbia sententiaeque 4737a

1803 Curae cito senescere faciunt.
Sorgen lassen früh alt werden.
Bebel, Proverbia Germanica 436

1804 Curae leves loquuntur, ingentes stupent.
Leichte Sorgen regen zum Sprechen an, schwere machen stumm.
Seneca, Phaedra 607

1805 Curae sua cuique voluptas.
Jeder denkt an das eigene Vergnügen.
Ovid, Ars amatoria 1.749

1806 Curam nobis nostri natura mandavit; sed huic ubi nimium indulseris, vitium est.
Für uns selbst zu sorgen, hat die Natur uns aufgetragen; doch wenn man es sehr übertreibt, ist es ein Übel.
Seneca, Epistulae morales 116,3

curare cutem 1807
die Haut pflegen
Juvenal, Saturae 2,105

Curarum maxima nutrix / nox. 1808
Die Nacht ist die mächtigste Nährerin der Sorgen.
Ovid, Metamorphoses 8.81–82

Curarum vacuus hunc adeas locum, ut 1809
morborum vacuus abire queas; non curatur, qui curat.
Betritt diesen Ort frei von Sorgen, damit du ihn frei von Krankheiten verlassen kannst; wer Sorgen hat, wird nicht geheilt.
Inschrift an den Caracalla-Thermen in Rom

Curentur dubii medicis maioribus 1810
aegri.
Zweifelhafte Kranke sollen von den besseren Ärzten behandelt werden.
Juvenal, Saturae 13,124

Curiositas enim experiendi 1811
incitamentum facit.
Neugier löst den Drang zur Forschung aus.
Albertus Magnus, Super Danielem 14,15

Curiosus igitur debet esse creditor. 1812
Ein Gläubiger muss neugierig sein.
Corpus Iuris Civilis, Digesta 15.3,3,9 (Ulpianus)

1813 Curiosus spectator excutit singula et quaerit.
Der neugierige Betrachter prüft und untersucht jede Einzelheit.
Seneca, Naturales quaestiones 1. pr. 12

1814 currenti calamo
mit eiliger Feder

1815 curriculum vitae
Lebenslauf

1816 Currit ferox / aetas.
Unaufhaltsam enteilt die Zeit.
Horaz, Carmina 2.5,13–14

1817 curva corrigere
Krummes geradebiegen
Plinius, Epistulae 5.9,6

1818 curvo dignoscere rectum
krumm und gerade auseinander halten
Horaz, Epistulae 2.2,44

1819 Custode et cura natura potentior omni.
Die Natur ist mächtiger als Wachen und Beschützen.
Juvenal, Saturae 10.303

1820 Custodis animam, si scis compescere linguam.
Du hütest deine Seele, wenn du deine Zunge im Zaum zu halten verstehst.
Disticha Catonis 1.3

custos morum 1821
Sittenwächter

cutem curare 1822
die Haut pflegen

D

D. D. D. (dat, donat, dedicat.) 1823
Er gibt, weiht, widmet. (Weiheformel)
Corpus Inscriptionum Latinarum passim

D. M. (S.) (Dis Manibus sacrum) 1824
Den Totengöttern geweiht.
Corpus Inscriptionum Latinarum passim

Da fidei, quae fidei sunt. 1825
Gib dem Glauben, was des Glaubens ist.
Francis Bacon

Da locum melioribus! 1826
Mach Besseren Platz!
Terenz, Phormio 522

Da pignus! 1827
Gib ein Pfand!
Plautus, Epidicus 699

Da, quod iubes, et iube, quod vis. 1828
Gib, was du forderst, und fordere dann, was du willst.
Augustinus, Confessiones 10.40

1829 Da spatium tenuemque moram, male cuncta ministrat / impetus.
Lass Zeit und zögere ein wenig, Hast ist ein schlechter Betreuer.
Statius, Thebais 10.704–705

1830 Da, ubi consistam, et terram caelumque movebo.
Gib mir einen festen Platz, und ich werde Erde und Himmel in Bewegung versetzen.
nach Archimedes (ca. 285–202 v. Chr.)

1831 Da vacuae menti, quo teneatur, opus!
Gib dem untätigen Geist eine Aufgabe, die ihn fesselt.
Ovid, Remedia amoris 150

1832 Dabit ira vires.
Der Zorn verleiht Kräfte.
Seneca, Troades 672

1833 Damna damnis continuantur.
Schaden reiht sich an Schaden.
Tacitus, De vita Iulii Agricolae 41,3

1834 Damnant, quae non intellegunt.
Sie verdammen, was sie nicht verstehen.
Quintilian, Institutio oratoria 10.1,26

1835 Damnati lingua vocem habet, vim non habet.
Der Mund des Verurteilten hat eine Stimme, aber keine Kraft.
Publilius Syrus, Sententiae 142

Damnatur. 1836
Es wird verdammt
Kirchenlatein

Damnum appellandum est cum mala fama lucrum. 1837
Gewinn, mit schlechtem Ruf verbunden, ist Verlust.
Publilius Syrus, Sententiae 135

Damnum nisi ex opulentia raro evenit. 1838
Schäden entstehen meist nur aufgrund des Überflusses.
Publilius Syrus, Sententiae A217

Dandum est aliquid loci etiam alienigenis exemplis, ut domesticis aspersa ipsa varietate delectent. 1839
Man muss auch fremden Beispielen Raum geben, damit sie unter die eigenen gestreut durch ihre Verschiedenheit erfreuen.
Valerius Maximus, Facta et dicta memorabilia 2.10, ext. 1

Dandum semper est tempus: veritatem dies aperit. 1840
Man muss immer Zeit lassen: der Tag bringt die Wahrheit ans Licht.
Seneca, De ira 2.22,3

Dant enim animum ad loquendum libere ultimae miseriae. 1841
Die äußerste Not ermutigt zu freier Rede.
Livius, Ab urbe condita 29.17,11

1842 Dari bonum quod potuit, auferri potest.
Ein Gut, das gegeben werden konnte, kann wieder genommen werden.
Seneca, Epistulae morales 8,10

1843 Das, cui vis, quod vis, quantum vis, tempore, quo vis; / tu spiras, ubi vis; tu munera dividis, ut vis.
Du gibst, wem du willst, was du willst, wie viel du willst, wann du willst; du wehst, wann du willst, du verteilst deine Gaben, wie du willst.
Walther, Proverbia sententiaeque 4962

1844 Dat bene, dat multum, qui dat cum munere vultum.
Gut und viel gibt, wer mit seiner Gabe sein Antlitz gibt.
Walther, Proverbia sententiaeque 4964

1845 Dat census honores, / census amicitias: pauper ubique iacet.
Vermögen bringt Ehren und Freundschaften: Der Arme ist überall ohne Macht.
Ovid, Fasti 1.217–218

1846 Dat legem natura tibi, non accipit ipsa.
Die Natur gibt dir die Gesetze, sie selbst nimmt von dir keine an.
Disticha Catonis 1.31a

1847 Dat, qui non aufert.
Das Leben schenkt, wer es nicht nimmt.
Seneca, De beneficiis 2.12,1

Dat veniam corvis, vexat censura columbas. 1848
Mit Raben zeigt man Nachsicht, die Tauben quält man.
Juvenal, Saturae 2,63

Dat vires velle, fit opus sine velle rebelle. 1849
Zu wollen gibt Kraft, hat man den Willen nicht, fällt die Arbeit schwer.
Walther, Proverbia sententiaeque 5021

Date, et dabitur vobis. 1850
Gebt, so wird euch gegeben.
Vulgata, Evangelium secundum Lucam 6,38

Datis beneficiis plus quam acceptis gaudeas. 1851
Freue dich über Wohltaten, die du erweist, mehr als über die, die du empfängst.
Publilius Syrus, Sententiae A237

dato 1852
gegeben

Datum Dei est mulier sensata et tacita. 1853
Eine verständige und schweigsame Frau ist eine Gottesgabe.
Vulgata, Liber Ecclesiasticus 26,18

1854 Datur haec venia antiquitati, ut miscendo humana divinis primordia urbium augustiora faciat.
Man sieht den Alten nach, dass sie die Gründung der Städte beschönigen, indem sie Menschliches mit Göttlichem vermischen.
Livius, Ab urbe condita 1. pr. 7

1855 De absentibus nihil nisi bonum.
Über Abwesende soll man nur Gutes sagen.
nach Chilon bei Diogenes Laertios, Synagoges 1.70

1856 de alieno liberalis
freigiebig mit fremdem Eigentum
Seneca, De clementia 1.20,3

1857 de asini umbra
um des Esels Schatten
Apuleius, Metamorphoses 9.42,5

1858 de auditu
vom Hörensagen

1859 de caelo in caenum
vom Himmel in den Schmutz
Tertullian, De spectaculis 25,5

1860 de calcaria in carbonariam pervenire
vom Kalkofen in den Kohleofen geraten
Tertullian, De carne Christi 6,1

de dato 1861
vom Gegebenen an (d. h. vom Tag der Ausstellung an)

de die vivitur 1862
in den Tag hineinleben
Hieronymus, Epistulae 7,5

De dubiis non definias, sed suspensam 1863
teneas sententiam.
Leg dich in Zweifelsfällen nicht fest, sondern halte dein Urteil in der Schwebe.
Bracarensis, Formula vitae honestae 1

De duobus malis minus est eligendum. 1864
Von zwei Übeln muss man das kleinere wählen.
Cicero, De officiis 3.3

de facto 1865
den Tatsachen entsprechend
Corpus Iuris Civilis, Digesta 8.5,2,3 (Ulpianus)

de fumo ad flammam 1866
vom Rauch ins Feuer
Ammianus Marcellinus, Res gestae 14.11,17

De gustibus non est disputandum. 1867
Über Geschmack lässt sich nicht streiten.
Walther, Proverbia sententiaeque 36103

De hoc satis. 1868
Genug davon.
Cicero, Ad Atticum 6.9,1

1869 De inimicis intra parietes quaerenda est victoria.
Den Feind in den eigenen Wänden muss man zu besiegen suchen.
Caecilius Balbus, Sententiae (F) 51

1870 De inimico non loquaris male, sed cogites.
Sprich nicht schlecht von deinem Feind, doch denk es.
Publilius Syrus, Sententiae 127

1871 de iure
von Rechts wegen
Corpus Iuris Civilis, Digesta 8.5,2,3 (Ulpianus)

1872 de lana caprina rixari
sich um der Ziege Wolle streiten
Horaz, Epistulae 1.18,15

1873 de lege ferenda
unter Berücksichtigung des künftigen Rechts

1874 de lege lata
im Hinblick auf das geltende Recht

1875 de manu in manum
von Hand zu Hand
Cicero, Ad familiares 7.5,3

1876 De minoribus principes consultant, de maioribus omnes.
Über unbedeutende Sachen beraten nur die Führer, über wichtigere aber alle.
Tacitus, Germania 11

De multis grandis acervus erit. 1877
Aus vielen Einzelteilen wird ein großer Haufen.
Ovid, Remedia amoris 424

De nihilo nihil. 1878
Von nichts kommt nichts.
Lukrez, De rerum natura 1.150

de novo 1879
von neuem

De occultis non iudicat ecclesia. 1880
Über verborgene Sünden richtet die Kirche nicht.
Kirchenlatein

de omnibus aliquid, de toto nihil 1881
von allem etwas, vom Ganzen nichts
Walther, Proverbia sententiaeque 36112

De omnibus dubitandum. 1882
An allem ist zu zweifeln.
Descartes, Anfang der Meditationes

de plano amare 1883
ohne Umstände lieben
Mona Gaberus

De plenis cyathis multos periisse sciatis. 1884
An vollen Bechern sind, wie bekannt, schon viele zugrunde gegangen.
Walther, Proverbia sententiaeque 5113

1885 De profundis clamavi ad te, Domine.
Aus der Tiefe rufe ich, Herr, zu dir.
Vulgata, Psalm 130,1

1886 de proprio
mit eigenen Mitteln
Corpus Inscriptionum Latinarum passim

1887 De rebus minimis fit saepe molestia grandis.
Aus Kleinigkeiten entsteht oft großer Ärger.
Walther, Proverbia sententiaeque 5143

1888 de rerum natura
vom Wesen der Dinge
Lukrez, De rerum natura
(Titel seines Lehrgedichts)

1889 De se ipso in neutram partem loquendum est, quoniam, qui se laudat, vanus est, qui se vituperat, stultus est.
Über sich selbst soll man weder gut noch schlecht reden, denn wer sich selbst lobt, ist eitel, wer sich tadelt, dumm.
Aristoteles bei Burley, Liber de vita et moribus philosophorum

1890 De siccis lignis componitur optimus ignis.
Trockenes Holz macht das beste Feuer.
Walther, Proverbia sententiaeque 5152

de via in semitam degredi 1891
von der Straße auf einen Pfad gelangen
Plautus, Casina 675

de visu 1892
dem Anschein nach

Debemur morti nos nostraque. 1893
Wir und unsere Habe sind dem Tod unterworfen.
Horaz, De arte poetica 63

Debet enim semper plus esse virium in 1894
actore quam in opere: necesse est opprimant onera, quae ferente maiora sunt.
Der Handelnde muss immer stärker sein, als die Aufgabe verlangt; Lasten, die größer sind als der, der sie trägt, müssen ihn erdrücken.
Seneca, De tranquillitate animi 6,5

Debetur ergo vox serena laetitiae, ne 1895
muta gaudia maeroris imaginem sortiantur.
Freude muss eine fröhliche Stimme haben, damit stille Freuden nicht wie Trauer wirken.
Ennodius, Carmina 1.6, pr.

Debilibus robusta nocent et grandia 1896
parvis.
Starkes schadet den Schwachen und Großes den Kleinen.
Palingenius, Zodiacus vitae 6.494

1897 Debitoris mei debitor non est meus debitor.
Der Schuldner meines Schuldners ist nicht mein Schuldner.
Rechtsregel

1898 decantata fabula
eine abgedroschene Fabel

1899 Decipit / frons prima multos.
Der erste Eindruck täuscht viele.
Phaedrus, Liber fabularum 4.2,5–6

1900 Decipit incautas fistula dulcis aves.
Süße Flötentöne täuschen arglose Vögel.
Walther, Proverbia sententiaeque 5255

1901 Decipitur calamis et retibus ales.
Den Vogel lockt man durch Ruten und Leim.
Matial, Epigrammata 13.68,1–2

1902 Declina a malo, et fac bonum!
Lass ab vom Bösen und tu Gutes.
Vulgata, Psalm 37,27

1903 Deditos vino potio extrema delectat, illa quae mergit, quae ebrietati summam manum imponit.
Den Trinkern schmeckt der letzte Schluck am besten, der sie betäubt und die Trunkenheit vollkommen macht.
Seneca, Epistulae morales 12,4

deductio ad absurdum 1904
der Beweis des Unsinnigen

Defendat, quod quisque sentit; sunt enim iudicia libera. 1905
Jeder soll seine Meinungen verteidigen, die Gedanken sind frei.
Cicero, Tusculanae disputationes 4.7

Defendendo melius vitam quam metu tueberis. 1906
Wenn du dich verteidigst, wirst du dein Leben besser schützen, als wenn du dich fürchtest.
Publilius Syrus, Sententiae A226

Defensio cuilibet permissa est. 1907
Sich zu verteidigen ist jedem erlaubt.
Rechtsregel

defensor fidei 1908
Beschützer des Glaubens

deficere in limine primo 1909
auf der Schwelle den Mut verlieren
Vergil, Aeneis 11.423–424

Deficit omne, quod nascitur. 1910
Alles, was geboren wird, vergeht auch.
Quintilian, Institutio oratoria 5.10,79

1911 Definitio est oratio, quae id, quod definitur, explicat, quid sit.
Eine Definition ist eine Aussage, die definiert, was das ist, was definiert wird.
Cicero, Topica 26

1912 Defluit ut ventus hominis iucunda iuventus.
Wie der Wind verweht die schöne Jugendzeit des Menschen.
Walther, Proverbia sententiaeque 5314

1913 Defosso incubat auro.
Der Gierige schläft auf seinem vergrabenen Gold.
Vergil, Georgica 2.507

1914 Degeneres animos timor arguit.
Gemeinen Sinn verrät die Furcht.
Vergil, Aeneis 4.13

1915 Dei facientes adiuvant.
Die Götter helfen den Tätigen.
Varro, De re rustica 1.1,4

1916 Dei gratia
von Gottes Gnaden
Vulgata, Epistula ad Corinthios 1.3,10

1917 deleatur (del.)
Es soll getilgt werden (Korrekturbefehl)

Delectant alterna magis, vetitisque potiri / dulcius est: sordent, quae possunt semper haberi. 1918
Abwechslung macht Freude, Verbotenes ist süß, was man immer haben kann, ist ohne Wert.
Palingenius, Zodiacus vitae 2.396–397

Delectatio perficit operationem sicut pulchritudo iuventutem. 1919
Vergnügen macht das Tätigsein vollkommen wie Schönheit die Jugend.
Aristoteles bei Thomas von Aquin, Summa contra gentiles 1.90

Delectatio tenet operantem in opere. 1920
Wer mit Spaß arbeitet, hält an seiner Arbeit fest.
Auctoritates, Aristoteles, Ethica 203

Delectationi intellectuali non est admixta tristitia. 1921
Geistige Befriedigung kennt keine Traurigkeit.
Auctoritates, Aristoteles, Ethica 128

Delegata potestas non potest delegari. 1922
Eine Vollmacht darf nicht übertragen werden.
Rechtsregel

Delere licebit / quod non edideris; nescit vox missa reverti. 1923
Das noch nicht ausgesprochene Wort kannst du noch aufhalten; hast du es gesprochen, kann es nicht mehr zurückkehren.
Horaz, De arte poetica 389–390

1924 Deliberando discitur sapientia.
Durch Nachdenken wird man weise.
Publilius Syrus, Sententiae 139

1925 Deliberando saepe perit occasio.
Wer zu viel bedenkt, verpasst die Gelegenheit.
Publilius Syrus, Sententiae 140

1926 Deliberandum est, ante quam promiseris.
Bevor man etwas verspricht, muss man es bedenken.
Publilius Syrus, Sententiae A39

1927 Delicatus debitor est odiosus.
Ein vergnügter Schuldner macht sich verdächtig.
Rechtsregel

1928 Delicta iuventutis meae et ignorantias meas ne memineris!
Gedenke nicht der Sünden meiner Jugend und meiner Übertretungen.
Vulgata, Psalm 25,7

1929 Delictum iteratum gravius est.
Eine wiederholtes Vergehen wiegt schwerer.
Rechtsregel

1930 delineavit (del.)
Gezeichnet hat es

Deme autem lucrum, superos et sacra negabunt. 1931
Wenn man nichts bekommt, will man von Göttern und Heiligen nichts wissen.
Palingenius, Zodiacus vitae 5.601

Deme supercilio nubem. 1932
Nimm die Wolke von deiner Augenbraue.
Horaz, Epistulae 1.18,94

Demens dolorem ridet infelicium. 1933
Nur ein Wahnsinniger lacht über das Leid der Unglücklichen.
Pittakos bei Pseudo-Ausonius, Septem sapientum sententiae 11

Demens est, qui fidem praestat errori. 1934
Wahnsinnig ist, wer dem Irrtum Glauben schenkt.
Seneca, De beneficiis 4.36,3

Demens superbis invidet felicibus. 1935
Ein Wahnsinniger neidet den Hochmütigen den Erfolg.
Pittakos bei Pseudo-Ausonius, Septem sapientum sententiae 10

dementia senilis 1936
Altersschwachsinn

Demissos animo et tacitos vitare memento. 1937
Meide die, die mit Absicht niedergeschlagen und schweigsam sind.
Disticha Catonis 4.31,1

1938 Demus igitur alienis oblectationibus veniam, ut nostris impetremus.
Seien wir nachsichtig mit den Liebhabereien anderer, damit man es auch bei unseren ist.
Plinius, Epistulae 9.17,4

1939 Denique isto bono utare, dum adsit; cum absit, ne requiras!
Nutze deinen Besitz, solange er da ist; häng ihm nicht nach, wenn er nicht mehr da ist.
Cicero, Cato maior de senectute 33

1940 Denique nil sciri quisquis putat, id quoque nescit, an sciri possit, quoniam nil scire fatetur.
Wer denkt, man könne nichts wissen, weiß nicht einmal, ob man das wissen kann, da er meint, er wisse nichts.
Lukrez, De rerum natura 4.469–470

1941 Denique non omnes eadem mirantur amantque.
Schließlich bewundert und liebt nicht jeder das Gleiche.
Horaz, Epistulae 2.2,58

1942 Denique nullum est iam dictum, quod non dictum sit prius.
Schließlich gibt es nichts, was nicht schon gesagt worden wäre.
Terenz, Eunuchus 40–41

Denique sit, quod vis, simplex dumtaxat et unum. 1943
Schließlich, was du auch willst, es sei schlicht und einfach.
Horaz, De arte poetica 23

Dente lupus, cornu taurus petit. 1944
Der Wolf greift mit dem Zahn an, der Stier mit dem Horn.
Horaz, Sermones 2.1,52

Deo favente 1945
mit der Gunst Gottes
Historia Apollonii Regis Tyri 12

Deo gratias! 1946
Gott sei Dank!

deo ignoto 1947
dem unbekannten Gott
Vulgata, Actus Apostolorum 17,23

Deo iuvante 1948
Mit Gottes Hilfe

Deo Optimo Maximo 1949
Gott, dem Besten, dem Größten

Deo parere libertas est. 1950
Gott gehorchen bedeutet Freiheit.
Seneca, De vita beata 15,7

Deo volente, nobis viventibus. 1951
So Gott will und wir noch am Leben sind.
Vulgata, Epistula Iacobi 4,15

1952 Deorum iniuriae diis curae.
Um Beleidigungen der Götter haben sich die Götter zu kümmern.
Walther, Proverbia sententiaeque 36194

1953 Deos absentis testis memoras.
Du rufst die abwesenden Götter als Zeugen an.
Plautus, Mercator 627

1954 Deos ridere credo cum felix vocer.
Ich glaube, die Götter lachen, wenn man mich glücklich nennt.
Publilius Syrus, Sententiae 146

1955 depositio cornuum
Abstoßen der Hörner

1956 Deprendi miserum est.
Ertappt werden ist peinlich.
Horaz, Sermones 1.2,134

1957 Desiderata non habita magni fiunt, habita vilescunt.
Unerfüllte Wünsche gewinnen an Wert, erfüllte verlieren ihn.
Sententiae Varronis 146

1958 Desiderium est libido eius, qui nondum adest, videndi.
Sehnsucht ist die Lust, den zu sehen, der noch nicht da ist.
Cicero, Tusculanae disputationes 4.21

Desinamus, quod voluimus, velle: 1959
ego certe id ago, senex ne eadem velim, quae puer volui.
Lasst uns aufhören zu wollen, was wir gewollt haben: Ich jedenfalls bemühe mich, als alter Mann nicht dasselbe zu wollen, was ich als Junge gewollt habe.
Seneca, Epistulae morales 61,1

Desine fata deum flecti sperare 1960
precando.
Mach dir keine Hoffnungen, dem gottgewollten Schicksal durch Bitten zu entkommen.
Vergil, Aeneis 6.376

Desines timere, si sperare desieris. 1961
Es fürchtet sich nicht, wer nicht mehr hofft.
Hekaton bei Seneca, Epistulae morales 5,7

Desinit in piscem. 1962
Sie endet in einem Fischschwanz
Horaz, De arte poetica 4

Desperatio aegritudo sine ulla rerum 1963
expectatione meliorum.
Verzweiflung ist Kummer ohne jede Hoffnung auf Besserung der Dinge.
Cicero, Tusculanae disputationes 4.18

1964 Despice divitias, si vis animo esse beatus; / quas qui suspiciunt, mendicant semper avari.
Verachte den Reichtum, wenn du wirklich glücklich sein willst; der Habgierige, der ihn verehrt, ist immer ein Bettler.
Disticha Catonis 4.1

1965 Desunt sua verba diserto.
Dem Redseligen fehlen die Worte.
Ovid, Ars amatoria 1.85

1966 Det se terribilem, qui vult inferre timorem.
Wer Furcht erregen will, muss schrecklich sein.
Walther, Proverbia sententiaeque 5507

1967 Detur irae spatium. Saepe non vim tempus adimit, sed consilium viribus addit.
Man muss mit dem Zorn Geduld haben. Zwar nimmt ihm die Zeit nicht die Kraft, aber sie mischt seiner Gewalt Vernunft bei.
Livius, Ab urbe condita 2.56,15–16

1968 Deum colit, qui novit.
Gott verehrt, wer ihn kennt.
Seneca, Epistulae morales 95,11

1969 Deum nemo vidit umquam.
Niemand hat Gott je gesehen.
Vulgata, Evangelium secundum Ioannem 1,18

Deum non vides, tamen deum agnoscis 1970
ex operibus eius.
Gott sieht man nicht, dennoch kann man ihn erkennen an seinen Werken.
Cicero, Tusculanae disputationes 1.70

deus absconditus 1971
der verborgene Gott
Vulgata, Liber Isaiae 45,15

Deus auctor maximus est. 1972
Gott ist der größte Schöpfer.
Auctoritates, Platon, Timaeus 6

Deus, creator omnium 1973
Gott, Schöpfer aller Dinge

Deus dedit unicuique, quod optimum 1974
est sibi et universo.
Gott gab jedem, was für ihn und für die Welt das Beste ist.
Platon bei Pomponazzi, Tractatus de immortalitate animae 14

Deus det (nobis pacem). 1975
Gott gebe (uns Frieden).

Deus est in pectore nostro. 1976
Gott ist in unserem Herzen.
Ovid, Epistulae ex Ponto 3.4,93

deus ex machina 1977
Gott aus der Maschine

1978 Deus, in adiutorium meum intende; / Domine, ad adiuvandum me festina.
Eile, Gott, mich zu erretten, Herr, mir zu helfen.
Vulgata, Psalm 70,2

1979 Deus meliora!
Gott soll es bessern!
Walther, Proverbia sententiaeque 36235

1980 Deus nobis haec otia fecit.
Gott hat uns die Muße gegeben.
Vergil, Bucolica 1,6

1981 Deus non facit differentiam inter simplicem loquelam et iuramentum.
Gott unterscheidet nicht zwischen einer einfachen Zusage und einem Eid.
Rechtsregel

1982 Deus quos probat, quos amat, indurat.
Wen Gott erprobt hat und liebt, den macht er stark.
Seneca, De providentia 4,7

1983 Deus sum, si hoc ita est.
Ich bin ein Gott, wenn das stimmt.
Terenz, Hecyra 843

1984 Deus superbis resistit, humilibus autem dat gratiam.
Gott widersteht den Hoffärtigen, aber den Demütigen gibt er Gnade.
Vulgata, Epistula Iacobi 4,6 und Epistula Petri 1.5,5

Deus vult. 1985
Gott will es.

Dextra tenet calamum, strictum tenet altera ferrum. 1986
Die Rechte führt die Feder, die Linke das offene Schwert.
Ovid, Heroides 11,5

dextro tempore 1987
zur rechten Zeit
Horaz, Sermones 2.1,18

Di meliora ferant! 1988
Mögen die Götter Besseres bringen!

Di nos quasi pilas homines habent. 1989
Wir Menschen sind ein Spiel der Götter.
Plautus, Captivi 22

Di tibi dent annos, a te nam cetera sumes. 1990
Mögen die Götter dir Jahre geben, das Übrige musst du selbst tun.
Ovid, Epistulae ex Ponto 2.3,53

Di te bene ament! 1991
Die Götter mögen dir gut sein!
Plautus, Captivi 138

Diaboli virtus in lumbis. 1992
Die Kraft des Teufels sitzt in den Lenden.
Hieronymus, Epistulae 22,11

1993 Dic, hospes, Spartae nos te hic vidisse iacentis, / dum sanctis patriae legibus obsequimur.
Wanderer, kommst du nach Sparta, verkündige dorten, du habest / uns hier liegen gesehn, wie das Gesetz es befahl.
Simonides' Epigramm für die Gefallenen an den Thermopylen bei Cicero, Tusculanae disputationes 1.105

1994 Dic, quam turpe sit plus sibi ingerere quam capiat et stomachi sui non nosse mensuram, quam multa ebrii faciant, quibus sobrii erubescant, nihil aliud esse ebrietatem quam voluntariam insaniam.
Merke, wie schändlich es ist, mehr in sich hineinzuschütten, als man verträgt, und das Maß seines Magens nicht zu kennen, was Betrunkene alles tun, worüber sie sich nüchtern schämen: dass Trunkenheit nichts anderes ist als freiwilliger Wahnsinn.
Seneca, Epistulae morales 83,18

1995 Dicam, quod mihi in buccam venerit.
Ich werde reden, wie mir der Schnabel gewachsen ist.
Seneca, Apocolocynthosis 1,2

1996 Dicenda tacenda locutus.
Er sagte, was man sagen darf und was man verschweigen sollte.
Horaz, Epistulae 1.7,72

Dicendo dicere discunt. 1997
Durch Reden lernt man reden.
Erasmus, Adagia 530

Dicendo homines, ut dicant, efficere 1998
solere.
Reden bewirkt, dass die Menschen reden.
Cicero, De oratore 1.149

Dicere enim bene nemo potest, nisi qui 1999
prudenter intellegit.
Gut reden kann nur, wer die Sache verstanden und durchdacht hat.
Cicero, Brutus 23

Dicere perfacile est, opus exercere 2000
molestum.
Reden ist leicht, in die Tat umsetzen schwer.
Walther, Proverbia sententiaeque 5590

Dicere, quo pereas, saepe in amore levat. 2001
Zu bekennen, woran man leidet, macht es der Liebe leichter.
Properz, Elegiae 1.9,34

Dignum enim est operarius cibo suo. 2002
Denn ein Arbeiter ist seiner Speise wert.
Vulgata, Evangelium secundum Matthaeum 10,10

Dignum laude virum Musa vetat mori. 2003
Einen berühmten Mann lässt die Muse nicht sterben.
Horaz, Carmina 4.8,28

2004 Dignus enim est operarius mercede sua.
Ein Arbeiter ist seines Lohnes wert.
Vulgata, Evangelium secundum Lucam 10,7

2005 Dignus est decipi, qui, cuius rei auctor, eius et laudator est.
Unbeachtet zu bleiben verdient, wer seine Leistungen auch selbst lobt.
Sententiae Varronis 108

2006 Dii essemus, ni moreremur.
Wir wären Götter, wenn wir nicht sterben müssten.
Sententiae Varronis 1

2007 Dii pedes lanatos habent.
Die Götter kommen auf Socken daher.
Petron, Satyricon 44,18

2008 diis hominibusque plaudentibus
unter dem Beifall der Götter und Menschen
Cicero, Ad Quintum fratrem 2.4,1

2009 Dilecti socius et ipse sit dilectus.
Der Freund meines Freundes soll auch mein Freund sein.
Hrotsvith, Gallicanus 1.7,1

2010 Dilectis pueris varia nomina damus.
Geliebten Kindern gibt man viele Namen.
Bebel, Proverbia Germanica 471

Diligere parentes prima naturae lex. 2011
Elternliebe ist das erste Gesetz der Natur.
Valerius Maximus, Facta et dicta memorabilia 5.4,7

Diliges proximum tuum sicut te ipsum. 2012
Du sollst deinen Nächsten lieben wie dich selbst.
Vulgata, Liber Leviticus 19,18

Diligite inimicos vestros, benefacite his, 2013
qui oderunt vos!
Liebt eure Feinde, segnet, die euch fluchen!
Vulgata, Evangelium secundum Matthaeum 5,44

Diliguntur immodice sola, quae non 2014
licent.
Maßlos liebt man nur, was nicht erlaubt ist.
Pseudo-Quintilian, Declamationes maiores 14,8

Dimidio vitae nihil differunt felices ab 2015
infelicibus.
In der Lebensmitte unterscheiden sich die Glücklichen nicht von den Unglücklichen.
Erasmus, Adagia 1009 (nach Aristoteles)

Dimidium facti, qui (bene) coepit, habet. 2016
Wer begonnen hat, hat schon die Hälfte vollbracht.
Horaz, Epistulae 1.2,40

Dimidium plus toto. 201
Die Hälfte ist mehr als das Ganze.
Erasmus, Adagia 895 (nach Hesiod)

2018 Dimissum, quod nescitur, non amittitur.
Ein Verlust, der nicht bemerkt wird, ist keiner.
Publilius Syrus, Sententiae 138

2019 Dimitte omnia et invenies omnia; relinque cupidinem: et reperies requiem.
Gib alles auf, und du wirst alles finden; lass deine Begierde, und du findest Ruhe.
Thomas a Kempis, Imitatio Christi 3.32,5

2020 Dimitte omnia transitoria, quaere aeterna; quid sunt omnia temporalia nisi seductoria?
Gib alles Vergängliche auf und such das Ewige; was ist alles Zeitliche anderes als Verführung?
Thomas a Kempis, Imitatio Christi 3.1,12–13

2021 dira necessitas
grausame Notwendigkeit

2022 directis verbis
mit direkten Worten

2023 Directo enim corde recta sunt opera; cum autem cor directum non est, opera recta non sunt, etiamsi recta videantur.
Ist das Herz aufrichtig, dann sind auch die Werke recht; ist aber das Herz nicht aufrichtig, dann sind die Werke nicht recht, auch wenn sie recht erscheinen.
Augustinus, Enarrationes in Psalmos 77,10

Dirige semper cogitationes in bonum. 2024
Lenke deine Gedanken immer zum Guten.
Auctoritates, Aristoteles, De regimine principum 9

Dis proximus ille, / quem ratio, non ira movet. 2025
Göttlich handelt, wer sich vom Verstand und nicht vom Zorn leiten lässt.
Claudianus, Panegyricu sdictus Mallio Theodoro consuli 227–228

Disce aut discede. 2026
Lerne oder geh weg.
Inschrift in Eton

Disce bonum fari, bona si nequeas operari. 2027
Lerne gut zu reden, wenn du schon nichts Gutes tun kannst.
Walther, Proverbia sententiaeque 5843

Disce, et quae discis, memori sub pectore conde. 2028
Lerne, und behalte das Gelernte im Gedächtnis.
Muretus, Institutio puerilis 55

Disce gaudere! 2029
Lerne, dich zu freuen.
Seneca, Epistulae morales 23,3

Disce parvo esse contentus! 2030
Lerne, mit wenigem auszukommen!
Seneca, Epistulae morales 110,18

2031 Disce pati, si vincere voles.
Lerne leiden, wenn du siegen willst.
Bebel, Proverbia Germanica 350

2032 Disce ut semper victurus, vive ut cras morituris!
Lerne, als würdest du immer leben, lebe, als würdest du morgen sterben.
Walther, Proverbia sententiaeque 36325

2033 Discere fit carum, quamvis primo sit amarum, / et post fit suave, quod fuit ante grave.
Lernen wird angenehm, mag es am Anfang auch bitter sein, und später wird süß, was zuvor schwer war.
Walther, Proverbia sententiaeque 5904

2034 Discere nihil aliud est quam recordari.
Lernen ist nichts anderes als sich erinnern.
Sokrates bei Cicero, Tusculanae disputationes 1.57

2035 Discere velle praecipua eruditio.
Lernen zu wollen ist eine Voraussetzung der Bildung.
Plinius, Epistulae 8.23,3

2036 discidium linguae atque cordis
das Zerwürfnis zwischen Zunge und Herz
Cicero, De oratore 3.61

Disciplina bonos mores facit. 2037
Durch Disziplin entstehen die guten Sitten.
Pseudo-Seneca, Liber de moribus 2

Discipulus est prioris posterior dies. 2038
Das Morgen ist Schüler des Heute.
Publilius Syrus, Sententiae 123

Discipulus sapiens est gloria summa magistri. 2039
Ein kluger Schüler ist der größte Ruhm eines Lehrers.
Abaelard, Monita ad Astralabium 907

Discite securos non umquam credere amores. 2040
Lernt, niemals zu glauben, dass Liebschaften sicher sind.
Anthologia Latina 253,1 (Reposianus)

Discite venturam iam nunc sentire senectam. 2041
Lernt schon jetzt, das kommende Greisenalter zu erfahren.
Properz, Elegiae 4.11,93

Discito, quicquid erit, temnere, disce pati. 2042
Lerne zu verachten, was es auch sein mag, lerne es zu ertragen.
Erasmus, Elegia de patientia 134

discordia concors 2043
einträchtige Zwietracht
Horaz, Epistulae 1.12,19

2044 Discordia fit carior concordia.
Zwietracht macht die Eintracht wertvoller.
Publilius Syrus, Sententiae 131

2045 Discrepant facta cum dictis.
Die Taten stimmen nicht mit den Worten überein.
Cicero, De finibus bonorum et malorum 2.96

2046 Discretio est mater virtutum.
Verschwiegenheit ist die Mutter der Tugenden.
Otloh, Liber proverbiorum

2047 discripto ordine verborum
in wohl geordneter Wortfolge
Cicero, Orator 200

2048 Dispar vivendi ratio est, mors omnibus una.
Die Lebensweise ist verschieden, der Tod ist für alle gleich.
Monosticha Catonis 3

2049 Dispendiosa est cunctatio.
Zögern ist Zeitverlust.
Columella, De re rustica 2.20,1

2050 Displicet imprudens, unde placere putat.
Der Unbedachte erregt Anstoß, wo er zu gefallen meint.
Anonymus Neveleti 17,16

Dissilio risu. 2051
Ich platze vor Lachen.
Seneca, Epistulae morales 113,26

Dissimulari studia vera non possunt. 2052
Wahre Neigung kann man nicht verbergen.
Symmachus, Epistulae 4.18,4

Dissolvitur lex, cum fit iudex 2053
misericors.
Wenn ein Richter Mitleid zeigt, wird das Gesetz aufgehoben.
Publilius Syrus, Sententiae 706

Dissolvunt tempora curas. 2054
Die Zeit löst die Sorgen auf.
Palingenius, Zodiacus vitae 5.665

Distringit librorum multitudo: itaque 2055
cum legere non possis, quantum habueris, satis est habere, quantum legas.
Eine Unzahl Bücher wirkt zerstreuend: Da man nicht alle lesen kann, die man besitzt, genügt es, so viele zu besitzen, wie man lesen kann.
Seneca, Epistulae morales 2,3

Ditat, sanctificat, sanat quoque surgere 2056
mane.
Früh aufstehen bereichert, heiligt, heilt sogar.
Walther, Proverbia sententiaeque 6031

2057 Diu non latent scelera.
Verbrechen bleiben nicht lange verborgen.
Florus, Epitome rerum Romanarum 3,2

2058 Diutius accusare fata possumus, mutare non possumus: stant dura et inexorabilia. Nemo illa convicio, nemo fletu, nemo causa movet; nihil umquam ulli parcunt nec remittunt. Proinde parcamus lacrimis nihil proficientibus.
Lang und breit können wir uns über das Schicksal beklagen, ändern können wir es nicht: Es bleibt unbeugsam und unerbittlich. Niemand kann es rühren, weder durch Vorwürfe noch durch Tränen noch durch Argumente; es verschont nie einen und lässt einem nichts durchgehen. Sparen wir uns also die Tränen, die doch nichts nützen.
Seneca, Ad Polybium de consolatione 4,1

2059 Diuturnitas maximos luctus vetustate tollit.
Die Zeit heilt letztendlich die tiefste Trauer.
Cicero, Ad familiares 5.16,5

2060 Diuturnitas temporis non minuit peccatum, sed auget.
Die Zeit mindert die Schuld nicht, sondern vergrößert sie.
Damasus, Regulae canonicae 132

2061 Diversos diversa iuvant.
Verschiedene freut Verschiedenes.
Maximian, Elegiae 1,103

Dives marcescit, quanto plus copia crescit. 2062
Der Reiche wird ärmer, je reicher er wird.
Walther, Proverbia sententiaeque 6082

Dives, qui sapiens est. 2063
Reich ist, wer weise ist.
Horaz, Sermones 1.3,124

Divide et impera. 2064
Teile, und herrsche
nach Ludwig XI. von Frankreich

Divide, quod portas, et leve pondus erit. 2065
Teile, was du trägst, und deine Last wird leicht.
Rapularius II 250

Divina natura dedit agros, ars humana aedificavit urbes. 2066
Die göttliche Natur gab die Felder, die menschliche Kunst erbaute die Städte.
Varro, De re rustica 3.1,4

Diviserunt sibi vestimenta mea. 2067
Sie haben meine Kleider unter sich geteilt.
Vulgata, Evangelium secundum Matthaeum 27,35

Divitiae bona ancilla, pessima domina. 2068
Reichtum ist eine gute Magd, aber eine schlechte Herrin.
Bacon, De dignitate et augmentis scientiarum 6,3

2069 Divitiae dilabuntur, virtus manet.
Reichtum vergeht, die Tugend bleibt.
Sallust, Bellum Iugurthinum 2,2

2070 Divitiae trepidant, paupertas libera res est.
Reichtum versetzt in Angst, Armut bedeutet Freiheit.
Monosticha Catonis 24

2071 Divitias animo iniustas attendere noli.
Trachte nicht danach, unrechtmäßigen Reichtum zu erlangen.
Monosticha Catonis A30

2072 Dixi et salvavi animam meam.
Ich habe gesprochen und meine Seele erleichtert.
Vulgata, Prophetia Ezechielis 3,19

2073 Dixi omnia, cum hominem nominavi.
Mit seinem Namen habe ich schon alles gesagt.
Plinius, Epistulae 4.22,4

2074 Dixi.
Ich habe gesprochen

2075 Doceat, qui didicit.
Wer gelernt hat, soll lehren.
Erasmus, Adagia 4084 (nach Pindaros)

2076 Docendo discimus.
Durch Lehren lernen wir.
Seneca, Epistulae morales 7,8

Docet igitur nos ipsa natura, quid oporteat fieri. 2077
Die Natur selbst lehrt uns, was geschehen muss.
Rhetorica ad Herennium 3.35

Docilem, benevolum, attentum auditorem habere volumus. 2078
Gelehrig, gutwillig, aufmerksam wollen wir unseren Zuhörer haben.
Rhetorica ad Herennium 1.7

Dociles imitandis / turpibus ac pravis omnes sumus. 2079
Wir sind alle gelehrig, Schändliches und Boshaftes nachzuahmen.
Juvenal, Saturae 14,40–41

docta dicta 2080
gelehrte Worte
Lukrez, De rerum natura 2.987

docta ignorantia 2081
gelehrte Unwissenheit
Augustinus, Epistulae 130,28

Docti fingunt magis quam norunt. 2082
Die Gelehrten erfinden mehr, als sie kennen.
Livius, Ab urbe condita 26.22,14

Docti male pingunt. 2083
Gelehrte schreiben schlecht.
Walther, Proverbia sententiaeque 36376

2084 Docti rationem artis intelligunt, etiam indocti voluptatem.
Die Gelehrten verstehen den Sinn der Kunst, doch auch Unkundige ihren Reiz.
Quintilian, Institutio oratoria 9.4,116

2085 doctor iuris utriusque
Doktor beider Rechte (d. h. des weltlichen und kirchlichen)

2086 Doctor si in eo, quod docuit, peccat, turpiust.
Wenn ein Lehrer gegen das verstößt, was er lehrt, ist das schändlich.
Publilius Syrus, Sententiae A34

2087 Doctrina est fructus dulcis radicis amarae.
Bildung ist die süße Frucht einer bitteren Wurzel.
Monosticha Catonis 40

2088 Doctrina multiplex, veritas una.
Die Lehre ist vielfältig, die Wahrheit einzig.
Devise der Universität Rostock

2089 Doctrina vim promovet insitam, / rectique cultus pectora roborant.
Erziehung fördert die angeborene Stärke, und rechte Übung stärkt die Brust.
Horaz, Carmina 4.4,33–34

2090 Doctrinae verba paucis prosunt sine factis.
Kluge Worte ohne Taten nützen wenigen.
Otloh in Carmina Burana 38,1

Doleas enim, quantum scias accidisse, 2091
timeas, quantum possit accidere.
Man leidet nur unter dem, wovon man weiß, dass es geschehen ist, man fürchtet aber alles, was geschehen kann.
Plinius, Epistulae 8.17,6

Dolo pugnandum est, dum quis par non 2092
est armis.
Mit List muss man kämpfen, wenn man mit Waffen nicht mithalten kann.

Dolor animi gravior est quam corporis. 2093
Seelenschmerz quält mehr als körperlicher.
Publilius Syrus, Sententiae 143

Dolor decrescit, ubi, quo crescat, non 2094
habet.
Der Schmerz wird kleiner, wenn er nicht größer werden kann.
Publilius Syrus, Sententiae 129

Dolor patientia vincitur. 2095
Schmerzen werden besiegt, indem man sie erträgt.
Pseudo-Seneca, Liber de moribus 6

Dolorem dies longa consumit. 2096
Viele Tage heilen den Schmerz.
Seneca, Ad Marciam de consolatione 8,1

2097 Dolores suscipiantur maiorum dolorum effugiendorum gratia.
Schmerzen muss man ertragen, um größere Schmerzen zu vermeiden.
Cicero, De finibus bonorum et malorum 1.36

2098 Doloris medicinam a philosophia peto.
In der Liebe zur Weisheit suche ich das Heilmittel gegen den Schmerz.
Cicero, Academica posteriora 1.11

2099 Doloris omnis privatio recte nominata est voluptas.
Die Befreiung von allem Schmerz wird mit Recht Lust genannt.
Cicero, De finibus bonorum et malorum 1.37

2100 Dolus non praesumitur.
Arglist wird nicht unterstellt.
Rechtsregel

2101 Domestica mala tristitia operienda.
Sein Unglück muss man in Trauer hüllen.
Tacitus, Annales 3.18,2

2102 domi leones, foras vulpes
zu Hause Löwen, woanders Füchse
Petron, Satyricon 44,14

2103 Domi manere convenit felicibus.
Zu Hause bleiben gehört sich für den Glücklichen.
Publilius Syrus, Sententiae, Appendix Friedrich 95

Domi suae quilibet rex. 2104
In seinem Haus ist jeder König.
Walther, Proverbia sententiaeque 36398

Domi tyranni saepe servi sunt foris. 2105
Tyrannen zu Haus sind andeswo oft Diener.
Publilius Syrus, Sententiae A274

Domina omnium et regina ratio. 2106
Herrin und Königin über alles ist die Vernunft.
Cicero, Tusculanae disputationes 2.47

Domine, dirige nos! 2107
Herr, führe uns!
Vulgata, Liber Ecclesiasticus 36,19
(Motto der City of London)

Domine, exaudi orationem meam! 2108
Herr, höre mein Gebet!
Vulgata, Psalm 102,2

Domine, non sum dignus. 2109
Herr, ich bin es nicht wert.
Vulgata, Evangelium secundum Matthaeum 8,8

Domine, quo vadis? 2110
Wohin gehst du, Herr?
Vulgata, Evangelium secundum Ioannem 13,36

2111 Dominus custodiet te ab omni malo; custodiet animam tuam Dominus. Dominus custodiet introitum tuum et exitum tuum ex hoc nunc et usque in saeculum.
Der Herr behüte dich vor allem Übel, er behüte deine Seele. Der Herr behüte deinen Ausgang und Eingang von nun an bis in Ewigkeit.
Vulgata, Psalm 121,7–8

2112 Dominus est rerum, quas habet, qui nulla cupiditate irretitur.
Herr seines Besitzes ist, wer von keiner Habgier gefangen ist.
Prosper Aquitanus, Liber sententiarum

2113 Dominus vobiscum.
Der Herr sei mit euch.

2114 Domitrix rerum patientia.
Geduld bezwingt alle Dinge.
Walther, Proverbia sententiaeque 36405

2115 Domo doctus dico.
Ich spreche aus Erfahrung.
Plautus, Truculentus 454

2116 Domus propria domus optima.
Eigenes Haus ist das beste Haus.
Walther, Proverbia sententiaeque 6259

Dona clandestina sunt semper suspiciosa. 2117
Heimliche Geschenke sind immer verdächtig.
Rechtsregel

Dona nobis pacem. 2118
Schenk uns deinen Frieden.

Donare est perdere. 2119
Schenken ist verlieren.

Donec eris sospes, multos numerabis amicos; / tempora si fuerint nubila, solus eris. 2120
Solange du glücklich bist, hast du viele Freunde, wenn die Zeiten sich verfinstern, wirst du allein sein.
Ovid, Tristia 1.9,5–6

Donec fracta cadit, ad lymphas amphora vadit. 2121
Der Krug geht so lange zum Brunnen, bis er bricht.
Walther, Proverbia sententiaeque 6278

Dormit aliquando ius, moritur numquam. 2122
Das Recht schläft manchmal, stirbt aber nie.
Rechtsregel

duabus ancoris fultus 2123
von zwei Ankern gehalten
Erasmus, Adagia 13

2124 duabus sellis sedere
zwischen zwei Stühlen sitzen
Laberius bei Seneca maior, Controversiae 7.3,9

2125 Duae res plurimum roboris animo dant: fides veri et fiducia.
Zwei Dinge geben der Seele Kraft: Glaube an die Wahrheit und Selbstvertrauen.
Seneca, Epistulae morales 94,46

2126 Dubia in meliorem partem interpretari debent.
Zweifelhaftes muss zum Besseren ausgelegt werden.
Decretalia Gregorii 5.41,2 Summarium

2127 Dubitando ad veritatem pervenimus.
Durch Zweifeln gelangen wir zur Wahrheit.
Walther, Proverbia sententiaeque 36421a3

2128 Dubitans et ignorans aequiparantur.
Zweifeln kommt Nichtwissen gleich.
Rechtsregel

2129 Dubitare noli facere, quod promiseris.
Zögere nicht zu tun, was du versprochen hast.
Caecilius Balbus, Sententiae (F) 59

2130 Ducis in consilio posita est virtus militum.
Die Strategie des Feldherrn macht die Tapferkeit der Soldaten.
Publilius Syrus, Sententiae 136

Ducunt volentem fata, nolentem trahunt. 2131
Den Willigen leitet das Schicksal, den Widerwilligen reißt es mit sich.
Kleanthes bei Seneca, Epistulae morales 107,11

Dulce bellum inexpertis, expertus metuit. 2132
Angenehm ist der Krieg nur für den, der ihn nicht kennt; wer ihn kennt, fürchtet ihn.
Erasmus, Adagia 3001 (nach Pindaros)

Dulce etiam fugias, fieri quod amarum potest. 2133
Meide sogar Süßes, weil es bitter werden kann.
Publilius Syrus, Sententiae 144

2134
Dulce mihi furere est.
Es ist süß, ausgelassen zu sein.
Horaz, Carmina 2.7,28

Dulcia non meruit, qui non gustavit amara. 2135
Wer das Bittere nicht gekostet, hat das Süße nicht verdient.
Walther, Proverbia sententiaeque 6357

Dulcibus est verbis mollis alendus amor. 2136
Mit süßen Worten muss man die zarte Liebe nähren.
Ovid, Ars amatoria 2.152

2137 Dulcior est fructus post multa pericula ductus.
Süßer sind die in vielen Gefahren gereiften Früchte.
Rabelais, Gargantua 3,41

2138 Dulcis in fundo.
Das Süße kommt am Ende.
volkstümlich

2139 Dulcis labor fit, praemii certus sui.
Süß ist die Arbeit, deren Lohn sicher ist.
Walther, Proverbia sententiaeque 6398a

2140 Dulcius arrident seria picta iocis.
Vorschriften klingen viel süßer, wenn sie mit Scherzen geschmückt sind.
Anonymus Neveleti pr. 2

2141 Dum bibimus, dum serta, unguenta, puellas / poscimus, obrepit non intellecta senectus.
Während man trinkt, sich schmückt, Salben und Mädchen verlangt, stellt sich unmerklich das Alter ein.
Juvenal, Saturae 9,128–129

2142 Dum differtur, vita transcurrit.
Das Leben verstreicht, während es dauert.
Seneca, Epistulae morales 1,2

Dum excusare velis, accusas. 2143
Dadurch dass du dich entschuldigst, klagst du dich an.
Walther, Proverbia sententiaeque 6510a

Dum feles dormit, saliunt mures. 2144
Wenn die Katze schläft, tanzen die Mäuse.

Dum ferrum candet, cudere quemque decet. 2145
Man muss das Eisen schmieden, solange es glüht.
Walther, Proverbia sententiaeque 6519

Dum fleo rerum – plus fleo damna dierum: / rex poterit rebus succurrere – nemo diebus. 2146
Wenn ich den Verlust der Dinge beklage, beklage ich mehr den Verlust der Zeit; bei allen Dingen kann ein König helfen, bei der Zeit niemand.
Inschrift auf Sonnenuhren

Dum fortuna favet, parit et taurus vitulum. 2147
Mit Hilfe des Glücks kann auch ein Stier ein Kalb zur Welt bringen.
Walther, Proverbia sententiaeque 6529

2148 Dum fugit umbra, simul fugit irreparabile tempus. / Et sua cuique dies dum fugit, umbra fugit.
Während der Schatten schwindet, schwindet mit ihm unwiederbringlich die Zeit. Und während jedem die Zeit davonläuft, schwindet der Schatten.
Inschrift auf Sonnenuhren

2149 Dum furor in cursu est, currenti cede furori.
Solange der Wahn wütet, gib dem wütenden Wahn nach.
Ovid, Remedia amoris 119

2150 Dum licet et spirant flamina, navis eat.
Das Schiff soll ablegen, solange es möglich ist und gute Winde wehen.
Ovid, Fasti 4.18

2151 Dum licet, in rebus iucundis vive beatus, / vive memor, quam sis aevi brevis.
Lebe in Freuden, solange es dir vergönnt ist, lebe mit dem Wissen, eine wie kurze Frist dir bleibt.
Horaz, Sermones 2.6,96–97

2152 Dum loquimur, fugerit invida / aetas: carpe diem quam minimum credula postero.
Während wir reden, verstreicht die neidische Zeit; nutze den Tag, verlass dich nicht auf den nächsten.
Horaz, Carmina 1.11,7–8

Dum ludus bonus est, ipsum dimittere 2153
fas est.
Solange das Spiel gut läuft, soll man es beenden.
Walther, Proverbia sententiaeque 6584

Dum male pastori vadit, vadit male 2154
gregi.
Wenn es dem Hirten schlecht geht, geht es der Herde schlecht.
Bebel, Proverbia Germanica 26

Dum nihil habemus maius, calamo 2155
ludimus.
Solange wir nichts Größeres haben, spielen wir mit der Feder.
Walther, Proverbia sententiaeque 36452

Dum novus est, potius coepto 2156
pugnemus amori: / flamma recens parva sparsa resedit aqua.
Solange sie neu ist, kann man leichter gegen die gerade begonnene Liebe ankämpfen: ein noch kleines Feuer lässt sich mit wenig Wasser löschen.
Ovid, Heroides 17,191–192

Dum satur est venter, gaudet caput inde 2157
libenter.
Ist der Bauch satt, freut sich der Kopf.
Walther, Proverbia sententiaeque 6704

2158 Dum spectant laesos, oculi laeduntur et ipsi.
Betrübte zu sehen macht selbst betrübt.
Ovid, Remedia amoris 615

2159 Dum spiro, spero.
Solange ich atme, hoffe ich.
Cicero ad Atticum 9.10,3

2160 Dum unusquisque mavult credere quam iudicare, numquam de vita iudicatur, semper creditur.
Solange jeder lieber glauben als urteilen will, wird über das Leben nie geurteilt, immer nur geglaubt.
Seneca, De vita beata 1,4

2161 Dum venatur opes, perdit idem, quod habet.
Während er Schätze sucht, verliert er, was er hat.
Rapularius II 210

2162 Dum vires annique sinunt, tolerate labores; / iam veniet tacito curva senecta pede.
Solange eure Kräfte und eure Jahre es erlauben, ertragt die Mühen; schon kommt gekrümmt und schleichenden Schrittes das Alter.
Ovid, Ars amatoria 2.669–670

Dum vitant stulti vitia, in contraria 2163
currunt.
Wenn Narren einen Fehler vermeiden, verfallen sie in den entgegengesetzten.
Horaz, Sermones 1.2,24

Dum vitat humum, nubes et inania 2164
captat.
Um das Naheliegende zu meiden, greift er in die Wolken und ins Blaue.
Horaz, De arte poetica 230

Dum vivimus, vivamus! 2165
Lasst uns leben, solange wir leben.

Dum vivit, hominem noveris, ubi 2166
mortuost, quiescat.
Forsche einen aus, solange er lebt, wenn er tot ist, lass ihn ruhen.
Plautus, Truculentus 164

Dum vulgus colat iustitiam, nil interest, 2167
utrum vera an falsa praedices.
Solange das Volk die Gerechtigkeit pflegt, ist es ohne Belang, ob man wahre oder falsche Behauptungen aufstellt.
Sententiae Varronis 99

Duo cum faciunt idem, non est idem. 2168
Wenn zwei dasselbe tun, ist es nicht dasselbe.
Terenz, Adelphoe 823–825

2169 Duo maxime contraria sunt consilio, festinatio et ira.
Zwei Dinge stehen der Vernunft am meisten im Weg: Eile und Zorn.
Caecilius Balbus, Sententiae (W) 28,5

2170 Duo quippe sunt, quae in bonis operibus necesse est, ut studiose formidentur, desidia videlicet et fraus.
Zweierlei ist es, was man bei guten Werken fürchten muss: Trägheit und Falschheit.
Gregorius Magnus, Moralia in Iob 9.34

2171 Duo sunt officia medicinae, unum, quo sanatur infirmitas, aliud, quo custoditur sanitas.
Die Medizin hat zwei Aufgaben: eine, Krankheiten zu heilen, die andere, die Gesundheit zu bewahren.
Prosper Aquitanus, Liber sententiarum

2172 Duo viri sunt uno robustiores.
Zwei vermögen mehr als einer.

2173 Duobus litigantibus tertius gaudet.
Wenn zwei sich streiten, freut sich der Dritte.

2174 Duos insequens lepores neutrum capit.
Wer zwei Hasen jagt, fängt keinen.

Duplex est malum, cum, quod necesse est, moleste ferimus. 2175
Doppelt schlecht ist, wenn wir uns gegen die Notwendigkeit wehren.
Sententiae Varronis 5

Dupliciter peccat, qui se de crimine iactat. 2176
Doppelt vergeht sich, wer sich seines Vergehens rühmt.
Walther, Proverbia sententiaeque 6797

Dura lex, sed lex. 2177
Ein hartes Gesetz, aber ein Gesetz.
Corpus Iuris Civilis, Digesta 40.9,12,1 (Ulpianus)

Durius in terris nihil est, quod vivat, amante, / nec, modo si sapias, quod minus esse velis. 2178
Niemand auf Erden hat es schwerer als ein Liebhaber; hat man nur etwas Verstand, wünscht man sich nichts weniger.
Properz, Elegiae 2.17,9–10

Durum est, quod necesse est. 2179
Hart ist, was notwendig ist.
Quintilian, Declamationes minores 306,18

Durum est tibi contra stimulum calcitrare. 2180
Es wird dir schwer werden, wider den Stachel zu schlagen.
Vulgata, Actus apostolorum 9,5

2181 Durum et durum non faciunt murum.
Hart und Hart macht noch keine Mauer.
Walther, Proverbia sententiaeque 6830

2182 Durum: sed levius fit patientia, / quicquid corrigere est nefas.
Es ist hart, doch mit Geduld erträgt man leichter, was man nicht ändern kann.
Horaz, Carmina 1.24,19–20

2183 Dux atque imperator vitae mortalium animus est.
Führer und Beherrscher des menschlichen Lebens ist der Geist.
Sallust, Bellum Iugurthinum 1,3

E

2184 e. c. (exempli causa)
zum Beispiel

2185 e contrario
im Gegensatz dazu

2186 e dolio haurire
aus dem Fass schöpfen

2187 e duobus malis minimum eligere
von zwei Übeln das kleinere wählen
Cicero, De officiis 3.3

e flamma petere cibum 2188
sein Essen aus dem Feuer stehlen
Terenz, Eunuchus 491

E minima magnus scintilla nascitur ignis. 2189
Aus einem kleinen Funken entsteht ein großes Feuer.
Panfilus 371

E tenui casa saepe vir magnus exit. 2190
Aus einer ärmlichen Hütte kommt oft ein großer Mann.
Seneca, Epistulae morales 66,3

Ea caritas, quae est inter natos et parentes, dirimi nisi detestabili scelere non potest. 2191
Eine Liebe, wie sie zwischen Kindern und Eltern besteht, kann nur durch ein Verbrechen zerrissen werden.
Cicero, Laelius de amicitia 27

Ea condicione nati sumus, ut nihil, quod homini accidere possit, recusare debeamus. 2192
Wir sind dazu bestimmt, alles, was einem Menschen widerfahren kann, hinnehmen zu müssen.
Cicero, Ad Atticum 15.1,1

2193 Ea enim, quae naturaliter rationi sunt insita, verissima esse constat in tantum, ut nec esse falsa sit possibile cogitare.
Es steht fest, dass, was von Natur aus in der Vernunft angelegt ist, in höchstem Grad wahr ist, so sehr, dass zu denken, es könnte falsch sein, nicht möglich ist.
Thomas von Aquin, Summa contra gentiles 1.7

2194 Ea est enim profecto iucunda laus, quae ab iis proficiscitur, qui ipsi in laude vixerunt.
Das Lob ist erfreulich, das die aussprechen, die selbst gelobt wurden.
Cicero, Ad familiares 15.6,1

2195 Ea est natura hominum.
Das ist die Natur der Menschen.
Cicero, De finibus bonorum et malorum 5.66

2196 Ea invasit homines habendi cupido, ut possideri magis quam possidere videantur.
Die Menschen sind von einer solchen Besitzgier befallen, dass sie offenbar mehr besessen werden, als dass sie besitzen.
Plinius, Epistulae 9.30,4

2197 Ea molestissime ferre homines debent, quae ipsorum culpa contracta sunt.
Über ein selbstverschuldetes Missgeschick ärgern sich die Menschen am meisten.
Cicero, Ad Quintum fratrem 1.1,2

Ea natura multitudinis est: aut servit humiliter aut superbe dominatur; 2198
libertatem, quae media est, nec sibi parare modice nec habere sciunt.
Das ist das Wesen der Masse: entweder sie dient unterwürfig oder sie herrscht überheblich; die Freiheit, die in der Mitte liegt, versteht man weder mit Maß zu erringen noch zu erhalten.
Livius, Ab urbe condita 24.25,8

Ea perturbatio est omnium rerum, ut suae quemque fortunae maxime paeniteat nemoque sit, quin ubivis quam ibi, ubi est, esse malit. 2199
Es sind alle Dinge so durcheinander, dass jeder mit seiner Lage unzufrieden ist und lieber irgendwo anders wäre, als wo er gerade ist.
Cicero, Ad familiares 6.1,1

Eadem res saepe aut probatur aut reicitur alio atque alio elata verbo. 2200
Oft findet dieselbe Sache Zustimmung oder Ablehnung, je nachdem, mit welchen Worten sie dargestellt wird.
Cicero, Orator 72

Eadem, sed aliter. 2201
Dasselbe, aber anders.
Quintilian, Institutio oratoria 2.20,10

Ebrietas aut amor secreta producit. 2202
Trunkenheit und Liebe verraten Geheimnisse.
Seneca, Epistulae morales 105,6

2203 Ebrietas tristitiae medetur.
Trunkenheit heilt Traurigkeit.
Seneca, De tranquillitate animi 17,8

2204 Ebrietas ut vera nocet, sic ficta iuvabit.
Wirkliche Trunkenheit schadet zwar,
aber vorgetäuschte ist nützlich.
Ovid, Ars amatoria 1.597

2205 Ecce, agnus Dei, ecce qui tollit
peccatum mundi.
Siehe, das ist Gottes Lamm, welches der
Welt Sünde trägt.
Vulgata, Evangelium secundum Ioannem 1,29

2206 Ecce, ancilla Domini, fiat mihi
secundum verbum tuum.
Siehe, ich bin des Herrn Magd,
mir geschehe, wie du gesagt hast.
Vulgata, Evangelium secundum Lucam 1,38

2207 Ecce, distentio est vita mea.
Sieh, mein Leben ist Zerfahrenheit.
Augustinus, Confessiones 11.39

2208 Ecce, gratum / et optatum / ver
reducit gaudia.
Sieh, der Frühling, willkommen und
ersehnt, bringt die Freuden zurück.
Carmina Burana 143

2209 Ecce homo!
Seht, welch ein Mensch!
Vulgata, Evangelium secundum Ioannem 19,5

Ecce praestant adversa quod secunda 2210
non tribuunt.
Sieh, das Unglück bringt zustande, was das
Glück nicht geschafft hat.
Ennodius, Epistzulae 3.4

Ecce timor Domini, ipsa est sapientia; 2211
et recedere a malo intellegentia.
Siehe, die Furcht des Herrn, das ist Weisheit;
und meiden das Böse, das ist Verstand.
Vulgata, Liber Iob 28,28

ed. / edd. (edidit / ediderunt) 2212
herausgegeben

Edamus, bibamus, gaudeamus! 2213
Lasst uns essen, trinken, uns freuen.
volkstümlich

Ede, bibe, lude! Post mortem nulla 2214
voluptas.
Iss, trink, spiel! Nach dem Tod gibt es kein
Vergnügen mehr.
Walther, Proverbia sententiaeque 6952

Ede citra cruditatem, bibe citra 2215
ebrietatem!
Iss ohne Völlerei, trink ohne Trunkenheit!
Bracarensis, Formula honestae vitae 3

Edimus, ut vivamus, non vivimus, 2216
ut edamus.
Man isst, um zu leben, man lebt nicht,
um zu essen.

2217 Edite, bibite!
Esst und trinkt!

2218 Educatio et disciplina mores faciunt.
Erziehung und Disziplin machen die Moral.
Pseudo-Seneca, Liber de moribus 2

2219 Efficacior omni arte necessitas.
Die Notwendigkeit bewirkt mehr als jede Kunst.
Curtius Rufus, Historiae Alexandri Magni 4.3,24

2220 Efficit hoc philosophia: medetur animis, inanes sollicitudines detrahit, cupiditatibus liberat, pellit timores.
Das Ziel der Philosophie ist, die Seele zu heilen, grundlosen Kummer zu lösen, von Begierden zu befreien, die Furcht zu vertreiben.
Cicero, Tusculanae disputationes 2.11

2221 Effigiem dei formamque quaerere inbecillitatis humanae reor.
Sich ein Bild von der Gestalt Gottes zu machen, halte ich für ein Zeichen menschlicher Schwäche.
Plinius maior, Naturalis historia 2.14

2222 Effugere cupiditatem regnum est vincere.
Den Leidenschaften entkommen heißt ein Königreich besiegen.
Publilius Syrus, Sententiae 154

Effugere non potes necessitates, potes 2223
vincere.
Entkommen kann man der Notwendigkeit nicht, aber man kann sie besiegen.
Seneca, Epistulae morales 37,3

Effugit mortem, quisquis contempserit: 2224
timidissimum quemque consequitur.
Dem Tod entkommt, wer ihn nicht achtet, gerade die Furchtsamsten ergreift er.
Curtius Rufus, Historiae Alexandri Magni 4.14,25

Ego de me facio coniecturam. 2225
Ich schließe von mir auf andere.
Terenz, Heauton timorumenos 574

Ego in portu navigo. 2226
Ich segle bereits im Hafen.
Terenz, Andria 480

Ego istos novi polypos, qui, ubi 2227
quicquid tetigerunt, tenent.
Ich kenne die Polypen, die, sobald sie etwas anfassen, es umklammern.
Plautus, Aulularia 198

Ego odi homines ignava opera et 2228
philosopha sententia.
Ich hasse Menschen, die zu faul zum Handeln sind, aber klug daherreden.
Pacuvius bei Gellius, Noctes Atticae 13.8,4

2229 Ego plus, quam feci, facere non possum.
Mehr, als ich getan habe, kann ich nicht tun.
Cicero, Ad familiares 11.14,3

2230 Ego pretium ob stultitiam fero.
Ich erhalte den Lohn meiner Dummheit.
Terenz, Andria 610

2231 Ego si bonam famam mihi servasso, sat ero dives.
Wenn ich meinen guten Ruf erhalten habe, bin ich reich genug.
Plautus, Mostellaria 228

2232 Ego spem pretio non emo.
Für Hoffnung allein zahle ich nicht.
Terenz, Adelphoe 219

2233 Ego sum alpha et omega.
Ich bin das A und das O.
Vulgata, Apocalypsis Ioannis 1,8

2234 Ego sum lux mundi: qui sequitur me, non ambulat in tenebris, sed habebit lumen vitae.
Ich bin das Licht der Welt; wer mir nachfolgt, der wird nicht wandeln in der Finsternis, sondern wird das Licht des Lebens haben.
Vulgata, Evangelium secundum Ioannem 8,12

Ego sum pastor bonus. Bonus pastor animam suam dat pro ovibus suis. 2235
Ich bin der gute Hirte. Der gute Hirte lässt sein Leben für seine Schafe.
Vulgata, Evangelium secundum Ioannem 10,11

Ego sum via, veritas et vita. 2236
Ich bin der Weg, die Wahrheit und das Leben.
Vulgata, Evangelium secundum Ioannem 14,6

Ego te absolvo ab omnibus censuris et peccatis, in nomine Paris et Filii et Spiritus Sancti. Amen. 2237
Ich spreche dich frei von allem Tadel und allen Sünden, im Namen des Vaters und des Sohnes und des Heiligen Geistes. Amen.
Kirchenlatein

Ego te baptizo in nomine Patris et Filii et Spiritus Sancti. 2238
Ich taufe dich im Namen des Vaters und des Sohnes und des Heiligen Geistes.

Ego te intus et in cute novi. 2239
Ich kenne dich in- und auswendig.
Persius, Saturae 3,30

2240 Ego tibi monstrabo amatorium sine medicamento, sine herba, sine ullius veneficae carmine: si vis amari, ama.
Ich will dir ein Liebesmittel nennen, ohne Medizin, ohne Kräuter, ohne Zauberspruch einer Giftmischerin: Willst du geliebt werden, so liebe!
Hekaton bei Seneca, Epistulae morales 9,6

2241 Ego tu sum, tu ego es, unius animi sumus.
Ich bin du, du bist ich, wir sind ein Herz und eine Seele.

2242 Ego vero quem fugiam habeo, quem sequar non habeo.
Ich weiß zwar, wen ich zu meiden habe, aber nicht, wem ich folgen soll.
Cicero, Ad Atticum 8.7,2

2243 Ei mihi, difficile est imitari gaudia falsa, / difficile est tristi fingere mente iocum.
Weh mir, es ist schwer, falsche Freude zu heucheln, schwer ist es, mit Trauer im Herzen einen Scherz zu machen.
Tibull (Lygdamus), Elegiae 3.6,33–34

2244 Ei mihi, quod nullis amor est sanabilis herbis!
Weh mir, dass gegen Liebe kein Kraut gewachsen ist!
Ovid, Metamorphoses 1.523

Eius est nihilum ipsum, cuius et totum. 2245
Wem das All gehört, dem gehört auch das Nichts.
Tertullian, Apologeticum 48,9

Eius est nolle, qui potest velle. 2246
Verweigern kann nur, wer auch erlauben kann.
Corpus Iuris Civilis, Digesta 50.17,3 (Ulpianus)

Elevanda ergo omnia et facili animo 2247
ferenda: humanius est deridere vitam quam deplorare.
Man sollte alles leichter verschmerzen und gelassen hinnehmen: menschlich ist, über das Leben zu lachen, als zu jammern.
Seneca, De tranquillitate animi 15

Elucentissimum est edocendi genus 2248
exemplorum subditio.
Die beste Art zu lehren ist es, ein Vorbild abzugeben.
Sententiae Varronis 46

Emendatio pars studiorum longe utilissima. 2249
Das Verbessern ist der nützlichste Teil des Studiums.
Quintilian, Institutio oratoria 10.4,1

emeritus 2250
entpflichtet

Eminet, non imminet. 2251
Er ragt heraus, er droht nicht.
Wahlspruch von Mazarin

2252 Eminus et cominus.
Aus der Ferne und aus der Nähe.
Wahlspruch Ludwigs XII. von Frankreich

2253 En ego campana numquam denuntio vana.
Ich, die Glocke, verkünde nie Belangloses.
Inschrift auf Glocken

2254 Ens est duplex, scilicet per se et per accidens.
Das Seiende ist zweifacher Art, nämlich durch sich selbst und durch Hinzukommendes.
Auctoritates, Aristoteles, Metaphysica 130

2255 ense et aratro
mit Schwert und Pflug

2256 eo ipso
von selbst, selbstverständlich

2257 Eodem animo beneficium debetur, quo datur.
Eine Wohltat muss man so annehmen, wie sie gegeben wird.
Publilius Syrus, Sententiae A297

2258 Eorum misereri oportet, qui propter fortunam, non propter malitiam in miseriis sunt.
Mitleid muss man mit denen haben, die wegen ihres Geschicks, nicht wegen ihrer Bosheit in Elend geraten sind.
Cicero, De inventione 2.109

Epistolae obscurorum virorum 2259
Dunkelmännerbriefe

Epistula enim non erubescit. 2260
Ein Brief errötet nicht.

Ereptis opibus noli maerere dolendo, / sed gaude potius, tibi si contingit habere. 2261
Traure nicht zu sehr, wenn dir etwas entrissen wird, sondern freue dich, dass du es besitzen durftest.
Disticha Catonis 4.35

Ergo arbores seret diligens agricola, quarum aspiciet bacam ipse numquam. 2262
Ein weitsichtiger Bauer wird Bäume anpflanzen, deren Frucht er selbst nie sehen wird.
Cicero, Tusculanae disputationes 1.31

Ergo bibamus! 2263
Lasst uns trinken!

Ergo fortuna, ut saepe alias, virtutem est secuta. 2264
Das Glück war, wie sonst oft, dem Tüchtigen hold.
Livius, Ab urbe condita 4.37,7

2265 Ergo hoc proprium est animi bene constituti: et laetari bonis rebus et dolere contrariis.
Es gehört zu einem ausgeglichenen Charakter, sich über gute Dinge zu freuen und über schlechte zu ärgern.
Cicero, Laelius de amicitia 47

2266 Ergo hominum genus incassum frustraque laborat / semper et in curis consumit inanibus aevom.
Das Menscheit müht sich ständig vergeblich und nutzlos und vergeudet das Leben an nichtige Sorgen.
Lukrez, De rerum natura 5.1430–1431

2267 Ergo vivamus, dum licet esse bene.
Wir wollen leben, solange wir es uns gut gehen lassen dürfen.
Petron, Satyricon 34,10

2268 Eripe te morae!
Entreiße dich dem Zaudern!
Horaz, Carmina 3.29,5

2269 Eripere telum, non dare irato decet.
Einem Zornigen muss man die Waffe entreißen, nicht geben.
Publilius Syrus, Sententiae 157

Eripi data vita potis est, reddi erepta 2270
non potis.
Das Leben, das man hat, kann einem entrissen werden, das entrissene aber nicht wiedergegeben werden.
Publilius Syrus, Sententiae A191

Eripit interdum, modo dat medicina 2271
salutem.
Manchmal raubt die Heilkunst die Gesundheit, manchmal schenkt sie diese.
Ovid, Tristia 2.269

Eripit se aufertque ex oculis perfecta 2272
virtus.
Vollkommene Tugend entzieht sich den Augen.
Seneca, Ad Marciam de consolatione 23,3

Eripitur persona, manet res. 2273
Die Maske wird abgerissen, die Sache bleibt.
Lukrez, De rerum natura 3.58

Erit, quod omni planum, oratione nulli 2274
aperiendum.
Was allen klar ist, braucht man keinem zu erklären.
Sententiae Varronis 75

Eritis sicut deus, scientes bonum et 2275
malum.
Ihr werdet sein wie Gott und wissen, was gut und böse ist.
Vulgata, Liber Genesis 3,5

2276 Errando discitur.
Aus Fehlern lernt man.
Walther, Proverbia sententiaeque 36576c1

2277 Errare humanum est.
Irren ist menschlich.
Hieronymus, Epistulae 57,12

2278 Erras enim, si putas animosius detrimenta divites ferre: maximis minimisque corporibus par est dolor vulneris.
Du irrst dich, wenn du glaubst, die Reichen ertrügen einen Verlust beherzter; eine Wunde schmerzt große Körper genauso wie kleine.
Seneca, De tranquillitate animi 8,2

2279 Errat et in nulla sede moratur amor.
Die Liebe zieht umher und bleibt an keinem Ort.
Ovid, Ars amatoria 3.436

2280 Errat, qui finem vesani quaerit amoris: / verus amor nullum novit habere modum.
Wer dem Wahn der Liebe ein Ende zu machen sucht, der täuscht sich: Wahre Liebe hat nicht gelernt, Maß zu halten.
Properz, Elegiae 2.15,29–30

2281 Errat, si quis existimat facilem rem esse donare.
Es irrt, wer glaubt, Geschenke machen sei leicht.
Seneca, De vita beata 24,1

Error a culpa vacat. 2282
Irrtum ist frei von Schuld.
Seneca, Hercules Oetaeus 983

Error hesternus tibi sit doctor hodiernus. 2283
Der Irrtum von gestern wird dir der Lehrer von heute sein.
Walther, Proverbia sententiaeque 7177

Errorem labentium animarum placidi ac propitii di ferunt. 2284
Mit Nachsicht und Wohlwollen ertragen die Götter den Irrtum der Menschen, die ihren Halt verlieren.
Seneca, De beneficiis 7.31,4

Erubescere est utilius iuvenem quam pallescere. 2285
Zu erröten ist für einen jungen Mann nützlicher als zu erblassen.
Caecilius Balbus, Sententiae (F) 61

Erubescimus audire, quae fecisse non pudet. 2286
Wir schämen uns zu hören, was wir zu tun uns nicht schämen.
Walther, Proverbia sententiaeque 36582

Erunt duo in carne una. 2287
Sie werden sein ein Fleisch.
Vulgata, Evangelium secundum Matthaeum 19,5

2288 Esse multorum est et habere corpus: / vivere ad paucos venit.
Viele haben einen Körper und sind da; leben tun nur wenige.
Balde, Carmina Lyrica 1.32,13–14

2289 Esse oportet, ut vivas, non vivere, ut edas.
Man muss essen, um zu leben, nicht leben, um zu essen.
Cornificius in Rhetorica ad Herennium 4.39

2290 Esse potius quam haberi.
Mehr sein als scheinen.
Wahlspruch von Tycho Brahe (nach Sallust)

2291 Esse quod optat amor, hoc vetat ipse timor.
Was die Liebe sein möchte, das lässt die Furcht nicht zu.
Panfilus 622

2292 Esse solent vitae consona verba suae.
Die Worte passen zur Lebensweise.
Anonymus Neveleti 38,10

2293 Esse solet raro pulchra pudica caro.
Keusches Fleisch ist nur selten schön.
Walther, Proverbia sententiaeque 7241

2294 Est adhuc curae hominibus fides et officium.
Es gibt noch ein Bewusstsein für Treue und Pflicht bei den Menschen.
Plinius, Epistulae 1.17,1

Est aliquid, plenis pomaria carpere 2295
ramis / et tenui primam delegere ungue rosam.
Schön ist, von vollen Zweigen Früchte zu pflücken und mit zartem Finger die erste Rose zu brechen.
Ovid, Heroides 4,29–30

Est autem admiratio desiderium 2296
quoddam sciendi.
Staunen ist eine Art Sehnsucht nach Wissen.
Thomas von Aquin, Summa theologiae 1.2,32,8

Est autem fides sperandarum substantia 2297
rerum, argumentum non apparentium.
Es ist aber der Glaube eine feste Zuversicht auf das, was man hofft, und ein Nichtzweifeln an dem, was man nicht sieht.
Vulgata, Epistula ad Hebraeos 11,1

Est autem officium, quod ita factum 2298
est, ut eius facti probabilis ratio reddi possit.
Pflichtgemäßes Handeln ist aber so, dass dafür eine vernünftige Begründung gegeben werden kann.
Cicero, De finibus bonorum et malorum 3.58

Est autem somnus nihil aliud quam 2299
animi in medium sese recessus.
Schlaf ist nichts anderes als die Einkehr der Seele in ihre eigene Mitte.
Plinius maior, Naturalis historia 10.212

2300 Est commune mori, mors nulli parcit honori.
Sterben müssen alle gleichermaßen, der Tod macht vor keiner Würde Halt.
Walther, Proverbia sententiaeque 7360

2301 Est cum laetitia pulchrior omnis homo.
Jeder Mensch ist anziehender, wenn er fröhlich ist.
Panfilus 106

2302 Est deus in nobis, agitante calescimus illo.
Gott ist in uns, wir erglühen, wenn er uns beseelt.
Ovid, Fasti 6.5

2303 Est deus in nobis, et sunt commercia caeli, / sedibus aethereis spiritus ille venit.
In uns wohnt ein Gott und wir haben Gemeinschaft mit dem Himmel; aus der Luft kommt der Geist zu uns.
Ovid, Ars amatoria 3.549–550

2304 Est enim demum vera felicitas felicitate dignum videri.
Das wahre Glück besteht darin, des Glücks würdig zu scheinen.
Plinius, Panegyricus 74,1

2305 Est enim difficilis cura rerum alienarum.
Sich für andere sorgen ist schwer.
Cicero, De officiis 1.30

Est enim ira ulciscendi libido. 2306
Zorn ist Gier nach Rache.
Cicero, Tusculanae disputationes 4.44

Est enim non modo liberale paulum 2307
non numquam de suo iure decedere, sed interdum etiam fructuosum.
Es ist nicht nur edelmütig, manchmal etwas von seinem Recht aufzugeben, sondern auch von Vorteil.
Cicero, De officiis 2.64

Est enim pietas iustitia adversum deos. 2308
Frömmigkeit ist Gerechtigkeit gegenüber den Göttern.
Cicero, De natura deorum 1.116

Est enim proprium stultitiae aliorum 2309
vitia cernere, oblivisci suorum.
Es ist eine Eigenschaft der Dummheit, die Fehler Fremder zu erkennen, die eigenen zu vergessen.
Cicero, Tusculanae disputationes 3.73

Est enim quaedam etiam dolendi 2310
voluptas, praesertim si in amici sinu defleas, apud quem lacrimis tuis vel laus sit parata vel venia.
Es gibt auch eine Art Lust am Schmerz, zumal wenn man sich an der Schulter eines Freundes ausweinen kann, bei dem man für seine Tränen Beifall findet oder Nachsicht.
Plinius, Epistulae 8.16,5

2311 Est enim sapientis, quicquid homini accidere possit, id praemeditari ferundum modice esse, si evenerit.
Es zeugt von Weisheit, alles, was einem Menschen widerfahren kann, im Voraus zu bedenken, auf dass es gelassen ertragen wird, wenn es geschieht.
Cicero, Orationes Philippicae 11,7

2312 Est enim verum index sui et falsi.
Das Wahre legt Zeugnis ab für sich selbst wie für das Falsche.
Spinoza, Epistulae 76

2313 Est et fideli tuta silentio / merces.
Treues Schweigen findet sicheren Lohn.
Horaz, Carmina 3.2,25–26

2314 Est etiam miseris pietas, et in hoste probatur.
Treue zeigt sich auch im Unglück, und man lobt sie beim Feind.
Ovid, Tristia 1.9,35

2315 Est facies testis, quales intrinsecus estis.
Das Gesicht zeigt, wie es im Innern aussieht.
Walther, Proverbia sententiaeque 7422

2316 Est grave, quod doleat, commemorare diu.
Schwer zu tragen ist lange Erinnerung, weil sie schmerzt.
Maximian, Elegiae 2,74

Est haec natura mortalium, ut nihil 2317
magis placeat, quam quod amissum est.
Es gehört zur Natur des Menschen, dass ihm nichts mehr gefällt, als was er verloren hat.
Seneca, Ad Marciam de consolatione 16,9

Est homini naturale, quod appetat 2318
cognitionem veritatis.
Es ist dem Menschen angeboren, nach der Erkenntnis der Wahrheit zu suchen.
Thomas von Aquin, Quaestiones disputatae de malo 9,1

Est homo bulla. 2319
Der Mensch ist eine Seifenblase.
Varro, De re rustica 1.1,1

Est homo res fragilis et durans tempore 2320
parvo: / est igitur similis flori, qui crescit in arvo.
Der Mensch ist ein zerbrechliches Wesen und lebt nur kurze Zeit, er ähnelt einer Blume, die auf dem Feld wächst.
Walther, Proverbia sententiaeque 7486

Est igitur vis virtutis duplex: aut enim 2321
scientia cernitur virtus aut actione.
Die Bedeutung der Tugend ist zweifach: sie zeigt sich entweder im Wissen oder im Handeln.
Cicero, Partitiones oratoriae 76

2322 Est iniqua in omni re accusanda praetermissis bonis malorum enumeratio vitiorumque selectio.
Es ist ungerecht, bei allem, was man zu beklagen hat, nur das Schlechte aufzuzählen und die Mängel herauszustellen und dabei das Gute wegzulassen.
Cicero, De legibus 3.23

2323 Est mala, sed cunctis ista terenda via est.
Es ist ein schlechter Weg, doch alle müssen ihn gehen.
Properz, Elegiae 3.18,22

2324 Est medicina triplex: servare, cavere, mederi.
Die Medizin hat drei Aufgaben: Bewahren, Vorbeugen, Heilen.
Ausonius, Griphus ternarii numeri 69

2325 Est melius regredi quam male coepta sequi.
Es ist besser, umzukehren, als eine schlechte Sache fortzuführen.
Walther, Proverbia sententiaeque 7629

2326 Est melius tacere diu quam turpia fari.
Es ist besser, lange zu schweigen als Böses zu sagen.
Walther, Proverbia sententiaeque 7632

Est mens nostra suis contraria saepe loquelis / nec factis sequimur omnia, quae loquimur. 2327
Unser Sinn steht oft im Widerspruch zu unseren Worten und nicht alles, was wir sagen, tun wir auch.
Panfilus 525–526

Est miser nemo nisi comparatus. 2328
Der fühlt sich elend, der sich vergleicht.
Seneca, Troades 1023

Est miserorum, ut malevolentes sint atque invideant bonis. 2329
Im Unglück ist man leicht böswillig und beneidet die, denen es besser geht.
Plautus, Captivi 583

Est modus matulae. 2330
Auch der Nachttopf hat ein Maß.
Varro, Titel einer Menippeischen Satire

Est multis servire datum, paucis dominari. 2331
Viele sind dafür begabt, zu dienen, nur wenige, zu herrschen.
Walther, Proverbia sententiaeque 7706

Est pabulum animorum contemplatio naturae. 2332
Die Betrachtung der Natur ist Nahrung für den Geist.
Cicero, Academica priora 2.127

2333 Est parcitas necessitatum remedium.
Sparsamkeit ist ein Mittel gegen notwendige Ausgaben.
Publilius Syrus, Sententiae A229

2334 Est peccare tamquam transire lineas.
Sich vergehen heißt Grenzen überschreiten.
Cicero, Paradoxa Stoicorum 20

2335 Est profecto animi medicina philosophia.
Es gibt ein Heilmittel für die Seele: die Liebe zur Weisheit.
Cicero, Tusculanae disputationes 3.6

2336 Est, qui multa redimat modico pretio et restituens ea in septuplum.
Mancher kauft viel für wenig Geld und muss es siebenfach bezahlen.
Vulgata, Liber Ecclesiasticus 20,12

2337 Est quidem felicibus difficilis miseriarum vera aestimatio.
Glücklichen fällt es schwer, Elend richtig einzuschätzen.
Pseudo-Quintilian, Declamationes maiores 9,6

2338 Est quidem haec natura mortalium, ut nihil magis placeat, quam quod amissum est.
Es liegt in der Natur der Menschen, dass ihnen nichts mehr gefällt, als was sie verloren haben.
Seneca, Ad Marciam de consolatione 16,9

Est quoque cunctarum novitas carissima 2339
rerum.
Die Neuheit ist das Wichtigste bei allem.
Ovid, Epistulae ex Ponto 3.4,51

Est rerum omnium magister usus 2340
hominum adhibita sollertia.
Erfahrung ist der beste Lehrer in allem, wenn Geschicklichkeit mit Vernunft hinzukommen.
Caesar, De bello civili 2.8,3

Est scelus immensum, si divet fallit 2341
egenum.
Es ist ein ungeheures Verbrechen, wenn ein Reicher einen Armen betrügt.
Panfilus 529

Esto amicus cunctis, intimus paucis, 2342
fidelissimus universis.
Sei mit allen befreundet, intim mit wenigen, zuverlässig mit allen.
Cyrillus, Speculum sapientiae 1.19

Esto fidelis usque ad mortem, et dabo 2343
tibi coronam vitae.
Sei getreu bis an den Tod, und ich werde dir die Krone des Lebens geben.
Vulgata, Apocalypsis Ioannis 2,10

Esto igitur gratus pro minimo: et eris 2344
dignus maiora accipere.
Sei dankbar für das Geringste, und du wirst würdig sein, Größeres zu empfangen.
Thomas a Kempis, Imitatio Christi 2.10,24

2345 Esto, quod es!
Sei, was du bist!
Walther, Proverbia sententiaeque 8046

2346 Esto, quod esse videris.
Sei, was du zu sein scheinst.
volkstümlich

2347 Estote autem factores verbi et non auditores tantum.
Seid aber Täter des Worts und nicht Hörer allein.
Vulgata, Epistula Iacobi 1,22

2348 Estote ergo prudentes sicut serpentes et simplices sicut columbae.
Seid also klug wie die Schlangen und ohne Falsch wie die Tauben.
Vulgata, Evangelium secundum Matthaeum 10,16

2349 Et absterget Deus omnem lacrimam ab oculis eorum.
Und Gott wird abwischen alle Tränen von ihren Augen.
Vulgata, Apocalypsis Ioannis 7,17

2350 et amore et metu amens
verrückt vor Liebe und Furcht
Curtius Rufus, Historiae Alexandri Magni 6.7,8

Et animi totidem vitia quot virtutes 2351
sunt.
Auch für den Geist gibt es so viele Laster wie Tugenden.
Quintilian, Institutio oratoria 3.7,20

Et avida felicitas est et alienae aviditati 2352
exposita.
Das Glück selbst ist gierig und der Gier der Anderen ausgesetzt.
Seneca, Epistulae morales 19,7

et cetera (etc.) 2353
und so weiter (usw.)

et cetera p. p. (perge, perge) 2354
und so weiter, fahre fort (und so weiter)

Et creavit Deus hominem ad imaginem 2355
suam: ad imaginem Dei creavit illum, masculum et feminam creavit eos.
Und Gott schuf den Menschen nach seinem Ebenbild, nach dem Ebenbild Gottes schuf er ihn, und schuf sie, einen Mann und ein Weib.
Vulgata, Liber Genesis 1,27

Et cum fata volunt, bina venena iuvant. 2356
Wenn das Schicksal es will, hilft sogar zweifaches Gift.
Ausonius, Epigrammata 3,12

et cum spiritu tuo 2357
und mit deinem Geist
Augustinus, Enarrationes in Psalmos 124,10

2358 Et dest et superat miseris cogitatio.
Die Elenden machen sich zu wenig und zu viel Gedanken.
Publilius Syrus, Sententiae 151

2359 et – et
sowohl – als auch

2360 Et ferrum et ignis saepe medicinae loco est.
Sowohl Eisen als auch Feuer tritt oft an die Stelle der Arznei.
Seneca, Agamemnon 152

2361 Et hoc, quod senectus vocatur, paucissimorum est circuitus annorum.
Selbst das, was man das hohe Alter nennt, ist nur die Abfolge ganz weniger Jahre.
Seneca, Ad Marciam de consolatione 11,5

2362 Et ideo ego adulescentulos existimo in scholis stultissimos fieri, quia nihil ex his, quae in usu habemus, aut audiunt aut vident.
Deshalb bin ich der Ansicht, dass unsere Jugend in den Schulen verdummt wird, weil sie nichts von dem zu hören oder zu sehen bekommt, was man im Alltag braucht.
Petron, Satyricon 1,3

Et ideo nequaquam uti meremur 2363
prosperis, quia non corrigimur adversis.
Deshalb verdienen wir das Glück keineswegs, weil das Unglück uns nicht dazu bringt, uns zu bessern.
Salvianus, De gubernatione Dei 6.90

Et in Arcadia ego. 2364
Auch ich lebte in Arkadien.

Et incidit in latrones. 2365
Und er fiel unter die Räuber.
Vulgata, Evangelium secundum Lucam 10,30

Et ipse labor quasi callum obducit 2366
dolori.
Die Arbeit selbst wird zu einem Schutz gegen den Schmerz.
Cicero, Tusculanae disputationes 2.36

Et lux in tenebris lucet, et tenebrae eam 2367
non comprehenderunt.
Und das Licht leuchtet in der Finsternis, und die Finsternis hat's nicht begriffen.
Vulgata, Evangelium secundum Ioannem 1,5

Et mala sunt vicina bonis. 2368
Das Böse liegt nahe beim Guten.
Ovid, Remedia amoris 323

Et memorem famam, quod bene cessit, 2369
habet.
Eine gute Leistung hat bleibenden Ruhm.
Ovid, Fasti 2.380

2370 Et mihi forsan, quod tibi negarit, / porriget hora.
Mir wird die Stunde gewähren, was sie dir versagt hat.
Horaz, Carmina 2.16,31–32

2371 Et mihi si non vis parcere, parce meis.
Wenn du mich nicht schonen willst, schone wenigstens die Meinigen.
Ovid, Heroides 4,162

2372 Et miseriarum portus est patientia.
Ein Hafen für Leiden ist die Geduld.
Publilius Syrus, Sententiae A223

2373 Et monere et moneri proprium est verae amicitiae.
Erste Aufgabe echter Freundschaft ist es, sich gegenseitig zu mahnen.
Cicero, Laelius de amicitia 91

2374 Et mundus transit et concupiscentia eius.
Die Welt vergeht mit ihrer Lust.
Vulgata, Epistula Ioannis 1.2,17

2375 Et ne nos inducas in tentationem.
Und führe uns nicht in Versuchung.
Vulgata, Evangelium secundum Matthaeum 6,13

2376 Et nimium vixisse diu nocet.
Auch zu lange gelebt zu haben ist nicht gut.
Ovid, Metamorphoses 6.38

Et non facere facere est. 2377
Auch Nichttun ist Tun.

Et non sentire mala sua non est 2378
hominis, et non ferre non est viri.
Für sein eigenes Leid kein Gefühl zu haben ist nicht menschlich, es nicht zu ertragen ist nicht tapfer.
Seneca, Ad Polybium de consolatione 17,2

Et oculi et aures vulgi testes sunt mali. 2379
Augen und Ohren der Menge sind schlechte Zeugen.
Caecilius Balbus, Sententiae (F) 63

Et patri et patriae. 2380
Für Vater und Vaterland.
Wahlspruch von Philipp III.

Et pax Dei, qui exuperat omnem 2381
sensum, custodiat corda vestra et intelligentias vestras in Christo Iesu!
Und der Friede Gottes, welcher höher ist denn alle Vernunft, bewahre eure Herzen und Sinne in Christo Jesu!
Vulgata, Epistula ad Philippenses 4,7

Et piscatorem piscis amare potest? 2382
Kann der Fisch einen Fischer lieben?
Matial, Epigrammata 6.63,6

2383 Et post malam segetem serendum est.
Auch nach einer schlechten Ernte muss man aussäen.
Seneca, Epistulae morales 81,1

2384 Et poteris, modo velle tene!
Du wirst können, halte nur am Wollen fest!
Ovid, Remedia amoris 787

2385 Et prout vultis, ut faciant vobis homines, et vos facite illis similiter.
Und wie ihr wollt, dass euch die Leute tun sollen, also tut ihnen auch ihr.
Vulgata, Evangelium secundum Lucam 6,31

2386 Et quiescenti agendum et agenti quiescendum est.
Wer ruht, muss handeln, aber wer handelt, muss auch ruhen.
Seneca, Epistulae morales 3,6

2387 Et quo non possum corpore, mente feror.
Wo ich mit dem Körper nicht hingelangen kann, dorthin trägt mich der Gedanke.
Ovid, Heroides 18,30

2388 Et quod temptabam scribere, versus erat.
Was ich auch zu schreiben versuchte, es war ein Vers.
Ovid, Tristia 4.10,26

Et res non semper, spes mihi semper 2389
adest.
Zwar ist das, was ich hoffe, nicht immer bei mir, aber immer die Hoffnung selbst.
Ovid, Heroides 18,178

Et secundas res splendidiores facit 2390
amicitia et adversas partiens communicansque leviores.
Anteil nehmende Freundschaft macht das Glück strahlender und erleichtert das Unglück.
Cicero, Laelius de amicitia 22

et sequentia (sqq.) 2391
und das Folgende

Et sit humus cineri non onerosa tuo. 2392
Die Erde möge deiner Asche keine Last sein.
Ovid, Amores 3.9,68

Et sol crescentis decedens duplicat 2393
umbras.
Die sinkende Sonne verdoppelt die Schatten.
Vergil, Bucolica 2,67

Et sua pro meritis praemia quisque 2394
feret.
Jeder trage den Lohn seiner Verdienste davon.
Inschrift im Danziger Rathaus

Et terram rumor transilit et maria. 2395
Das Gerücht fliegt über Land und Meer.
Properz, Elegiae 2.18,38

2396 Et tu, mi fili?
Auch du, mein Sohn?
Sueton, De vita Caesarum, Caesar 82,2

2397 Et utique verba propterea sunt instituta, non per quae se homines invicem fallant, sed per quae in alterius quisque notitiam cogitationes suas perferat.
Die Sprache ist jedenfalls nicht dazu geschaffen, dass die Menschen sich gegenseitig täuschen, sondern dass sie ihre Gedanken gegenseitig austauschen.
Augustinus, Enchiridion 22

2398 Et verbum caro factum est.
Und das Wort ward Fleisch.
Vulgata, Evangelium secundum Ioannem 1,19

2399 Et vidit Deus, quod esset bonum.
Und Gott sah, dass es gut war.
Vulgata, Genesis 1,10

2400 Etenim necesse est, qui ita dicat, ut a multitudine probetur, eundem doctis probari.
Der Redner, der so spricht, dass er bei der Menge ankommt, muss auch bei den Gelehrten Anerkennung finden.
Cicero, Brutus 184

2401 Etiam bonum saepe obest assuescere.
Auch an Gutes sich gewöhnen ist oft schädlich.
Publilius Syrus, Sententiae 165

Etiam capillus unus habet umbram suam. 2402
Auch ein Härchen wirft einen Schatten.
Publilius Syrus, Sententiae 159

Etiam celeritas in desiderio mora est. 2403
Selbst Eile ist bei einem dringenden Wunsch Verschleppung.
Publilius Syrus, Sententiae 149

Etiam cum vulnus sanatum est, cicatrix manet. 2404
Auch wenn die Wunde verheilt ist, bleibt eine Narbe.
Seneca, De ira 1.16,7

Etiam fortes viros subitis terreas. 2405
Auch tapfere Männer kann man durch Überrumpelung erschrecken.
Tacitus, Annales 15, 59,2

Etiam impacato recte praestatur fides. 240
Auch einem Streitsüchtigen hält man zu Recht sein Wort.
Publilius Syrus, Sententiae 148

Etiam inimicos vestros diligatis, non quia fratres sunt, sed ut fratres sint. 240
Ihr sollt eure Feinde lieben, nicht weil sie schon Brüder sind, sondern damit sie Brüder werden.
Augustinus, In Johannis epistulam ad Parthos tractatus 10

2408 Etiam innocentes cogit mentiri dolor.
Der Schmerz zwingt auch Unschuldige oft zur Lüge.
Publilius Syrus, Sententiae 147

2409 Etiam me meae latrant canes?
Selbst die eigenen Hunde bellen wider mich?
Plautus, Poenulus 1234

2410 Etiam naturam plerumque fortuna corrumpit.
Auch den Charakter korrumpiert das Glück.
Curtius Rufus, Historiae Alexandri Magni 3.2,17

2411 Etiam qui faciunt, oderunt iniuriam.
Sogar die, die Unrecht tun, hassen es.
Publilius Syrus, Sententiae 156

2412 Etiam sapientibus cupido gloriae novissima exuitur.
Auch bei den Weisen ist die Ruhmsucht das Letzte, wovon sie sich befreien.
Tacitus, Historiae 4.6,1

2413 Etiam tacere est respondere.
Auch Schweigen ist eine Antwort.

2414 Etiam tyrannus imperat precario.
Auch ein Tyrann herrscht nur auf Widerruf.
Publilius Syrus, Sententiae A323

Etsi enim suus cuique modus est, tamen magis offendit nimium quam parum. 2415
Obwohl alles sein Maß hat, ist zu viel schlechter als zu wenig.
Cicero, Orator 73

Etsi non potui, velle fuisse vide. 2416
Auch wenn ich nicht konnte, war der Wille zu sehen.
Venantius Fortunatus, Carmina 2.16,160

Eunt via sua fata. 2417
Das Schicksal nimmt seinen Lauf.
Seneca, Ad Marciam de consolatione 21,6

Euntes ergo docete omnes gentes: baptizantes eos in nomine Patris et Filii et Spiritus Sancti. 2418
Gehet hin und lehret alle Welt und taufet sie im Namen des Vaters und des Sohnes und des heiligen Geistes.
Vulgata, Evangelium secundum Matthaeum 28,19

Evasi mala, sum nactus meliora. 2419
Ich bin dem Unheil entkommen, ich habe Besseres erreicht.
Erasmus, Adagia 2002 (nach Suidas)

Eventus docebit. 2420
Das Ende wird es lehren.
Livius, Ab urbe condita 22.39,10

2421 Eventus in manu est fortunae.
Der Ausgang liegt in der Hand des Schicksals.
Sueton, De vita Caesarum, Nero 23,3

2422 Eventus stultorum magister est.
Das Ende ist der Lehrer der Dummen.
Livius, Ab urbe condita 22.39,10

2423 ex abrupto
unversehens

2424 Ex abundantia enim cordis os loquitur.
Wes das Herz voll ist, des geht der Mund über.
Vulgata, Evangelium secundum Matthaeum 12,34

2425 Ex actibus multum iteratis fit habitus.
Aus oft wiederholten Handlungen bilden sich feste Gewohnheiten.
Auctoritates, Aristoteles, Ethica 26

2426 ex aequo et bono
nach Recht und Billigkeit

2427 ex alieno incommodo suam petere occasionem
im Nachteil anderer die Gelegenheit zum eigenen Vorteil suchen
Livius, Ab urbe condita 4.58,2

Ex amante alio accenditur alius. 2428
Die Liebe des einen entflammt die des anderen.
Augustinus, Confessiones 4.21

ex animi nostri sententia 2429
Aus tiefster Überzeugung
Quintilian, Institutio oratoria 8.5,1

ex animo 2430
von ganzem Herzen
Cicero, In Pisonem 82

Ex animo dantis censeatur munus magnum vel parvum. 2431
Ob eine Gabe groß oder klein ist, soll man nach der Gesinnung des Gebers beurteilen.
Sententiae Varronis 17

ex ante 2432
im Vorhinein

Ex aspectu nascitur amor. 2433
Liebe entsteht beim Anschauen.
Erasmus, Adagia 179 (nach Diogenianos)

Ex assiduitate commorandi languet amicitiae desiderium. 2434
Wenn man ständig beisammen ist, erkaltet der Wunsch nach Freundschaft.
Sententiae Varronis 120

Ex auribus cognoscitur asinus. 243
Den Esel erkennt man an seinen Ohren.

2436 Ex avaritia omnia scelera ac maleficia gignuntur.
Aus der Habgier entspringen alle Verbrechen und Straftaten.
Cicero, Pro Sex. Roscio Amerino 75

2437 Ex cantu et plumis volucris dinoscitur omnis.
Am Gesang und an den Federn erkennt man den Vogel.
Walther, Proverbia sententiaeque 8243

2438 ex cathedra
vom Lehrstuhl

2439 ex confesso
eingestandenermaßen

2440 ex definitione
nach Definition

2441 Ex eo non debet quis fructum consequi, quod nisus extitit impugnare.
Man darf keinen Vorteil aus dem ziehen, was man mit aller Macht bekämpfen will.
Liber Sextus Decretalium, Regulae iuris 38

2442 ex eodem ore calidum et frigidum efflare
aus dem gleichen Mund warm und kalt blasen
Erasmus, Adagia 730 (nach Aisopos)

2443 Ex est.
Es ist vorbei.

ex eventu 2444
vom Ende her

ex eventu iudicium facere, non ex consilio 2445
sich sein Urteil nach dem Ergebnis, nicht nach der Absicht bilden
Cicero, Ad familiares 1.7,5

Ex factis, non ex dictis amici pensandi. 2446
Nach ihren Taten, nicht nach ihren Worten soll man Freunde schätzen.
Livius, Ab urbe condita 34.49,7

Ex falso quodlibet. 2447
Aus Falschem folgt alles Beliebige

ex gratia 2448
aus Dank

Ex igne ut fumus, sic fama ex crimine surgit. 2449
Wie aus dem Feuer der Rauch, so entwickelt sich aus einer Anklage ein schlechter Ruf.
Monosticha Catonis 14

Ex iniuria ius non oritur. 2450
Aus Unrecht geht kein Recht hervor.

ex iuvantibus 2451
aufgrund der Wirksamkeit

ex libris 2452
aus der Bibliothek

2453 Ex lite inulta gratiast formosior.
Versöhnung nach langem Streit ist schön.
Publilius Syrus, Sententiae 164

2454 Ex magno certamine magnae excitantur ferme irae.
Auf großen Streit folgt große Bitterkeit.
Livius, Ab urbe condita 3.40,4

2455 Ex malis eligere minima.
Unter mehreren Übeln das kleinste wählen.
Cicero, De officiis 3.3

2456 Ex malis multum malum, quod minimum est, id minime est malum.
Von vielen Übeln ist das kleinste am wenigsten ein Übel.
Plautus, Stichus 120

2457 Ex meditato non duceris in causam.
Für Gedanken wird man nicht zur Rechenschaft gezogen.
Sententiae Varronis 102

2458 ex mero motu
aus freien Stücken

2459 Ex minimis seminibus nascuntur ingentia.
Aus winzigen Keimen entsteht Gewaltiges.
Seneca, De providentia 1,2

2460 ex nihilo
aus dem Nichts

Ex nihilo nihil fit. 2461
Aus nichts wird nichts.

ex nunc 2462
von jetzt an

ex occasione 2463
aufgrund der Umstände

ex officio 2464
von Amts wegen

Ex opere gloriam. 2465
Ruhm aus dem Werk.
Wahlspruch Richelieus

ex ordine 2466
der Reihe nach

Ex ore parvulorum veritas. 2467
Aus Kindermund spricht Wahrheit.

Ex oriente lux. 2468
Aus dem Osten kommt das Licht.
Vulgata, Evangelium secundum Matthaeum 2,2

ex parte 2469
teilweise

Ex parte enim cognoscimus et ex parte prophetamus. 2470
Denn unser Wissen ist Stückwerk und unser Weissagen ist Stückwerk.
Vulgata, Epistula ad Corinthios 1.13,9

2471 Ex parvis saepe magnarum momenta rerum pendent.
Kleinigkeiten sind oft Anlass bedeutender Ereignisse.
Livius, Ab urbe condita 27.9,1

2472 Ex pluribus unum.
Aus vielen eine Einheit.
Inschrift des Siegels der Vereinigten Staaten

2473 ex post
im Nachhinein

2474 Ex praeteritis enim aestimari solent praesentia.
Nach dem Vergangenen lässt sich das Gegenwärtige beurteilen.
Quintilian, Institutio oratoria 5.10,28

2475 ex professo
von Amts wegen

2476 ex proposito
absichtlich

2477 Ex re nomen habet.
Er trägt seinen Namen zu Recht.

2478 Ex saeva animadversione nulla regi gloria est.
Mit grausamen Strafen erntet ein Herrscher keinen Ruhm.
Publilius Syrus, Sententiae A298

Ex sola scintilla conflagrat saepe tota domus. 2479
Ein einziger Funke setzt oft ein ganzes Haus in Brand.
Bebel, Proverbia Germanica 69

ex tempore 2480
aus dem Stegreif

Ex undis divitiae. 2481
Reichtum aus dem Meer.
Inschrift im Danziger Rathaus

Ex unitate vires. 2482
Einigkeit macht stark.

ex usu 2483
durch Übung

Ex vitio alterius sapiens emendat suum. 2484
Aus den Fehlern der anderen lernt der Weise.
Publilius Syrus, Sententiae 150

ex voto 2485
auf Grund eines Gelübdes

examen rigorosum 2486
strenge Prüfung

exanclare omnes labores 2487
alle Mühsale auskosten

2488 Excellens sensibile corrumpit sensum.
Ein zu großer Reiz verdirbt die Sinne.
Auctoritates, Aristoteles, De anima 104

2489 Excelsior.
Immer höher.

2490 Excelsis multo facilius casus nocet.
Für Hochstehende ist ein Sturz viel gefährlicher.
Publilius Syrus, Sententiae 162

2491 Exceptio confirmat regulam.
Die Ausnahme bestätigt die Regel.
Rechtsregel

2492 exceptis admodum paucis
mit nur wenigen Ausnahmen

2493 exceptis excipiendis
mit den notwendigen Ausnahmen

2494 Excidunt etiam retinentibus lacrimae, et animum profusae levant.
Tränen kommen auch dem, der sie unterdrücken will, und bringen, wenn sie strömen, Erleichterung.
Seneca, Epistulae morales 99,15

2495 excitare fluctus in simpulo
einen Sturm im Schöpflöffel erzeugen
Cicero, De legibus 3.36

Excitat auditor studium. 249
Das Publikum steigert den Eifer.
Ovid, Epistulae ex Ponto 4.2,35

Excludat iurgia finis! 249
Eine klare Bestimmung soll Streit ausschließen.
Horaz, Epistulae 2.1,38

Excogitare nemo quicquam poterit, quod magis decorum regenti sit quam clementia. 249
Niemand wird sich etwas ausdenken können, was für den Regierenden besser ist als Milde.
Seneca, De clementia 1.19,1

Excutias, quicquid audias: credas proba. 249
Prüf alles, was du hörst: Glaub nur das Richtige.
Caecilius Balbus, Sententiae (F) 64

Exempla nihil praestant, sed illustrant. 25
Beispiele beweisen nichts, aber sie illustrieren.
Walther, Proverbia sententiaeque 8413a

exempli causa (e. c.) 25
zum Beispiel

exempli gratia (e. g.) 25
zum Beispiel

2503 Exemplis utimur docendo, ut facilius intelligatur, quod dicitur.
Zur Unterweisung benutzen wir Beispiele, damit man die Aussage leichter versteht.
Auctoritates, Aristoteles, Poetica 6

2504 Exemplo aliis esse debetis.
Ihr müsst anderen ein Vorbild sein.
Livius, Ab urbe condita 3.21,6

2505 Exemplo melius quam verbo quisque docetur.
Durch Beispiele lernt jeder mehr als durch Worte.
Walther, Proverbia sententiaeque 8420

2506 Exemplo plus quam ratione vivimus.
Wir leben mehr nach Vorbildern als nach der Vernunft.
Macrobius, Saturnalia 7.4,4

2507 Exemplum dei quisque est in imagine parva.
Jeder ist ein Abbild Gottes im Kleinen.
Manilius, Astronomica 4.895

2508 exemplum facere
exemplarisch bestrafen

2509 exemplum statuere
ein Beispiel geben

2510 Exercitatio artem parat.
Übung macht den Meister.

Exercitatio intellegendi prudentiam 2511
acuit.
Übung schärft den Verstand.

exercitia spiritualia 2512
geistliche Übungen

Exercitium temperatum conservat 2513
sanitatem.
Maßvolle Leibesübungen bewahren die Gesundheit.
Auctoritates, Aristoteles, Ethica 29

Exeritur opere, non nequities incipit. 2514
Wenn man nicht mehr arbeiten muss, wird man nicht nutzlos.
Publilius Syrus, Sententiae A150

Exeunt matrimonii causa, nubunt 2515
repudii.
Sie lassen sich scheiden, um wieder zu heiraten, sie heiraten, um sich scheiden zu lassen.
Seneca, De beneficiis 3.16,2

Exigua est virtus praestare silentia 2516
rebus; / at contra gravis est culpa tacenda loqui.
Es beweist keine große Tapferkeit, über etwas zu schweigen, aber es ist eine schwere Schuld, über etwas zu reden, worüber man schweigen müsste.
Ovid, Ars amatoria 2.603–604

2517 Exigua pars est vitae, qua vivimus.
Es ist nur ein kleiner Teil des Lebens, in dem wir leben.
Seneca, De brevitate vitae 2,2

2518 exigui numero, sed bello vivida virtus
gering an Zahl, doch von großer Tapferkeit
Vergil, Aeneis 5.754

2519 Exiguum munus maioris est muneris hamus.
Ein kleines Geschenk ist der Köder für ein größeres.
Walther, Proverbia sententiaeque 8465

2520 Exiguum natura desiderat, opinio immensum.
Die Natur verlangt wenig, die Einbildung unermesslich viel.
Seneca, Epistulae morales 16,8

2521 Exitus in dubio est.
Das Ende ist fraglich.

2522 Exitus in dubio est: audebimus ultima!
Der Erfolg ist zweifelhaft; lasst uns das Äußerste wagen!
Ovid, Fasti 2.781

2523 Exoritur aliquod maius ex magno malum.
Aus einem großen Übel wächst ein noch größeres.
Seneca, Troades 427

Expedit esse deos, et, ut expedit, esse 2524
putemus.
Götter sind nützlich für uns, und da es nützlich ist, wollen wir an sie glauben.
Ovid, Ars amatoria 1.637

Experientia docet. 2525
Erfahrung lehrt.

Experientia est cognitio singularium, ars 2526
vero universalium.
Erfahrung ist die Kenntnis des Einzelnen, Kunst aber des Allgemeinen.
Auctoritates, Aristoteles, Metaphysica 6

Experientia facit artem; inexerpientia 2527
vero casum.
Erfahrung schafft Kunst, Unerfahrenheit den Zufall.
Auctoritates, Aristoteles, Metaphysica 4

Experti scire debemus. 2528
Wir müssen das aus eigener Erfahrung wissen.
Cicero, Pro Milone 69

Expertus dico: nemo est in amore 2529
fidelis.
Ich spreche aus Erfahrung: in der Liebe ist keinem zu trauen.
Properz, Elegiae 2.34,3

2530 Expetas, quod te numquam paeniteat.
Bemühe dich um das, was du nie bereuen musst.
Pseudo-Seneca, Liber de moribus 7

2531 Expetit poenas iratus ab alio, a se ipso exigit.
Für andere verlangt der Zornige Strafen, an sich vollzieht er sie selbst.
Publilius Syrus, Sententiae A105

2532 expressis verbis
mit ausdrücklichen Worten

2533 Exsecrantur publice quod occulte agunt.
Sie verfluchen öffentlich, was sie insgeheim tun.
Salvianus, De gubernatione Dei 3.10

2534 Exspectat tempus sapiens.
Wer klug ist, wartet die Zeit ab.
Palingenius, Zodiacus vitae 4.815

2535 Exstructum super cloacam templum forma est mulieris.
Die Schönheit einer Frau ist ein Tempel, der über einer Kloake errichtet ist.
Caecilius Balbus, Sententiae (F) 65

2536 Externus timor maximum concordiae vinculum.
Furcht vor einem äußeren Feind ist das größte Band der Eintracht.
Livius, Ab urbe condita 2.39,7

Extincta parum fideliter incendia 2537
maiore flamma revivescunt.
Brände, die nicht mit der nötigen Sorgfalt gelöscht werden, lodern mit größerer Flamme wieder auf.
Florus, Epitome rerum Romanarum 3,6

Extorquere est plus quam semel rogare. 2538
Mehr als einmal bitten heißt erpressen.
Sententiae Varronis 15

extra culpam (esse) 2539
frei von Schuld sein

Extra ecclesiam nulla salus. 2540
Außerhalb der Kirche gibt es keine Erlösung.
Cyprianus, Epistulae 73,21,2

extra ordinem 2541
außerhalb der Reihe

extra telorum iactum 2542
außer Reichweite

extrema omnia experiri 2543
das Äußerste versuchen

Extrema primo nemo temptavit loco. 2544
Das äußerste Mittel versucht niemand zuerst.
Seneca, Agamemnon 153

extremis digitis attingere 2545
mit den Fingerspitzen anfassen

2546 Extremis malis extrema remedia.
Gegen die äußersten Übel die äußersten Mittel.
Walther, Proverbia sententiaeque 36795a3

2547 Exultat levitate puer, gravitate senectus.
Die Jugend freut sich ihrer Beweglichkeit, das Alter seiner Würde.
Maximian, Elegiae 1,105

F

2548 Fabas indulcet fames.
Der Hunger macht Bohnen süß.

2549 Faber est suae quisque fortunae.
Jeder ist seines Glückes Schmied.
Claudius bei Sallust, Epistulae ad Caesarem senem de re publica 1.1,2

2550 Fabula docet.
Die Geschichte lehrt.

2551 Fabula impleta est.
Die Geschichte ist aus.

2552 Fac bene, dum vivis, post mortem vivere si vis.
Verhalte dich gut, solange du lebst, wenn du nach dem Tod weiterleben willst.
Walther, Proverbia sententiaeque 8635

Fac, cito quod coeptum est, non cito 2553
desinere.
Was schnell begonnen hat, lass nicht schnell zu Ende gehen.
Petron in Anthologia Latina 1.699,8

Fac, ne te merito verbis derideat alter. 2554
Sorg dafür, dass keiner dich zu Recht verspottet.
Columbanus, Praecepta vivendi 30

Fac, quod faciendum est. 2555
Tu, was zu tun ist.
Seneca, Apocolocynthosis 3,2

Fac, quod te par sit, non alter quod 2556
mereatur.
Tu, was dir entspricht, nicht was dein Gegenüber verdient.
Monosticha Catonis 26

fac simile 2557
mach ähnlich

Fac tibi proponas mortem non esse 2558
timendam, / quae bona si non est, finis tamen illa malorum est.
Halte dir vor Augen, dass der Tod nicht zu fürchten ist; mag er auch nicht gut sein, so bedeutet er doch das Ende der Leiden.
Disticha Catonis 3.22

2559 Fac tibi sit vultus comis, sermoque modestus, / sic multos facile tibi conciliabis amicos.
Sorg dafür, dass dein Blick freundlich ist und deine Sprache zurückhaltend, und du wirst dir leicht viele Freunde gewinnen.
Muretus, Institutio puerilis 51–52

2560 fac totum
tu alles

2561 facere de necessitate virtutem
aus der Not eine Tugend machen

2562 Facere docet philosophia, non dicere.
Die Philosophie lehrt zu handeln, nicht zu reden.
Seneca, Epistulae morales 20,2

2563 facie ad faciem
von Angesicht zu Angesicht

2564 Faciendi plures libros nullus est finis.
Viel Büchermachens ist kein Ende.
Vulgata, Liber Ecclesiastes 12,12

2565 Faciendum id nobis, quod parentes imperant.
Wir müssen tun, was unsere Eltern uns auftragen.
Plautus, Stichus 54

Facies non omnibus una / nec diversa tamen. 2566
Kein Gesicht unter allen ist gleich und dennoch keines verschieden.
Ovid, Metamorphoses 2.13–14

Facies qualis, mens talis. 2567
Wie das Gesicht, so die Gesinnung.
Walther, Proverbia sententiaeque 36810

Facies tua computat annos. 2568
Dein Gesicht spiegelt die Zahl der Jahre wider.
Juvenal, Saturae 6,199

Facile est cum mortuo litigare. 2569
Es ist leicht, mit einem Toten zu streiten.
Petrarca, De ignorantia 75

Facile est enim teneros adhuc animos componere; difficulter reciduntur vitia, quae nobiscum creverunt. 2570
Es ist leicht, noch junge Herzen zu formen; schwer auszurotten sind Fehler, die mit uns groß geworden sind.
Seneca, De ira 2.18,2

Facile ex amico inimicum facies, cui promissa non reddas. 2571
Aus einem Freund, dem man sein Versprechen nicht hält, macht man leicht einen Feind.
Hieronymus, Epistulae 148,30

2572 Facile fortunam sustinet, qui semper exspectat.
Leicht erträgt das Schicksal, wer immer bei sich ist.
Seneca, Ad Helviam matrem de consolatione 5,3

2573 Facile itur via munita.
Auf einer befestigten Straße gehen ist leicht.

2574 Facilis ab eloquentia in omnes artes decursus est.
Leicht ist der Übergang von der Beredsamkeit zu allen Künsten.
Seneca maior, Controversiae 2. pr. 3

2575 Facilis ad lubrica lapsus est.
Auf glattem Boden rutscht man leicht aus.
Fronto, De orationibus 12

2576 Facilitas nimia partem stultitiae sapit.
Zu viel Güte riecht nach Dummheit.
Publilius Syrus, Sententiae 180

2577 Facilius ad ea, quae visa, quam ad illa, quae audita sunt, mentis oculi feruntur.
Man erinnert sich leichter an das, was man gesehen, als was man gehört hat.
Cicero, De oratore 3.163

2578 Facilius dissimulatur gaudium quam metus.
Freude verbirgt man leichter als Furcht.
Tacitus, De vita Iulii Agricolae 43,3

Facilius enim per partes in cognitionem totius adducimur. 2579
Über die Kenntnis der Einzelheiten gelangen wir leichter zur Kenntnis des Ganzen.
Seneca, Epistulae morales 89,1

Facilius est camelum per foramen acus intrare quam divitem intrare in regnum Dei. 2580
Eher geht ein Kamel durch ein Nadelöhr, als dass ein Reicher ins Himmelreich kommt.
Vulgata, Evangelium secundum Matthaeum 19,24

Facilius est destruere quam construere. 2581
Zerstören ist leichter als aufbauen.
Auctoritates, Aristoteles, Topica 111

Facilius est domi latere quam foris se posse sufficienter custodire. 2582
Es ist leichter, sich zu Hause verborgen zu halten, als sich in der Öffentlichkeit ausreichend in Acht zu nehmen.
Thomas a Kempis, Imitatio Christi 1.29,9

Facilius est multa facere quam diu. 2583
Es ist leichter, vielerlei zu tun als dasselbe lange Zeit.
Quintilian, Institutio oratoria 1.12,7

Facilius est omnino tacere: quam verbo non excedere. 2584
Es ist leichter, ganz zu schweigen, als sich im Reden zu mäßigen.
Thomas a Kempis, Imitatio Christi 1.20,8

2585 Facilius natura intellegitur, quam enarratur.
Die Natur ist leichter zu verstehen als zu erklären.
Seneca, Epistulae morales 121,11

2586 Facilius plerumque est egestatem ferre in hac natis.
Wer in Armut geboren ist, kann sie leichter ertragen.
Quintilian, Declamationes minores 269

2587 Facit enim consuetudinem peccandi multitudo peccantium.
Dass sich viele vergehen, macht Verfehlungen zur Gewohnheit.
Seneca, De clementia 1.22,2

2588 Facit indignatio versum.
Aus Entrüstung entstehen Verse.
Juvenal, Saturae 1,79

2589 Facit quidem avidos nimia felicitas, nec tam temperatae cupiditates sunt umquam, ut in eo, quod contingit, desinant.
Zu großes Glück macht gierig, und Leidenschaften sind nie so maßvoll, dass sie mit dem Erreichen eines Zieles befriedigt sind.
Seneca, De clementia 1.1,7

590 Facit ratum Fortuna, quom nemo videt.
Das Glück setzt sich durch, wenn niemand es sieht.
Publilius Syrus, Sententiae 191

Facit temperantia bonam valetudinem. 2591
Mäßigung sorgt für Gesundheit.
Seneca, Epistulae morales 14,15

Facito incunctanter, quod semel promiseris. 2592
Halte, ohne zu zögern, was du einem versprochen hast.
Publilius Syrus, Sententiae A293

Faciunt favos et vespae. 2593
Auch die Wespen machen Waben.
Tertullian, Adversus Marcionem 4,5

Facta infecta fieri nequeunt. 2594
Geschehenes lässt sich nicht ungeschehen machen.
Terenz, Phormio 1034

Facta loquuntur. 2595
Die Taten sprechen für sich.
Cicero, Ad Atticum 9.13,1

Facta, non famam spectari oportet. 2596
Auf die Taten, nicht auf das Gerede, kommt es an.
Rhetorica ad Herennium 2.5

facta, non verba 2597
Taten, keine Worte
Petron, Satyricon 76,4

2598 Factis, non verbis sapientia se profitetur.
In Taten, nicht in Worten zeigt sich die Weisheit.
Abaelard, Monita ad Astralabium 57

2599 Factum abiit, monumenta manent.
Die Tat ist geschehen, die Erinnerung bleibt.
Ovid, Fasti 4.709

2600 Factum atque transactum est.
Es ist getan und vollbracht.
Cicero, In Catilinam 3,15

2601 Factum est mihi verbum tuum in gaudium et in laetitiam cordis mei.
Dein Wort ist meines Herzens Freude und Trost.
Vulgata, Liber Ieremiae 15,16

2602 Factum illud: fieri infectum non potest.
Geschehenes lässt sich nicht ungeschehen machen.
Plautus, Aulularia 741

2603 Faex illi placeat, qui bona vina bibit.
Wer guten Wein liebt, muss sich mit der Hefe abfinden.
Walther, Proverbia sententiaeque 8724

2604 Fallacia / alia aliam trudit.
Eine Lüge zieht die andere nach sich.
Terenz, Andria 778–779

Fallere fallentem non est fraus, sed potius laus. 2605
Einen Betrüger zu betrügen ist nicht Betrug, sondern löblich.
Walther, Proverbia sententiaeque 8747

Fallere qui didicit, fallere semper amat. 2606
Wer betrügen gelernt hat, macht es immer.
Anonymus Neveleti 38,12

Fallit enim vitium specie virtutis et umbra. 2607
Das Laster täuscht durch den Anschein und den Schatten der Tugend.
Juvenal, Saturae 14,109

Fallitur augurio spes bona saepe suo. 2608
Gute Hoffnung täuscht sich oft in sich selbst.
Ovid, Heroides 17,236

Falluntur multis tempora longa iocis. 2609
Langeweile vertreibt man sich mit vielen Scherzen.
Walther, Proverbia sententiaeque 8798

Falsa tempore ac spatio vanescunt. 2610
Falsche Gerüchte verstummen mit der Zeit.
Tacitus, Annales 2.82,5

Falsum male dictum malivolum mendacium est. 2611
Eine üble Nachrede ist eine böswillige Lüge.
Publilius Syrus, Sententiae 186

2612 Fama bona lente volat et mala fama repente.
Eine gute Nachricht verbreitet sich langsam, eine schlechte schnell.
Walther, Proverbia sententiaeque 8818

2613 Fama crescit eundo.
Das Gerücht wächst im Laufen.
Vergil, Aeneis 4.174–175

2614 Fama nihil est celerius.
Nichts ist schneller als ein Gerücht.
Livius, Ab urbe condita 24.21,5

2615 Fama post cineres maior venit.
Nach der Asche nimmt der Ruhm zu.
Ovid, Epistulae ex Ponto 4.16,3

2616 Fama temere non nascitur, quin subsit aliquid.
Ein Gerücht entsteht von selbst, ohne dass etwas dahinter steckt.
Rhetorica ad Herennium 2.12

2617 Fama volat.
Das Gerücht hat Flügel.
Vergil, Aeneis 7.392

2618 Famam esse servandam.
Man muss auf seinen guten Ruf achten.
Damasus, Regulae canonicae 91

Fames commendat cibos; nihil contemnit esuriens. 2619
Der Hunger macht die Speisen schmackhaft, der Hungrige verschmäht nichts.
Seneca, Epistulae morales 119,4

Fames est optimus coquus. 2620
Hunger ist der beste Koch.

Famulatur dominus, ubi timet, quibus imperat. 2621
Der Herr wird zum Untertan, wenn er die fürchtet, die ihm unterstehen.
Publilius Syrus, Sententiae 707

Fas est et ab hoste doceri. 2622
Man darf sich auch vom Feind belehren lassen.
Ovid, Metamorphoses 4.428

Fastidientis stomachi est multa degustare. 2623
Nur ein verwöhnter Magen sucht vielerlei zu kosten.
Seneca, Epistulae morales 2,4

Fastus inest pulchris, sequiturque superbia formam. 2624
Stolz beseelt die Schönen, und es folgt der Hochmut der Anmut.
Ovid, Fasti 1.419

Fata viam invenient. 2625
Das Schicksal findet seinen Weg.
Vergil, Aeneis 10.113

2626 Fatetur facinus is, qui iudicium fugit.
Wer sich dem Gericht entzieht, gesteht seine Tat.
Publilius Syrus, Sententiae 174

2627 Fato iunguntur, fato solvuntur amores.
Das Schicksal verbindet, das Schicksal trennt die Liebenden.
Palingenius, Zodiacus vitae 4.365

2628 Fatum est: quid ergo caveas, quod certum manet?
So ist das Schicksal: wozu meiden, was unverrückbar feststeht?
Publilius Syrus, Sententiae A206

2629 Fatuus eo stultior, quo diutius vivit.
Ein Narr wird umso dümmer, je länger er lebt.
Bebel, Proverbia Germanica 177

2630 Fatuus in risu inaltat vocem suam.
Der Narr lacht mit lauter Stimme.
Vulgata, Liber Ecclesiasticus 21,20

2631 Favete linguis!
Hütet eure Zungen!
Horaz, Carmina 3.1,2

2632 Favos post fella gustavit.
Nach der Galle kostet er die Süße des Honigs.
Tertullian, De corona 14

Feci, quae potui, faciant meliora potentes. 2633
Ich habe mein Bestes gegeben, wer es vermag, soll es besser machen.

Fecundi calices quem non fecere disertum? 2634
Wen hätten volle Becher nicht redselig gemacht?
Horaz, Epistulae 1.5,19

Fecundi calices raro faciunt sapientes. 2635
Volle Becher machen selten klug.
Walther, Proverbia sententiaeque 8904

Felicem scivi, non qui, quod vellet, haberet, / sed qui per fatum non data non cuperet. 2636
Glücklich ist nicht, wer hat, was er sich wünscht, sondern wer nicht begehrt, was ihm das Schicksal versagt.
Ausonius, Edyllion 2,23–24

Felicem te submitte, infelicem erige. 2637
Sei demütig im Glück, aufrecht im Unglück.
Publilius Syrus, Sententiae A186

Felices faciet natos benedictio patris. 2638
Der Segen des Vaters macht die Kinder erfolgreich.
Columbanus, Praecepta vivendi 175

2639 Felices sequeris, mors, miseros fugis.
Tod, du holst die Glücklichen, du verschonst die Unglücklichen.
Seneca, Hercules Oetaeus 122

2640 Felicitas est praemium virtutis.
Glück ist der Lohn der Tapferkeit.
Auctoritates, Aristoteles, Ethica 22

2641 Felicitas in socordiam vertit.
Glück macht stumpf.
Tacitus, De vita Iulii Agricolae 31,3

2642 Felicitas infelici innocentia est.
Unbescholten zu bleiben ist für den Erfolglosen Erfolg.
Publilius Syrus, Sententiae A187

2643 Felicitas iracundiam nutrit.
Erfolg nährt den Zorn.
Seneca, De ira 2.21,7

2644 Felicitas multos habet amicos.
Das Glück kennt viele Freunde.
Erasmus, Adagia 2404 (nach Apostolios)

2645 Feliciter sapit, qui alieno periculo sapit.
Wirklich klug ist, wer durch anderer Schaden klug ist.
Walther, Proverbia sententiaeque 8927

2646 Felicium multi cognati.
Erfolgreiche haben viele Verwandte.
Erasmus, Adagia 2088 (nach Menandros)

Felix, cui placidus leniter afflat Amor! 2647
Glücklich, wen die liebe großzügig beflügelt!
Tibull, Elegiae 2.1,80

Felix, quem faciunt aliena pericula 2648
cautum.
Glücklich, wer durch fremde Gefahren vorsichtig wird.
Walther, Proverbia sententiaeque 8952

Felix, qui causam loquitur prudentis in 2649
aurem.
Glücklich, wer seinen Fall einem Klugen anvertraut.
Monosticha Catonis A10

Felix, qui didicit contentus vivere 2650
parco.
Glücklich, wer mit wenigem zu leben gelernt hat.
Walther, Proverbia sententiaeque 8957

Felix, qui nihil debet. 2651
Glücklich, wer nichts schuldet.
Erasmus, Adagia 1698 (nach einem griechischen Epigramm)

Felix, qui, quod amat, defendere fortiter 2652
audet.
Glücklich, wer sein Liebstes tapfer zu verteidigen wagt.
Ovid, Amores 2.5,9

2653 Fer aut feri; ne feriaris, feri!
Trag oder schlag! Um nicht geschlagen zu werden, schlag selbst!
Wahlspruch Elisabeths I.

2654 Ferae inter se placidae sunt.
Die wilden Tiere vertragen sich untereinander.
Seneca, De ira 2.8,3

2655 Feras difficilia, ut facilia perferas.
Ertrage Beschwerlichkeiten, damit du auch das Angenehme erträgst.
Publilius Syrus, Sententiae 188

2656 Feras, non culpes, quod mutari non potest.
Was man nicht ändern kann, muss man ertragen, nicht anklagen.
Publilius Syrus, Sententiae 176

2657 Feras, quod laedit, ut, quod prodest, perferas.
Ertrage, was verletzt, damit du leichter erträgst, was nützt.
Publilius Syrus, Sententiae 190

2658 Fere fit malum malo aptissimum.
Schlechtes passt gut zu Schlechtem.
Livius, Ab urbe condita 1.46,7

Fere libenter homines id, quod volunt, 2659
credunt.
Die Menschen glauben gern an das, was sie wollen.
Caesar, De bello Gallico 3.18,6

Feriuntque summos / fulgura montes. 2660
Die Blitze schlagen in die Gipfel der Berge ein.
Horaz, Carmina 2.10,11–12

Ferme acerrima proximorum odia 2661
sunt.
Unter Verwandten ist Hass am erbittertsten.
Tacitus, Historiae 4.70,2

Ferme fugiendo in media fata ruitur. 2662
Wenn man flieht, läuft man dem Schicksal in die Arme.
Livius, Ab urbe condita 8.24,4

Ferre laborem, contemnere volnus 2663
consuetudo docet.
Schwierigkeiten ertragen und Wunden gering schätzen lehrt die Gewöhnung.
Cicero, Tusculanae disputationes 2.38

Ferre minora volo, ne graviora feram. 2664
Ich will Geringes ertragen, um nicht Schlimmeres zu erfahren.
Anonymus Neveleti 22,6

2665 Ferre, quam sortem patiuntur omnes, / nemo recusat.
Niemand weigert sich, ein Los zu tragen, das alle erleiden.
Seneca, Troades 1016–1017

2666 Ferreus assiduo consumitur anulus usu.
Ein eiserner Ring wird durch steten Gebrauch abgenutzt.
Ovid, Ars amatoria 1.473

2667 Ferro nocentius aurum.
Gold ist schädlicher als Eisen.
Ovid, Metamorphoses 1.141

2668 Ferrum cessans rubigine sordet.
Bleibt es ungenutzt, rostet Eisen.
Palingenius, Zodiacus vitae 8.973–974

2669 Ferrum ferro exacuitur.
Ein Messer wetzt das andere.
Vulgata, Liber proverbiorum 27,17

2670 Ferrum rubigo consumit.
Rost zehrt das Eisen auf.
Curtius Rufus, Historiae Alexandri Magni 7.8,15

2671 Ferrum tuetur principem, melius fides.
Das Schwert schützt den Fürsten, besser die Treue.
Pseudo-Seneca, Octavia 456

Fertilior seges est alienis semper in agris: / vicinumque pecus grandius uber habet. 2672
Fremde Äcker haben immer einen reicheren Ertrag und die Tiere des Nachbarn geben mehr Milch.
Ovid, Ars amatoria 1.349–350

Fertilis, assiduo si non renovatur aratro, / nil nisi cum spinis gramen habebit ager. 2673
Wenn der fruchtbare Acker nicht stets gepflügt wird, wird er nichts als Gras mit Dornen tragen.
Ovid, Tristia 5.12,23–24

Fervet olla, vivit amicitia. 2674
Der Topf kocht, die Freundschaft lebt.
Erasmus, Adagia 423 (nach Diogenianos)

Festa dies veneremque vocat cantusque merumque. 2675
Ein festlicher Tag ruft nach Liebe, Gesang und Wein.
Ovid, Amores 3.10,47

Festinare nocet, nocet et cunctatio saepe; / tempore quaeque suo qui facit, ille sapit. 2676
Eile schadet, auch Zögern schadet oft; weise ist, wer alles zu seiner Zeit tut.
Walther, Proverbia sententiaeque 9412

2677 Fiat lux.
Es werde Licht.
Vulgata, Liber Genesis 1,3

2678 Fiat voluntas tua.
Dein Wille geschehe.
Vulgata, Evangelium secundum Matthaeum 6,10

2679 Ficta cito in naturam suam recidunt.
Vorgetäuschtes fällt rasch in sein wahres Wesen zurück.
Seneca, De clementia 1.1,6

2680 Ficte referas gratiam invite danti.
Einem ungern Gebenden braucht man nur zum Schein Dank abzustatten.
Sententiae Varronis 12

2681 Fide, sed cui, vide!
Vertraue, aber sieh zu, wem!
Walther, Proverbia sententiaeque 9439

2682 Fidei et merito.
Für Treue und Verdienst.
Inschrift des sizilianischen St.-Ferdinandsordens

2683 Fideliter et constanter.
Treu und beständig.

2684 Fideliter, non serviliter.
Treu ergeben, doch nicht unterwürfig.
Walther, Proverbia sententiaeque 36930

Fidem facti virtute sequemur. 2685
Wir werden dem Glauben folgen durch tapferes Handeln.
Wahlspruch Kaiser Karls V.

Fidem nemo umquam perdit, nisi qui non habet 2686
Vertrauen verliert nur der, der keines schenkt.
Publilius Syrus, Sententiae 182

Fidem non servanti fides servanda non est. 2687
Dem, der sein Wort nicht hält, braucht man auch nicht Wort zu halten.
Damasus, Regulae canonicae 61

Fidem qui perdit, nil pote ultra perdere. 2688
Wer seine Ehre verloren hat, hat nichts mehr zu verlieren.
Publilius Syrus, Sententiae 179

Fides montes transfert. 2689
Der Glaube versetzt Berge.
Vulgata, Epistula ad Corinthios 1.13,2

Fides sanctissimum humani pectoris bonum est: nulla necessitate ad fallendum cogitur, nullo corrumpitur praemio. 2690
Die Treue ist das heiligste Gut des Menschen: Durch keinen Zwang lässt sie sich zur Täuschung nötigen, durch keinen Preis bestechen.
Seneca, Epistulae morales 88,29

2691 Fides tua te salvum fecit.
Dein Glaube hat dir geholfen.
Vulgata, Evangelium secundum Marcum 10,52

2692 Fiducia ipsa solet opinione arrogantiae laborare.
Selbstvertrauen leidet unter dem Ruf der Überheblichkeit.
Quintilian, Institutio oratoria 4.1,33

2693 Figulus figulo, faber fabro invidet.
Der Töpfer ist auf den Töpfer, der Schmied auf den Schmied neidisch.
Tertullian, Adversus nationes 1,20

2694 Finem omnium rerum specta, et supervacua dimittes.
Achte bei allem auf den Zweck, und du wirst Überflüssiges unterlassen.
Seneca, Epistulae morales 119,4

2695 Fingere se semper non est confidere amori.
Sich ständig verstellen heißt der Liebe nicht vertrauen.
Anthologia Latina 1.458,9

2696 Finis coronat opus.
Das Ende krönt das Werk.
Ovid, Heroides 2,85

2697 Firma valent per se.
Starkes gedeiht von selbst.
Ovid, Epistulae ex Ponto 3.4,7

Firmo est in regno, qui agnoscit, quod imperat. 2698
Fest auf seinem Thron sitzt, wer zu dem steht, was er befiehlt.
Caecilius Balbus, Sententiae (F) 69

Fit enim ad portandum facilis sarcina, quam multorum colla sustentant. 2699
Eine Last wird leicht, wenn sie auf den Schultern vieler ruht.
Ennodius, Vita Epiphani

Fit enim nescio quomodo, ut magis in aliis cernamus quam in nobismet ipsis, si quid delinquitur. 2700
Wir merken eher an anderen als an uns selbst, wenn ein Fehler begangen wird.
Cicero, De officiis 1.146

Flamma fumo est proxima. 2701
Wo Rauch ist, ist auch Feuer.
Plautus, Curculio 53

Flecti non potest – frangi potest. 2702
Man kann ihn zwar brechen, aber nicht beugen.
Seneca, Thyestes 200

Flectitur iratus voce rogante deus. 2703
Durch ein bittendes Wort lässt sich selbst Gott in seinem Zorn besänftigen.
Ovid, Ars amatoria 1.442

2704 Fletus aerumnas levat.
Weinen lindert den Schmerz.
Seneca, Troades 765

2705 Florem decoris singuli carpunt dies.
Jeder einzelne Tag raubt der Schönheit eine Blüte.
Pseudo-Seneca, Octavia 550

2706 Florentes amicorum turba circumsedet; circa eversos solitudo est, et inde amici fugiunt, ubi probantur.
Erfolgreiche umringt eine Schar von Freunden, nach ihrem Sturz umgibt sie Einsamkeit, und die Freunde verlassen den Ort, wo man sie auf die Probe stellt.
Seneca, Epistulae morales 9,9

2707 Flos in pictura non est flos, immo figura; / qui pingit florem, non pingit floris odorem.
Eine Blume auf einem Bild ist keine Blume, sondern eine Figur; wer eine Blume malt, malt nicht den Duft der Blume.
Carmina Burana 186,2

2708 Fluctuamur inter varia consilia: nihil libere volumus, nihil absolute, nihil semper.
Wir schwanken zwischen wechselnden Vorsätzen; nichts wollen wir frei ohne Einschränkung, nichts ohne Vorbehalt, nichts auf Dauer.
Seneca, Epistulae morales 52,1

Fluctuat nec mergitur. 2709
Es schwankt, aber geht nicht unter.

Flumina pauca vides de magnis fontibus 2710
orta.
Die wenigsten Flüsse entspringen großen Quellen.
Ovid, Remedia amoris 97

Flumine perpetuo torrens solet altius 2711
ire.
Bei ständigem Zufluss schwillt der Bach an.
Ovid, Remedia amoris 651

Fluunt dies et irreparabilis vita 2712
decurrit.
Die Tage fließen dahin, und unwiederbringlich verrinnt das Leben.
Seneca, Epistulae morales 123,10

Foeda est in coitu et brevis voluptas / 2713
et taedet Veneris statim peractae.
Abstoßend und nur kurz ist beim Geschlechtsverkehr die Lust, und nach der vollzogenen Liebe ist man ihrer überdrüssig.
Anthologia Latina 1.700,1–2

Foris saepe aliis servit, qui saevit domi. 2714
Wer zu Hause den Tyrannen gibt, ist woanders oft ein Diener.
Caecilius Balbus, Sententiae (F) 70

2715 Forma bonum fragile est, quantumque accedit ad annos, / fit minor et spatio carpitur ipsa suo.
Schönheit ist ein zerbrechliches Gut; kommt sie in die Jahre, verliert sie an Wert und verzehrt sich an der eigenen Dauer.
Ovid, Ars amatoria 2.113–114

2716 Forma dat esse materiae.
Die Form gibt dem Stoff das Sein.
Thomas von Aquin, De ente et essentia 4

2717 Forma dei munus; forma quota quaeque superbit!
Schönheit ist eine Gabe Gottes; wie wenige können mit Schönheit glänzen!
Ovid, Ars amatoria 3.103

2718 Formosa facies muta commendatio.
Ein hübsches Gesicht ist eine stumme Empfehlung.
Publilius Syrus, Sententiae 169

2719 fortasse cras, summum perendie
vielleicht morgen, spätestens übermorgen
Cicero, Ad Atticum 12.44,3

2720 Fortes fortuna adiuvat.
Den Mutigen hilft das Schicksal.
Terenz, Phormio 203

2721 Forti nihil difficile.
Dem Tapferen ist nichts schwierig.
Wahlspruch Disraelis

Fortibus est fortuna viris data. 2722
Glück hat allein der Tüchtige.
Ennius bei Macrobius, Saturnalia 6.1,62

Fortior, qui cupiditates, est, quam qui hostes subicit. 2723
Tapferer ist, wer seine Begierden, als wer Feinde überwältigt.
Publilius Syrus, Sententiae A49

Fortis enim non modo fortuna adiuvat, sed multo magis ratio. 2724
Den Tapferen hilft nicht nur das Schicksal, sondern viel mehr ihr Verstand.
Cicero, Tusculanae disputationes 2.11

Fortis est ut mors dilectio. 2725
Die Liebe ist stark wie der Tod.
Vulgata, Canticum canticorum 8,6

Fortis vero animi et constantis est non perturbari in rebus asperis. 2726
Es beweist starken Sinn und Beständigkeit, sich im Unglück nicht beirren zu lassen.
Cicero, De officiis 1.80

Fortiter comedere facit fortiter laborare. 2727
Tüchtig essen lässt tüchtig arbeiten.
Auctoritates, Aristoteles, Ethica 30

Fortiter in re, suaviter in modo. 2728
Hart in der Sache, sanft in der Art und Weise.
Walther, Proverbia sententiaeque 9832

2729 Fortiter malum qui patitur, idem post potitur bonum.
Wer einen Nachteil tapfer erträgt, der hat später Vorteil.
Plautus, Asinaria 324

2730 Fortitudinem audacia imitatur.
Dreistigkeit ahmt die Tapferkeit nach.
Cicero, Partitiones oratoriae 81

2731 Fortitudo habet duos actus, scilicet sustinere et aggredi.
Tapferkeit hat zwei Seiten: Standhalten und Angreifen.
Thomas von Aquin, Summa theologiae 2.2,123,6

2732 Fortuna cum blanditur, captatum venit.
Wenn das Glück schmeichelt, kommt es, einen zu umgarnen.
Publilius Syrus, Sententiae 167

2733 Fortuna dat multa usu, mancipio nihil.
Das Glück gibt vieles zum Gebrauch, nichts zu Eigentum.
Publilius Syrus, Sententiae A299

2734 Fortuna favet fatuis.
Das Glück begünstigt die Dummen.
Walther, Proverbia sententiaeque 9847c

2735 Fortuna fortes metuit, ignavos premit.
Das Schicksal fürchtet die Tapferen, überwältigt die Feigen.
Seneca, Medea 159

Fortuna immoderata in bono aeque atque in malo. 2736
Das Schicksal ist maßlos sowohl im Guten wie im Schlechten.
Walther, Proverbia sententiaeque 37029a

Fortuna innocentem saepe, numquam bona spes deserit. 2737
Das Glück verlässt einen Unschuldigen oft, nie die gute Hoffnung.
Publilius Syrus, Sententiae A255

Fortuna meliores sequitur. 2738
Das Glück folgt den Besseren.
Sallust, Historiae, Oratio Philippi 21

Fortuna multis dat nimium, satis nulli. 2739
Das Glück gibt vielen zu viel, aber keinem genug.
Matial, Epigrammata 12.10,2

Fortuna nimium quem fovet, stultum facit. 2740
Wen das Glück zu sehr begünstigt, dem raubt es den Verstand.
Publilius Syrus, Sententiae 173

Fortuna obesse nulli contenta est semel. 2741
Ein Unheil kommt selten allein.
Publilius Syrus, Sententiae 183

2742 Fortuna opes auferre, non animum potest.
Das Glück kann mir das Vermögen rauben, nicht den Glauben.
Seneca, Medea 176

2743 Fortuna parit gaudium.
Glück schafft Freude.
Wahlspruch der Stadt Regensburg

2744 Fortuna parvis momentis magnas rerum commutationes efficit.
Das Glück schafftt aus kleinen Anlässen bedeutende Veränderungen.
Caesar, De bello civili 3.68,1

2745 Fortuna plus consiliis humanis pollet.
Das Schicksal vermag mehr als der Rat der Menschen.
Livius, Ab urbe condita 44.40,3

2746 Fortuna quorsum, eodem se inclinat favor.
Wem das Glück lächelt, dem winkt auch der Ruhm.
Publilius Syrus, Sententiae A161

2747 Fortuna quos miseros fecit etiam superstitiosos facit.
Wen das Schicksal elend gemacht hat, macht es auch abergläubisch.
Seneca maior, Controversiae 8.1,1

Fortuna reposcit, quod dedit. 2748
Das Schicksal fordert zurück, was es gegeben hat.
Publilius Syrus, Sententiae 295

Fortuna spondet multa multis, praestat nemini. 2749
Das Glück verspricht vielen vieles, hält es aber keinem.
Corpus Inscriptionum Latinarum 1.1010

Fortuna unde aliquid fregit, cassum est reficere. 2750
Wenn das Glück etwas zerbrochen hat, kann man es nicht wieder herstellen.
Publilius Syrus, Sententiae 171

Fortuna vitrea est: tum, cum splendet, frangitur. 2751
Das Glück ist wie Glas: Wenn es glänzt, bricht es.
Publilius Syrus, Sententiae 189

Fortunam citius reperias, quam retineas. 2752
Glück lässt sich leichter finden als festhalten.
Publilius Syrus, Sententiae 168

Fortunam sibi quisque parat. 2753
Sein Schicksal schafft jeder sich selbst.
Plautus, Trinummus 363

Fortunato omne solum patria est. 2754
Der Glückliche hat überall seine Heimat.
Walther, Proverbia sententiaeque 9902

2755 Frangar, non flectar.
Man kann mich zerbrechen, aber nicht verbiegen.
Seneca, Thyestes 200

2756 Frangenti fidem fides frangatur eidem.
Wer sein Wort nicht hält, dem braucht man nicht Wort zu halten.
Walther, Proverbia sententiaeque 9915

2757 Frangit fortia corda dolor.
Schmerz zerbricht auch starke Herzen.
Tibull, Elegiae 3.2,6

2758 Fraude perit virtus.
Tapferkeit unterliegt der Arglist.
Ovid, Fasti 2.227

2759 Fraus est celare fraudem.
Betrug zu verheimlichen ist Betrug.
Rechtsregel

2760 Frequens imitatio transit in mores.
Wiederholtes Nachahmen färbt ab.
Quintilian, Institutio oratoria 1.11,2

2761 Frequens migratio instabilis animi est.
Häufiger Ortswechsel zeugt von unruhigem Geist.
Seneca, Epistulae morales 69,1

Frequentissimum initium est calamitatis 2762
securitas.
Am häufigsten beginnt das Unheil dann, wenn man sich sicher fühlt.
Velleius Paterculus, Historia Romana, 2.118,2

Frons est animi ianua. 2763
Das Gesicht ist die Pforte zur Seele.
Cicero, Commentariolum petitionis 44

Fructibus ipsa suis, quae sit, cognoscitur 2764
arbor.
An seinen Früchten erkennt man, was für ein Baum es ist.
Panfilus 731

Fructus honos oneris, fructus honoris 2765
onus.
Ertrag der Mühe ist Ehre, Ertrag der Ehre ist Mühe.
Walther, Proverbia sententiaeque 10030

Fructus autem senectutis est, ut saepe 2766
dixi, ante partorum bonorum memoria et copia.
Die Frucht des Alters ist, wie ich oft gesagt habe, die reiche Erinnerung an früher erworbene Güter.
Cicero, Cato maior de senectute 71

2767 Frustra autem niti neque aliud se fatigando nisi odium quaerere extremae dementiae est.
Sich umsonst anzustrengen und für seine Schinderei nur Hass zu ernten ist äußerster Wahnsinn.
Sallust, Bellum Iugurthinum 3,3

2768 Frustra habet, qui non utitur.
Besitz ist vergeblich, wenn man ihn nicht nutzt.
Erasmus, Adagia 2820 (nach Homer)

2769 Frustra laborat, qui omnibus placere studet.
Vergebens müht sich ab, wer allen gefallen will.
Walther, Proverbia sententiaeque 36067

2770 Frustra legis auxilium quaerit, qui in legem committit.
Wer gegen das Gesetz verstößt, sucht vergeblich die Hilfe des Gesetzes.
Corpus Iuris Civilis, Digesta 4.4,37,1 (Tryphoninus)

2771 Frustra sapit, quicumque non sapit sibi.
Nutzlos weise ist, wer es nicht für sich selbst ist.
Walther, Proverbia sententiaeque 37070a1

Frustra sibi fidem quis postulat ab eo servari, cui fidem a se praestitam servare recusat. 2772
Vergebens wird fordern, dass man ihm Wort hält, wer sich weigert, selbst Wort zu halten.
Liber Sextus Decretalium, Regulae iuris 75

Fuga non probat delictum. 2773
Flucht ist kein Beweis für ein Vergehen.

Fugam victoria nescit. 2774
Der Sieg kennt keine Flucht.

Fuge multitudinem, fuge paucitatem, fuge etiam unum. 2775
Meide die große Masse, meide kleine Gesellschaften, meide sogar einen Einzelnen.
Seneca, Epistulae morales 10,1

Fugienda petimus. 2776
Wir jagen dem nach, was wir meiden sollten.
Seneca, Phaedra 699

Fugiendo ferme in media fata incurritur. 2777
Auf der Flucht rennt man meist ins Unheil.
Publilius Syrus, Sententiae A310

fumos vanos vendere 2778
leeren Rauch verkaufen
Matial, Epigrammata 4.5,7

Fumus ignem. 2779
Der Rauch zeigt das Feuer.
Cicero, Partitiones oratoriae 34

2780 Funera plango, fulgura frango, sabbata pango, / Excito lentos, dissipo ventos, placo cruentos.
Ich beklage die Toten, breche die Blitze, künde die Feiertage an, sporne die Langsamen an, vertreibe die Winde, besänftige die Grausamen.
Inschrift auf Glocken

2781 Funiculis ligatum vel puer verberat.
Einen Gefesselten verprügelt selbst ein Kind.

2782 Fur male furatur, cum fur domui dominatur.
Wo ein Dieb Hausherr ist, ist schlecht stehlen.
Walther, Proverbia sententiaeque 10101

2783 Furor cogit sequi / peiora.
Der Wahn treibt dazu, dem Schlechtern zu folgen.
Seneca, Phaedra 178–179

2784 Furor fit laesa saepius patientia.
Geduld wird Wut, wenn sie oft missbraucht wurde.
Publilius Syrus, Sententiae 178

2785 Furor indomitus cito pericli obliscitur.
Unbeherrschte Wut vergisst schnell die Gefahren.
Publilius Syrus, Sententiae A311

Futura pungunt nec se superari sinunt. 2786
Die Zukunft beunruhigt und lässt sich nicht beherrschen.
Publilius Syrus, Sententiae 177

G

Gallus in sterquilinio suo plurimum potest. 2787
Auf seinem Misthaufen ist der Hahn der Größte.
Seneca, Apocolocyntosis 7,3

Gaudeamus igitur, iuvenes dum sumus. 2788
Freuen wir uns, solange wir noch jung sind.

Gaudia non remanent, sed fugitiva volant. 2789
Freude lässt sich nicht halten, sondern fliegt davon.
Matial, Epigrammata 1.15,8

Gaudia principium nostri sunt saepe doloris. 2790
Freude steht oft am Anfang unseres Leids.
Ovid, Metamorphoses 7.796

Gaudium est miseris socios habere poenarum. 2791
Es freut die Unglücklichen, dass andere mit leiden.
Bebel, Proverbia Germanica 237

2792 Geminat peccatum, quem delicti non pudet.
Wer sich sein Vergehens nicht bereut, verdoppelt seine Schuld.
Publilius Syrus, Sententiae A296

2793 Generatio est medium inter esse et non esse.
Das Werden ist die Mitte zwischen Sein und Nichtsein.
Auctoritates, Aristoteles, Metaphysica 46

2794 Generatio est mutatio de non esse ad esse.
Zeugung ist der Wandel vom Nichtsein zum Sein.
Auctoritates, Aristoteles, Physica 152

2795 Generatio unius est corruptio alterius.
Das Entstehen des einen ist das Vergehen des anderen.
Auctoritates, Aristoteles, Metaphysica 45

2796 genius loci
der an einem Ort herrschende Geist

2797 Genus non perit.
Die Gattung geht nicht unter.
Rechtsregel

2798 Genus omne vatum est appetens pecuniae.
Das ganze Geschlecht der Priester giert nach Geld.
Walther, Proverbia sententiaeque 10283

Genus servitutis est coacta libertas. 2799
Aufgezwungene Freiheit ist eine Art der Sklaverei.
Pseudo-Quintilian, Declamationes maiores 7,4

Gigni / de nihilo nihil, in nihilum nil posse reverti. 2800
Aus nichts wird nichts, und nichts kann wieder zu nichts werden.
Persius, Saturae 3,82–83 (nach Lukrez)

Gladiator in harena consilium capit. 2801
Der Gladiator fasst seinen Entschluss erst in der Arena.
Seneca, Epistulae morales 22,1

Gladium dedisti, qui se occideret. 2802
Du hast ihm das Schwert gereicht, damit er tötet.
Plautus, Trinummus 129

Gloria cuique sua est. 2803
Jeder genießt seinen Ruhm.
Tibull, Elegiae 1.4,77

Gloria est scientis stupor ignorantium. 2804
Der Ruhm des Gelehrten ist das Staunen der Laien.
Sententiae Varronis 133

Gloria fugientes magis sequitur. 2805
Ehre folgt dem, der sie flieht.
Seneca, De beneficiis 5.1,4

2806 Gloria in excelsis Deo, et in terra pax hominibus bonae voluntatis.
Ehre sei Gott in der Höhe, und Frieden auf Erden den Menschen seines Wohlgefallens.
Vulgata, Evangelium secundum Lucam 2,14 (sog. großes Gloria)

2807 Gloria Patri et Filio et Spiritui Sancto. Sicut erat in principio et nunc et semper et in saecula saeculorum. Amen.
Ehre sei dem Vater und dem Sohn und dem Heiligen Geist! Wie es war im Anfang, jetzt und immerdar und von Ewigkeit zu Ewigkeit. Amen.
Ambrosius, De institutione virginis 17,114

2808 Gloria vanum et volubile quiddam est auraque mobilius.
Ruhm ist etwas Eitles und Flüchtiges, beweglicher als Luft.
Seneca, Epistulae morales 123,16

2809 Gloria virtutem tamquam umbra sequitur.
Der Ruhm folgt der Leistung wie ihr Schatten.
Cicero, Tusculanae disputationes 1.109

2810 Gloriam qui spreverit, veram habebit.
Wer eitlen Ruhm verachtet, wird echten gewinnen.
Livius, Ab urbe condita 22.39,20

Gramina non tangunt, feriunt sed fulmina quercus. 2811
Das Gras rührt der Blitz nicht an, doch er schlägt in die Eichen.
Dracontius, Controversia 312

Grammatici certant et adhuc sub iudice lis est. 2812
Darüber streiten die Gelehrten, und noch ist der Streit nicht entschieden.
Horaz, De arte poetica 78

Grande aliquid caveas timido committere cordi. 281
Hüte dich, mit Furcht im Herzen Großes zu beginnen.
Monosticha Catonis 4

Grande doloris / ingenium est miserisque venit sollertia rebus. 281
Groß ist die Erfindungsgabe des Schmerzes und der Not kommt Geschicklichkeit entgegen.
Ovid, Metamorphoses 6.574–575

Grande solacium est cum universo rapi. 281
Es ist ein großer Trost, mit der ganzen Welt unterzugehen.
Seneca, De providentia 5,8

Grandia per multos tenuantur flumina rivos. 281
Große Ströme werden durch viele Arme schwach.
Ovid, Remedia amoris 445

2817 Grata rerum novitas.
Neues ist willkommen.
Ovid, Epistulae ex Ponto 3.4,51

2818 Grata superveniet, quae non sperabitur, hora.
Angenehm überrascht die Stunde, die man nicht erwartet hat.
Horaz, Epistulae 1.4,14

2819 Gratia gratiam parit.
Freundlichkeit führt zu Freundlichkeit.
Erasmus, Adagia 34 (nach Sophokles)

2820 Gratior et pulchro veniens in corpore virtus.
In einem schönen Körper erscheint die Tugend noch reizvoller.
Vergil, Aeneis 5.344

2821 Gratis donato non spectes ora caballo.
Einem geschenkten Gaul schaut man nicht ins Maul.
Walther, Proverbia sententiaeque 10449

2822 Gratius ex ipso fonte bibuntur aquae.
Direkt an der Quelle schmeckt das Wasser angenehmer.
Ovid, Epistulae ex Ponto 3.5,18

2823 Gratum nobis fit beneficium, cuius colimus et veneramur auctorem.
Willkommen ist uns eine Gabe von dem, den wir lieben und achten.
Ennodius, Epistulae 2.1

Gratus debet esse, qui accepit 2824
beneficium.
Wer eine Wohltat empfangen hat, muss dankbar sein.
Cicero, De provinciis consularibus 41

Gratus sum, non quia expedit, sed quia 2825
iuvat.
Ich bin dankbar, nicht weil es mir nützt, sondern weil es mich freut.
Seneca, Epistulae morales 81,20

Grave crimen, etiam leviter cum est 2826
dictum, nocet.
Ein schwerer Vorwurf ist schädlich, auch wenn er leicht über die Lippen kommt.
Publilius Syrus, Sententiae 202

Grave est enim homini pudenti petere 2827
aliquid magnum ab eo, de quo se bene meritum putet.
Einem feinfühligen Mann fällt es schwer, den um etwas Größeres zu bitten, um den er sich verdient gemacht zu haben glaubt.
Cicero, Ad familiares 2.6,1

Grave est enim, quod fronte laeta 2828
dederis, tristi recipere.
Es tut weh, mit finsterer Miene zurückzunehmen, was man mit fröhlicher Miene gegeben hat.
Publilius Syrus, Sententiae 666

2829 Grave est sapienti offendere, ubi alterum reperit incidisse.
Es fällt einem Weisen schwer, zu tadeln, wenn er erkennt, dass sein Gegenüber Fehler begangen hat.
Cassiodor, Variae 8.20,6

2830 Grave et immutabile sanctis / pondus adest verbis et vocem fata sequuntur.
Heilige Worte haben ein schweres und unwandelbares Gewicht, und die Geschicke folgen den Worten.
Statius, Theb ais 1.212–213

2831 Grave ipsius conscientiae pondus.
Schwer wiegt die Last des eigenen Gewissens.
Cicero, De natura deorum 3.85

2832 Grave praeiudicium est, quod iudicium non habet.
Ein Vorurteil ist schlimm, weil ihm das Urteil fehlt.
Publilius Syrus, Sententiae 194

2833 Gravior est labor, ubi nullus est effectus.
Ziemlich schwer ist eine Arbeit, wenn sie ohne Wirkung bleibt.
Caecilius Balbus, Sententiae (W) 52A

Gravis animus dubiam non habet 2834
sententiam.
Wer ernsthaft entschlossen ist, kann nicht schwanken.
Publilius Syrus, Sententiae 197

Gravis est inimicus, si qui latet in 2835
pectore.
Schlimm ist der Feind, wenn er in unserer Brust lauert.
Publilius Syrus, Sententiae 200

Gravis malae conscientiae lux est. 2836
Ein schlechtes Gewissen erträgt das Licht der Sonne nicht.
Seneca, Epistulae morales 122,14

Gravissima infamia est medici opus 2837
quaerere.
Die schlimmste Gemeinheit eines Arztes ist, wenn er sich Arbeit verschafft.
Seneca, De beneficiis 6.36,2

Gravissimum est imperium 2838
consuetudinis.
Die Macht der Gewohnheit lastet schwer.
Publilius Syrus, Sententiae 201

Gravius est malum omne, quod sub 2839
aspectu latet.
Recht schwer ist jedes Übel, das sich dem Blick entzieht.
Publilius Syrus, Sententiae 198

2840 Gravius nocet, quodcumque inexpertum accidit.
Ein Unglück, das den Unerfahrenen trifft, richtet schwereren Schaden an.
Publilius Syrus, Sententiae 199

2841 Gubernatorem in tempestate, in acie militem intellegas.
Den Steuermann erkennt man im Sturm, den Soldaten in der Schlacht.
Seneca, De providentia 1,4,5

2842 Gula plures occidit quam gladius.
Die Gurgel hat schon mehr Leute umgebracht als das Schwert.
Walther, Proverbia sententiaeque 10498a

2843 Gutta cavat lapidem, consumitur anulus usu.
Der Tropfen höhlt den Stein, der Ring nutzt sich ab beim Tragen.
Ovid, Epistulae ex Ponto 4.10,5

44 Gutta cavat lapidem non vi, sed saepe cadendo; / sic addiscit homo, non vi, sed saepe legendo.
Der Tropfen höhlt den Stein nicht mit Gewalt, sondern durch häufiges Fallen; so lernt der Mensch hinzu, nicht mit Gewalt, sondern durch häufiges Lesen.
Walther, Proverbia sententiaeque 10508

H

h. c. (honoris causa) 2845
ehrenhalber

Habeas tibi. 2846
Behalt es für dich.
Plautus, Stichus 615

Habemus papam. 2847
Wir haben einen Papst.

Habens unam virtutem habet omnes. 2848
Wer eine Tugend hat, hat alle Tugenden.
Auctoritates, Aristoteles, Ethica 120

Habent locum male dicti crebrae nuptiae. 2849
Häufige Hochzeiten sind wie üble Nachreden.
Publilius Syrus, Sententiae 223

Habes amicos, quia amicus ipse es. 2850
Du hast Freunde, weil du selbst ein Freund bist.
Plinius, Panegyricus 85,2

Habet enim praeteriti doloris secura recordatio delectationem. 2851
Mit Freude erinnert man sich an vergangene Leiden.
Cicero, Ad familiares 5.12,4

2852 Habet enim quendam aculeum contumelia, quem pati prudentes ac viri boni difficillime possunt.
Eine Beleidigung hinterlässt einen Stachel, den kluge und tapfere Männer nur schwer ertragen können.
Cicero, In Verrem 2.3,95

2853 Habet et nox suas voluptates.
Auch die Nacht hat ihre Freuden.
Pseudo-Seneca, De remediis fortuitorum

2854 Habet et sua gaudia pauper.
Auch ein Armer hat seine Freuden.
Palingenius, Zodiacus vitae 2.380

2855 Habet has vices condicio mortalium, ut adversa ex secundis, ex adversis secunda nascantur. Occultat utrorumque semina deus, et plerumque bonorum malorumque causae sub diversa specie latent.
Der Mensch ist dem Wechsel ausgesetzt, so dass aus Glück Unglück, aus Unglück Glück entsteht. Die Anfänge von beidem lässt Gott im Dunkeln, und meist verbergen sich die Ursachen von Gut und Böse hinter der Maske des Gegenteils.
Plinius, Panegyricus 5,9

Habet hoc primum magna fortuna, quod nihil tectum, nihil occultum esse patitur. 2856
Eine hohe gesellschaftliche Stellung bringt mit sich, dass sie nichts verborgen, nichts vertraulich sein lässt.
Plinius, Panegyricus 83,1

Habet hoc sollicitudo, quod omnia necessaria putat. 2857
Das hat Sorge an sich, dass sie alles Mögliche für unbedingt nötig hält.
Plinius, Epistulae 6.9,1

Habet hoc vitium omnis ambitio: non respicit. 2858
Den Fehler hat jeder Ehrgeiz: er blickt nicht zurück.
Seneca, Epistulae morales 73,3

Habet in adversis auxilia, qui in secundis commodat. 2859
Im Unglück findet Hilfe, wer im Glück sie selber leistet.
Publilius Syrus, Sententiae 208

Habet suum venenum blanda oratio. 2860
Schmeichelnde Worte haben ihr eigenes Gift.
Publilius Syrus, Sententiae 214

Habitus non facit monachum. 2861
Das Gewand macht noch keinen Mönch.
Walther, Proverbia sententiaeque 10534a

2862 Hac urget lupus, hac canis.
Hier droht der Wolf und dort der Hund.
Horaz, Sermones 2.2,64

2863 Hae nugae seria ducent.
Diese Bagatellen erhalten Gewicht.
Horaz, De arte poetica 451

2864 Haec est altissima et utilissima lectio: sui ipsius vera cognitio et despectio.
Es ist die höchste und nützlichste Lehre: sich selbst wahrhaft erkennen und gering schätzen.
Thomas a Kempis, Imitatio Christi 1.2,16

2865 haec facere et illa non omittere
das eine tun und das andere nicht lassen
Vulgata, Evangelium secundum Matthaeum 23,23

2866 Haec fortasse tua.
Das könnte deine Stunde sein.
Inschrift auf Sonnenuhren

2867 Haec optanda civitatibus bona maxima: pax, libertas, concordia.
Diese Güter sind den Städten am meisten zu wünschen: Friede, Freiheit, Eintracht.
Inschrift am Hohen Tor in Danzig

Haec sit propositi nostri summa; 2868
quod sentimus loquamur: quod loquimur, sentiamus; concordet sermo cum vita.
Dies sei unser oberster Grundsatz: sagen, was wir denken, denken, was wir sagen; unsere Worte sollen mit unserem Leben übereinstimmen.
Seneca, Epistulae morales 75,4

Haec sunt namque verae humilitatis 2869
testimonia: et iniquitatem suam quemque cognoscere et cognitam voce confessionis aperire.
Das sind die Zeichen wahrer Demut: seine eigene Unzulänglichkeit zu erkennen und sie danach laut zu bekennen.
Gregorius Magnus, Moralia in Iob 22.15

Hannibal ad portas! 2870
Hannibal vor den Toren!
Cicero, Orationes Philippicae 1,11

hastas iacere, quas alius ministrat 2871
Lanzen schleudern, die ein anderer gibt
Cicero, Topica 65

Haud aequum facit, / qui quod didicit, 2872
id dediscit.
Schlecht handelt, wer verlernt, was er gelernt hat.
Plautus, Amphitruo 687–688

2873 Haud est nocens, quicumque non sponte est nocens.
Nur wer mit Absicht sündigt, sündigt wirklich.
Seneca, Hercules Oetaeus 886

2874 Haud flere honeste quisque, quod voluit, potest.
Was man gewollt hat, kann man nicht mit Anstand beklagen.
Seneca, Phaedra 1118

2875 Haud igitur redit ad nihilum res ulla.
Kein Ding kehrt in nichts zurück.
Lukrez, De rerum natura 1.248

2876 Haud semper errat fama; aliquando et elegit.
Nicht immer irrt das Gerücht, manchmal zeichnet es aus.
Tacitus, De vita Iulii Agricolae 9,7

2877 Haud tutum cum regibus facetiis ludere.
Mit Königen zu scherzen ist gefährlich.
Walther, Proverbia sententiaeque 10672a

2878 Haurit aquam cribro, qui discere vult sine libro.
Mit einem Sieb schöpft Wasser, wer ohne Bücher lernen will.
Walther, Proverbia sententiaeque 10675

2879 Haustus aquae mihi nectar erit.
Ein Schluck Wasser wird Nektar für mich sein.
Ovid, Metamorphoses 6.356

Hei mihi! nulla fides, nulla est 2880
constantia rebus! / Res ipsae quid sint, mobilitate docent.
Weh mir! Auf nichts ist Verlass, kein Ding hat Bestand auf Erden. Was es mit allem auf sich hat, zeigt sich in seiner Unbeständigkeit.
Hildebertus von Lavardin, De exilio 19–20

Herba cito crescit, quae fructum 2881
reddere nescit.
Eine Pflanze, die keine Frucht zu geben hat, schießt ins Kraut.
Walther, Proverbia sententiaeque 10686

Herbae tanto festinius pereunt, quanto 2882
celerius crescunt.
Je schneller sie wachsen, desto schneller welken die Pflanzen.
Isidor von Sevilla, Sententiae 2

Heredem ferre utilius est quam 2883
quaerere.
Den Erben zu ertragen ist nützlicher, als ihn zu suchen.
Publilius Syrus, Sententiae 222

Heredis fletus sub persona risus est. 2884
Das Weinen des Erben ist maskiertes Lachen.
Publilius Syrus, Sententiae 221

2885 Hereditarium putes, quicquid audisti, lucrum autem, quae inveneris.
Betrachte als ererbt, was du gehört hast, als erworben, was du selbst herausgefunden hast.
Sententiae Varronis 124

2886 Heu, dolor quam miser est, qui in tormento vocem non habet!
Ach, wie groß ist doch der Schmerz, der auch unter Qualen keine Stimme hat.
Publilius Syrus, Sententiae 211

2887 Heu, melior quanto sors tua sorte mea!
Ach, um wie viel besser ist dein Los als das meine!
Ovid, Amores 1.6,46

2888 Heu mihi, caecus amor subitam se vertit in iram.
Weh mir, verblendete Liebe schlägt plötzlich in Hass um.
Walther, Proverbia sententiaeque 10730

2889 Heu miseri, qui bella gerunt!
Wie elend sind doch die, die Kriege führen!
Lucanus, Bellum civile (Pharsalia) 4.382

2890 Heu, nihil invitis fas quemquam fidere divis!
Ach, auf die Götter ist kein Verlass, wenn sie nicht wollen!
Vergil, Aeneis 2.402

Heu, patior telis vulnera facta meis! 2891
Ach, ich leide unter den Verletzungen meiner eigenen Waffen.
Ovid, Heroides 2,48

Heu, quam difficile est crimen non prodere vultu! 2892
Wie schwer ist es, sein Vergehen nicht mit seinem Gesicht zu verraten.
Ovid, Metamorphoses 2.447

Heu, quam multa paenitenda incurrunt vivendo diu! 2893
Wie vieles, was man bereuen muss, begegnet einem im Lauf des Lebens.
Publilius Syrus, Sententiae 212

Heu, sero revocatur amor seroque iuventas, / cum vetus infecit cana senecta caput. 2894
Ach, zu spät ruft man nach Liebe, zu spät nach Jugend, wenn das Alter das Haupt grau gemacht hat.
Tibull, Elegiae 1.8,41–42

Hic est aut nusquam, quod quaerimus. 2895
Hier oder nirgendwo ist, was wir suchen.
Horaz, Epistulae 1.17,39

hic et nunc 2896
hier und heute

Hic et ubique terrarum. 2897
Hier und überall auf der Erde.
Devise der Sorbonne

2898 Hic finis fandi.
Des Redens Ende
Vergil, Aeneis 10.116

2899 Hic iacet …
Hier ruht …

2900 Hic liber est, qui se sibi vindicat.
Frei ist, wer sich zu seinem Eigentum bekennt.
Balde, Carmina Lyrica 2.10,45

2901 Hic locus est, partis ubi se via findit in ambas.
Hier ist die Stelle, wo der Weg in zwei Richtungen geht.
Vergil, Aeneis 6.540

2902 Hic manebimus optime.
Hier ist am besten bleiben.
Livius, Ab urbe condita 5.55,2

2903 Hic mea non fulgit virtus sine lumine Phoebi.
Ohne das Licht der Sonne bleibt meine Tugend hier im Dunkeln.
Inschrift auf Sonnenuhren

2904 Hic murus aeneus esto: / nil conscire sibi, nulla pallescere culpa.
Dies sei mein Schutz: sich nichts vorzuwerfen haben und vor keiner Schuld zu erblassen.
Horaz, Epistulae 1.1,60–61

Hic porci cocti ambulant. 2905
Hier laufen gebratene Schweine umher.
Petron, Satyricon 45,4

Hic quiescit, qui numquam quievit; nunc laborare desiit. 2906
Hier ruht, wer nie geruht hat, jetzt hat er zu arbeiten aufgehört.

Hic Rhodus, hic saltus! 2907
Hier ist Rhodos, hier springe!
Erasmus, Adagia 2228 (nach Apostolios)

Hic sto: aliter non possum: Deus me iuvet, Amen. 2908
Hier stehe ich, ich kann nicht anders, Gott helfe mir. Amen.
Luther zugeschrieben (1519)

Hic terminus haeret. 2909
Hier steht das Ziel.
Vergil, Aeneis 4.613 (Wahlspruch des Erasmus)

Hic tu fallaci nimium ne crede lucernae: / Iudicio formae noxque merumque nocent. 2910
Trau nicht zu sehr der trügerischen Lampe: Bei der Beurteilung der Schönheit trügen Nacht und Wein.
Ovid, Ars amatoria 1.245–246

Hic vivimus ambitiosa / paupertate omnes. 2911
In schwelgerischer Armut leben wir alle hier.
Juvenal, Saturae 3,182–183

2912 Hilarem enim datorem diligit Deus.
Einen fröhlichen Geber hat Gott lieb.
Vulgata, Epistula ad Corinthios 2.9,7

2913 Hinc illae lacrumae!
Daher die Tränen.
Terenz, Andria 126

2914 Hinc omne principium, huc refer exitum!
Von hier nimm den Anfang, hierauf bezieh das Ende!
Horaz, Carmina 3.6,6

2915 Hirundines aestivo tempore praesto sunt, frigore pulsae recedunt. Ita falso amici.
Im Sommer sind die Schwalben da; von der Kälte vertrieben, ziehen sie davon. So auch falsche Freunde.
Rhetorica ad Herennium 4.61

2916 Historia vero testis temporum, lux veritatis, vita memoriae, magistra vitae, nuntia vetustatis.
Die Geschichte ist Zeugnis der Vergangenheit, Licht der Wahrheit, lebendige Erinnerung, Lehrerin des Lebens, Zeugin des Altertums.
Cicero, De oratore 2.36

Hoc agamus, ut quemadmodum pretiosa rerum sic vita nostra non multum pateat, sed multum pendeat. 2917
Lass uns danch streben, dass unser Leben wie Pretiosen nicht viel Platz braucht, aber viel Gewicht hat.
Seneca, Epistulae morales 93,4

Hoc age! 2918
Pass auf!

Hoc animo semper fui, ut invidiam virtute partam gloriam, non invidiam putarem. 2919
Ich war immer der Meinung, Hass, den man sich durch tapferes Handeln zugezogen hat, für Anerkennung und nicht für Hass zu halten.
Cicero, In Catilinam 1,29

Hoc est melius, quod honestius. 2920
Besser ist, was ehrenvoller ist.
Caecilius Balbus, Sententiae (W) 1,18

Hoc exhibe, quod tibi optaveris exhiberi. 2921
Tu das, was du wünschst, dass man es dir tue.

Hoc feci, dum licuit, intermisi, quoad non licuit. 2922
Das habe ich getan, solange es erlaubt war, und unterlassen, als es nicht erlaubt war.
Cicero, Orationes Philippicae 3,33

2923 Hoc habet!
Der Hieb sitzt!

2924 Hoc in omni vitae genere teneamus, ut nobis implacabiles simus.
In jeder Lebenslage wollen wir den Grundsatz befolgen, gegen uns selbst ohne Nachsicht zu sein.
Plinius, Epistulae 8.22,3

2925 Hoc ipsum argumentum est in melius translati animi, quod vitia sua, quae adhuc ignorabat, videt.
Das ist der Beweis für die Besserung der Gesinnung, dass man eigene Fehler sieht, von denen man bisher nichts wusste.
Seneca, Epistulae morales 6,1

2926 Hoc ipsum nihil agere et plane cessare delectat.
Gerade das erfreut mich: nichts zu tun und völlig untätig zu sein.
Cicero, De oratore 2.24

2927 hoc loco
an dieser Stelle

2928 Hoc magis premere ab ira, quo minus iram presseris.
Der Zorn setzt einen umso mehr unter Druck, je weniger man den Zorn unterdrückt.
Publilius Syrus, Sententiae A224

Hoc multum est: velle servari. 2929
Damit ist viel erreicht: geheilt werden zu wollen.
Seneca, Epistulae morales 52,3

Hoc nempe ab homine exigitur, ut 2930
prosit hominibus: si fieri potest, multis; si minus, paucis; si minus, proximis; si minus, sibi.
Das wird doch vom Menschen verlangt, dass er seinen Mitmenschen nützt: wenn es möglich ist, vielen, sonst, wenigen, sonst, den Nahestehenden, sonst, sich selbst.
Seneca, De otio 3,5

Hoc nobis vitium maximum est, cum 2931
amamus, tum perimus.
Das ist unser größter Fehler: wenn wir lieben, gehen wir daran zugrunde.
Plautus, Truculentus 190

hoc nomine 2932
in diesem Sinn

Hoc patrium est, potius consuefacere 2933
filium / sua sponte recte facere quam alieno metu.
Das ist die Aufgabe der Väter, ihren Sohn daran zu gewöhnen, eher von sich aus recht zu handeln als aus Furcht vor anderen.
Terenz, Adelphoe 74–75

2934 Hoc primum philosophia promittit: sensum communem, humanitatem et congregationem.
Das verspricht die Philosophie zuerst: Gemeinsinn, Menschlichkeit, Zusammengehörigkeit.
Seneca, Epistulae morales 5,4

2935 Hoc prudens vitat, quod post sibi taedia praestat.
Wer klug ist, meidet, was ihm später Kummer bereiten könnte.
Walther, Proverbia sententiaeque 11051

2936 Hoc, quod es pater, utere, ut memineris et hominem esse te et hominis patrem.
Sei ein Vater immer mit dem Gedanken, dass du Mensch bist und Vater eines Menschen.
Plinius, Epistulae 9.12,2

2937 Hoc scio pro certo: quoties cum stercore certo, / vinco seu vincor, semper ego maculor.
Das weiß ich sicher: immer wenn ich gegen Mist ankämpfen muss, siegreich oder nicht, immer beschmutze ich mich.
Walther, Proverbia sententiaeque 11061

2938 Hoc / scitum est, periclum ex aliis facere, tibi quod ex usu siet.
Klug ist, an anderen zu erproben, was einem nützen könnte.
Terenz, Heauton timorumenos 209–210

Hoc sensus ostendit, animus credidit. 2939
Die Sinne haben es gezeigt; der Geist hat es geglaubt.
Seneca, Epistulae morales 117,13

Hoc si crimen erit, crimen amoris erit. 2940
Wenn das ein Verbrechen sein soll, dann ist es ein Verbrechen der Liebe.
Properz, Elegiae 2.30,24

Hoc si praestare possent homines, ut 2941
suo / vellent carere, tuti posthac viverent; / haud quisquam insidias nudo faceret corpori.
Wenn die Menschen auf ihr Eigentum verzichten könnten, könnten sie danach sicher leben; niemand würde sich an einem nackten Körper vergreifen.
Phaedrus, Liber fabularum Appendix 30,10–12

Hoc signo vinces. 2942
Unter diesem Zeichen wirst du siegen.
nach Eusebios, Vita Constantini 1,28

Hoc tibi soli putas accidisse et admiraris 2943
quasi rem novam, quod peregrinatione tam longa et tot locorum varietatibus non discussisti tristitiam gravitatemque mentis? Animum debes mutare, non caelum.
Du glaubst, nur dir allein sei es so ergangen, und bestaunst es als etwas Neuartiges, dass es dir mit einer so langen Reise und so häufigem Ortswechsel nicht gelungen ist, deine Trauer und deine Schwermut loszuwerden?

Deine Einstellung musst du wechseln, nicht die Himmelsgegend.
Seneca, Epistulae morales 28,1

2944 Hoc uno modo sapiens se laudat, quae in ipso apparent bona, in aliis admirando.
Allein dadurch belobigt sich der Weise, dass er das Gute, das er selbst zum Ausdruck bringt, an anderen bewundert.
Sententiae Varronis 143

2945 Hoc unum scio, id est nihil scire.
Ich weiß, dass ich nichts weiß.
nach Sokrates

2946 Hoc unum scio: omnium mortalium opera mortalitate damnata sunt, inter peritura vivimus.
Eines weiß ich: Alle Sterblichen sind zum Sterben verurteilt, wir leben mitten im Verfall.
Seneca, Epistulae morales 91,12

2947 Hoc volo, sic iubeo: sit pro ratione voluntas.
So will ich es, so befehle ich: mein Wille ist Grund genug.
Juvenal, Saturae 6,223

2948 Hodie mihi, cras tibi.
Heute mir, morgen dir.

2949 Hodie nullus, cras maximus.
Heute ein Nichts, morgen der Größte.

Homine imperito numquam quicquam iniustius est, / qui, nisi quod ipse fecit, nil rectum putat. 2950
Es gibt nichts Ungerechteres als einen unerfahrenen Menschen, der nichts für recht hält, was er nicht selbst getan hat.
Terenz, Adelphoe 98–99

Hominem etiam frugi flectit saepe ocasio. 2951
Auch einen ordentlichen Menschen wirft die Gelegenheit aus der Bahn.
Publilius Syrus, Sententiae 228

Hominem experiri multa paupertas iubet. 2952
Die Armut lässt den Menschen viele Erfahrungen machen.
Publilius Syrus, Sententiae 210

Hominem quaero. 2953
Einen Menschen suche ich.
Diogenes bei Diogenes Laertios 6.2,41

Hominem sociale animal communi bono genitum videri volumus. 2954
Wir wollen, dass der Mensch als soziales Wesen gilt, das zum Gemeinwohl geschaffen ist.
Seneca, De clementia 1.3,2

Hominem te memento! 2955
Bedenke, dass du nur ein Mensch bist.
Tertullian, Apologeticum 33,4

2956 Homines amplius oculis quam auribus credunt.
Die Menschen trauen ihren Augen mehr als ihren Ohren.
Seneca, Epistulae morales 6,5

2957 Homines dum docent, discunt.
Beim Lehren lernt man.
Seneca, Epistulae morales 7,8

2958 Homines enim ad deos nulla re propius accedunt quam salutem hominibus dando.
In nichts sind die Menschen den Göttern näher, als wenn sie dem Wohl der Menschen dienen.
Cicero, Pro Ligario 38

2959 Homines enim, cum rem destruere non possunt, iactationem eius incessunt.
Wenn die Leute etwas nicht herabsetzen können, klagen sie den an, der damit angibt.
Plinius, Epistulae 1.8,15

2960 Homines enim malunt exempla quam verba, quia loqui facile est, praestare difficile.
Die Menschen ziehen Taten den Worten vor, denn reden ist leicht, sich danach verhalten schwer.
Lactantius, Divinae institutiones 4.23,8

Homines quo plura habent, eo cupiunt 2961
ampliora.
Je mehr die Menschen besitzen, desto mehr wünschen sie sich.
Justinus, Epitoma historiarum Philippicarum 6.1,1

Homines ratione gaudentes, oratione 2962
pollentes, immortalibus animis, moribundis membris, levibus et anxiis mentibus, brutis et obnoxiis corporibus, dissimillimis moribus, similibus erroribus, pervicaci audacia, pertinaci spe, casso labore, fortuna caduca, singillatim mortales, cunctim tamen universo genere perpetui, vicissim sufficienda prole mutabiles, volucri tempore, tarda sapientia, cita morte, querula vita, terras incolunt.
Menschen bewohnen die Erde, stolz auf ihre Vernunft, wortgewaltig, mit unsterblichen Seelen, sterblichen Gliedern, leichten und ängstlichen Sinnen, schwerfälligen und anfälligen Körpern, von unterschiedlichstem Charakter, gleichen Fehlern, unermüdlich in ihrer Kühnheit, ausdauernd in ihrer Hoffnung, erfolglos in ihrer Arbeit, hinfällig in ihrem Glück, als Individuen sterblich, insgesamt aber als Gattung von Dauer, ständig veränderlich durch die Abfolge der Generationen, der flüchtigen Zeit unterworfen, einer erst spät kommenden Weisheit, dem schnellen Tod, einem kläglichen Leben.
Apuleius, De deo Socratis 4

2963 Homines soli animalium non sitientes bibimus.
Wir Menschen sind die einzigen Lebewesen, die trinken, ohne Durst zu haben.
Plinius maior, Naturalis historia 23.42

2964 Homini consilium tum deest, cum multa invenit.
Der Mensch ist dann ratlos, wenn er viele Ratschläge erhalten hat.
Publilius Syrus, Sententiae 229

2965 Homini misero, si ad malum accedit malum, / maior libido est fugere et facere nequiter.
Wenn sich bei einem Unglücklichen das Böse häuft, wird seine Lust größer, zu fliehen und leichtfertig zu handeln.
Plautus, Menaechmi 82–83

2966 Homini perdere hominem libet.
Der Mensch verspürt Lust, den Mitmenschen zu zerstören.
Seneca, Epistulae morales 103,2

2967 Homini plurima ex homine sunt mala.
Das meiste Leid erfährt der Mensch vom Menschen.
Plinius maior, Naturalis historia 7.5

Homini tantum primi coitus paenitentia; augurium scilicet vitae a paenitenda origine. 2968
Nur der Mensch empfindet Reue nach dem ersten Koitus; schon ein Vorzeichen für das Leben, wenn man seinen Ursprung bereut.
Plinius maior, Naturalis historia 10.171

Hominum immortalis est infamia; / etiam tum vivit, cum esse credas mortuam. 2969
Die Schande der Menschen ist unsterblich; sie lebt dann noch, wenn man sie für tot hält.
Plautus, Persa 355–356

Hominum natura novitatis ac peregrinationis avida est. 2970
Des Menschen Natur ist es, Neues zu sehen und zu reisen.
Plinius maior, Naturalis historia 17.66

Homo animal caecum et ipsum se nesciens. 2971
Der Mensch ist ein blindes Wesen, das sich selbst nicht erkennt.
Arnobius, Adversus nationes 2.74

homo antiqua virtute ac fide 2972
ein Mann von alter Tüchtigkeit und Zuverlässigkeit
Terenz, Adelphoe 442

2973 Homo doctus in se semper divitias habet.
Der gebildete Mensch hat seinen Schatz immer bei sich.
Phaedrus, Liber fabularum 4.23,1

2974 Homo enim videt ea, quae parent, Dominus autem intuetur cor.
Denn der Mensch sieht, was vor Augen liegt, Gott aber sieht das Herz an.
Vulgata, Liber Samuelis 1.16,7

2975 homo erectus
der aufrecht gehende Mensch

2976 Homo est animal bipes rationale.
Der Mensch ist ein zweifüßiges Wesen, mit Vernunft begabt.
Boethius, De consolatione philosophiae 5.p4

2977 Homo est animal politicum.
Der Mensch ist ein Gesellschaftstier.
Auctoritates, Aristoteles, Ethica 187

2978 Hos itaque deus, quos probat, quos amat, indurat, recognoscit, exercet.
Wen Gott liebt und schätzt, den macht er stark, prüft und übt ihn.
Seneca, De providentia 4,7

Hos mores habet populus, hos imperitissimus quisque: in secreta irrumpere cupit. 2979
So hat es sich beim Volk, so gerade bei den Ungebildeten eingebürgert: in Geheimes begehrt man einzudringen.
Seneca, Epistulae morales 68,4

Hos omnes amicos habere operosum est, satis est inimicos non habere. 2980
Diese alle zu Freunden zu haben wäre mühsam, es genügt, sie nicht zu Feinden zu haben.
Seneca, Epistulae morales 14,7

Hostem tuum magis cave, cum absentem putaveris, quam cum sub oculis habueris: amico vero ut praesens et absens morigera. 2981
Nimm dich vor deinem Feind mehr in Acht, wenn du ihn fern glaubst, als wenn du ihn vor Augen hast; deinem Freund aber sei immer zu Willen, sei er zugegen oder fern.
Galandus, Libellus Proverbiorum 118

Hostis est uxor, invita quae viro nuptum datur. 2982
Wie ein Feind ist eine Frau, die gegen ihren Willen mit einem Mann verheiratet wird.
Plautus, Stichus 140

Hostium munera non sunt munera. 2983
Geschenke der Feinde sind keine Geschenke.
Erasmus, Adagia 235 (nach Zenobios)

2984 Huc usque nec amplius!
Bis hierher und nicht weiter!

2985 Humana non sunt turpia.
Menschliches ist nicht schändlich.

2986 Humanae igitur inbecillitatis efficacissimum duramentum est necessitas.
Die wirksamste Abhärtung gegen menschliche Schwäche ist die Notwendigkeit.
Valerius Maximus, Facta et dicta memorabilia 2.7,10

2987 Humanitati qui se non accommodat, / plerumque poenas oppetit superbiae.
Wer sich nicht menschlich zu zeigen weiß, muss für seine Überheblichkeit büßen.
Phaedrus, Liber fabularum 3.16,1

2988 Humanum amare est, humanum autem ignoscere.
Menschlich ist es, zu lieben, aber es ist noch menschlicher, zu verzeihen.
Plautus, Mercator 319

2989 Humiles laborant, ubi potentes dissident.
Unter dem Streit der Mächtigen haben die Untertanen zu leiden.
Phaedrus, Liber fabularum 1.30,1

Humilis nec alte cadere nec graviter potest. 2990
Wer unten ist, kann weder tief noch schwer fallen.
Publilius Syrus, Sententiae 667

Humilitas ad sapientiam disponit. 2991
Demut ist das Tor zur Weisheit.
Thomas von Aquin, Quaestiones disputatae de malo 8,3

I

I. H. S. (Iesus hominum salvator / In hoc salus. / In hoc signo) 2992
Jesus, der Menschen Heiland / In diesem ist das Heil. / In diesem Zeichen

I missus, veni vocatus. 2993
Geh, wenn man dich schickt, komm, wenn man dich ruft.

I modo, venare leporem, nunc cirim tenes. 2994
Geh nur auf Hasenjagd, und du findest einen Igel.
Plautus, Captivi 184

I. N. D. (in nomine Dei) 2995
im Namen Gottes

2996 Iacet enim corpus dormientis ut mortui; viget autem et vivit animus.
Der Körper eines Schlafenden ist wie der eines Toten, aber sein Geist hat Kraft und Leben.
Cicero, De divinatione 1.63

2997 Iacta est alea.
Der Würfel ist gefallen.
nach Sueton, De vita Caesarum, Caesar 33,1

2998 Iacta super Dominum curam tuam.
Wirf dein Anliegen auf den Herrn.
Vulgata, Psalm 55,23

2999 Iactum tacendo crimen facias acrius.
Einen Vorwurf kann man durch Schweigen bitterer machen.
Publilius Syrus, Sententiae 252

3000 Iam dudum animus est in patinis.
Schon lange ist mein Geist in den Schüsseln.
Terenz, Eunuchus 816

3001 Iam enim mihi videtur adesse extremum.
Schon scheint mir das äußerste Ende erreicht.
Cicero, Ad Atticum 11.25,3

3002 Iam nunc nulla viro iuranti femina credat, / nulla viri speret sermones esse fideles.
Keine Frau soll mehr den Schwüren eines Mannes glauben, keine soll erwarten, dass die Worte eines Mannes aufrichtig sind.
Catull, Carmina 64,143–144

Iam seges est, ubi Troia fuit. 3003
Jetzt sind Saatfelder, wo einst Troja war.
Ovid, Heroides 1,53

Iam victi vicimus. 3004
Wir haben gesiegt, obwohl wir besiegt waren.
Plautus, Casina 510

ianuis clausis 3005
hinter verschlossenen Türen

Ibant, qua poterant, qua non poterant, non ibant. 3006
Sie gingen, wo sie konnten, wo sie nicht konnten, gingen sie nicht.
Charisius, Ars grammatica 271K

Ibi iacet lepus. 3007
Dort liegt der Hase.

Ibi potest valere populus, ubi leges valent. 3008
Dort kann das Volk Macht haben, wo Gesetze gelten.
Publilius Syrus, Sententiae 291

Ibi semper est victoria, ubi concordia est. 3009
Der Sieg ist immer dort, wo Einigkeit ist.
Publilius Syrus, Sententiae 289

3010 Id agas, ut ne quis merito tuo ted oderit.
Achte darauf, dass dich keiner zu Recht hasst.
Publilius Syrus, Sententiae A63

3011 Id enim agendum est, ut non verbis serviamus, sed sensibus.
Wir müssen beachten, dass wir nicht Diener der Worte sind, sondern ihrer Bedeutung.
Seneca, Epistulae morales 9,20

3012 Id enim exspectant aures, ut verbis colligetur sententia.
Die Ohren erwarten, dass sich der Gedanke mit passenden Worten verbindet.
Cicero, Orator 168

3013 Id enim maxime quemque decet, quod est cuiusque maxime suum.
Das gehört einem am meisten, was das am meisten Eigene ist.
Cicero, De officiis 1.113

3014 Id facere laus est, quod decet, non quod licet.
Löblich ist, zu tun, was sich schickt, nicht was erlaubt ist.
Pseudo-Seneca, Octavia 454

3015 Id firmissimum longe imperium est, quo oboedientes gaudent.
Die beständigste Herrschaft ist die, an der sich die Untergebenen freuen.
Livius, Ab urbe condita 8.13,16

Id late patet. 3016
Das ist ein weites Feld.
Cicero, De legibus 3.41

Id quaere, quod potes invenire, id disce, 3017
quod potes scire, id opta, quod optari coram bonis potest.
Suche, was du finden kannst, lerne, was du wissen kannst, wünsche, was man sich in Gegenwart ehrbarer Leute wünschen kann.
Bracarensis, Formula honestae vitae 1

Idcirco nihil ex semet natura creavit / 3018
foedere amicitiae maius nec rarius umquam.
Daher hat die Natur nicht Größeres und Selteneres geschaffen als das Band der Freundschaft.
Manilius, Astronomica 2.581–582

Idea est eorum, quae natura fiunt, 3019
exemplar aeternum.
Die Idee ist das ewige Vorbild dessen, was in der Natur entsteht.
Platon bei Seneca, Epistulae morales 58,19

Idem est ergo beate vivere et secundum 3020
naturam.
Glücklich und naturgemäß zu leben ist dasselbe.
Seneca, De vita beata 8,2

3021 Idem et docenti et discenti debet esse propositum, ut ille prodesse velit, hic proficere.
Lehrer wie Schüler müssen dasselbe Ziel anstreben, jener soll fördern, dieser vorankommen wollen.
Seneca, Epistulae morales 108,3

3022 Idem metus, qui cogebat fugere, fugientes morabatur.
Dieselbe Furcht, die sie zur Flucht trieb, hemmte sie bei der Flucht.
Curtius Rufus, Historiae Alexandri Magni 3.11,17

3023 Idem velle atque idem nolle, ea demum firma amicitia est.
Dasselbe wollen und dasselbe nicht wollen, das erst ist wahre Freundschaft.
Sallust, De coniuratione Catilinae 20,4

3024 Ideo difficulter ad sanitatem pervenimus, quia nos aegrotare nescimus.
Deshalb ist es für uns so schwer, gesund zu werden, weil wir nicht wissen, dass wir krank sind.
Seneca, Epistulae morales 50,4

3025 Ieiunus raro stomachus vulgaria temnit.
Ein selten hungriger Magen verachtet einfache Speise.
Horaz, Sermones 2.2,38

Ieiunus venter non vult cantare libenter. 3026
Ein leerer Magen singt nicht gern.
Walther, Proverbia sententiaeque 13086

Iesus Nazarenus Rex Iudaeorum (INRI) 3027
Jesus von Nazareth, König der Juden
Vulgata, Evangelium secundum Ioannem 19,19

Igitur primo pecuniae, deinde imperi cupido crevit: ea quasi materies omnium malorum fuere. 3028
Es wuchs zuerst die Gier nach Geld, dann nach Macht: Das war die Ursche allen Übels.
Sallust, De Catilinae coniuratione 10,3

Ignavia corpus hebetat, labor firmat; illa maturam senectutem, hic longam adolescentiam reddit. 3029
Untätigkeit schwächt den Körper, Arbeit stärkt ihn; jene sorgt für ein frühes Alter, diese verschafft eine lange Jugend.
Celsus, De medicina 1.1,1

Ignaviam quoque necessitas acuit. 3030
Die Notwendigkeit spornt auch die Feigen an.
Curtius Rufus, Historiae Alexandri Magni 5.4,31

Ignavis semper feriae sunt. 3031
Faule haben immer Ferien.
Erasmus, Adagia 1512 (nach Theokritos)

3032 Ignavus omni cessat omnis tempore.
Der Feige gibt jedem jederzeit nach.
Publilius Syrus, Sententiae A312

3033 Ignavus servos facit rector esse protervos.
Ein fauler Aufseher macht freche Sklaven.
Walther, Proverbia sententiaeque 11379

3034 ignem gladio scrutare
mit dem Schwert in der Glut herumstochern
Horaz, Sermones 2.3,276

3035 ignem igne incitare
Feuer mit Feuer anfachen
Seneca, De ira 2.20,2

3036 Ignis ab exigua nascens extinguitur unda.
Am Beginn wird ein Brand mit wenig Wasser gelöscht.
Palingenius, Zodiacus vitae 5.789

3037 Ignis aurum probat, miseria fortes viros.
Das Feuer prüft Gold, Unglück tapfere Männer.
Seneca, De providentia 5,10

3038 Ignis calorem suum etiam in ferro tenet.
Das Feuer behält seine Glut auch im Eisen.
Publilius Syrus, Sententiae 267

3039 Ignis non extinguitur igni.
Feuer lässt sich nicht mit Feuer löschen.
Erasmus, Adagia 2248 (nach Apostolios)

Ignis quo clarior fulsit, citius 3040
extinguitur.
Je heller das Feuer scheint, desto eher erlischt es.
Seneca, Ad Marciam de consolatione 23,4

Ignoramus et ignorabimus. 3041
Wir wissen es nicht und werden es nie wissen.
du Bois-Reymond, Über die Grenzen des Naturerkennens (Schlagwort des Agnostizismus)

Ignoranti quem portum petat, nullus 3042
suus ventus est.
Wer nicht weiß, welchen Hafen er anlaufen will, bekommt keinen Wind.
Seneca, Epistulae morales 71,3

Ignorantia excusat peccatum. 3043
Unkenntnis entschuldigt ein Vergehen.
Auctoritates, Aristoteles, Ethica 47

Ignorantiam allegans eam probare 3044
debet.
Wer sich auf Unkenntnis beruft, muss sie beweisen.
Damasus, Regulae canonicae 141

Ignoratio futurorum malorum utilior est 3045
quam scientia.
Unkenntnis zukünftigen Unglücks ist nützlicher als das Vorauswissen.
Cicero, De divinatione 2.23

3046 Ignoscas semper alteri, numquam tibi.
Verzeih immer dem anderen, nie dir selbst.
Caecilius Balbus, Sententiae (F) 84

3047 Ignoscendo nocentibus innocentium salutem custodire non potestis.
Wenn ihr Schuldigen vergebt, könnt ihr das Wohl der Unschuldigen nicht bewahren.
Rutilius Lupus, Schemata dinoeas et lexeos 1,9

3048 Ignoti vel ex inopinato apparentes de caelo supervenisse dicuntur.
Von Unbekannten oder unerwartet Auftauchenden sagt man, sie seien vom Himmel geschickt.
Tertullian, Apologeticum 10,9

3049 Ignoto deo.
Dem unbekannten Gott.
Vulgata, Actus Apostolorum 17,23

3050 Ignotum tibi tu noli praeponere notis: / cognita iudicio constant, incognita casu.
Gib dem Unbekannten nicht den Vorzug vor dem, was du kennst: Bekanntes gründet sich auf Erkenntnis, Unbekanntes auf Zufall.
Disticha Catonis 1.32

3051 Iis potissimum donant, qui donare maxime possunt.
Man schenkt vor allem denen, die selbst am meisten schenken können.
Plinius, Epistulae 9.30,1

Illa tranquillitas vera est, in quam bona mens explicatur. 3052
Wahre Ruhe hat man nur, wenn ein guter Sinn in ihr wirkt.
Seneca, Epistulae morales 56,6

Ille dolet vere, qui sine teste dolet. 3053
Der leidet wirklich, der ohne Zeugen leidet.
Matial, Epigrammata 1.33,4

Ille ergo scit recte dicere, qui et ordinate novit tacere. 3054
Der weiß richtig zu reden, der auch zu schweigen versteht.
Gregorius, Moralia in Iob 30.8

Ille otiosus est, cui otii sui et sensus est. 3055
In Ruhe lebt der, der auch Sinn für seine Ruhe hat.
Seneca, De brevitate vitae 12,9

Ille potens sui / laetusque deget, cui licet in diem / dixisse ›vixi‹. 3056
Als Herr seiner selbst und in Freuden lebt, wer jeden Tag sagen kann: Ich habe gelebt.
Horaz, Carmina 3.29,41–43

Ille vere pius, qui sine teste pius. 3057
Der ist wahrhaft gut, der ohne Zeugen gut ist.
Matial, Epigrammata 1.33,4

3058 Illi poena datur, qui semper amat nec amatur.
Wer immer liebt und nicht wieder geliebt wird, ist hart bestraft.
Walther, Proverbia sententiaeque 11477

3059 Illic erit fletus et stridor dentium.
Da wird sein Heulen und Zähneknirschen.
Vulgata, Evangelium secundum Matthaeum 24,51

3060 Illicita amantur, excidit, quicquid licet.
Man liebt, was nicht erlaubt ist; was erlaubt ist, verliert an Wert.
Seneca, Hercules Oetaeus 357

3061 illo ipso die
genau an jenem Tag
Cicero, In Catilinam 1,7

3062 Illo nocens se damnat, quo peccat die.
Der Schuldige verurteilt sich selbst an dem Tag, an dem er schuldig wird.
Publilius Syrus, Sententiae 260

3063 Illorum brevissima ac sollicitissima aetas est, qui praeteritorum obliviscuntur, praesentia neglegunt, de futuro timent.
Sehr kurz und sorgenvoll ist das Leben derer, die das Vergangene vergessen, die Gegenwart sich entgehen lassen und vor der Zukunft Angst haben.
Seneca, De brevitate vitae 16,1

illuc, unde negant redire quemquam 3064
dorthin, von wo, wie man sagt, niemand zurückkehrt
Catull, Carmina 3,12

Illud, quod medium est atque inter utrumque, probamus: / nec volo, quod cruciat, nec volo, quod satiat. 3065
Mir gefällt, was in der Mitte liegt und für Ausgleich sorgt, mir gefällt weder, was quält, noch, was zu satt macht.
Matial, Epigrammata 1.57,3–4

Illudque consideres, ne tua liberalitas dissolutior videatur. 3066
Achte darauf, dass deine Liebenswürdigkeit nicht als Schlafheit erscheint.
Cicero, Ad M. Brutum 1.3,3

Illum, quo laesa est, horret adire locum. 3067
Es graust ihn davor, den Ort aufzusuchen, an dem er Schaden erlitten hat.
Ovid, Tristia 1.1,86

Imago animi vultus, indices oculi. 3068
Das Gesicht ist das Abbild der Seele, die Augen ihre Kennzeichen.
Cicero, De oratore 3.221

3069 Immensa est finemque potentia caeli / non habet; et quicquid superi voluere, peractum est.
Unermesslich und ohne Grenzen ist die Macht des Himmels, und was immer die Götter gewollt haben, es ist schon vollbracht.
Ovid, Metamorphoses 8.618–619

3070 Immodica officiunt nec longo tempore durant.
Maßloses erregt Unwillen und hält nicht lange.
Palingenius, Zodiacus vitae 10.109

3071 Immodicis brevis est aetas et rara senectus; / quicquid amas, cupias non placuisse nimis.
Wer nicht Maß hält, hat ein kurzes Leben und selten ein hohes Alter; man sollte wünschen, dass das, was man liebt, nicht zu sehr gefällt.
Matial, Epigrammata 6.29,7–8

3072 immortalia mortali sermone notantes
Unsterbliches mit sterblichen Worten tadeln
Lukrez, De rerum natura 5.121

3073 Immota fides.
Unerschütterliche Treue.

Impatientia clamosa semper et querula est. 3074
Unfähigkeit ist immer mit lautem Klagen verbunden.
Cyprianus, Ad Demetrianum 19

Impellimur autem natura, ut prodesse velimus quam plurimis in primisque docendo rationibusque prudentiae tradendis. 3075
Die Natur bringt uns dazu, möglichst vielen nützen zu wollen, besonders durch Belehrung und Weitergabe vernünftiger Gedanken.
Cicero, De finibus bonorum et malorum 3.65

Impensa monumenti supervacua est; memoria nostra durabit, si vita meruimus. 3076
Die Kosten für ein Grabmal sind überflüssig; die Erinnerung an uns wird bleiben, wenn wir sie durch unser Leben verdient haben.
Plinius, Epistulae 9.19,6

Imperare sibi maximum imperium est. 3077
Sich selbst zu beherrschen ist die größte Herrschaft.
Seneca, Epistulae morales 113,30

Imperaturus omnibus eligi debet ex omnibus. 3078
Wer allen befehlen will, muss von allen gewählt werden.
Plinius, Panegyricus 7,6

3079 Imperium astringit qui nimis, solvit cito.
Wer seine Macht allzu straff ausübt, fördert ihren raschen Zerfall.
Publilius Syrus, Sententiae A260

3080 Imperium magnum est imperare ipsum sibi.
Es ist eine große Macht, seiner selbst mächtig zu sein.
Publilius Syrus, Sententiae A132

3081 Impia sub dulci melle venena latent.
Unter dem süßen Honig ist das Gift verborgen.
Ovid, Amores 1.8,104

3082 Imponit finem sapiens et rebus honestis.
Auch guten Dingen setzt der Weise Schranken.
Juvenal, Saturae 6,444

3083 Impossibile est aliquid fieri ex non ente.
Es ist unmöglich, dass aus Nichtseiendem etwas werden kann.
Auctoritates, Aristoteles, Metaphysica 83

3084 Impossibile est movens movere eo motu, quo movetur.
Was bewegt, kann unmöglich aus demselben Impuls bewegen, mit dem es selbst bewegt wird.
Auctoritates, Aristoteles, Physica 215

Imprimatur. 3085
Es darf gedruckt werden.

Improbe amor, quid non mortalia pectora cogis? 3086
Unersättliche Liebe, wozu treibst du nicht die Menschen?
Vergil, Aeneis 4.412

Improbus est homo, qui beneficium scit accipere et reddere nescit. 3087
Der Mensch ist unverschämt, der eine Wohltat zu empfangen, aber nicht zu erwidern weiß.
Plautus, Persa 762

Impudenter certa negantibus difficilior est venia. 3088
Wer schamlos sichere Tatsachen leugnet, verdient weniger Nachsicht.
Livius, Ab urbe condita 30.42,14

Imputes convicium tibi cum malis convivium. 3089
Umgang mit Bösen musst du dir als Schimpf anrechnen lassen.
Caecilius Balbus, Sententiae (F) 87

in absentia 3090
in Abwesenheit

3091 in adulationem compositus
zum Schmeicheln aufgelegt
Curtius Rufus, Historiae Alexandri Magni 4.7,26

3092 in aere aedificare
in der Luft bauen
Augustinus, Sermones 2,7

3093 in aere piscari, in mari venari
in der Luft fischen, auf dem Wasser jagen
Plautus, Asinaria 99–100

3094 in aeternum
für immer

3095 In alio peduclum vides, in te ricinum non vides.
Beim anderen siehst du eine kleine Laus, bei dir siehst du nicht den Holzbock.
Petron, Satyricon 57,7

3096 In amicis enim non res quaeritur, sed voluntas.
Unter Freunden geht es nicht um die Sache, sondern um den Willen.
Hieronymus, Epistulae 68,1

3097 In amore forma plus valet quam auctoritas.
In der Liebe gilt die Schönheit mehr als das Ansehen.
Publilius Syrus, Sententiae 269

3098 In amore haec omnia insunt vitia: iniuriae, / suspiciones, inimicitiae, indutiae, / bellum, pax rursum.
In der Liebe sind alle diese Übel: Beleidigung, Verdächtigung, Feindseligkeit, Waffenstillstand, Krieg und auch wieder Friede.
Terenz, Eunuchus 54–56

3099 In amore haec sunt mala: bellum, / pax rursum.
Das ist das Übel in der Liebe: Krieg, wieder Friede.
Horaz, Sermones 2.3,267–268

3100 In amore semper causa damni quaeritur.
In der Liebe sucht man immer nach Dingen, die sie einschränken.
Publilius Syrus, Sententiae 274

3101 In amore semper mendax iracundia est.
Zorn ist in der Liebe immer verlogen.
Publilius Syrus, Sententiae 247

3102 In aqua scribis.
Du schreibst auf Wasser.
Catull, Carmina 70,4

3103 in armis
unter Waffen

3104 In audaces non est audacia tuta.
Gegen Mutige ist Mut keine Sicherheit.
Ovid, Metamorphoses 10.544

3105 in aurem utramvis dormire
auf beiden Ohren schlafen
Terenz, Heauton timorumenos 342

3106 In bello gladius, domi voluptas vulnerat.
Im Krieg verwundet das Schwert, im Frieden das Wohlergehen.
Publilius Syrus, Sententiae A263

3107 In bibliothecis immortales animae loquuntur.
In den Bibliotheken kommen die unsterblichen Geister zu Wort.
Plinius maior, Naturalis historia 35.9

3108 In bonae fidei contractibus ex mora usurae debentur.
Bei Kreditverträgen können Verzugszinsen fällig werden.
Corpus Iuris Civilis, Digesta 22.1,32,2 (Marcianus)

3109 In bonis exterioribus non est felicitas.
Das Glück ist nicht außerhalb von uns gemacht.
Auctoritates, Aristoteles, Politica 118

3110 In bono hospite atque amico quaestus est, quod sumitur.
Was man für einen guten Gast oder Freund aufwendet, ist gut angelegt.
Plautus, Miles gloriosus 674

in brevi 3111
in Kürze

In calamitoso risus etiam iniuria est. 3112
Bei einem Unglücklichen ist Lachen schon Kränkung.
Publilius Syrus, Sententiae 256

in camera 3113
geheim

In cauda venenum. 3114
Das Gift steckt im Schwanz.

In civitate libera linguam mentemque 3115
liberas esse debere.
In einem freien Staat müssen auch die Rede und die Gedanken frei sein.
Sueton, De vita Caesarum, Tiberius 28

In cognitione fidei desiderium hominis 3116
non quiescit. Fides enim imperfecta est cognitio.
In der Erkenntnis des Glaubens findet die Sehnsucht des Menschen keine Ruhe. Denn der Glaube ist nur unvollkommene Erkenntnis.
Thomas von Aquin, Compendium theologiae 2,1

In commune nati sumus. Societas nostra 3117
lapidum fornicationi simillima est, quae, casura nisi in vicem obstarent, hoc ipso sustinetur.
Wir sind für die Gemeinschaft geboren. Unsere Gemeinschaft gleicht einem Gewölbe aus Stein, das einstürzen würde, wenn die

einzelnen Steine sich nicht gegenseitig stützten und so das Gewölbe hielten.
Seneca, Epistulae morales 95,53

3118 In commune vivitur. Nec potest quisquam beate degere, qui se tantum intuetur, qui omnia ad utilitates suas convertit: alteri vivas oportet, si vis tibi vivere.
Man lebt in der Gemeinschaft. Niemand kann glücklich leben, der nur auf sich blickt, der alles auf den Nutzen für sich bezieht: Man muss für andere leben, wenn man für sich selbst leben will.
Seneca, Epistulae morales 48,2

3119 In crastinum seria.
Ernsthaftes erst morgen.
Erasmus, Adagia 3660 (nach Plutarch)

3120 In Deo spero.
Ich hoffe auf Gott.

3121 in diem vivere
in den Tag hinein leben

3122 In dubiis abstine.
In Zweifelsfällen sich enthalten.
Rechtsregel

3123 in dubio pro reo
im Zweifel für den Angeklagten
Corpus Iuris Civilis, Digesta 50.17,56 (Gaius)

in dulci jubilo 3124
in süßem Jubel
altes Weihnachtslied

In eadem es navi. 3125
Du sitzt im selben Boot.
Cicero, Ad familiares 2.5,1

In eadem re utilitas et turpitudo esse non potest. 3126
In ein und derselben Sache kann nicht Nutzen und Niedertracht liegen.
Cicero, De officiis 3.35

in eandem copulam conicere 3127
mit demselben Strick binden
Seneca, De vita beata 7,1

in effectu 3128
im Ergebnis

in effigie 3129
bildlich

In eodem prato bos herbam quaerit, canis leporem, ciconia lacertum. 3130
Auf derselben Wiese findet die Kuh das Gras, der Hund den Hasen, der Storch die Eidechse.
Seneca, Epistulae morales 108,29

3131 In eos, quos speramus nobis profuturos, non dubitamus officia conferre.
Denen, von denen wir hoffen, dass sie uns nützlich sein werden, erweisen wir ohne Bedenken einen Gefallen.
Cicero, De officiis 1.48

3132 in facto
in der Tat

3133 In fide, iustitia et fortitudine.
In Treue, Gerechtigkeit und Tapferkeit
Inschrift des bayerischen Haus-Ritterordens vom heiligen Georg

3134 In figura hominis feritas et immanitas beluae.
In der Gestalt eines Menschen stecken Rohheit und Brutalität eines Tieres.
Cicero, De officiis 3.32

3135 in fine
am Ende

3136 in flagranti
auf frischer Tat
Corpus Iuris Civilis, Codex Iustinianus 9.13,1,1

3137 In flammam flammas, in mare fundis aquas.
In die Flamme gießt du Flammen, ins Meer Wasser.
Ovid, Amores 3.2,34

in floribus 3138
in der Blüte

In foris propriis canis est audacior omnis. 3139
Im eigenen Hof ist jeder Hund mutig.
Walther, Proverbia sententiaeque 11778

in frigidum furnum panes immittere 3140
Brote in den kalten Backofen schieben
Erasmus, Adagia 3601 (nach Herodotos)

In fuga foeda mors est; in victoria gloriosa. 3141
Auf der Flucht ist der Tod schändlich, im Sieg ruhmvoll.
Cicero, Orationes Philippicae 14,32

In generalibus latet error. 3142
In allgemeinen Aussagen sind Fehler versteckt …
Rechtsregel

in genere 3143
im Allgemeinen

In girum imus nocte et consumimur igni. 3144
Wir umkreisen das Feuer bei Nacht und werden von ihm verzehrt.
Palindrom

3145 In hac re omni pede standum est.
In dieser Sache muss man auf festem Fuß stehen.
Quintilian, Institutio oratoria 12.9,18

3146 In heredis arbitrium conferri, an debeatur, non potest.
Es kann nicht ins Ermessen des Erben gestellt werden, ob etwas geschuldet wird.
Corpus Iuris Civilis, Digesta 40.5,46,4 (Ulpianus)

3147 In his excellere, quae nemo novit, pulcherrimum est in sciente miraculum.
Sich hervortun mit dem, was niemand kennt, erregt beim Kenner die größte Bewunderung.
Sententiae Varronis 132

3148 In hoc signo vinces. (I. H. S.)
In diesem Zeichen wirst du siegen.
nach Eusebios, Vita Constantini 1,28

3149 In hoc sumus sapientes, quod naturam optimam ducem tamquam deum sequimur eique paremus.
Darin bin ich weise, dass ich der Natur als der besten Führerin wie einem Gott folge und ihr gehorche.
Cicero, Cato maior de senectute 5

In homine optimum quid est? ratio: hac 3150
antecedit animalia, deos sequitur. Ratio ergo perfecta proprium bonum est, cetera illi cum animalibus satisque communia sunt.
Was ist das Beste am Menschen? die Vernunft. Mit ihr ist er den Tieren überlegen, kommt er den Göttern gleich. Vollendete Vernunft ist also sein ihm eigenes Gut, alles Übrige hat er mit Tieren und Pflanzen gemeinsam.
Seneca, Epistulae morales 76,9

In idem flumen bis descendimus et non 3151
descendimus.
Wir steigen nicht zweimal in denselben Fluss.
Heraklit bei Seneca, Epistulae morales 58,23

in infinitum 3152
bis ins Unendliche

In ipsa desperatione extrema remedia 3153
temptet.
In verzweifelter Lage muss man die äußersten Mittel versuchen.
Seneca, Epistulae morales 29,3

In ipsa securitate animus ad difficilia se 3154
praeparet et contra iniurias fortunae inter beneficia firmetur.
Gerade in Sicherheit muss man seinen Sinn auf Schwierigkeiten einstellen und sich gegen Schicksalsschläge wappnen, solange es einem gut geht.
Seneca, Epistulae morales 18,6

3155 In ipsis voluptatibus causae doloris oriuntur.
Mitten im Genuss entstehen die Ursachen des Leides.
Seneca, Epistulae morales 91,5

3156 In ista ipsa potestate inesse quiddam mali, sed bonum quod est quaesitum in ea, sine isto malo non haberemus.
Staatliche Gewalt hat etwas Böses an sich, aber ohne dieses Böse hätten wir das Gute nicht, das man mit ihr gesucht hat.
Cicero, De legibus 3.23

3157 In iudicando criminosa est celeritas.
Schnelligkeit beim Urteilen ist verbrecherisch.
Publilius Syrus, Sententiae 254

3158 In magnis fluminibus facile submergitur.
In großen Flüssen ertrinkt man gern.
Bebel, Proverbia Germanica 11

3159 In magno magni capiuntur flumine pisces.
In einem großen Fluss fängt man große Fische.
Walther, Proverbia sententiaeque 11821

3160 In maius auget fama quaevis tam vera quam falsa.
Das Gerücht bauscht sowohl Wahres als auch Falsches auf.
Walther, Proverbia sententiaeque 11823a

In malis promissis fidem non expedit observari. 3161
Bei schändlichen Versprechungen ist es nicht angebracht, Wort zu halten.
Liber Sextus Decretalium, Regulae iuris 69

In manus tuas commendo spiritum meum. 3162
In deine Hände befehle ich meinen Geist.
Vulgata, Evangelium secundum Lucam 23,46

In maxima fortuna minima licentia. 3163
In der höchsten Stellung darf man sich am wenigsten erlauben.
Walther, Proverbia sententiaeque 37429

In me omnis spes mihi est. 3164
Meine ganze Hoffnung setze ich auf mich.
Terenz, Phormio 139

in medias res 3165
mitten in die Dinge hinein, zur Sache
Horaz, De arte poetica 148

in medio clivo laborare 3166
mitten im Aufstieg in Schweiß geraten
Petron, Satyricon 47,8

In medio luto est. 3167
Er sitzt mitten im Dreck.
Plautus, Pseudolus 984

3168 In medio omnibus palma est posita.
Allen steht als Siegespreis die Palme vor Augen.
Terenz, Phormio 16–17

3169 In medio passimque coit pecus.
Das Vieh kopuliert ohne Scham in der Menge.
Ovid, Ars amatoria 2.615

3170 In medio stat virtus.
Die wahre Tugend liegt in der Mitte.
Ovid, Metamorphoses 2.137

3171 In melle sunt linguae sitae vostrae atque orationes, / facta atque corda in felle sunt sita atque acerbo aceto.
Eure Zungen und Worte sind Honig, eure Taten und Herzen Galle und Essig.
Plautus, Truculentus 178–179

3172 in memoriam
zum Gedenken

3173 In miseria vita etiam contumelia est.
Im Elend ist das Leben selbst eine Demütigung.
Publilius Syrus, Sententiae 244

3174 In misero facile fit potens iniuria.
Bei einem Unglücklichen wirkt sich Unrecht leicht gewaltig aus.
Publilius Syrus, Sententiae 277

In molle carne vepres nascuntur. 3175
In zartem Fleisch wachsen Würmer.
Petron, Satyricon 57,3

In monendo sapimus omnes. 3176
Beim Ratgeben sind wir alle weise.

In morbis quoque nihil est perniciosius 3177
quam immatura medicina.
Bei Krankheiten ist nichts schädlicher als eine zur falschen Zeit verabreichte Medizin.
Seneca, Ad Helviam matrem de consolatione 1,2

In multiloquio desunt mendacia raro. 3178
Wer viel redet, äußert auch manche Lügen.
Walther, Proverbia sententiaeque 11871

In multiloquio non deerit peccatum. 3179
Wo viele Worte sind, geht es nicht ohne Sünde ab.
Vulgata, Liber proverbiorum 10,19

In multis contra omnes sapere desipere 3180
est.
In vielem klüger sein zu wollen als alle ist nicht klug.
Sententiae Varronis 10

In multis didicit virtus, quid debeat arti, / 3181
praestat enim vires viribus ingenium.
Oft hat Tapferkeit erfahren, was sie der Geschicklichkeit verdankt, denn der Gedanke verleiht den Kräften ihre Stärke.
Quid suum virtutis 1057–1058

3182 In mundo nil constat: in orbem vertitur orbis. / Quid mirum, recti quod sit in orbe nihil?
Nichts auf der Welt steht gerade, die Welt dreht sich im Kreis. Ist es verwunderlich, dass es auf der Welt nichts Geradliniges gibt?
Owen, Epigrammata 1.49

3183 In necessariis unitas, in dubiis libertas, in omnibus autem caritas.
Im Notwendigen herrsche Einigkeit, im Zweifel Freiheit, bei allem aber die Fürsorge.

3184 In nocte consilium.
Über Nacht kommt Rat.

3185 in nomine Dei
im Namen Gottes

3186 in nuce
im Kern

3187 In nullum avarus bonus est, in se pessimus.
Der Geizige ist zu keinem gut, zu sich selbst am schlechtesten.
Publilius Syrus bei Seneca, Epistulae morales 108,9

3188 In obscuris minimum est sequendum
In dunklen Fällen ist vom Minimum auszugehen.
Liber Sextus Decretalium, Regulae iuris 30

in obscuro 3189
im Dunkeln

In occipitio oculos gerit. 3190
Er hat Augen am Hinterkopf.

In occipitio quoque habet oculos. 3191
auch hinten Augen haben
Plautus, Aulularia 64

In oculis animus habitat. 3192
In den Augen wohnt die Seele.
Plinius maior, Naturalis historia 11.145

In officio et colendo sita vitae est 3193
honestas omnis et neglegendo turpitudo.
In der Beachtung der Pflicht steckt alle Ehrbarkeit des Lebens, in ihrer Vernachlässigung alle Schande.
Cicero, De officiis 1.4

In omni adversitate fortunae 3194
infelicissimum est genus infortunii fuisse felicem.
Bei jeder Widerwärtigkeit des Schicksals ist es das schlimmste Übel, wenn man vorher glücklich war.
Boethius, De consolatione philosophiae 2.p4

3195 In omni enim arte vel studio vel quavis scientia vel in ipsa virtute optimum quidque rarissimum est.
Bei jeder Kunst oder Betätigung, bei jeder Wissenschaft oder auch bei der Tugend selbst ist das Beste am seltensten.
Cicero, De finibus bonorum et malorum 2.81

3196 In omni labore erit abundantia; verbum autem labiorum tendit tantummodo ad egestatem.
Wo man arbeitet, da ist Überfluss, wo man aber nur redet, da herrscht nur Mangel.
Vulgata, Liber proverbiorum 14,23

3197 In omni re vincit imitationem veritas.
In allen Dingen übertrifft die Wirklichkeit die Nachahmung.
Cicero, De oratore 3.215

3198 in omnibus aliquid, in toto nihil
von allem etwas, insgesamt nichts
Crotus Rubeanus, Epistulae obscurorum virorum 2.3

3199 In omnibus novis coniunctionibus interest, qualis primus aditus sit et qua commendatione quasi amicitiae fores aperiantur.
Bei allen neuen Verbindungen ist wichtig, wie der erste Schritt erfolgt und was dafür spricht, dass sich das Tor der Freundschaft öffnet.
Cicero, Ad familiares 13.10,4

In omnibus oportet imitari meliores. 3200
In allem muss man den Besseren folgen.
Auctoritates, Aristoteles, Ethica 195

In omnibus quidem legibus solam spectari oportet scribentis voluntatem. 3201
Bei allen Gesetzen muss man nur auf den Willen des Gesetzgebers achten.
Quintilian, Declamationes minores 317,2

In omnibus saeculis pauciores viri reperti sunt, qui suas cupiditates quam qui hostium copias vincerent. 3202
Zu allen Zeiten fand man weniger Männer, die über ihre Begierden wie über feindliche Heere siegten.
Cicero, Ad familiares 15.4,15

In ore fatuorum cor illorum, et in corde sapientium os illorum. 3203
Die Narren haben ihr Herz auf der Zunge, die Weisen haben ihre Zunge im Herzen.
Vulgata, Liber Ecclesiasticus 21,29

in os laudare 3204
ins Gesicht loben
Terentius, Adelphoe 269

in otio inconcusso iacere 3205
in unerschütterlicher Muße daliegen
Seneca, Epistulae morales 67,14

3206 In patria natus non est propheta vocatus.
Wer im Vaterland geboren ist, wird nicht Prophet genannt.
Walther, Proverbia sententiaeque 11918

3207 In paupertate tutum praestat vivere / quam divitiarum carpi sollicitudine.
Besser in Armut sicher leben, als sich in Sorgen um seinen Reichtum verzehren.
Phaedrus, Liber fabularum, Appendix Gudiana 9,20–21

3208 In pectore amicus, non in atrio quaeritur.
Einen Freund sucht man im Herzen, nicht im Hof.
Seneca, De beneficiis 6.34,5

3209 in perpetuum
für immer

3210 in pertusum dolium dicta ingerere
in ein löchriges Fass Worte füllen
Plautus, Pseudolus 369

3211 In plerisque rebus mediocritas optima est.
In den meisten Dingen ist die Mitte am besten.
Cicero, De officiis 1.130

3212 in portum navigare
in den Hafen einlaufen

In praeteritum subvenire ne di quidem possunt. 3213
Bei Vergangenem können nicht einmal die Götter helfen.
Plinius, Panegyricus 40,3

in primis labris animam habere 3214
das Herz auf der Zunge haben

In primis studeas moderamina ponere linguae: / et cave quid dicas, semperque libentius audi. 3215
Bemüh dich vor allem, deine Zunge zu zügeln: Sei vorsichtig beim Reden und hör immer zu.
Palingenius, Zodiacus vitae 4.770–771

In principatu commutando saepius / nil praeter domini mores mutant pauperes. 3216
Beim Wechsel der Regierenden ändert sich für die Armen nur die Eigenart des Herrn.
Phaedrus, Liber fabularum 1.15,1–2

In principio creavit Deus caelum et terram. Terra autem erat inanis et vacua, et tenebrae super faciem abyssi, et spiritus Dei ferebatur super aquas. 3217
Am Anfang schuf Gott Himmel und Erde. Die Erde aber war wüst und leer, und es war finster auf der Tiefe; und der Geist Gottes schwebte auf dem Wasser.
Vulgata, Liber Genesis 1,1

3218 In principio erat verbum.
Am Anfang war das Wort
Vulgata, Evangelium secundum Ioannem 1,1

3219 In prolem transcurrit gratia patrum.
Dankbarkeit gegenüber den Vätern geht auf die Kinder über.
Claudianus, De consulatu Stilichonis 2.51

3220 In propriis foribus canis est audacior omnis.
An der eigenen Tür ist jeder Hund mutig.
Walther, Proverbia sententiaeque 11953

3221 In propriis nemo recte iudicat, cum in passionibus sit.
In eigenen Angelegenheiten urteilt niemand richtig, weil er beteiligt ist.
Aristoteles bei Pomponazzi, Tractatus de immortalitate animae 15

3222 In prosperis non superbire, in adversis non desperare.
Im Glück nicht überheblich werden, im Unglück nicht verzweifeln.
Walther, Proverbia sententiaeque 37454

3223 In proverbium cessit.
Das ist zum Sprichwort geworden.
Plinius maior, Naturalis historia 23.41

3224 in publico
in der Öffentlichkeit

In qua laudatur, rem quisque libens 3225
operatur.
Jeder macht gern, wofür er gelobt wird.
Walther, Proverbia sententiaeque 11967

In qua mensura mensi fueritis, 3226
remetietur vobis.
Mit welcherlei Maß ihr messt, wird euch gemessen werden.
Vulgata, Evangelium secundum Matthaeum 7,2

In quatuor partes honestum dividi solet: 3227
prudentiam, iustitiam, fortitudinem et temperantiam.
In vier Teile gliedert sich das Gute: Klugheit, Gerechtigkeit, Tapferkeit und Maßhalten.
Cicero, De officiis 1.15

In quibusdam virtutes non habent 3228
gratiam, in quibusdam vitia ipsa delectant.
Bei manchen haben selbst Vorzüge keinen Reiz, bei manchen erregen sogar ihre Schwächen Wohlgefallen.
Quintilian, Institutio oratoria 11.3,178

In quo nihil boni est, ex eo nihil boni 3229
exit.
Wo nichts Gutes drin ist, kann nichts Gutes herauskommen.
Bebel, Proverbia Germanica 576

3230 In re familiari laboriosior est negligentia quam diligentia.
Im Haushalt macht Unordnung mehr Mühe als Sorgfalt.
Columella, De re rustica 12.2,3

3231 In re mala animo si bono utare, adiuvat.
Gute Absicht hilft auch bei schlechten Dingen.
Plautus, Captivi 202

3232 In rebus adversis cui praesto est consilium, non potest deesse auxilium.
Wer im Unglück Rat erhält, dem kann es nicht an Hilfe mangeln.
Rutilius Lupus, Schemata dinoeas et lexeos 2,13

3233 In rebus asperis et tenui spe fortissima quaeque consilia tutissima sunt.
In schwieriger Lage und bei wenig Hoffnung sind gerade die verwegensten Ratschläge die Erfolg versprechendsten.
Livius, Ab urbe condita 25.38,18

3234 In rebus dubiis plurimi est audacia.
In gefährlicher Lage vermag Kühnheit am meisten.
Publilius Syrus, Sententiae 259

3235 In rebus tam severis non est iocandi locus.
Ernste Dinge sind kein Ort für Scherze.
Cicero, De divinatione 2.25

In repentinis cognoscitur habitus. 3236
In unerwarteten Situationen erkennt man den Charakter.
Auctoritates, Aristoteles, Ethica 58

in saecula saeculorum 3237
bis in alle Ewigkeit
Vulgata, Liber Thobis 13,11

in saltu uno duos apros capere 3238
in einem Wald zwei Eber fangen
Plautus, Casina 476

In silentio et in spe erit fortitudo vestra. 3239
In Stillsein und Hoffen werdet ihr stark sein.
Vulgata, Liber Isaiae 30,15

in silvam ligna portare 3240
Holz in den Wald tragen
Hieronymus, Adversus Rufinum 1,17

in sinu atque in deliciis venenatam viperam habere 3241
eine Viper mit Entzücken am Busen nähren
Cicero, De haruspicum responso 50

in sinum suum conspuere 3242
auf sich selber spucken
Petron, Satyricon 74,13

In sole lucernam adhibere nihil interest. 3243
Am hellen Tag eine Laterne herumtragen bringt nichts.
Cicero, De finibus bonorum et malorum 4.29

3244 in spe
in Hoffnung

3245 in specie
im Besonderen

3246 in statu nascendi
im Zustand des Entstehens

3247 in statu quo
im gegenwärtigen Zustand

3248 In stipulis magnus sine viribus ignis.
In Stroh hat auch ein großes Feuer keine Kraft.
Vergil, Georgica 3.99

3249 in sua pellicula se tenere
sich mit seinem Fell begnügen
Matial, Epigrammata 3.16,5–6

3250 In sudore vultus tui vesceris pane.
Im Schweiße deines Angesichts sollst du dein Brot essen.
Vulgata, Liber Genesis 3,19

3251 In suis illum castris cecidit.
Er hat ihn in seinem eigenen Lager geschlagen.
Seneca maior, Controversiae 9.24,13

3252 In suo vitio quisque plectatur.
Jeder soll nach seiner Verfehlung belangt werden.
Cicero, De legibus 3.46

in suspenso 3253
in der Schwebe

In taberna quando sumus, / non 3254
curamus, quid sit humus, / sed ad ludum properamus, / cui semper insudamus.
Wenn wir in der Kneipe sind, kümmert uns nicht, was unser Grab ist, sondern wir eilen zum Spiel, bei dem wir immer in Schweiß geraten.
Carmina Burana 196,1–4

In tacito cohibe gaudia clausa sinu. 3255
Halte in stiller Brust die Freude verschlossen.
Properz, Elegiae 2.25,30

In tanta inconstantia turbaque rerum 3256
nihil, nisi quod praeteriit, certum est.
Bei der großen Unbeständigkeit und Vielfalt der Dinge ist nichts sicher, als was vorbei ist.
Seneca, Ad Marciam de consolatione 22,1

In tanta volutatione rerum humanarum 3257
nihil cuiquam nisi mors certum est; tamen de eo queruntur omnes, in quo uno nemo decipitur.
Bei diesem großen Wandel der menschlichen Dinge ist keinem etwas sicher außer der Tod; dennoch klagen alle über ihn, von dem niemand getäuscht wird.
Seneca, Epistulae morales 99,9

in tempore 3258
rechtzeitig

3259 In teneris consuescere multum est.
In jungem Alter hat die Gewöhnung große Folgen.
Vergil, Georgica 2.272

3260 in tenui labor, at tenuis non gloria
Anstrengung im Kleinen, aber kein kleiner Ruhm
Vergil, Georgica 4.6

3261 In terra non omni generantur omnia.
Nicht alles gedeiht in jedem Land.
Quintilian, Institutio oratoria 5.10,21

3262 In testamentis plenius voluntates testantium interpretantur.
Bei Testamenten wird die Absicht des Erblassers recht vollständig ausgelegt.
Corpus Iuris Civilis, Digesta 50.17,12 (Paulus)

3263 in toto
im Ganzen

3264 In toto partem non est dubium contineri.
Es besteht kein Zweifel daran, dass im Ganzen der Teil enthalten ist.
Liber Sextus Decretalium, Regulae iuris 80

3265 In trinitate robur.
Stärke in der Dreieinigkeit.
Wahlspruch Bismarcks

In tristitia hilaris, in hilaritate tristis. 3266
In Traurigkeit heiter, in Heiterkeit traurig.
Giordano Bruno, Candelaio (Motto)

In tuo potius suscipias quam alieno opere sarcinam. 3267
Belaste dich lieber im eigenen als in fremdem Interesse.
Caecilius Balbus, Sententiae (F) 89

in uno pede stare 3268
auf einem Fuß stehen
Horaz, Sermones 1.4,10

In unoquoque virorum bonorum habitat deus. 3269
In jedem guten Menschen wohnt Gott.
Seneca, Epistulae morales 41,2

in utero 3270
im Mutterleib

in utrumque paratus 3271
zu beidem gerüstet
Vergilius, Aeneis 2.61

in utrumvis dormire oculum 3272
beide Augen zudrücken
Plautus, Pseudolus 123

In varietate voluptas. 3273
In der Abwechslunf liegt das Vergnügen.
Quintilian, Institutio oratoria 9.2,63

3274 In venere semper certant dolor et gaudium.
In der Liebe kämpft immer das Leid mit der Lust.
Publilius Syrus, Sententiae 268

3275 In venere semper dulcis est dementia.
In der Liebe steckt immer ein süßer Wahnsinn.
Publilius Syrus, Sententiae 276

3276 In verbis simus faciles.
In Worten seien wir freundlich.
Bismarck

3277 in vero
in Wahrheit

3278 in viam veram inducere
auf den Weg der Wahrheit bringen
Fronto, Ad M. Caesarem 3.19

3279 In vili veste nemo tractatur honeste.
In billiger Kleidung wird niemand anständig behandelt.
Walther, Proverbia sententiaeque 12141

3280 In vino feritas.
Im Wein liegt Wildheit.
Walther, Proverbia sententiaeque 37486c1

3281 In vino veritas.
Im Wein ist Wahrheit
Plinius maior, Naturalis historia 14.141

In viscum volucres ducit cum cantibus auceps. 3282
Mit süßen Tönen lockt der Vogelfänger die Vögel auf den Leim.
Walther, Proverbia sententiaeque 12149

In vota miseros ultimus cogit timor. 3283
Äußerste Furcht zwingt die Elenden zu Gelübden.
Seneca, Agamemnon 510

In vulgus manant exempla regentum. 3284
Das Beispiel der Herrschenden greift auf das Volk über.
Claudianus, De consulatu Stilichonis 1.168

Inaestimabile bonum est suum fieri. 3285
Sich selbst zu gehören ist ein unschätzbares Gut.
Seneca, Epistulae morales 75,18

inane studium supervacua discendi 3286
die eitle Sucht, Überflüssiges zu lernen
Seneca, De brevitate vitae 13,3

Inanis venter non audit verba libenter. 3287
Ein leerer Bauch hört nicht gern zu.
Regimen sanitatis Salernitanum, Cibatio

Inanium inania consilia. 3288
Eitle Narren geben eitle Ratschläge.
Erasmus, Adagia 2429 (nach Apostolios)

3289 Inbecillus est primo omnis affectus; deinde ipse se concitat et vires, dum procedit, parat: excluditur facilius quam expellitur.
Jede Leidenschaft ist anfangs schwach, dann steigert sie sich und gewinnt im Wachsen Kraft: man kann ihr leichter den Zutritt verwehren als sie austreiben.
Seneca, Epistulae morales 116,3

3290 Incende, quod adorasti.
Verbrenne, was du angebetet hast.
Remigius von Reims bei Gregorius von Tours, Historia Francorum 2.31

3291 Incerta pro spe non munera certa relinque.
Gib sichere Habe nicht auf für eine ungewisse Hoffnung.
Walther, Proverbia sententiaeque 12176

3292 Incerte errat animus, praeterpropter vitam vivitur.
Unstet irrt unser Geist umher, man lebt aufs Geratewohl.
Ennius bei Gellius, Noctes Atticae 19.10,12

3293 Incertum est et inaequabile, quicquid ars tradit: ex aequo venit, quod natura distribuit.
Unregelmäßig und unausgewogen ist alles, was Erfahrung uns vermittelt, aus reiner Harmonie kommt, was die Natur schenkt.
Seneca, Epistulae morales 121,23

Incertum est, quid vesper ferat. 3294
Es ist nicht sicher, was der Abend bringt.
Varro, Saturae Menippeae (Titel)

Incertum est, quo loco te mors expectet, itaque tu illam omni loco expecta. 3295
Es ist ungewiss, wo dich der Tod erwartet, erwarte du ihn daher überall.
Seneca, Epistulae morales 26,7

Incertus animus dimidium est sapientiae. 3296
Ungewissheit ist die Hälfte der Weisheit.
Publilius Syrus, Sententiae 282

Incertus animus scire cum cupiat, timet. 3297
Der unsichere Geist fürchtet, obwohl er zu wissen begehrt.
Seneca, Oedipus 209

Incertus pectora versat amor. 3298
Unstet wendet Amor die Herzen hin und her.
Ovid, Ars amatoria 3.718

Incidis in Scyllam cupiens vitare Charybdim. 3299
Skylla zum Opfer fallen beim Versuch, die Charybdis zu meiden.
Walther von Châtillon, Alexandreis 5,301

Incidit in foveam, quam fecit. 3300
Er fiel in die Grube, die er gemacht hat.
Vulgata, Psalm 7,16

3301 Incipe; dimidium facti est coepisse: superfit / dimidium; rursum hoc incipe, et efficies.
Fang an; begonnen zu haben ist schon die Hälfte der Tat: es bleibt die andere Hälfte; beginn auch diese, und du wirst das Werk vollenden.
Ausonius, Epigrammata 81

3302 Incipe, parve puer, risu cognoscere matrem.
Beginne, kleiner Knabe, am Lachen deine Mutter zu erkennen.
Vergil, Bucolica 4,60

3303 Incipe pollicitis addere facta tuis!
Fang an, deinen Versprechungen Taten hinzuzufügen.
Ovid, Amores 2.16,48

3304 Incipere plurimorum est, perseverare paucorum.
Etwas zu beginnen tun viele, es vollenden wenige.
Hieronymus, Adversus Iovinianum 1.36

3305 Incipit vita nova.
Hier beginnt das neue Leben.
Dante, Vita Nova 1

Incitantur homines ad cognoscenda, 3306
quae differuntur.
Es reizt die Menschen, zu erfahren, was man ihnen vorenthält.
Plinius, Epistulae 9.27,2

Incitat praemiando. 3307
Er spornt an durch Belohnung.
Inschrift des russischen Stanislausordens

Inclusio alius est exclusio alterius. 3308
Das eine einbeziehen heißt das andere ausschließen.
Walther, Proverbia sententiaeque 12212

Incola ego sum in terra. 3309
Ich bin ein Gast auf Erden.
Vulgata, Psalm 119,19

incorrupta fides nudaque veritas 3310
unbestechliche Redlichkeit und ungeschminkte Wahrheit
Horaz, Carmina 1.24,7

Incorruptum adulescentem docere unus 3311
labor est, corruptum vel duplex vel nil proficiens. Sapiunt vasa, quicquid primum acceperunt.
Einen unverbildeten jungen Mann zu belehren, ist nur eine einzige Arbeit, einen verbildeten sogar eine doppelte oder völlig zwecklose. Gefäße riechen nach dem, was zuerst in ihnen war.
Sententiae Varronis 58

3312 incredibile dictu
unglaublich zu sagen (kaum zu glauben)
Cicero, In Verrem 2.3,129

3313 Increscunt animi, virescit vulnere virtus.
Der Mut wächst; die Tapferkeit lebt auf mit der Verwundung.
Gellius, Noctes Atticae 18.11,4

3314 Incuria sequens prioris providentiae beneficia corrumpet.
Spätere Sorglosigkeit wird den Erfolg früherer Vorsicht zunichte machen.
Apuleius, Metamorphoses 5.19,3

3315 Incurristi amens in columnas.
Wie ein Verrückter rennst du gegen Säulen an.
Cicero, Pro Scauro 45

3316 Incus maxima non metuit strepitus.
Ein großer Amboss fürchtet kein Waffengeklirr.
Erasmus, Adagia 2029 (nach Apostolios)

3317 Incustoditum captat ovile lupus.
Den Wolf zieht es zu einem unbewachten Schafstall.
Ovid, Tristia 1.6,10

3318 Inde datae leges, ne firmior omnia posset.
Gesetze wurden gemacht, damit der Stärkere nicht alles kann.
Ovid, Fasti 3.279

Inde fit, ut raro, qui se vixisse beatum / 3319
dicat et exacto contentus tempore vita / cedat uti conviva satur, reperire queamus.
So kommt es, dass wir kaum jemand finden können, der sagt, er habe glücklich gelebt, und nach Ablauf seiner Zeit zufrieden scheidet als gesättigter Gast.
Horaz, Sermones 1.1,117–119

Inde ira et lacrimae. 3320
Daher der Zorn und die Tränen.
Juvenal, Saturae 1,168

Inde plerumque eadem facta modo 3321
diligentiae, modo vanitatis, modo libertatis, modo furoris nomen accipiunt.
Daher nennt man dasselbe Verhalten machmal Umsicht, machmal Leichtsinn, manchmal Freimütigkeit, manchmal Tollkühnheit.
Plinius, Epistulae 5.9,7

Indecorant bene nata culpae. 3322
Schuld entehrt auch edle Anlagen.
Horaz, Carmina 4.4,36

3323 Indecorum est super haec omne nimium, ideoque etiam quod natura rei satis aptum est, nisi modo quoque temperatur, gratiam perdit.
Unschicklich ist zudem jedes Übermaß, und deshalb verliert alles, was am rechten Platz wäre, seine Anmut, wenn man es nicht in gewissen Grenzen hält.
Quintilian, Institutio oratoria 11.1,91

3324 Index est animi sermo morumque fidelis / haud dubio testis.
Die Sprache ist Ausdruck der Seele und zweifellos ein zuverlässiger Ausdruck des Charakters.
Palingenius, Zodiacus vitae 1.194

3325 Indicium mores nobilitatis habent.
Gute Sitten zeugen von edler Gesinnung.
Ovid, Epistulae ex Ponto 3.2,104

3326 indicta causa
ohne Gerichtsverfahren
Cicero, In Verrem 2.5,18

3327 Indigna digna habenda sunt, herus quae facit.
Was der Herr Unwürdiges tut, hat als würdig zu gelten.
Plautus, Captivi 200

Indigna putamus, quae inopinata sunt; 3328
itaque maxime commovent, quae contra spem exspectationemque evenerunt.
Für unverdient halten wir, was unerwartet kommt; daher erregt uns am meisten, was entgegen unserer Hoffnung und Erwartung eintrifft.
Seneca, De ira 2.31,1–2

Indigne vivit, per quem non vivit alter. 3329
Unwürdig lebt, wer für niemanden sorgt.
Walther, Proverbia sententiaeque 12247

Indignere licet: iuvat inconcessa voluptas. 3330
Und wenn du dich entrüstest: Ein unerlaubtes Vergnügen macht Freude.
Ovid, Amores 3.4,31

Indocilis est animi ad vitia trahi: 3331
aedificatus libris locum non relinquit iniuriis.
Sich zu Lastern hinreißen zu lassen zeugt von Unbelehrbarkeit. Wer durch Bücher innerlich gerüstet ist, lässt für Unrecht keinen Raum.
Cassiodor, Variae 3.11,5

Indulge genio, carpamus dulcia: 3332
nostrum est / quod vivis; cinis et manes et fabula fies. / Vive memor leti: fugit hora; hoc, quod loquor, inde est.
Sei nachsichtig mit deinem Sinn, lass uns die Freuden genießen; auch das gehört zu

unserem Leben. Leichnam, Asche, Gesprächsstoff wirst du sein. Lebe im Gedenken an den Tod: die Zeit entflieht, was ich spreche, ist schon vergangen.
Persius, Saturae 5,151–153

3333 Indulgendum est animo dandumque subinde otium, quod alimenti ac virium loco sit.
Man muss mit dem Geist sorgsam umgehen und ihm immer wieder Muße gönnen, damit er sich nähren und stärken kann.
Seneca, De tranquillitate animi 17,8

3334 Indupedita suis fatalibus omnia vinclis.
Alle sind in die eigenen schicksalhaften Fesseln verstrickt.
Lukrez, De rerum natura 5.876

3335 ineptiis suis plaudere
seinen Albernheiten applaudieren
Tacitus, Dialogus de oratoribus 32,7

3336 Iners malorum remedium ignorantia est.
Nutzloses gegen Übel ist die Ignoranz.
Seneca, Oedipus 515

3337 Inertes, ad quae niti nolunt, votis inhiant.
Die Faulen lechzen nach dem, was sie sich nicht erarbeiten wollen.
Sententiae Varronis 118

Inertia indicatur, cum fugitur labor. 3338
Faulheit zeigt sich, wenn man sich vor der Arbeit drückt.
Publilius Syrus, Sententiae 272

inertiae dulcedo 3339
das süße Nichtstun
Tacitus, De vita Iulii Agricolae 3,1

Inest sua gratia parvis. 3340
Das Kleine hat seinen eigenen Reiz.
volkstümlich

Inexpertis enim dulcis est pugna. 3341
Für die Unerfahrenen ist der Kampf begehrenswert.
Vegetius, Epitoma rei militaris 3.12,2

Inexspectata plus aggravant; novitas adicit calamitatibus pondus, nec quisquam mortalium non magis, quod etiam miratus est, doluit. 3342
Unerwartetes belastet mehr, Überraschendung macht die Schicksalsschläge schwer, und jeder leidet mehr unter dem Verlust dessen, was er bewundert hat.
Seneca, Epistulae morales 91,3

Infandos procul / averte sensus! 3343
Lass niederträchtige Gesinnung nicht an dich herankommen!
Seneca, Hercules furens 973–974

3344 Infantem nudum cum te natura crearit, / paupertatis onus patienter ferre memento.
Da du von der Natur als nacktes Kind geboren wurdest, denk daran, die Last der Armut geduldig zu tragen.
Disticha Catonis 1.21

3345 Infantes perhibent et stultos dicere vera.
Kinder und Narren sagen die Wahrheit.
Walther, Proverbia sententiaeque 12295

3346 Infectum nemo reddet, / quod fugiens semel hora vexit.
Niemand kann zurückholen, was die fliehende Stunde einmal mit sich genommen hat.
Horaz, Carmina 3.29,47–48

3347 Infelices, ecquid intellegitis maiorem vos famem habere quam ventrem?
Erkennt ihr Unglücklichen denn nicht, dass euer Hunger größer ist als euer Magen?
Seneca, Epistulae morales 89,22

3348 Infelix, qui multa sapit spernitque doctrinam.
Unglücklich, wer viel versteht und das Lernen verachtet.
Walther, Proverbia sententiaeque 12308

3349 Infidelis recti magister est metus.
Furcht ist ein unzuverlässiger Lehrer.
Plinius, Panegyricus 45,6

Infinita est velocitas temporis, quae 3350
magis apparet respicientibus. Nam ad praesentia intentos fallit; adeo praecipitis fugae transitus lenis est.
Die Flüchtigkeitkeit der Zeit ist ohne Ende, was noch klarer wird, wenn man zurückblickt. Denn wer nur auf die Gegenwart blickt, täuscht sich, so unmerklich eilt die Zeit.
Seneca, Epistulae morales 49,2

Infinitum ut infinitum, cum omnem 3351
proportionem aufugiat, ignotum est.
Das Unendliche als Unendliches ist deshalb unerkennbar, weil es sich jedem Vergleich entzieht.
Cusanus, De docta ignorantia 1.3

Infirmis causa pusilla nocet. 3352
Kranken schadet schon der kleinste Grund.
Ovid, Remedia amoris 730

Inflammata semel nescit mitescere 3353
virtus.
Ist sie einmal entflammt, kann Tapferkeit nicht mehr erlahmen.
Claudianus, In Rufinum 2,231

Ingenia hominum locorum situs 3354
format.
Die Umgebung formt den Geist der Menschen.
Curtius Rufus, Historiae Alexandri Magni 8.9,20

3355 Ingenii dotes corporis adde bonis!
Füge geistige Gaben zu der Schönheit des Körpers!
Ovid, Ars amatoria 2.112

3356 Ingenii vis praeceptis alitur et crescit.
Geistige Kraft wächst und gedeiht durch Regeln.
Seneca, Epistulae morales 94,30

3357 Ingeniis stimulos subdere fama solet.
Ruhm stachelt den Geist an.
Ovid, Tristia 5.1,76

3358 Ingenio pollet, cui vim fortuna negavit.
Wem das Schicksal Körperkraft verweigert hat, der zeigt geistige Stärke.
Walther, Proverbia sententiaeque 12358

3359 Ingeniosus amor portas et claustra relaxat, / vincit quicquid obest ingeniosus amor.
Einfallsreiche Liebe öffnet Tür und Schloss, alle Widerstände überwindet einfallsreiche Liebe.
Panfilus 597–598

3360 Ingenium est omnium / hominum ab labore proclive ad lubidinem.
Der Geist aller Menschen wendet sich leicht von der Mühe zur Lust.
Terenz, Andria 77–78

Ingenium mala saepe movent. 3361
Unheil bewegt oft den Geist.
Ovid, Ars amatoria 2.43

Ingenium, nisi sit studium, flos est sine 3362
fructu; / haec duo iuncta simul fructificare solent.
Genie ohne Fleiß ist eine Blüte ohne Frucht, nur zusammen können sie reiche Früchte tragen.
Walther, Proverbia sententiaeque 12376

Ingenium non vult abdi nescitque 3363
latere: / exsiliens vires pandit amatque suas.
Begabung will sich nicht verstecken und kann sich nicht verhüllen, sie zeigt sich im Licht, entfaltet sich und ihre Kraft.
Walther, Proverbia sententiaeque 12377a

Ingenium potis irritat Musa poetis. 3364
Die Muse beschwingt trunkenen Dichtern den Geist.
Properz, Elegiae 4.6,75

Ingenium probitas artemque modestia 3365
vincit.
Redlichkeit übertrifft die Begabung und Bescheidenheit die Geschicklichkeit.
Statius, Silvae 3.5,67

3366 Ingenium res / adversae nudare solent, celare secundae.
Widrige Umstände zeigen meist die wahre Gesinnung, während Glück sie verbirgt.
Horaz, Sermones 2.8,73–74

3367 Ingens telum necessitas.
Geniale Waffe ist die Notwendigkeit.
Livius, Ab urbe condita 4.28,5

3368 Ingenti turba franguntur fortia castra.
Mit einem riesigen Aufgebot schleift man auch eine Festung.
Walther, Proverbia sententiaeque 12388

3369 Ingentis irae exitus furor est, et ideo ira vitanda est non moderationis causa, sed sanitatis.
Maßloser Zorn endet in Raserei, und deshalb muss man den Zorn meiden, nicht nur der Selbstbeherrschung, sondern auch des Wohlergehens wegen.
Seneca, Epistulae morales 18,15

3370 Ingenuitas non recipit contumeliam.
Ein edles Herz kann man nicht beleidigen.
Publilius Syrus, Sententiae 240

3371 Ingenuitatem laedas, cum indignum roges.
Wenn man Unwürdige bittet, kränkt man die Würdigen.
Publilius Syrus, Sententiae 233

Ingrata sunt beneficia, quis comes est metus. 3372
Geschenke sind nicht willkommen, wenn sie Furcht auslösen.
Publilius Syrus, Sententiae 270

Ingrato homine nihil impensius est. 3373
Nichts ist teuer als Undank.
Plautus, Bacchides 394

Ingrato homine terra peius nihil creat. 3374
Nichts Schlimmeres bringt die Erde hervor als einen undankbaren Menschen.
Epigrammata Bobiensia 67,1

Ingratum gratia tarda facit. 3375
Zu spät erwiesene Wohltat macht undankbar.
Ausonius, Epigrammata 83,2

Ingratus est, qui beneficium accepisse se 3376
negat, quoc accepit; ingratus est, qui dissimulat; ingratus, qui non reddit; ingratissimus omnium, qui oblitus est.
Undankbar ist, wer bestreitet, eine Wohltat empfangen zu haben, undankbar ist, wer sie unterschlägt, undankbar, wer sie nicht erwidert, am undankbarsten von allen, wer sie vergisst.
Seneca, De beneficiis 3.1,3

Ingratus unus omnibus miseris nocet. 3377
Ein einziger Undankbarer schadet allen Unglücklichen.
Publilius Syrus, Sententiae 243

3378 Inicietque manum formae damnosa senectus, / quae strepitus passu non faciente venit.
Das Alter zerstört die Schönheit und kommt mit lautlosem Schritt.
Ovid, Tristia 3.7,35–36

3379 Inicust suis, qui sine dolore irascitur.
Ungerecht ist, wer den Seinen ohne Not zürnt.
Publilius Syrus, Sententiae A193

3380 Inimica est multorum conversatio: nemo non aliquod nobis vitium aut commendat aut imprimit aut nescientibus allinit.
Es ist von Nachteil, mit vielen zu verkehren, denn jeder empfiehlt uns etwas Schändliches oder drängt es uns auf oder belästigt uns damit, ohne dass wir es merken.
Seneca, Epistulae morales 7,2

3381 Inimici ad animum nullae conveniunt preces.
Den Sinn des Feindes rühren keine Bitten.
Publilius Syrus, Sententiae 287

3382 Inimici occulti pessimi.
Verborgene Feinde sind die schlimmsten.
Walther, Proverbia sententiaeque 12412a

3383 Inimicitiae potentium graves sunt.
Feindschaft der Mächtigen wiegt schwer.
Seneca, De providentia 3,14

Inimicitiam atque amicitiam in frontem promptam gero. 3384
Feindschaft und Freundschaft stehen mir offen auf der Stirn geschrieben.
Ennius bei Gellius, Noctes Atticae 19.8,6

Inimicitias tarde suscipe, moderate exerce, fideliter depone. 3385
Geh nur zögernd auf Feindschaft ein, übe sie maßvoll, beende sie dauerhaft.
Pseudo-Seneca, Liber de moribus 70

Inimico antiquo cave ne confidas nimis. 3386
Hüte dich, einem alten Feind zu sehr zu trauen.
Publilius Syrus, Sententiae A164

Inimico extincto pretium lacrimae non habent. 3387
Ist ein Feind gestorben, fließen keine Tränen.
Publilius Syrus, Sententiae 288

Inimico testi credi non oportuit. 3388
Dem Zeugnis eines Feindes brauchte man keinen Glauben zu schenken.
Cicero, Pro Fonteio 26

Inimicum quamvis humilem docti est metuere. 3389
Es beweist Klugheit, auch den schwachen Feind zu fürchten.
Publilius Syrus, Sententiae 255

3390 Inimicus et invidus vicinorum oculus.
Feindselig und neidisch sind die Augen der Nachbarn.
Erasmus, Adagia 2022 (nach Alkiphron)

3391 Iniqua numquam regna perpetuo manent.
Ungerechte Herrschaft hat auf Dauer keinen Bestand.
Seneca, Medea 196

3392 Iniqua raro maximis virtutibus / fortuna parcit.
Da das Schicksal ungercht ist, lässt es selten die größten Leistungen ungestraft.
Seneca, Hercules furens 325–326

3393 Inique ac pravissime aliis severissimi sumus nobis indulgentissimi.
Ungerecht und äußerst gemein sind wir zu anderen, zu uns die Nachsicht selbst.
Salvianus, De gubernatione Dei 4.2

3394 Iniquitati proxima est severitas.
Strenge ist sehr nah bei der Ungerechtigkeit.
Pseudo-Seneca, Liber de moribus 95

3395 Iniquum est collapsis manum non porrigere.
Es ist nicht gerecht, Gestrauchelten nicht die Hand zu reichen.
Seneca maior, Controversiae 1.1,14

Iniquum petendum, ut aequum feras. 3396
Man muss Ungerechtfertigtes verlangen, um Gerechtfertigtes zu bekommen.
Quintilian, Institutio oratoria 4.5,16

Initia in potestate nostra, de eventu fortuna iudicat. 3397
Der Anfang liegt in unserer Hand, den Ausgang entscheidet das Schicksal.
Seneca, Epistulae morales 14,16

Initium est salutis notitia peccati. 3398
Anfang der Rettung ist Erkenntnis der Verfehlung.
Seneca, Epistulae morales 28,9

Initium omnis peccati superbia. 3399
Am Anfang jeder Sünde steht der Hochmut.
Vulgata, Liber ecclesiasticus 10,15

Initium sapientiae timor Domini. 3400
Die Furcht des Herrn ist der Weisheit Anfang.
Vulgata, Psalm 111,10

Iniucunda sunt seria, quae non otium exhilaravit. 3401
Ernstes ist ohne Freude, wenn nicht Muße es aufheitert.
Sententiae Varronis 63

3402 Iniuria est infamia eius, qui irrogat.
Unrecht ist eine Schande für den, der es begeht.
Publilius Syrus, Sententiae A259

3403 Iniuria iniuriam cohibere licet.
Unrecht darf mit Unrecht in Schranken gehalten werden.
Rechtsregel

3404 Iniuria solvit amores.
Kränkung verwandelt Liebe in Hass.
Erasmus, Adagia 3679 (nach einem griechischen Epigramm)

3405 Iniuriam aures quam oculi facilius ferunt.
Die Ohren ertragen eine Beleidigung leichter als die Augen.
Publilius Syrus, Sententiae 265

3406 Iniuriam facilius facias, quam feras.
Unrecht lässt sich leichter zufügen als ertragen.
Publilius Syrus, Sententiae 280

3407 Iniuriam ipse facias, ubi non vindices.
Unrecht begeht man selbst, wenn man nichts davon weiß.
Publilius Syrus, Sententiae 285

3408 Iniuriam qui facturus est, iam facit.
Wer bereit ist, Unrecht zu tun, tut es bereits.
Seneca, De ira 1.3,1

Iniuriam qui fecit, numquam desinit. 3409
Wer einmal Unrecht begangen hat, hört nicht wieder damit auf.
Publilius Syrus, Sententiae A78

Iniurias fortunae, quas ferre nequeas, 3410
defugiendo relinquas.
Den Schicksalsschlägen, die man nicht ertragen kann, soll man sich durch Flucht entziehen.
Cicero, Tusculanae disputationes 5.118

Innata nobis caritas est corporis. 3411
Die Liebe zu unserem Körper ist uns angeboren.
Publilius Syrus, Sententiae A313

Innatum est cuique suis bonis gloriari; 3412
differt autem, quod sapiens apud se, imperiti in publico.
Es ist jedem angeboren, sich seiner Vorzüge zu rühmen; der Unterschied ist nur, dass der Kluge es für sich tut, die Dummen öffentlich.
Sententiae Varronis 107

Innocentia securitatem affert. 3413
Die Unschuld verschafft Sicherheit.
Curtius Rufus, Historiae Alexandri Magni 6.10,14

Innocentiae plus periculi quam honoris 3414
est.
Unbescholtenheit bringt mehr Gefahr als Ehre.
Sallust, Bellum Iugurthinum 31,1

3415 Innumerabiles viae sunt, quibus palam aut clanculo properatur ad quaestum; et quem non subigit amor pecuniae, interdum superat cupiditas specierum.
Zahllos sind die Wege, auf denen man offen oder geheim sich zu bereichern strebt, und wen nicht die Liebe zum Geld treibt, den beherrscht die Gier nach schönen Dingen.
Johannes Saresberiensis, Policraticus 7.16

3416 Inopi beneficium bis dat, qui dat celeriter.
Doppelt spendet dem Armen, wer schnell gibt.
Publilius Syrus, Sententiae 235

3417 Inopiae desunt multa, avaritiae omnia.
Der Armut mangelt es an vielem, dem Geiz an allem.
Publilius Syrus, Sententiae 236

3418 Inops, potentem dum vult imitari, perit.
Der Unfähige scheitert, wenn er es einem Könner gleichtun will.
Phaedrus, Liber fabularum 1.24,1

3419 Inquantum homo sapientiae studium dat, intantum verae beatitudinis iam aliquam partem habet.
Wenn der Mensch sich dem Streben nach Weisheit hingibt, besitzt er schon einen Teil des wahren Glücks.
Thomas von Aquin, Summa contra gentiles 1.2

Inquietum est cor nostrum, donec requiescat in te. 3420
Unruhig ist unser Herz, bis es Ruhe findet in dir.
Augustinus, Confessiones 1.1

Inquinat egregios adiuncta superbia mores. 3421
Ist Überheblichkeit dabei, beschmutzt sie auch den besten Charakter.
Claudianus, De quarto consulatu Honorii Augusti 305

Insania scire se non potest, non magis quam caecitas se videre. 3422
Der Dumme kann sich ebenso wenig selbst beurteilen, wie der Blinde sich sehen kann.
Apuleius, Apologia 80

insanire cum insanientibus 3423
mit den Verrückten verrückt sein
Erasmus, Adagia 3614

Insanire paret certa ratione modoque. 3424
Er schickt sich, mit Maß und Vernunft verrückt zu sein.
Horaz, Sermones 2.3,271

Insano nemo in amore videt. 3425
Keiner, der ohne Sinn verliebt ist, sieht klar.
Properz, Elegiae 2.14,18

3426 Insanus medio flumine quaeris aquam.
Unsinnig verlangst du mitten im Fluss nach Wasser.
Properz, Elegiae 1.9,16

3427 Insatiabilis est humanus animus.
Unersättlich ist der menschliche Geist.
Livius, Ab urbe condita 4.13,4

3428 Inscitia est / advorsum stimulum calces.
Unverstand ist es, gegen den Stachel Hufe einzusetzen.
Terenz, Phormio 77–78

3429 Insequor et doceo fugientes temporis horas.
Ich folge den Stunden und zeige, wie flüchtig sie sind.
Inschrift auf Sonnenuhren

3430 Insidias et campus habet.
Auch das freie Feld birgt Gefahren.
Matial, Epigrammata 12.14,5

3431 Insigne spes laboris est solacium.
Die Hoffnung ist im Leid ein nicht geringer Trost.
Publilius Syrus, Sententiae A185

Insipiens est, qui sui ipsius quantitatem 3432
ignorat.
Dumm ist, wer seine eigenen Stärken nicht kennt.
Ptolemaeus bei Burley, Liber de vita et moribus philosophorum

Insipiens esto, cum tempus postulat 3433
ipsum, / stultitiam simulare loco prudentia summa est.
Stell dich dumm, wenn die Umstände es erfordern, sich unvernünftig zu zeigen ist manchmal sehr klug.
Disticha Catonis 2.18

Insita mortalibus natura propere sequi, 3434
quae piget inchoare.
Es ist dem Menschen eigen, schnell nachzumachen, wo er nicht gern den Anfang macht.
Tacitus, Historiae 1.55,1

Insperata accidunt magis saepe, quam 3435
quae speres.
Unverhofftes trifft öfter ein als Erhofftes.
Plautus, Mostellaria 197

Instemus itaque et perseveremus! plus, 3436
quam profligavimus, restat, sed magna pars est profectus velle proficere.
Lasst uns also nicht aufgeben und beharrlich bleiben! Es bleibt noch mehr zu tun, als wir geschafft haben, aber ein großer Teil des Fortschritts ist der Wille, voranzukommen.
Seneca, Epistulae morales 71,36

3437 Intacta invidia media sunt.
Mittelmaß wird vom Neid nicht erreicht.
Livius, Ab urbe condita 45.35,5

3438 Integritati et merito.
Für uneigennützige Verdienste.
Inschrift des österreichischen Leopoldsordens

3439 Intellectus noster ad infinitum intelligendo extenditur.
Unser Geist weitet sich beim Erkennen ins Unendliche.
Thomas von Aquin, Summa contra gentiles 1.43

3440 Intellectus separatur ab aliis potentiis animae sicut perpetuum a corruptibili.
Der Geist ist von den übrigen Kräften der Seele getrennt wie das Ewige vom Vergänglichen.
Auctoritates, Aristoteles, De anima 52

3441 Intellegitur concessum, quod non est prohibitum.
Was nicht verboten ist, darf als erlaubt gelten.
Damasus, Regulae canonicae 112

3442 Intellego, ut credam.
Ich verstehe, um zu glauben.
nach Abaelard

3443 Intelligenti pauca.
Der Kluge braucht nicht viele Worte.
Walther, Proverbia sententiaeque 37606a

Intelligentia est forma et esse. 3444
Der Geist ist Form und Sein.
Thomas von Aquin, De ente et essentia 4

Intelligentiae iustitia coniuncta, 3445
quantum volet, habebit ad faciendam fidem virium, iustitia sine prudentia multum proderit, sine iustitia nihil valebit prudentia.
Mit Einsicht verbunden wird Gerechtigkeit beliebig viel Kraft haben, um Vertrauen zu gewinnen; Gerechtigkeit ohne Klugheit wird viel vermögen, ohne Gerechtigkeit wird Klugheit keine Macht erlangen.
Cicero, De officiis 2.34

Intemperantia medicorum nutrix. 3446
Maßlosigkeit ist die Amme der Ärzte.
Walther, Proverbia sententiaeque 12576a

Inter caecos regnat strabo. 3447
Unter Blinden ist der Schielende König.
Erasmus, Adagia 2396 (nach Apostolios)

Inter cetera mala hoc quoque habet 3448
stultitia: semper incipit vivere.
Unter den Übeln besitzt die Dummheit auch folgendes; immer wieder aufzuleben.
Seneca, Epistulae morales 13,16

3449 Inter convivas fac sis sermone modestus, / ne dicare loquax, cum vis urbanus haberi.
Achte als Gast auf Zurückhaltung in deinen Reden, damit man dich nicht einen Schwätzer nennt, wo du doch nur als geistreich gelten willst.
Disticha Catonis 3.19

3450 Inter dominum et servum nulla amicitia est.
Zwischen Herr und Diener gibt es keine Freundschaft.
Curtius Rufus, Historiae Alexandri Magni 7.8,28

3451 Inter gaudentes iuvenem decet esse iocosum.
Unter Fröhlichen muss man lustig sein.
Walther, Proverbia sententiaeque 12604

3452 Inter mendacium dicere et mentiri distat. Qui mentitur, ipse non fallitur, alterum fallere conatur; qui mendacium dicit, ipse fallitur. Qui mentitur, fallit, quantum in se est, at qui mendacium dicit, ipse non fallit, quantum in se est.
Es besteht ein Unterschied zwischen Unwahrheit sagen und lügen. Wer lügt, täuscht sich selbst nicht, er versucht, sein Gegenüber zu täuschen; wer die Unwahrheit sagt, täuscht sich selbst. Wer lügt, täuscht absichtlich, doch wer die Unwahrheit sagt, täuscht nicht absichtlich.
Figulus bei Gellius, Noctes Atticae 11.11,1–2

Inter omnes convenit nullam rem bene exerceri posse ab homine occupato, non eloquentiam, non liberales disciplinas, quando districtus animus nihil altius recipit, sed omnia velut inculcata respuit. Nihil minus est hominis occupati quam vivere: nullius rei difficilior scientia est. 3453
Alle sind sich darin einig, dass ein überlasteter Mensch nichts richtig betreiben kann, weder die Redekunst noch die Wissenschaften, da ein vielseitig Beanspruchter sich nichts wirklich zu Eigen machen kann, sondern alles nur wie eingetrichtert von sich gibt. Nichts ist einem überlasteten Menschen fremder, als zu leben, kein Wissen ist schwerer zu erlangen.
Seneca, De brevitate vitae 7,3

Inter omnes igitur hoc constat, nec doctos homines solum, sed etiam indoctos, virorum esse fortium et magnanimorum et patientium et humana vincentium toleranter dolorem pati. 3454
Für alle Menschen, nicht nur gebildete, sondern auch ungebildete, steht fest, dass zu tapferen, edlen, ausdauernden und über allzu Menschliches erhabenen auch geduldiges Ertragen der Schmerzen gehört.
Cicero, Tusculanae disputationes 2.43

inter os et offam 3455
zwischen Mund und Bissen
Cato bei Gellius, Noctes Atticae 13.18,1

3456 Inter pares sententias mitior vincat.
Bei zwei gleichwertigen Urteilen muss das mildere den Vorzug erhalten.
Seneca maior, Controversiae 1.5,3

3457 inter sacrum et saxum
zwischen Opfertod und Steinigung
Apuleius, Metamorphoses 11.28,2

3458 inter spem metumque
zwischen Furcht und Hoffnung
Livius, Ab urbe condita 8.13,17

3459 Inter turbas et discordias pessimo cuique plurima vis; pax et quies bonis artibus indigent.
Bei Aufruhr und Zwietracht haben gerade die Schlechtesten die meiste Macht; Ruhe und Friede verlangen nach guten Eigenschaften.
Tacitus, Historiae 4.1,3

3460 Inter vepres rosae nascuntur.
Unter Dornen wachsen Rosen.
Ammianus Marcellinus, Res gestae 16.7,4

3461 Inter voluptates est superesse, quod speres.
Grund zur Freude ist auch, dass man noch weiter hoffen kann.
Seneca, De ira 3.31,3

Intercidit eorum, quae didiceris, 3462
scientia, nisi continuetur.
Das Wissen um das Gelernte schwindet, wenn es nicht aufrecht erhalten wird.
Seneca, De beneficiis 3.5,1

Interdum enim enixe petimus id, quod 3463
recusaremus, si quis offerret.
Manchmal bitten wir inständig um etwas, was wir zurückweisen würden, wenn es uns jemand anbieten würde.
Seneca, Epistulae morales 95,2

Interdum expedit patriam neglegere, 3464
ut sapientiam quis possit acquirere.
Manchmal ist es sinnvoll, die Heimat zu verlassen, um Erfahrung sammeln zu können.
Cassiodor, Variae 1.39,2

Interdum habet stultitiae partem 3465
facilitas.
Manchmal hat Liebenswürdigkeit etwas von Dummheit an sich.
Publilius Syrus, Sententiae 278

Interdum lacrimae pondera vocis 3466
habent.
Tränen haben manchmal die Kraft von Worten.
Ovid, Epistulae ex Ponto 3.1,158

Interea fiet aliquid, spero. 3467
Hoffentlich geschieht inzwischen etwas.
Terenz, Andria 314

3468 interim
einstweilen

3469 Interim a sole mihi velim non obstes!
Steh mir nicht vor der Sonne!
Valerius Maximus, Facta et dicta memorabilia 4.3 ext. 4

3470 Interim poena est mori, / sed saepe donum; pluribus veniae fuit.
Sterben ist manchmal eine Strafe, aber oft ein Geschenk; manchen brachte es Vergebung.
Seneca, Hercules Oetaeus 930–931

3471 Intermissa minus sarcina pondus habet.
Wenn man die Last absetzt, ist sie weniger schwer.
Maximian, Elegiae 5,70

3472 Interpone tuis interdum gaudia curis, / ut possis animo quemvis sufferre laborem.
Misch gelegentlich Freude unter deine Sorgen, damit du jede Mühe tapfer ertragen kannst.
Disticha Catonis 3.6

3473 Interrogas, quid petam ex virtute? Ipsam. Nihil enim habet melius, ipsa pretium sui.
Du willst wissen, was ich von der Tugend erwarte? Sie selbst. Etwas Besseres kann sie nämlich nicht bieten, sie selbst ist ihr Wert.
Seneca, De vita beata 9,4

Intrat amor mentes usu, dediscitur usu. 3474
Liebe entsteht durch Gewohnheit und Liebe vergeht durch Gewohnheit.
Ovid, Remedia amoris 503

Introibo ad altare Dei. 3475
Ich trete zum Altar Gottes.
Vulgata, Psalm 43,4

Introite, nam et hic dii sunt. 3476
Tretet ein, denn auch hier sind Götter!
nach Heraklit bei Aristoteles, De partibus animalium 1,5 (Motto von Lessings Nathan der Weise)

Intus nil strepere felicitas unica. 3477
Innere Ruhe ist das einzige Glück.
Walther, Proverbia sententiaeque 12705a

Intus omnia dissimilia sint, frons populo 3478
nostra conveniat.
Innerlich mag es anders aussehen, doch das Gesicht muss sich der Menge anpassen.
Seneca, Epistulae morales 5,2

Intus ut libet, foris ut mos est. 3479
Im Herzen, wie es beliebt, außen, wie es Sitte ist.
Walther, Proverbia sententiaeque 37645

3480 Inveni portum, spes et fortuna valete! / Sat me lusistis, ludite nunc alios.
Ich habe den Hafen erreicht; Hoffnung und Glück, lebt wohl! Oft genug habt ihr mit mir euer Spiel getrieben, treibt es nun mit anderen.
Walther, Proverbia sententiaeque 37481

3481 Inveniat, quod quisque velit. Non omnibus unum est, / quod placet: hic spinas colligit, ille rosas.
Jeder soll finden, was er mag. Nicht allen gefällt dasselbe: dieser sammelt Dornen, jener Rosen.
Petron in Anthologia Latina 1.464,1–2

3482 Inveniet viam / aut faciet.
Er wird einen Weg finden oder ihn sich bahnen.
Seneca, Hercules furens 276–277

3483 Invenitque protinus patella operculum.
Die Schüssel fand sogleich ihren Deckel.
Hieronymus, Epistulae 127,9

3484 Inventa lege inventa est fraus legis.
Ist ein Gesetz geschaffen, ist auch schon die Übertretung des Gesetzes vorhanden.
Walther, Proverbia sententiaeque 12732b

3485 Inventores laudat, qui alienis gloriatur.
Wer mit fremden Gedanken angibt, lobt ihre Quelle.
Sententiae Varronis 125

Intemperantis enim arbitor esse scribere, 3486
quod occultari velit.
Man ist meiner Meinung nach unbedacht, wenn man schreibt, was man geheim halten will.
Cicero, Academica posteriora 1.2

Intempestiva benevolentia nihil a 3487
simultate differt.
Wohlwollen am falschen Ort unterscheidet sich in nichts von Feindschaft.
Erasmus, Adagia 699

Intentant omnia mortem. 3488
Alles droht mit dem Tod.
Vergil, Aeneis 1.91

Inter sapientiam et sapere quid intersit, 3489
nescio: scio mea non interesse, sciam ista, an nesciam.
Einen Unterschied zwischen Weisheit und Weisesein kenne ich nicht: Ich weiß nur, dass es für mich völlig belanglos ist, ob ich ihn kenne oder nicht.
Seneca, Epistulae morales 117,33

inter spem et desperationem haesitare 3490
zwischen Hoffen und Bangen schweben
Curtius Rufus, Historiae Alexandri Magni 4.15,31

3491 Interdum obiciebatur animo metus quidam et dolor cogitanti fore aliquando finem huius lucis et amissionem omnium vitae commodorum.
Den Geist beängstigte und schmerzte bisweilen die Einsicht, dass einmal dieses Licht zu Ende ist und auch alle Annehmlichkeiten des Lebens verloren gehen.
Cicero, Tusculanae disputationes 2.10

3492 Interdum vulgus rectum videt, est, ubi peccet.
Manchmal sieht die Menge das Wahre, ein andermal irrt sie.
Horaz, Epistulae 2.1,63

3493 Intolerabilis in malo ingenio felicitas est, nihilque prava cupientes magis accendit quam prosperae turpitudinis conscientia.
Unerträglich scheint Erfolg bei einem schlechten Charakter, denn nichts spornt Übelwollende mehr an als das Gefühl einer gelungenen Schandtat.
Seneca maior, Suasoriae 7,1

3494 introrsum turpis, speciosus pelle decora
innerlich gemein, ansehnlich nur durch ein hübsches Äußeres
Horaz, Epistulae 1.16,45

Intus Hecuba, foris Helena. 3495
Innen Hecuba, außen Helena.
Walther, Proverbia sententiaeque 37642g

Invida fata piis et fors ingentibus ausis / rara comes. 3496
Das Schicksal hasst Pflichtbewusstsein, und das Glück ist selten auf Seiten der Entschlossenheit.
Statius, Thebais 10.384–385

Invident autem homines maxime paribus aut inferioribus, cum se relictos sentiunt, illos autem dolent evolasse. 3497
Neidisch sind die Menschen vor allem auf Gleichgestellte oder unter ihnen Stehende, wenn sie merken, dass sie selbst zurückgeblieben, jene aber zu ihrem Leidwesen emporgestiegen sind.
Cicero, De oratore 2.209

Invidere facilius quam imitari. 3498
Neidisch sein ist leichter als nachmachen.
Plinius maior, Naturalis Historia 35.63

Invidia dolor est ex alienis commodis. 3499
Neid ist Leiden unter den Vorteilen anderer.
Publilius Syrus, Sententiae A112

Invidia festos dies non agit. 3500
Neid hält keine Feiertage.
volkstümlich

3501 Invidia gloriae comes.
Der Neid ist der Begleiter des Ruhms.
Cornelius Nepos, De excellentibus ducibus exterarum gentium, Chabrias 3,3

3502 Invidia loquitur, quod videt, non quod subest.
Der Neid beurteilt nach dem Schein, nicht danach, was dahinter steckt.
Publilius Syrus, Sententiae 263

3503 Invidia semper adversa est felicibus.
Wer Erfolg hat, ist immer Missgunst ausgesetzt.
Caecilius Balbus, Sententiae (F) 93

3504 Invidia tacite, sed inimice irascitur.
Der Neid zürnt schweigend, doch voll Feindschaft.
Publilius Syrus, Sententiae 248

3505 Invidia, tamquam ignis, summa petit.
Neid zielt, wie das Feuer, auf das Höchste.
Livius, Ab urbe condita 8.31,7

3506 Invidiam effugies si te non ingesseris oculis, si bona tua non iactaveris, si scieris in sinu gaudere.
Du wirst der Missgunst entgehen, wenn du nicht die Blicke auf dich ziehst, wenn du mit deinem Besitz nicht prahlst, wenn du es verstehst, dich heimlich zu freuen.
Seneca, Epistulae morales 105,3

Invidiam quod habet, non solet esse diu. 3507
Was Neid erregt, ist nicht von Dauer.
Properz, Elegiae 2.25,34

Invisa numquam imperia retinentur diu. 3508
Verhasste Herrschaft hält sich nie lange.
Seneca, Phoenissae 660

Invisurus aliquis facilius quam imitaturus. 3509
Jemand wird es leichter missgönnen als nachmachen.
Plinius maior, Naturalis historia 35.63

Invitat culpam, qui peccatum praeterit. 3510
Wer ein Vergehen hinnimmt, fordert zu neuem heraus.
Publilius Syrus, Sententiae 238

Invitum cum retineas, exire incites. 3511
Wenn man jemand gegen seinen Willen zurückhält, treibt man ihn aus dem Haus.
Publilius Syrus, Sententiae 232

Invitus nemo peccat: peccatum actio est. 3512
Niemand wird ungewollt schuldig: Schuld ist Tat.
Publilius Syrus, Sententiae A19

ioca atque seria agere 3513
Scherz und Ernst treiben
Sallust, De bello Iugurthino 96,2

3514 ioci causa
spaßeshalber
Cicero, Orationes Philippicae 2,42

3515 Iocus dum optimus, est cessandum.
Wenn der Scherz am besten ist, soll man aufhören.
Bebel, Proverbia Germanica 16

3516 Iovis omnia plena.
Alles ist voll von Gott.
Vergil, Bucolica 3,60

3517 Ipsa dies quandoque parens quandoque noverca est.
Die Zeit behandelt einen manchmal väterlich, manchmal stiefmütterlich.
Erasmus, Adagia 764 (nach Gellius, Noctes Atticae 17.12,4)

3518 Ipsa festinat mora.
Selbst die Weile hat es eilig.
Balde, Carmina Lyrica 4.30,13

3519 Ipsa olera olla legit.
Der Topf sucht sich sein Gemüse selbst.
Catull, Carmina 94,2

Ipse decor recti, facto si praemia 3520
desint, / non movet et gratis paenitet esse probum.
Selbst der Ruhm der Aufrichtigkeit kann nicht reizen, wenn der Tat nicht der Lohn folgt, und man bereut, umsonst rechtschaffen zu sein.
Ovid, Epistulae ex Ponto 2.3,13–14

Ipse dedit cupidis fallere posse deus. 3521
Der Gott selbst verlieh den Liebenden die Kunst zu täuschen.
Tibull, Elegiae 1.8,56

Ipse enim domino placet, qui sibi 3522
displicet.
Wer mit sich selbst unzufrieden ist, mit dem ist Gott zufrieden.
Cassiodor, Expositio psalmorum 31

Ipse labor quasi callum quoddam 3523
obducit dolori.
Die Strapazen lassen Schwielen gegen den Schmerz wachsen.
Cicero, Tusculanae disputationes 2.36

Ipse rumor iam raucus est factus. 3524
Das Gerücht hat sich schon heiser geschrien.
Cicero, Ad familiares 9.2,5

Ipse se prodit. 3525
Er verrät sich selbst.
Seneca, Epistulae morales 10,2

3526 Ipse semet canit.
Er besingt sich selbst.
Walther, Proverbia sententiaeque 12841a

3527 Ipse tibi fer opem; Deus afferet inde salutem.
Hilf dir selbst, dann hilft dir Gott.
Walther, Proverbia sententiaeque 12848

3528 Ipsi fontes iam sitiunt.
Die Quellen selbst sind am Austrocknen.
Cicero, Ad Quintum fratrem 3.1,11

3529 Ipsi illi philosophi etiam illis libellis, quos de contemnenda gloria scribunt, nomen suum inscribunt.
Manche Philosophen setzen sogar auf die Abhandlungen, die sie über die Verachtung des Ruhms schreiben, ihren Namen.
Cicero, Pro Archia 26

3530 Ipsos absentes inimicos laedere noli!
Beleidige auch Feinde nicht in ihrer Abwesenheit.
Monosticha Catonis 53

3531 Ipsum se cruciat, te vindicat invidus in se.
Der Missgünstige martert sich selbst, er straft dich an sich selbst.
Monosticha Catonis 28

3532 Ira et spes fallaces sunt auctores.
Zorn und Hoffnung sind trügerische Ratgeber.
Livius, Ab urbe condita 7.40,19

Ira initium insaniae. 3533
Der Zorn ist der Beginn des Wahnsinns.
Ennius bei Cicero, Tusculanae disputationes 4.52

Ira omnium tardissime senescit. 3534
Zorn schwindet am langsamsten von allem.
Erasmus, Adagia 613 (nach Diogenianos)

Ira premetur, qui non iram presserit. 3535
Wer seinen Zorn nicht unterdrückt, wird vom Zorn erdrückt.
Caecilius Balbus, Sententiae (F) 94

Ira quae tegitur nocet; / professa perdunt odia vindictae locum. 3536
Verdeckter Zorn schadet, offen erklärter Hass vergibt die Gelegenheit zur Rache.
Seneca, Medea 153–154

Iracundia fortitudinis quasi cos est. 3537
Zorn ist gleichsam der Tugend Wetzstein.
Cicero, Academica priora 2.135

Iracundiam qui vincit, hostem superat maximum. 3538
Wer seinen Zorn überwindet, besiegt den schlimmsten Feind.
Publilius Syrus, Sententiae 251

Iracundus cum irasci desierit, tunc irascitur sibi. 3539
Wenn der Jähzornige aufhört zu zürnen, dann zürnt er sich selbst.
Caecilius Balbus, Sententiae (W) 7,3

3540 Irae exitus fit poenitentiae initium.
Das Ende des Zorns wird zum Beginn der Reue.
Caecilius Balbus, Sententiae (F) 95

3541 Irasci noli temere. Nil foedius ira: / quam quaecumque movere solent, ea temnere laus est.
Zürne nicht grundlos. Nichts ist abstoßender als Zorn: All dem, was ihn erregen könnte, zu widerstehen ist löblich.
Muretus, Institutio puerilis 57–58

3542 Iratus de re incerta contendere noli, / impedit ira animum, ne possis cernere verum.
Streite im Zorn nicht über fragwürdige Dinge; der Zorn hindert den Verstand daran, die Wahrheit zu erkennen.
Disticha Catonis 2.4

3543 Iratus facinus etiam consilium putat.
Der Zornige hält schon den Gedanken für ein Verbrechen.
Publilius Syrus, Sententiae 262

3544 Iratus filio ipse te obiurga, pater.
Wenn du deinem Sohn zürnst, tadle dich selbst, Vater!
Publilius Syrus, Sententiae A286

3545 Iratus nil non criminis loquitur loco.
Ein Zorniger spricht alles wie einen Vorwurf aus.
Publilius Syrus, Sententiae 281

Iratus, cum ad se rediit, sibi tum irascitur. 3546
Wenn der Zornige wieder zu sich gekommen ist, zürnt er über sich selbst.
Publilius Syrus, Sententiae 273

Ire catenatus non vult canis inveteratus. 3547
Ein alter Hund geht nicht mehr gern an der Leine.
Walther, Proverbia sententiaeque 12921

Irrevocabilis humana pariter ac divina cursus vehit. 3548
Unerbittlich ist Ablauf der menschlichen wie göttlichen Dinge.
Seneca, De providentia 5,8

Irridens miserum dubium sciat omne futurum. 3549
Wer einen Unglücklichen verspottet, soll wissen, dass alles Künftige zweifelhaft ist.
Monosticha Catonis 18

Irritare est calamitatem, cum te felicem vocas. 3550
Wenn man sich glücklich preist, ruft man das Unheil herbei.
Publilius Syrus, Sententiae 241

Is beatior est, cui fortuna supervacua est, quam is, cui parata est. 3551
Wer kein Glück braucht, ist glücklicher als der, dem es zufällt.
Seneca, Ad Polybium de consolatione 9,5

3552 Is bonus est medicus, sua qui sibi vulnera curat.
Der ist ein guter Arzt, der seine eigenen Wunden heilt.
Walther, Proverbia sententiaeque 12951

3553 Is cadet ante senem, qui sapit ante diem.
Der wird vor dem Greis sterben, der vor seiner Zeit weise ist.
Walther, Proverbia sententiaeque 12953

3554 Is demum est pauper, pauperem qui se putat.
Arm ist erst der, der sich für arm hält.
Publilius Syrus, Sententiae A71

3555 Is demum miser est, qui aerumnam suam nequit occultare.
Der ist wirklich bedauernswert, der seinen Kummer nicht für sich behalten kann.
Caecilius Statius bei Gellius, Noctes Atticae 2.23,10

3556 Is enim mihi videtur amplissimus, qui sua virtute in altiorem locum pervenit, non qui ascendit per alterius incommodum et calamitatem.
Meiner Meinung nach verdient die größte Anerkennung, wer durch eigene Tüchtigkeit eine höhere Stellung erlangt hat, nicht wer zum Schaden und durch das Unglück eines anderen aufgestiegen ist.
Cicero, Pro Sex. Roscio Amerino 83

Is est amicus, qui in re dubia re iuvat, ubi re est opus. 3557
Der ist ein Freund, der in schwieriger Lage tatkräftig aushilft, wo Hilfe nötig ist.
Plautus, Epidicus 113

Is maxime divitiis fruitur, qui minime divitiis indiget. 3558
Der genießt seinen Reichtum am besten, wer ihn am wenigsten benötigt.
Seneca, Epistulae morales 14,17

Is minimo eget mortalis, qui minimum cupit. 3559
Wer sehr geringe Bedürfnisse hat, braucht nur sehr wenig.
Seneca, Epistulae morales 108,11

Is nunc praemium est, qui recta prava faciunt. 3560
Heutzutage werden die belohnt, die aus Schwarz Weiß machen.
Terenz, Phormio 771

Ista, quae spectantur, ad quae consistitur, quae alter alteri stupens monstrat, foris nitent, introrsus misera sunt. 3561
Was man anstarrt, wovor man stehen bleibt, was man einander staunend zeigt, das glänzt außen und ist im Innern jämmerlich.
Seneca, De vita beata 2,4

3562 Istud, quod tu summum putas, gradus est.
Was du für den Gipfel hältst, ist nur eine Stufe.
Seneca, Epistulae morales 118,6

3563 Ita affecti sumus, ut nihil aeque magnam apud nos admirationem occupet quam homo fortiter miser.
Wir sind so eingestellt, dass nichts bei uns ebenso große Bewunderung beansprucht wie ein Mensch, der sein Elend tapfer trägt.
Seneca, Ad Helviam matrem de consolatione 13,6

3564 Ita amicum habeas, posse ut facile fieri hunc inimicum putes.
Behandle deinen Freund so, dass du glaubst, er könne leicht zu deinem Feind werden.
Publilius Syrus, Sententiae 245

3565 Ita comparatam esse hominum naturam omnium, / aliena ut melius videant et diiudicent / quam sua.
Alle Menschen sind von Natur so beschaffen, dass sie besser Fremdes beachten und begutachten als das Eigene.
Terenz, Heauton timorumenos 503–505

3566 Ita crede amico, ne sit inimico locus.
Vertrau einem Freund so, dass kein Feind sich dazwischendrängen kann.
Publilius Syrus, Sententiae 261

Ita fugias ne praeter casam. 3567
Flieh, aber nicht am Haus vorbei.
Terenz, Phormio 768

Ita numquam expetendum imperium est, ut in eo timori servias. 3568
Nie darf man so nach Macht streben, dass man dabei Sklave der Furcht wird.
Caecilius Balbus, Sententiae (W) 39,1

Ita vita est hominum, quasi quom ludas tesseris: / si illud, quod maxume opus est, iactu non cadit, / illud, quod cecidit forte, id arte ut corrigas. 3569
Das menschliche Leben ist wie ein Würfelspiel, wenn die Augenzahl, die man braucht, sich nicht ergibt, muss man das Ergebnis mit Geschicklichkeit verbessern.
Terenz, Adelphoe 739–741

Itaque scire debemus non locorum vitium esse, quo laboramus, sed nostrum. 3570
Wir müssen uns darüber klar sein, dass das Übel, an dem wir leiden, nicht an den Orten liegt, sondern an uns.
Seneca, De tranquillitate animi 2,15

Itaque, si felicissimum est non nasci, proximum est, puto, brevi aetate defunctos cito in integrum restitui. 3571
Wenn es das größte Glück ist, nicht geboren zu werden, so ist es, denke ich, das zweitgrößte, nach kurzer Lebenszeit

dahinzuscheiden und schnell wieder ins reine Glück zurückzukehren.
Seneca, Ad Marciam de consolatione 22,3

3572 item
ebenso

3573 Iter est, quacumque dat prior vestigium.
Ein Weg ist überall, wo ein Vorgänger Spuren hinterlassen hat.
Publilius Syrus, Sententiae 290

3574 Itur, dum scitur; nescitur, quando reditur.
Man geht, solange man kann; wann man wiederkommt, weiß man nicht.
Walther, Proverbia sententiaeque 13008

3575 Iucunda memoria est praeteritorum malorum.
Angenehm ist die Erinnerung an vergangene Leiden.
Cicero, De finibus bonorum et malorum 2.105

3576 Iucunda vicissitudo rerum.
Abwechslung ist angenehm.
Erasmus, Adagia 664 (nach Apostolios)

3577 Iucundi acti labores.
Erfreulich sind erledigte Arbeiten.
Cicero, De finibus bonorum et malorum 2.105

Iucundissimum est in rebus humanis 3578
amari, sed non minus amare.
Das Schönste für den Menschen ist es, geliebt zu werden, nicht weniger schön aber auch, zu lieben.
Plinius, Panegyricus 85,7

Iucundum nil est, nisi quod reficit 3579
varietas.
Erholung durch Abwechslung ist die wahre Freude.
Publilius Syrus, Sententiae 239

Iucundum tamen, si prohiberi publice 3580
videas, quod numquam tibi ipse permiseris.
Man freut sich aber doch, wenn man sieht, dass offiziell verboten wird, was man sich selbst nie erlaubt hat.
Plinius, Epistulae 5.13,9

Iudex damnatur, ubi nocens 3581
absolvitur.
Wenn der Schuldige freigesprochen wird, verurteilt sich der Richter selbst.
Publilius Syrus, Sententiae 257

iudex in propria causa 3582
Richter in eigener Sache
Consultatio veteris cuiusdam iurisconsulti 8,1

3583 Iudex iustus erit nemo, nisi qui de se cogitaverit alterum iudicare.
Niemand wird ein gerechter Richter sein, wer nicht in Gedanken einen anderen über sich richten lässt.
Caecilius Balbus, Sententiae (W) 48,1

3584 Iudici resistere non licet.
Einem Richter darf man sich nicht widersetzen.
Rechtsregel

3585 Iudicia festinata paenitentiam pariunt.
Voreilige Urteile erzeugen Reue.
Johannes Saresberiensis, Policraticus 5.12

3586 Iudicibus lites, aurigae somnia currus.
Richter träumen von Prozessen, Rennfahrer von Wagen.
Claudianus, De sexto consulatu Honorii Augusti pr. 5

3587 Iudicis officium est, ut res, ita tempora rerum / quaerere; quaesito tempore tutus eris.
Pflicht des Richters ist es, ebenso die Umstände wie den Sachverhalt zu untersuchen; werden die Umstände berücksichtigt, kann man dir nichts anhaben.
Ovid, Tristia 1.1,37–38

Iudicium hoc omnium mortalium est, fortunam a deo petendam, a se ipso sumendam esse sapientiam. 3588
Alle Menschen sind der Ansicht, Glück müsse man von Gott erbitten, Weisheit aber aus sich selbst beziehen.
Cicero, De natura deorum 3.88

Iudicium populi numquam contempseris unus, / ne nulli placeas, dum vis contemnere multos. 3589
Verachte nie als Einzelner die Volksmeinung, sonst gefällst du keinem, wenn du die vielen verachten willst.
Disticha Catonis 2.29

Iudicium ubi semel acceptum est, ibi finem accipere debet. 3590
Wo einmal ein Verfahren angenommen ist, dort muss es auch sein Ende finden.
Corpus Iuris Civilis, Digesta 5.1,30 (Marcellus)

iugulum causae premere 3591
die Sache an der Kehle anpacken
Plinius, Epistulae 1.20,14

Iungit enim amicitias similitudo morum. 3592
Ähnlichkeit der Charaktere knüpft Freundschaft.
Quintilian, Declamationes minores 307,6

3593 Iuppiter ex alto periuria ridet amantum.
Jupiter lacht von oben über die falschen Schwüre der Liebenden.
Ovid, Ars amatoria 1.633

3594 Iura inventa metu iniusti fateare necesse est.
Man muss zugeben, dass erst Furcht vor Unrecht das Recht erschaffen hat.
Horaz, Sermones 1.3,111

3595 Iura novit curia.
Das Gericht kennt das Recht.
Rechtsregel

3596 iurare in verba magistri
auf des Meisters Worte schwören
Horaz, Epistulae 1.1,14

3597 Iuravi lingua, mentem iniuratam gero.
Ich habe mit der Zunge geschworen, mein Geist bleibt unvereidigt.
Euripides bei Cicero, De officiis 3.108

3598 Iure caret magnis, qui sumere parva recusat; / sufficere ut possint grandia, parva iuvent.
Zu Recht gelangt nicht zu Großem, wer Kleines zu nehmen sich weigert, Kleines verhilft dazu, dass Großes ausreichend vorhanden sein kann
Walther, Proverbia sententiaeque 13210

Iure suo uti nemo cogitur. 3599
Niemand wird gezwungen, von seinem Recht Gebrauch zu machen.
Rechtsregel

Ius civile vigilantibus scriptum est. 3600
Das bürgerliche Recht ist für die Wachsamen geschrieben.
Corpus Iuris Civilis, Digesta 42.8,24 (Cervidius Scaevola)

Ius in natura positum est. 3601
Das Recht gründet in der Natur.
Cicero, De legibus 1.34

Ius posterius derogat priori. 3602
Späteres Recht schränkt früheres ein.
Rechtsregel

ius primae noctis 3603
das (angebliche) Recht (des Feudalherrn) auf die erste Nacht (bei der Hochzeit einer Leibeigenen)

Ius rei publicae pacto mutari non potest. 3604
Öffentliches Recht kann nicht durch Absprache geändert werden.
Corpus Iuris Civilis, Digesta 50.8,2,8 (Ulpianus)

Ius soli sequetur aedificium. 3605
Ein Gebäude richtet sich nach dem Recht des Bodens.
Corpus Iuris Civilis, Digesta 13.7,21 (Paulus)

3606 ius strictum
strenges Recht
Gaius, Institutiones 3,18

3607 Ius summum saepe summa est malitia.
Höchstes Recht ist oft höchste Bosheit.
Terenz, Heauton timorumenos 796

3608 Iustitia elevat gentem, vituperium autem populorum est peccatum.
Gerechtigkeit erhöht ein Volk, aber die Sünde ist der Leute Verderben.
Vulgata, Liber proverbiorum 14,34

3609 Iustitia enim est immortalis.
Die Gerechtigkeit ist unsterblich.
Vulgata, Liber Sapientiae 1,15

3610 Iustitia erga deos religio dicitur, erga parentes pietas.
Gerechtigkeit gegenüber den Göttern nennt man Religion, gegenüber den Eltern Ehrerbietung.
Cicero, Partitiones oratoriae 78

3611 Iustitia erga inferiores est verissima.
Wirklich echt ist Gerechtigkeit gegenüber Untergebenen.
Caecilius Balbus, Sententiae (F) 102

Iustitia est multis laudata, domestica 3612
paucis.
Gerechtigkeit wird von vielen gepriesen, aber nur von wenigen gelebt.
Palingenius, Zodiacus vitae 6.479

Iustitia et clementia. 3613
Durch Gerechtigkeit und Milde.
Wahlspruch der Kaiserin Maria Theresia

Iustitia et pietas sunt regnorum omnium 3614
fundamenta.
Gerechtigkeit und Frömmigkeit sind die Fundamente aller Königreiche.
Inschrift am Hohen Tor in Danzig

Iustitia nemini neganda. 3615
Gerechtigkeit darf niemandem verweigert werden.
Rechtsregel

Iustitia nihil appetit praemii. 3616
Gerechtigkeit verlangt keine Belohnung.
Walther, Proverbia sententiaeque 37741

Iustitia non novit fratrem, non novit 3617
patrem, non novit matrem; veritatem novit, personam non accipit, Deum imitatur.
Die Gerechtigkeit kennt weder Vater noch Mutter, sie achtet nur auf die Wahrheit.
Hieronymus, Tractatus in psalmos 14

3618 Iustitia omnibus.
Gerechtigkeit für alle.
Motto des US-Staats Columbia

3619 Iustitia, pietas, fides.
Gerechtigkeit, Frömmigkeit, Glaube.
Wahlspruch im Staatswappen von Surinam

3620 Iustitia sine misericordia crudelitas est; misericordia sine iustitia mater est dissolutionis.
Gerechtigkeit ohne Barmherzigkeit ist Grausamkeit; Barmherzigkeit ohne Gerechtigkeit ist die Mutter des Zerfalls.
Thomas von Aquin, Commentaria in Evangelium S. Matthaei 5,2

3621 Iustitiae edicta temperet patientia.
Die Anordnungen der Gerechtigkeit möge die Nachsicht mildern.
Publilius Syrus, Sententiae A234

3622 iustitiae oculus
das Auge der Gerechtigkeit
Gellius, Noctes Atticae 14.4,1

3623 Iustitiae tanta vis est, ut ne illi quidem, qui maleficio et scelere pascuntur, possint sine ulla particula iustitiae vivere.
Die Gerechtigkeit ist so mächtig, dass nicht einmal jene, die von Schandtaten und Verbrechen leben, ohne einen Rest von Gerechtigkeit leben können.
Cicero, De officiis 2.40

Iustum esse facile est, cui vacat pectus metu. 3624
Gerecht zu sein ist für den leicht, dessen Herz frei von Furcht ist.
Pseudo-Seneca, Octavia 441

Iustum praeterit ira modum. 3625
Der Zorn überschreitet das gebührende Maß.
Ovid, Fasti 5.304

Iustus autem ex fide vivit. 3626
Der Gerechte lebt aus dem Glauben.
Vulgata, Epistula ad Romanos 1,17

Iuvat autem cibus post opus. 3627
Das Essen schmeckt nach der Arbeit.
Quintilian, Declamationes minores 298,10

Iuvat ipse labor. 3628
Arbeit tut wohl.
Matial, Epigrammata 1.107,8

Iuvat o meminisse beati / temporis. 3629
Wie schön ist es, sich an selige Zeiten zu erinnern.
Ovid, Metamorphoses 7.797–798

Iuvenile vitium est regere non posse impetum. 3630
Es ist ein Fehler der Jugend, ihre Gefühle nicht zu beherrschen.
Seneca, Troades 250

3631 Iuvenilis ardor impetu primo furit, / languescit idem facile nec durat diu.
Jugendliche Leidenschaft rast im ersten Ansturm, doch ebenso leicht erschlafft sie und hält nicht lange an.
Pseudo-Seneca, Octavia 189–190

3632 Iuvenis animosus senex fit gloriosus.
Aus einem beherzten jungen Mann wird ein ruhmvoller Greis.
Wipo, Proverbia

3633 Iuventus probitati et industriae, non sumptibus neque divitiis studeat.
Die Jugend soll nach Anstand und Betätigung, nicht nach Luxus und Reichtum trachten.
Sallust, Epistulae ad Caesarem senem de re publica 1.7,2

3634 Iuxta fluvium puteum fodit.
Unmittelbar beim Fluss gräbt er einen Brunnen.
Walther, Proverbia sententiaeque 13340a

3635 Iuxta Hippocraten contraria contrariorum remedia.
Laut Hippokrates heilt man Entgegengesetztes mit Entgegengesetztem.
Hieronymus, Epistulae 122 pr.

L

Labant humana ac fluunt. 3636
Menschliches schwankt und ist im Fluss.
Seneca, Ad Marciam de consolatione 22,2

Labitur ex animo benefactum; iniuria durat. 3637
Eine Wohltat schwindet aus dem Gedächtnis, Unrecht bleibt.
Anthologia Latina 1.716,34

Labitur occulte fallitque volatilis aetas, / et celer admissis labitur annus equis. 3638
Heimlich und unbemerkt entschwindet die geflügelte Jugend, und das Jahr jagt schnell dahin mit galoppierenden Pferden.
Ovid, Amores 1.8,49–50

Labor absque labore. 3639
Arbeit ohne Mühe.

Labor est etiam ipsa voluptas. 3640
Auch Arbeit ist ein Vergnügen.
Manilius, Astronomica 4.155

Labor omnia vincit / improbus. 3641
Arbeit besiegt alles, unersättlich.
Vergil, Georgica 1.145–146

3642 Labor voluptasque, dissimillima natura, societate quadam inter se naturali sunt iuncta.
Arbeit und Vergnügen, von Natur aus Gegensätze, sind durch ein natürliches Band miteinander verbunden.
Livius, Ab urbe condita 5.4,4

3643 Laborem quippe non refugit, qui virtutis gloriam concupiscit.
Vor Arbeit flieht nicht, wer den Ruhm der Tüchtigkeit begehrt.
Cassiodor, Variae 1.24,1

3644 Laborem si non recuses, parum est, posce!
Sich der Mühsal nicht zu entziehen ist zu wenig; fordere sie heraus!
Seneca, Epistulae morales 31,6

3645 Laconicae malo studere brevitati.
Ich bemühe mich um lakonische Kürze.
Symmachus, Epistulae 1.14,1

3646 Lacrima nihil citius arescit.
Nichts trocknet rascher als Tränen.
Apollonius bei Cicero, De inventione 1.109

3647 Lacrimae nobis deerunt ante quam causae dolendi.
Eher werden uns die Tränen ausgehen als Gründe zum Leiden.
Seneca, Ad Polybium de consolatione 4,2

Lacrimandum est, non plorandum. 3648
Weinen darf man, klagen nicht.
Seneca, Epistulae morales 63,1

Lacrimas lacrimis miscere iuvat. 3649
Tränen mit Tränen zu vermischen erleichtert.
Seneca, Agamemnon 664

Laedere facile, mederi difficile. 3650
Verletzen ist leicht, heilen schwer.
Walther, Proverbia sententiaeque 13371a

Laeso doloris remedium inimici est dolor. 3651
Dem Leidenden ist der Schmerz des Feindes Linderung.
Publilius Syrus, Sententiae 294

Laesum iniquius est odisse, quam laesisse, quem oderis. 3652
Es ist ein größeres Unrecht, einen zu hassen, den man angegriffen hat, als anzugreifen, den man hasst.
Pseudo-Publilius, Proverbia 59–60

Laesus etiam repugnat ovis. 3653
Auch ein Schaf wehrt sich, wenn es verletzt wird.
Properz, Elegiae 2.5,20

Laeta frons iuvenem decet, tristis senem. 3654
Eine heitere Miene ziert die Jugend, eine ernste das Alter.
Walther, Proverbia sententiaeque 37801

3655 Laetandum est vita, nullius morte dolendum; / cur etenim doleas, a quo dolor ipse recessit.
Man muss sich des Lebens freuen, über den Tod von niemandem Schmerz empfinden, denn warum soll man den betrauern, den der Schmerz verlassen hat?
Disticha Catonis A1

3656 Laetaque diducto stipite flamma perit.
Die große Flamme erlischt, wenn das Holzscheit geteilt wird.
Ovid, Remedia amoris 446

3657 Laetare
Freue dich

3658 Laetificat stultum dives promissio multum.
Dumme fallen leicht auf große Versprechungen herein.
Walther, Proverbia sententiaeque 13408

3659 laetis non credere
dem Glück nicht trauen

3660 Laetus in praesens animus quod ultra est / oderit curare, et amara lento / temperet risu; nihil est ab omni / parte beatum.
Froh über die Gegenwart soll man sich nicht um das Morgen sorgen und Bitteres mit leichtem Lächeln mildern: Nichts ist vollkommen.
Horaz, Carmina 2.16,25–28

Laetus sorte tua vives sapienter, Aristi. 3661
Weise wirst du leben, wenn du dich deines Lebens freust, Aristius.
Horaz, Epistulae 1.10,44

Laetus sum laudari me a laudato viro. 3662
Ich freue mich, von einem gelobten Mann gelobt zu werden.
Naevius bei Cicero, Tusculanae disputationes 4.67

Lanarum nigrae nullum colorem 3663
bibunt.
Schwarze Wolle nimmt keine Farbe an.
Plinius maior, Naturalis historia 8.193

Languent per inertiam saginata nec 3664
labore tantum, sed motu et ipso sui onere deficiunt.
Wer sich mit Nichtstun mästet, bleibt ohne Kraft und erschöpft sich nicht nur durch Anstrengung, sondern auch durch Bewegung und das eigene Gewicht.
Seneca, De providentia 2,6

Languet vis mentis nimia pinguedine 3665
ventris.
Der Geist wird träge, wenn der Bauch fett wird.
Walther, Proverbia sententiaeque 13441

Lapides loqueris. 3666
Du redest Steine.
Plautus, Aulularia 152

3667 lapis offensionis
Stein des Anstoßes

3668 lapis philosophorum
der Stein der Weisen

3669 lapsus linguae
ein Ausrutscher der Sprache

3670 Lapsus semel fit culpa, si iterum cecideris.
Ein Fehler wird bei Rückfälligkeit zur Schuld.
Publilius Syrus, Sententiae 303

3671 laqueo suo comprehendi
sich in der eigenen Schlinge verfangen

3672 Laqueus laqueum cepit.
Eine Schlinge fängt eine Schlinge.

3673 Largitio non habet fundum.
Großzügigkeit hat keinen Boden.
Cicero, De officiis 2.55

3674 Lasciva est nobis pagina, vita proba.
Was wir schreiben, ist ausschweifend, aber unser Leben ist rein.
Matial, Epigrammata 1.4,8

Lascivia et laus numquam habent 3675
concordiam.
Ausschweifung und Ruhm sind niemals vereinbar.
Publilius Syrus, Sententiae 29

Late ignis lucere, ut nihil urat, non 3676
potest.
Ein Feuer kann nicht weit leuchten, ohne dass etwas verbrennt.
Publilius Syrus, Sententiae 307

Late vivens. 3677
Lebe im Verborgenen.
Erasmus, Adagia 1950 (nach Suidas)

Latere semper patere, quod latuit diu. 3678
Lass immer verborgen bleiben, was lange verborgen war.
Seneca, Oedipus 826

laterem lavare 3679
einen Ziegelstein waschen
Terenz, Phormio 186

Latet anguis in herba. 3680
Die Schlange lauert im Gras.
Vergil, Bucolica 3,93

lato sensu 3681
im weiteren Sinn

3682 Lauda in illo, quod non eripi potest nec dari, quod proprium hominis est: animus et ratio in animo perfecta.
Lobe an ihm, was ihm weder genommen noch gegeben werden kann, was dem Menschen wesentlich ist: den Geist und den im Geist zur Reife gelangten Verstand.
Seneca, Epistulae morales 41,8

3683 Laudabiliter se subiecit et opus reprobavit.
Er hat sich lobenswerterweise unterworfen und sein Werk verworfen.
Formel der päpstlichen Indexkommission

3684 Laudamus veteres, sed nostris utimur annis; / mos tamen est aeque dignus uterque coli.
Wir loben das Vergangene, aber wir freuen uns der Gegenwart; denn mit beiden zu leben heißt auch beide gleich zu ehren.
Ovid, Fasti 1.225–226

3685 Laudandi parcus, culpandi parcior esto; / peccatur, si non adsit utrimque modus.
Sei sparsam mit Lob, noch sparsamer mit Kritik; sträflich ist, wenn in beidem das Maß fehlt.
Hildebertus von Lavardin, De quattuor virtutibus vitae honestae

3686 Laudant illa, sed ista legunt.
Jenes loben sie, aber dieses lesen sie.
Matial, Epigrammata 4.49,10

Laudant, quod non intellegunt. 3687
Sie loben, was sie nicht verstehen.

Laudare praesentem adulari est. 3688
Einen Anwesenden loben bedeutet ihm schmeicheln.
Auctoritates, Aristoteles, Rhetorica 43

Laudaris quodcumque palam, 3689
quodcumque probaris, / hoc vide, ne rursus levitatis crimine damnes.
Achte darauf, dass du, was du öffentlich gelobt und anerkannt hast, nicht später verurteilen musst und dir vorwerfen lassen musst, voreilig zu urteilen.
Disticha Catonis 4.25

Laudate Deum in chordis et organo. 3690
Lobet Gott mit Saiten und Pfeifen.
Vulgata, Psalm 150,4

Laudate Dominum, omnes gentes, 3691
laudate eum omnes populi.
Lobet den Herrn, alle Heiden, preiset ihn, alle Völker.
Vulgata, Psalm 117,1

Laudate, pueri Domini: laudate nomen 3692
Domini.
Lobet, ihr Knechte des Herrn, lobet den Namen des Herrn.
Vulgata, Psalm 113,1

3693 laudato pavone superbior
stolzer als ein gelobter Pfau
Ovid, Metamorphoses 13.802

3694 Laudatur ab his, culpatur ab illis.
Von den einen wird er gelobt, von den anderen angeklagt.
Horaz, Sermones 1.2,11

3695 Laudatur merito laudator, amatur amator: / ergo ut lauderis, lauda, ut ameris, ama!
Wer lobt, wird zu Recht gelobt, wer liebt, geliebt: Also lobe, um gelobt zu werden, liebe, um geliebt zu werden!
Owen, Epigrammata 2.104

3696 Laudes mercatur, qui sermones moderatur.
Wer seine Rede mäßigt, wird gelobt werden.
Walther, Proverbia sententiaeque 13561

3697 Laudet te alienus et non os tuum; extraneus et non labia tua.
Lass einen andern dich loben und nicht deinen Mund, einen Fremden, und nicht die eigenen Lippen.
Vulgata, Liber proverbiorum 27,2

Laudo Deum verum, plebem voco, 3698
congrego clerum, / defunctos ploro, pestem fugo, festa decoro.
Ich preise den wahren Gott, ich rufe das Volk, ich versammle den Klerus, ich beklage die Toten, ich vertreibe die Pest, ich ziere die Feste.
Inschrift auf Glocken

Laurea desidiae praebetur nulla. 3699
Der Faulheit windet man keinen Lorbeerkranz.
Palingenius, Zodiacus vitae 2.16

Laus alit artes. 3700
Lob nährt die Künste.
Seneca, Epistulae morales 102,16

Laus in amore mori; laus altera, si datur 3701
una / posse frui: fruar o salvus amore meo!
Lobenswert ist es, in der Liebe zu sterben; ebenso, wenn es einem vergönnt ist, eine einzige Liebe zu genießen. O dürfte ich meine Liebe sicher genießen!
Properz, Elegiae 2.1,47–48

Laus magna natis obsequi parentibus. 3702
Den Eltern zu gehorchen ist für Kinder großes Lob.
Phaedrus, Liber fabularum, Appendix Gudiana 32,11

3703 Laus nova nisi oritur, etiam vetus amittitur.
Wenn kein neues Lob entsteht, vergeht auch das alte.
Publilius Syrus, Sententiae 293

3704 Laus sordet propria, laus nobilis est aliena.
Eigenlob stinkt, fremdes Lob adelt.
Walther, Proverbia sententiaeque 13601

3705 laus stultitiae
Lob der Torheit

3706 Lavabo in innocentia manus meas.
Ich wasche meine Hände in Unschuld.
Vulgata, Psalm 26,6

3707 Lectio, quae placuit semel, decies repetita placebit.
Eine Lektüre, die einmal gefallen hat, wird auch beim zehnten Wiederlesen noch gefallen.
Horaz, De arte poetica 365

3708 Lectori salutem!
Dem Leser zum Gruß!

3709 legali modo
auf gesetzliche Weise

3710 lege artis
nach allen Regeln der Kunst

Lege et fide. 3711
Durch das Gesetz und den Glauben.

Lege totum, si vis scire totum. 3712
Lies das Ganze, wenn du das Ganze wissen willst.

Lege vindice. 3713
Unter dem Schutz des Gesetzes.

Legem enim brevem esse oportet, quo 3714
facilius ab imperitis teneatur.
Ein Gesetz muss kurz sein, damit es leichter von Ungebildeten gehalten werden kann.
Seneca, Epistulae morales 94,38

Legem nocens veretur, fortunam 3715
innocens.
Der Schuldige fürchtet das Gesetz, der Unschuldige das Schicksal.
Publilius Syrus, Sententiae 299

Legem solet oblivisci iracundia. 3716
Der Zorn hält sich gewöhnlich an kein Gesetz.
Publilius Syrus, Sententiae 305

Leges ab omnibus intellegi debent. 3717
Gesetze müssen von allen verstanden werden.
Corpus Iuris Civilis, Codex Iustinianus 1.14,9

Leges bonae ex malis moribus 3718
procreantur.
Gute Gesetze entstehen aus schlechten Sitten.
Macrobius, Saturnalia 3.17,10

3719 Leges malos erui iubent, non abscondi, confessos damnari praescribunt, non absolvi.
Die Gesetze befehlen, dass Verbrecher ermittelt, nicht verschwiegen werden, und ordnen an, dass Geständige verurteilt, nicht freigesprochen werden.
Tertullian, Apologeticum 2,14

3720 Leges quoque proficiunt ad bonos mores.
Auch Gesetze tragen zur Verbesserung der Sitten bei.
Seneca, Epistulae morales 94,37

3721 Legi, intellexi, condemnavi.
Ich las, begriff, verdammte.
Julianus Apostata bei Sozomenos, Historia ecclesiastica 5,18

3722 Legibus idcirco omnes servimus, ut liberi esse possimus.
Wir sind alle Diener der Gesetze, damit wir frei sein können.
Cicero, Pro Cluentio 146

3723 Legum conditores festos instituerunt dies, ut ad hilaritatem homines publice cogerentur.
Die Gesetzgeber haben Feiertage eingerichtet, um die Menschen zur Heiterkeit anzuhalten.
Seneca, De tranquillitate animi 17,7

Legum praesidio, qui plurimum in illas peccaverunt, proteguntur; quaedam non poterant certis contingere, nisi universis darentur. 3724
Den Schutz der Gesetze genießen auch die, die am meisten gegen sie verstoßen haben; manches kann Einzelnen nur zuteil werden, wenn es allen zugute kommt.
Seneca, De beneficiis 4.28,5–6

Lenis alit flammas, grandior aura necat. 3725
Ein sanfter Wind schürt die Flammen, ein heftigerer löscht sie.
Ovid, Remedia amoris 808

Lenit albescens animos capillus. 3726
Das ergrauende Haar mildert die Leidenschaften.
Horaz, Carmina 3.14,25

Leniter, ex merito quicquid patiare, ferendum est; / quae venit indigne, poena dolenda venit. 3727
Leicht ist es zu ertragen, wenn man verdient leidet, doch kommt sie unverschuldet, ist die Strafe schmerzhaft.
Ovid, Heroides 5,9–10

Lentescunt tempore curae. 3728
Zeit mildert die Sorgen.
Ovid, Ars amatoria 2.357

3729 Leones / non sunt papilionibus molesti.
Löwen sind den Schmetterlingen nicht lästig.
Matial, Epigrammata 12.61,5–6

3730 Leonis aliter catuli longe olent, aliter sues.
Löwenkinder riechen anders als Schweine.
Plautus, Epidicus 579

3731 Leonis catulum ne alas.
Löwenjunge soll man nicht aufziehen.
Valerius Maximus, Facta et dicta memorabilia 9.3 ext. 2

3732 Lepores duos insequens neutrum capit.
Wer zwei Hasen jagt, fängt keinen.
Erasmus, Adagia 2236 (nach Apostolios)

3733 Leve aes alienum debitorem facit, grave inimicum.
Kleine Schulden machen einen zum Schuldner, große zum Feind.
Seneca, Epistulae morales 19,11

3734 Leve est miserias ferre, perferre est grave.
Leicht ist es, Unglück zu ertragen, es zu überstehen ist schwer.
Seneca, Thyestes 307

3735 Leve fit, quod bene fertur, onus.
Eine Last, die gut getragen wird, wird leicht.
Ovid, Amores 1.2,10

leve peccatum 3736
eine lässliche Sünde

Levemus corda nostra cum manibus ad 3737
Dominum in caelos.
Lasst uns unsere Herzen zusammen mit den Händen aufheben zu Gott im Himmel.
Vulgata, Lamentationes Ieremiae 3,41

levi defungi poena 3738
mit einer leichten Strafe davonkommen
Livius, Ab urbe condita 29.21,6

Levis est consolatio ex miseriis aliorum. 3739
Das Elend anderer ist nur ein schwacher Trost.
Cicero, Ad familiares 6.3,4

Levis est dolor, qui capere consilium 3740
potest.
Leicht ist der Schmerz, der noch eine Entscheidung zulässt.
Seneca, Medea 155

Levis est dolor, si nihil illi opinio adiecerit. 3741
Leicht ist der Schmerz, wenn ihn die Einbildung nicht vergrößert.
Seneca, Epistulae morales 78,13

Levis est fortuna; cito reposcit, quod 3742
dedit.
Das Glück ist leicht; was es gegeben hat, fordert es schnell zurück.
Publilius Syrus, Sententiae 295

3743 Levissimus quisque futuri improvidus spe vana tumens.
Gerade die Leichtsinnigen und die für die Zukunft Sorglosen schwellen an vor eitler Hoffnung.
Tacitus, Historiae 1.88,3

3744 Lex iniusta non est lex.
Ein ungerechtes Gesetz ist kein Gesetz.

3745 Lex itaque libertatis lex caritatis est.
Das Gesetz der Freiheit ist das Gesetz der Liebe.
Augustinus, Epistulae 167,19

3746 Lex lege tollitur.
Ein Gesetz wird nur durch ein Gesetz aufgehoben.

3747 Lex prospicit, non respicit.
Ein Gesetz blickt nach vorn, nicht zurück.
Walther, Proverbia sententiaeque 13711

3748 Lex universa est, quae iubet nasci et mori.
Es ist das Gesetz der Welt, das etwas entsteht und vergeht.
Publilius Syrus, Sententiae 296

3749 Lex videt iratum, iratus legem non videt.
Das Gesetz sieht den Zornigen, aber der Zornige das Gesetz nicht.
Publilius Syrus, Sententiae 304

Libenter homines id, quod volunt, credunt. 3750
Die Menschen glauben gern das, was sie sich wünschen.
Caesar, De bello Gallico 3.18,6

Libentius audias quam loquaris. 3751
Hör lieber zu, als dass du sprichst.
Pseudo-Seneca, Liber de moribus 9

Liber est autem non, in quem parum licet fortunae, sed in quem nihil. 3752
Frei ist nicht, wem das Schicksal wenig anhaben kann, sondern wem es nichts anhaben kann.
Seneca, Epistulae morales 110,20

Liberae sunt enim nostrae cogitationes. 3753
Unsere Gedanken sind frei.
Cicero, Pro Milone 79

Liberalitas non cumulo patrimonii, sed largitatis definitur affectu. 3754
Freigiebigkeit wird nicht an der Größe der Gabe gemessen, sondern an der Liebe, mit der gegeben wird.
Ambrosius, De viduis 5,27

libere loqui 3755
frei sprechen

liberi poetae et pictores 3756
die freien Dichter und Maler

3757 Liberos cuique ac propinquos suos natura carissimos esse voluit.
Kinder und Verwandte sind nach dem Willen der Natur jedem das Liebste.
Tacitus, De vita Iulii Agricolae 31,1

3758 libertas
Freiheit

3759 Libertas animi cibus est et vera voluptas. / Qua qui dives erit, ditior esse nequit.
Freiheit ist Nahrung für die Seele und wahre Lust; wer sie hat, kann nicht reicher sein.
Anonymus Neveleti 54,21–22

3760 Libertas est potestas vivendi, ut velis.
Freiheit ist die Macht zu leben, wie man will.
Cicero, Paradoxa Stoicorum 34

3761 Libertas et iustitia.
Freiheit und Gerechtigkeit.

3762 Libertas iuxta bonis et malis, strenuis atque ignavis optabilis est; verum eam plerique metu deserunt.
Freiheit wünschen in gleicher Weise Gute wie Schlechte, Tüchtige wie Faule; doch die meisten geben sie aus Furcht auf.
Sallust, Epistulae ad Caesarem senem de re publica 2.11,4

Libertas liberis curae. 3763
Die Freien sorgen für die Freiheit.
Devise von Bern

Libertas, praedulce bonum, bona cetera condit; / qua nisi condita, nil sapit esca mihi. 3764
Die Freiheit, das zuckersüße Gut, würzt alle übrigen Güter; nur damit gewürzt schmeckt mir das Essen.
Anonymus Neveleti 54,19–20

Libertas quoniam nulli iam restat amanti, / nullus liber erit, si quis amare volet. 3765
Da einem Liebenden keine Freiheit bleibt, ist keiner frei, wenn er lieben will.
Properz, Elegiae 2.23,23–24

Libertate unanimus. 3766
Einig in Freiheit.

Libertatem, quam peperere maiores, digne studeat servare posteritas. 3767
Die von den Vorfahren errungene Freiheit mögen die Nachkommen würdig bewahren.
Inschrift am Hamburger Rathaus

Libidinem abstinentia domat. 3768
Enthaltsamkeit zähmt die Sinne.
Isidor von Sevilla, Sententiae 2

3769 Libidinis initia tunc timebis, cum de exitu cogitabis.
Den Anfang der Sinnlichkeit muss man fürchten, wenn man an den Ausgang denkt.
Pseudo-Seneca, Liber de moribus 66

3770 Libido cunctos etiam sub vultu domat.
Die Sinnlichkeit beherrscht alle, auch wenn man es nicht merkt.
Publilius Syrus, Sententiae 301

3771 Libido effrenata effrenatam appetentiam efficit.
Ungezügelte Lust führt zu ungezügelter Begierde.
Cicero, Tusculanae disputationes 4.15

3772 Libri muti magistri.
Bücher sind stumme Lehrer.
Gellius, Noctes Atticae 14.2,1

3773 librum signatum sigillis septem
ein Buch mit sieben Siegeln
Vulgata, Apocalypsis Ioannis 5,1

3774 Liceat concedere veris.
Der Wahrheit sei die Ehre.
Horaz, Sermones 2.3,305

3775 licentia poetica
dichterische Freiheit

Licentiam des linguae, cum verum petas. 3776
Lass die Zunge frei, wenn du die Wahrheit suchst.
Publilius Syrus, Sententiae 308

Licet enim sine luxuria agere festum diem. 3777
Ein Fest kann man auch ohne Luxus feiern.
Seneca, Epistulae morales 18,4

Licet ipsa vitium sit ambitio, frequenter tamen causa virtutum est. 3778
Mag auch der Ehrgeiz selbst ein Laster sein, oft ist er der Grund der Tugend.
Quintilian, Institutio oratoria 1.2,22

Licet, quod cuique libet, loquatur, credere non est necesse. 3779
Mag jeder reden, was ihm beliebt, man muss ihm ja nicht glauben.
Cicero, Orationes Philippicae 1,33

Licet sapere sine pompa, sine invidia. 3780
Man kann weise sein ohne Angeberei und ohne Neid zu erregen.
Seneca, Epistulae morales 103,5

Licet vastum traieceris mare, licet, ut ait Vergil noster, »terraeque urbesque recedant«: sequentur te, quocumque perveneris, vitia. 3781
Magst du auch übers ferne Meer fahren, mögen auch, wie unser Vergil sagt, ›Länder

und Städte entschwinden‹: wo du auch hinkommst, folgen dir deine Fehler nach.
Seneca, Epistulae morales 28,1

3782 Licuit semperque licebit / signatum praesente nota producere nomen.
Ein Dichter darf – und wird immer dürfen – ein Wort erschaffen, das ein Zeichen seiner Zeit ist.
Horaz, De arte poetica 58–59

3783 Ligna in silvam portare stultum est.
Holz in den Wald tragen ist dumm.
Horaz, Sermones 1.10,34

3784 Lignum tortum haud umquam rectum.
Ein krummes Holz wird nicht gerade.
Erasmus, Adagia 1942 (nach Diogenianos)

3785 Lingua ligata tibi multos acquirit amicos.
Wenn du deiner Zunge beherrscht, gewinnst du viele Freunde.
Monosticha Catonis A51

3786 Lingua mente cuique nocentior est. Non rimaberis viscera ad videndum, quid senseris.
Die Zunge ist für jeden schädlicher als der Geist. Man wird keinem das Gehirn durchwühlen, um festzustellen, was er gedacht hat.
Sententiae Varronis 103–104

Lingua placata sibi multos acquirit amicos. 3787
Eine sanfte Zunge gewinnt viele Freunde.
Columbanus, Praecepta vivendi 196

lingua quam manu promptior 3788
schneller mit der Zunge als mit der Hand
Sallust, Bellum Iugurthinum 44,1

Lingua, quo vadis? 3789
Zunge, wohin gehst du?
Erasmus, Adagia 1139 (nach Suidas)

Linque metum leti: nam stultum est, tempore in omni / dum mortem metuas, amittere gaudia vitae. 3790
Lass deine Furcht vor dem Tod, denn es ist einfältig, die ganze Zeit, während du den Tod fürchtest, die Freude am Leben zu verlieren.
Disticha Catonis 2.3

Lis litem serit / parit. 3791
Streit bringt Streit hervor.
Erasmus, Adagia 1941 (nach Apostolius)

Lis minimis verbis interdum maxima crescit. 3792
Aus wenigen Worten ensteht manchmal der größte Streit.
Walther, Proverbia sententiaeque 13872

3793 Litem inferre cave cum quo tibi gratia iuncta est, / ira odium generat, concordia nutrit amorem.
Meide den Streit mit einem, der dir in Dankbarkeit verbunden ist, Zorn erzeugt Hass, Eintracht nährt die Liebe.
Disticha Catonis 1.36

3794 Lites interdum fert, qui vult dicere verum.
Manchmal fängt Streit an, wer die Wahrheit sagen will.
Walther, Proverbia sententiaeque 13886

3795 litigare cum ventis
mit den Winden kämpfen
Petron, Satyricon 83,7

3796 Litore quot conchae, tot sunt in amore dolores.
So viele Muscheln am Strand, so viele Schmerzen sind in der Liebe.
Ovid, Ars amatoria 2.519

3797 Littera enim occidit, spiritus autem vivificat.
Denn der Buchstabe tötet, der Geist aber macht lebendig.
Vulgata, Epistula ad Corinthios 2.3,6

Littera gesta docet, quid credas, 3798
allegoria, / moralis, quid agas, quo tendas anagogia.
Der Buchstabe lehrt, was geschehen ist, was du glauben sollst, die Allegorie, die Moral, was du tun sollst, die Mystik, wohin du streben sollst.
Walther, Proverbia sententiaeque 13899

Littera non erubescit. 3799
Ein Buchstabe errötet nicht.
Cicero, Ad familiares 5.12,1

Littera scripta manet. 3800
Es bleibt bei dem, was geschrieben ist.
Walther, Proverbia sententiaeque 37919a3

Litterae enim sunt adventicia 3801
ornamenta, ratio autem insita ipsiusque hominis pars est.
Bildung ist nur Schmuck, die Vernunft ist angeboren und Teil des Menschen.
Petrarca, De ignorantia

Litterae non dant panem. 3802
Schriftstellerei bringt kein Brot.
Petron, Satyricon 83,9

Litterarum radices amarae, fructus 3803
dulces.
Die Wurzeln der Bildung sind bitter, die Früchte süß.
Walther, Proverbia sententiaeque 37919g

3804 Litteratura omnium virtutum maxima est.
Bildung hat den höchsten Rang unter den Tugenden.
Codex Theodosianus 14.1,1

3805 Litus ama et laeva stringat sine palmula cautes; / altum alii teneant.
Bleib am Ufer, lass zur Linken das Ruder die Riffe streifen, aufs offene Meer mögen andere fahren.
Vergil, Aeneis 5.163–164

3806 litus arare
den Strand beackern
Ausonius, Epistulae 4,4

3807 Livor separat, sanitas iungit.
Missgunst trennt, Fürsorge einigt.
Augustinus, In Johannis evangelium tractatus 32,8

3808 Loca nos non contaminant per se, sed quae in locis fiunt.
Orte beschmutzen uns nicht, sondern was dort geschieht.
Tertullian, De spectaculis 8,10

3809 Loci distantia non separat amicitiam, sed operationem.
Große Distanz beeinträchtigt nicht die Freundschaft, sondern nur ihre Pflege.
Auctoritates, Aristoteles, Ethica 148

Locupletem facit non multa possidere, 3810
sed modica desiderare.
Reich macht nicht großer Besitz, sondern Zurückhaltung im Begehren.
Valerius Maximus, Facta et dicta memorabilia 4.3,6

locus amoenus 3811
liebliche Landschaft

locus communis 3812
Gemeinplatz

Locus est, qui defendit excessus. 3813
Der Ort ist es, der den Exzess entschuldigt.
Cassiodor, Variae 1.27,5

Locus regit actum. 3814
Der Ort bestimmt die Handlung.

Locutum me aliquando paenituit, 3815
tacuisse numquam.
Geredet zu haben habe ich manchmal bereut, geschwiegen zu haben nie.
Caecilius Balbus, Sententiae (W) 26,1

Longa est vita, si plena est. 3816
Ein Leben ist lang, wenn es erfüllt ist.
Seneca, Epistulae morales 93,2

Longa mora est nobis omnis quae 3817
gaudia differt.

Lang kommt uns jedes Zögern vor, das die Freuden hinausschiebt.
Ovid, Heroides 19,3

3818 Longa via est, propera!
Die Reise ist lang, beeil dich!
Ovid, Tristia 1.1,127

3819 Longa vita non semper emendat, sed saepe culpam magis auget.
Ein langes Leben führt nicht immer zur Besserung, sondern vergrößert die Schuld.
Thomas a Kempis, Imitatio Christi 1.23,11

3820 Longe fugit, quisquis suos fugit.
Weit flieht, wer vor den Seinen flieht.
Petron, Satyricon 43,5

3821 longe lateque
weit und breit

3822 Longinquum est omne, quod cupiditas flagitat.
In weiter Ferne liegt alles, was die Begierde sich wünscht.
Publilius Syrus, Sententiae 302

3823 Longius aevum / destruit ingentes animos.
Ein allzu langes Leben zerstört große Geister.
Lucanus, Bellum civile (Pharsalia) 8.27–28

Longius aut propius mors sua quemque manet. 3824
Über kurz oder lang erwartet jeden der Tod.
Properz, Elegiae 2.28,58

longo, sed proximus intervallo 3825
als Nächster, doch in großem Abstand
Vergil, Aeneis 5.320

Longo silentio res habetur pro derelicto. 3826
Nach langem Stillschweigen gilt eine Sache als aufgegeben.
Corpus Iuris Civilis, Digesta 39.2,15,21 (Ulpianus)

Longum iter est per praecepta, breve et efficax per exempla. 3827
Lang braucht die Einsicht über Vorschriften, kurz und wirkungsvoll über Vorbilder.
Seneca, Epistulae morales 6,5

Longus dolorem forsitan vincet sopor. 3828
Langer Schlaf wird vielleicht den Schmerz besiegen.
Seneca, Hercules Oetaeus 1429

Loquare, quod delectat, facias, quod iuvat. 3829
Sprich, was erwünscht ist, aber tu, was nützlich ist.
Caecilius Balbus, Sententiae (F) 105

Loquaris ut omnes, sentias ut pauci. 3830
Sprich wie alle, denk wie wenige.
Sententiae Varronis 8

3831 Loquendum est ut plures, sapiendum vero ut pauci.
Reden muss man wie viele, doch denken wie wenige.
Auctoritates, Aristoteles, Topica 26

3832 Loqui ignorabit, qui tacere nesciat.
Wer nicht zu schweigen versteht, versteht auch nicht zu reden.
Pittakos bei Pseudo-Ausonius, Septem sapientum sententiae 8

3833 Loqui nobis communiter datum est, solus ornatus est, qui discernit indoctos.
Die Sprache ist uns allen gemeinsam gegeben; allein die Beredsamkeit ist es, die den Ungebildeten unterscheidet.
Cassiodor, Variae pr. 3

3834 Loqui oportet, non quia id melius, sed quia contrarium difficile.
Ich muss reden, nicht weil das besser wäre, sondern weil das Gegenteil zu schwer ist.
Petrarca, De ignorantia

3835 Loqui qui nescit, discat aliquando reticere.
Wer nicht zu reden versteht, soll auch einmal still sein.
Hieronymus, Epistulae 109,2

Luat in corpore, qui non luet in aere. 3836
Mit dem Leib soll büßen, wer nicht mit Geld büßen kann.
Rechtsregel

Lubrici sunt fortunae gressus. 3837
Schlüpfrig ist der Lauf des Glücks.
volkstümlich

Lucri bonus est odor ex re / qualibet. 3838
Gewinn riecht gut, wo er auch herstammt.
Juvenal, Saturae 14,204–205

Lucrum amare nullum amatorem addecet. 3839
Wer verliebt ist, darf nicht auf Gewinn aus sein.
Plautus, Poenulus 328

Lucrum est dolorem posse damno exstinguere. 3840
Es ist vorteilhaft, wenn man Schmerzen stillen kann, indem man Schaden zufügt.
Publilius Syrus, Sententiae 668

Lucrum est sapientiae, ut te redducat tibi. 3841
Ein Vorzug der Weisheit ist, dass sie zu einem selbst zurückführt.
Publilius Syrus, Sententiae A90

Lucrum gaudium. 3842
Gewinn macht Freude.

3843 Lucrum omne turpe fugias ut dispendium.
Meide jeden schändlichen Gewinn wie einen Verlust.
Caecilius Balbus, Sententiae (F) 106

3844 Ludere si cupias, aequos socios tibi quaeras!
Wenn du spielen willst, such dir gleichen Partner!
Walther, Proverbia sententiaeque 14031

3845 Ludi quoque semina praebent / nequitiae.
Auch die Spiele sind ein Grund zur Leichtfertigkeit.
Ovid, Tristia 2.279–280

3846 ludibrio habere
zum Gespött machen

3847 Ludit in humanis divina potentia rebus, / et certam praesens vix habet hora fidem. / Tu quoque fac timeas, et quae tibi laeta videntur, / dum loqueris, fieri tristia posse puta.
Die göttliche Macht treibt ihr Spiel mit den menschlichen Dingen, und der gegenwärtigen Stunde kann man kaum vertrauen. Fürchte auch du dich, und denk daran, dass, was dir fröhlich scheint, während du sprichst, in Trauer umschlagen kann.
Ovid, Epistulae ex Ponto 4.3,49–50 und 57–58

Ludunt formosae, casta est, quam nemo rogavit. 3848
Die Schönen vergnügen sich; züchtig ist die, von der keiner etwas wissen will.
Ovid, Amores 1.8,43

Ludus bonus non sit nimius. 3849
Ein schönes Spiel soll nicht lange dauern.
Walther, Proverbia sententiaeque 37963

Lugent cuncta, tu laetus es. 3850
Alles trauert, du bist lustig.
Salvianus, De gubernatione Dei 6.89

lumen naturale 3851
das natürliche Licht der Vernunft

Lumina inter umbras clariora sunt. 3852
Im Schatten strahlen die Lichter heller.
Quintilian, Institutio oratoria 2.12,7

lupo agnum eripere 3853
dem Wolf ein Lamm entreißen
Plautus, Poenulus 776

lupo ovem committere 3854
dem Wolf ein Schaf anvertrauen
Terenz, Eunuchus 832

lupos apud oves custodes relinquere 3855
die Wölfe bei den Schafen als Wachen zurücklassen
Plautus, Pseudolus 140–141

3856 Lupus est homo homini, non homo, cum, qualis sit, non novit.
Der Mensch ist dem Menschen ein Wolf, kein Mensch, wenn er nicht weiß, was er ist.
Plautus, Asinaria 495

3857 Lupus non curat numerum.
Der Wolf sorgt sich nicht um die Zahl.
Vergil, Bucolica 7,51–52

3858 Lupus pilum mutat, non mentem.
Der Wolf wechselt den Pelz, nicht seinen Sinn.
Erasmus, Adagia 2219 (nach Apostolios)

3859 Lusor est aut dives aut multum laborans aut fur.
Ein Spieler ist entweder reich oder arbeitsam oder ein Dieb.
Bebel, Proverbia Germanica 125

3860 Lusus animo debent aliquando dari, / ad cogitandum melior ut redeat tibi.
So muss man dem Geist manchmal Zeit zum Spielen gönnen, damit er gestärkt zum Nachdenken zurückkehrt.
Phaedrus, Liber fabularum 3.14,12–13

3861 Lusus habet finem.
Das Spiel ist zu Ende.
Ovid, Ars amatoria 3.809

3862 lusus naturae
Laune der Natur

Lux in tenebris lucet. 3863
Das Licht leuchtet in der Finsternis.
Vulgata, Evangelium secundum Ioannem 1,5

lux mundi 3864
das Licht der Welt

Lux post tenebras. 3865
Licht nach der Finsternis.

Luxuriae desunt multa, avaritiae omnia. 3866
Der Verschwendung fehlt viel, der Habgier alles.
Publilius Syrus, Sententiae 236

Luxuriae quicquid dederis, perfluet. 3867
Was du den Ausschweifungen zollst, wird dir entfliehen.
Walther, Proverbia sententiaeque 14149a

Luxuriosa res vinum et tumultuosa sicera; quicumque his delectatur, non erit sapiens. 3868
Der Wein macht lose Leute, und starkes Getränk macht wild; wer daran Freude hat, wird nicht klug.
Vulgata, Liber proverbiorum 20,1

M

3869 Magis audiendum quam auscultandum censeo.
Ich glaube, das sollte man besser anhören als befolgen.
Pacuvius bei Cicero, De divinatione 1.131

3870 Magis deos miseri quam beati colunt.
Die Unglücklichen verehren die Götter mehr als die Glücklichen.
Seneca maior, Controversiae 8.1,1

3871 Magis ea percipimus atque sentimus. quae nobis ipsis aut prospera aut adversa eveniunt, quam illa, quae ceteris, quae quasi longo intervallo interiecto videmus.
Wir erfassen und empfinden mehr die uns betreffenden erfreulichen oder widrigen Ereignisse als die anderer, die wir nur aus weiter Entfernung wahrnehmen.
Cicero, De officiis 1.30

3872 Magis illa iuvant, quae pluris emuntur.
Was man teuer bezahlt, macht am meisten Freude.
Juvenal, Saturae 11,16

3873 Magis pauper ille est, qui, cum multa habeat, plura desiderat.
Ärmer ist, wer viel besitzt und noch mehr wünscht.
Minucius Felix, Octavius 36,4

Magis quam famam attende conscientiam. 3874
Achte mehr auf dein Gewissen als auf deinen Ruf.
Publilius Syrus, Sententiae A290

Magis, quis veneris quam quo, interest. 3875
Es kommt mehr darauf an, wie man kommt, als wohin.
Seneca, Epistulae morales 28,4

Magis unde cadas, quam quo refert. 3876
Wichtiger ist, von wo man fällt, als wohin.
Seneca, Thyestes 926

Magisque dandis quam accipiundis beneficiis amicitias parabant. 3877
Sie knüpften Freundschaft mehr durch Verteilen als durch Empfangen von Geschenken.
Sallust, De coniuratione Catilinae 6,5

magister artium 3878
Meister der Künste

Magistrum memet ipsum habeo. 3879
Ich habe mich selbst zum Lehrer.
Hieronymus, De viris illustribus, prologus

Magna autem debet esse eloquentia, quae invitis placeat. 3880
Groß muss die Beredsamkeit sein, die auch beim Gegner Anklang finden will.
Seneca maior, Controversiae 10. pr. 4

3881 Magna civitas, magna solitudo.
Große Stadt, große Einsamkeit.

3882 Magna conscientia est felicitatem meruisse.
Es ist ein großes Gefühl, das Glück verdient zu haben.
Pseudo-Quintilian, Declamationes maiores 9,17

3883 magna cum laude
mit großem Lob

3884 Magna di curant, parva neglegunt.
Für Großes sorgen die Götter, Kleinigkeiten vernachlässigen sie.
Cicero, De natura deorum 2.167

3885 Magna enim consolatio est, cum recordare, etiam si secus acciderit, te tamen recte vereque sensisse.
Es ist ein starker Trost, auch wenn etwas gescheitert ist, zu denken, man habe dennoch die wahre Einstellung gehabt.
Cicero, Ad familiares 6.21,2

3886 Magna enim praerogativa est placuisse sapienti.
Es ist eine große Anerkennung, einem Weisen gefallen zu haben.
Symmachus, Epistulae 7.125

3887 Magna est enim vis humanitatis.
Groß ist die Macht der Menschlichkeit.
Cicero, Pro Sex. Roscio Amerino 63

Magna et generosa res est humanus animus: nullos sibi poni nisi communes et cum deo terminos patitur. 3888
Etwas Großes und Edles ist die menschliche Seele: Sie lässt sich keine Grenzen setzen außer denen, die sie auch mit Gott gemeinsam hat.
Seneca, Epistulae morales 102,21

Magna inter molles concordia. 3889
Groß ist die Einigkeit unter Wollüstigen.
Juvenal, Saturae 2,47

Magna negotia magnis adiutoribus egent. 3890
Für große Aufgaben benötigt man große Helfer.
Velleius Paterculus, Historia Romana 2.127,2

Magna pars hominum est, quae non peccatis irascitur, sed peccantibus. 3891
Die meisten Menschen sind nicht zornig auf die Verbrechen, sondern auf die Verbrecher.
Seneca, De ira 2.28,8

Magna pars hominum est, quae reverti ad innocentiam possit, si ignoscas. 3892
Die meisten Menschen könnten zu einem ordentlichen Leben zurückfinden, wenn man ihnen verzeiht.
Seneca, De clementia 1.2,1

3893 Magna pars libertatis est bene moratus venter et contumeliae patiens.
Beträchtlichen Anteil an der inneren Freiheit hat ein guter Magen, der auch eine Misshandlung verträgt.
Seneca, Epistulae morales 123,3

3894 Magna pars peccatorum tollitur, si peccaturis testis assistit.
Ein Großteil unserer Verfehlungen kommt nicht zustande, wenn ein Zeuge da ist, wenn wir sie begehen wollen.
Seneca, Epistulae morales 11,9

3895 Magna pars vulgi levis / odit scelus spectatque.
Ein großer Teil der wankelmütigen Menge hasst Verbrechen und schaut doch zu.
Seneca, Troades 1128–1129

3896 Magna servitus est magna fortuna.
Eine hohe Stellung bedeutet große Knechtschaft.
Seneca, Ad Polybium de consolatione 6,4

3897 magna stipante caterva
umgeben von einer großen Schar
Vergil, Aeneis 4.136

3898 Magna venit nulli sine magno fama labore.
Keiner gelangt zu großem Ruhm ohne große Mühe.
Celtis, Epigrammata 4.58,1

Magna vis est conscientiae. 3899
Große Macht besitzt das Gewissen.
Cicero, Pro Milone 61

Magnae periclo sunt opes obnoxiae. 3900
Großer Reichtum ist Gefahren ausgesetzt.
Phaedrus, Liber fabularum 2.7,14

Magnam fortunam magnus animus 3901
decet.
Zu einer hohen Stellung gehört eine große Seele.
Seneca, De clementia 1, 5,5

Magnam habet cordis tranquillitatem, 3902
qui nec laudes curat nec vituperia.
Große Seelenruhe hat, wen sowohl Lobsprüche als auch Beschimpfungen nicht rühren.
Thomas a Kempis, Imitatio Christi 2.6,16

Magnam rem puta unum hominem 3903
agere.
Halte es für ein großes Ding, ein Mensch zu sein.
Seneca, Epistulae morales 120,22

Magnarum rerum etiam si prosper non 3904
fuerit successus, honestius et tamen ipse conatus.
Wenn bei großen Vorhaben auch kein Erfolg war, so ist doch der Versuch schon anerkennenswert.
Pseudo-Seneca, Liber de moribus 85

3905 magnas inter opes inops
arm inmitten großen Reichtums
Horaz, Carmina 3.16,28

3906 Magni animi est iniurias despicere.
Es zeugt von Größe, Beleidigungen nicht zu beachten.
Seneca, De ira 2.32,3

3907 Magni artificis est clusisse totum in exiguo.
Es ist eine große Kunst, im Kleinen ein Ganzes zu umfassen.
Seneca, Epistulae morales 53,11

3908 Magni fures parvum ducunt.
Die großen Diebe führen den kleinen ab.
Diogenes bei Diogenes Laertios 6.2,45

3909 Magni pectoris est inter secunda moderatio.
Wer im Glück maßvoll bleibt, hat ein großes Herz.
Seneca maior, Suasoriae 1,3

3910 Magnifica verba mors prope admota excutit.
Großtuerische Worte vertreibt der nahende Tod.
Seneca, Troades 575

3911 Magnificat anima mea dominum.
Hoch preist meine Seele den Herrn.
Vulgata, Evangelium secundum Lucam 1,46

Magno flumini rivum inducis. 3912
Du leitest einen Bach in einen großen Strom.
Erasmus, Adagia 2044 (nach Suidas)

Magno viro maledici desse non queunt. 3913
Bei einem großen Mann können Beleidigungen nicht ausbleiben.
Cornelius Nepos, De excellentibus ducibus exterarum gentium, Hamilcar 3,2

Magnos animos magnis honoribus fieri. 3914
Großes Selbstvertrauen gewinnt man aus hohen Ämtern.
Livius, Ab urbe condita 4.35,9

Magnos facile laudamus, bonos libenter. 3915
Die Großen lobt man leicht, die Guten gern.
Leibniz, Essais de theodicee, Appendix

Magnum iter ascendo, sed dat mihi gloria vires. 3916
Ich steige einen weiten Weg hinauf, doch der Ruhm gibt mir Kraft.
Properz, Elegiae 4.10,3

magnum opus 3917
Hauptwerk

Magnum praesidium in periculis innocentia. 3918
Die Unschuld ist in der Gefahr ein guter Schutz.
Seneca maior, Controversiae 7.16,10

3919 Magnum satellitum amor.
Die Liebe ist eine starke Leibwache.
Wahlspruch Kaiser Valerians

3920 Magnum timoris remedium clementia est.
Ein wirksames Mittel gegen die Furcht ist Milde.
Pseudo-Seneca, Octavia 442

3921 Magnus ille, qui in divitiis pauper est.
Groß ist, wer im Reichtum arm ist.
Seneca, Epistulae morales 20,10

3922 Magnus pudicitiae fructus est pudicam haberi.
Der größte Lohn der Ehre ist, für ehrenwert zu gelten.
Seneca maior, Controversiae 2.7,9

3923 Magnus sibi ipse facit finem dolor.
Großer Schmerz setzt sich selbst eine Grenze.
Seneca, Troades 786

3924 Maior discendi tibi sit quam cura docendi, / hinc aliis etenim proficis, inde tibi.
Der Wunsch zu lernen muss in dir größer sein als der zu lehren, denn mit diesem nützt du anderen, mit jenem dir selbst.
Abaelard, Monita ad Astralabium 3–4

Maior e longinquo reverentia. 3925
Mit der Entfernung wächst die Ehrfurcht.
Tacitus, Annales 1.47,2

Maior famae sitis est quam / virtutis. 3926
Größer ist das Verlangen nach Ruhm als nach Tugend.
Juvenal, Saturae 10,140–141

Maior in conservandis rebus quam in 3927
inveniendis adhibenda cautela est.
Größere Aufmerksamkeit muss der Erhaltung als dem Erwerb gelten.
Cassiodor, Variae 1.25,1

Maior labor est resistere vitiis et 3928
passionibus quam corporalibus insudare laboribus.
Es ist mühsamer, den Lastern und Leidenschaften zu widerstehen, als bei körperlichen Anstrengungen ins Schwitzen zu kommen.
Thomas a Kempis, Imitatio Christi 1.25,51

Maior pars aetatis, certe melior, rei 3929
publicae data sit; aliquid temporis tui sume etiam tibi.
Der größte Teil deines Lebens, jedenfalls der bessere, mag der Politik gewidmet sein; verwende aber etwas von deiner Zeit auch für dich selbst.
Seneca, De brevitate vitae 18,1

3930 Maior pars populi facit, quod, cur faciat, ignorat.
Der größere Teil des Volks tut Dinge, von denen er nicht weiß, warum er sie tut.
Seneca bei Augustinus, De civitate Dei 6.11

3931 Maiora cupimus, quo maiora venerunt.
Wir begehren umso mehr, je mehr uns zuteil geworden ist.
Seneca, De beneficiis 2.27,3

3932 Maiora populus semper a summo exigit.
Vom Mächtigsten verlangt das Volk immer noch Größeres.
Pseudo-Seneca, Octavia 575

3933 Maiora sequentur.
Größeres wird folgen.

3934 Maiore animo tolerari adversa quam relinqui: fortes et strenuos etiam contra fortunam insistere spei, timidos et ignavos ad desperationem formidine properare.
Es gehört mehr Mut dazu, Missgeschick zu ertragen, als ihm aus dem Weg zu gehen: Tapfere und tüchtige Männer halten auch gegen das Schicksal an der Hoffnung fest, furchtsame und kraftlose stürzen sich aus Angst in Verzweiflung.
Tacitus, Historiae 2.46,2

Maiore fama, uti mos est de ignotis. 3935
Das Gerücht übertreibt, wie bei Unbekannten üblich.
Tacitus, De vita Iulii Agricolae 25,3

Maiore tormento pecunia possidetur quam quaeritur. 3936
Geld zu besitzen ist eine größere Anstrengung, als es zu erwerben.
Seneca, Epistulae morales 115,16

Maiorem laudem quam laborem invenero. 3937
Ich werde mehr Lob ernten als Mühe aufwenden.
Afranius bei Ausonius, Technopaegnion 1

Maiores fertilissimum in agro oculum domini esse dixerunt. 3938
Unsere Vorfahren sagten, das Auge des Herrn sei der beste Dünger.
Plinius maior, Naturalis historia 18.43

Maiores maiora sonant. 3939
Größere tönen Größeres.
Matial, Epigrammata 9. pr. 7

Maiores nostri nihil liberos suos docebant, quod discendum esset iacentibus. 3940
Unsere Vorfahren brachten ihren Kindern nichts bei, was diese auch im Bett hätten erlernen können.
Seneca, Epistulae morales 88,19

3941 maiores pennas nido extendere
die Flügel weit vom Nest ausspannen
Horaz, Epistulae 1.20,21

3942 Maiori cede, nec contemne minorem.
Weiche dem Stärkeren, doch verachte nicht den Schwächeren!
Walther, Proverbia sententiaeque 14287

3943 Maiori concede, minorem ne contempseris!
Beug dich dem Größeren, verachte nicht den Kleineren.
Sententiae Catonis 10 u. 47

3944 Maiori parti ne cedas, sed meliori! / Stultorum numerus innumerabilis est.
Gib nicht der Mehrheit, sondern den Besseren nach! Die Zahl der Toren ist unzählig.
Walther, Proverbia sententiaeque 14290

3945 Maiori quippe compendio perdimus, quam si nobis indebite victoria suffragetur.
Zu verlieren ist ein größerer Gewinn, als wenn einem unverdient der Sieg zufällt.
Cassiodor, Variae 1.22,4

Maioris est culpae manifeste quam 3946
occulte peccare. Dupliciter enim reus est, qui aperte delinquit, quia et agit et docet.
Es ist eine größere Schuld, offen als heimlich zu sündigen. Denn zweifach ist angeklagt, wer sich offen vergeht, weil er sowohl handelt als auch anleitet.
Isidor von Sevilla, Sententiae 2

Maiorque videtur / et melior vicina 3947
seges.
Größer und besser erscheint die Ernte des Nachbarn.
Juvenal, Saturae 14,142–143

Maiorum gloria posteris quasi lumen 3948
est.
Der Ruhm der Vorfahren ist ein Licht den Nachkommen.
Sallust, Bellum Iugurthinum 85,23

Maius est enim restituere quam dare, 3949
quoniam miserius est perdidisse quam omnino non accepisse.
Zurückzugeben ist mehr als zu geben, da es schwerer ist, etwas verloren als überhaupt nicht empfangen zu haben.
Tertullian, De paenitentia 7,12

Maius opus mores composuisse suos. 3950
Es ist ein großes Werk, sein Wesen zu zügeln.
Ovid, Ars amatoria 3.370

3951 Mala aliena novisse non expedit.
Es bekommt einem nicht, die Vergehen anderer zu wissen.
Johannes Saresberiensis, Policraticus 3.12

3952 Mala causa silenda est.
Über eine schlechte Sache muss man schweigen.
Ovid, Epistulae ex Ponto 3.1,147

3953 Mala conscientia saepe tuta, secura numquam.
Ein schlechtes Gewissen ist oft gefahrlos, sorglos nie.
Pseudo-Seneca, Liber de moribus 65

3954 Mala est inopia, ex copia quae nascitur.
Bösartig ist die Not, die aus Reichtum entsteht.
Publilius Syrus, Sententiae A281

3955 Mala fides superveniens non nocet.
Nachträgliche böse Absicht schadet nicht.
Rechtsregel

3956 Mala ingenia peccatis et erroribus non vacant.
Schwache Talente sind nicht ohne Fehler und Irrtümer.
Gellius, Noctes Atticae 7.2,10

Mala lingua eum, quem carpit, 3957
meliorem indicat.
Der Verleumder lässt den für besser gelten, den er beleidigt.
Publilius Syrus, Sententiae A265

Mala lingua plus gladio laedit. 3958
Ein Verleumder verletzt mehr als ein Schwert.
Bebel, Proverbia Germanica 370

Mala malis eveniunt. 3959
Übel entstehen aus Übeln.
Erasmus, Adagia 4131 (nach Sophokles)

Mala mens, malus animus. 3960
Schlechter Geist, schlechter Sinn.
Terenz, Andria 164

Mala mors putanda non est, quam bona 3961
vita praecesserit.
Für schlimm darf man den Tod nicht achten, wenn ein gutes Leben vorausgegangen ist.
Augustinus, De civitate Dei 1.11

Mala non sunt facienda, ut eveniant 3962
bona.
Man darf nichts Böses tun, um Gutes zu erreichen.
Rechtsregel

Malae naturae numquam doctore 3963
indigent.
Schlechte Gesinnung braucht keinen Lehrer.
Publilius Syrus, Sententiae 328

3964 Malam rem cum velis honestare, improbes.
Willst du böse Sache ehren, missbillige sie.
Publilius Syrus, Sententiae 361

3965 Male agitur cum domino, quem villicus docet.
Schlecht steht es um den Herrn, den sein Verwalter unterweist.
Cato bei Columella, De re rustica 11.1,4

3966 Male de te loquuntur homines: Bene forsitan loqui nesciunt. Faciunt enim non, quod merearis, sed quod solent ipsi.
Die Menschen reden schlecht über dich. Vielleicht können Sie nichts Gutes reden. Sie handeln nämlich nicht danach, was einer verdient, sondern was sie selbst gern tun.
Pseudo-Seneca, Liber de moribus 41

3967 Male enim nostro iure uti non debemus.
Wir dürfen unser Recht nicht missbrauchen.
Gaius, Institutiones 1.53

3968 Male enim se res habet, cum, quod virtute effici debet, id temptatur pecunia.
Es ist ein schlechtes Zeichen, wenn das, was durch Tüchtigkeit erreicht werden sollte, mit Geld versucht wird.
Cicero, De officiis 2.22

Male facere qui vult, numquam non causam invenit. 3969
Wer Schaden anrichten will, findet immer einen Grund.
Publilius Syrus, Sententiae 336

Male habet medicus, si nemo male habuerit. 3970
Schlecht hat es der Arzt, wenn es niemandem schlecht geht.
Walther, Proverbia sententiaeque 14309a

Male imperando summum imperium amittitur. 3971
Wer schlecht regiert, verliert seine Herrschaft.
Publilius Syrus, Sententiae 339

Male iudicat, qui de se nescit, alterum. 3972
Schlecht urteilt, wer nicht fähig ist, über sich selbst zu urteilen.
Caecilius Balbus, Sententiae (F) 108

Male vivet, quisquis nesciet bene mori. 3973
Schlecht lebt, wer nicht gut zu sterben weiß.
Seneca, De tranquillitate animi 11,4

Male vivunt, qui se semper victuros putant. 3974
Schlecht leben, die glauben, ewig zu leben.
Publilius Syrus, Sententiae 330

3975 Male vivunt, qui semper vivere incipiunt.
Schlecht leben die, die immer nur zu leben beginnen.
Epikur bei Seneca, Epistulae morales 23,9

3976 Maledictum interpretando facias acrius.
Eine Schmähung wird durch Erklärungen noch schlechter.
Publilius Syrus, Sententiae 331

3977 Maledicus a malefico non distat nisi occasione.
Wer Schlechtes redet, unterscheidet sich von dem, der Schlechtes tut, nur durch die Gelegenheit.
Quintilian, Institutio oratoria 12.9,9

3978 Maledicus ne esto!
Beleidige niemand!
Sententiae Catonis 41

3979 Malefacere qui vult, numquam non causam invenit.
Wer Böses tun will, findet immer einen Grund.
Publilius Syrus, Sententiae 336

3980 Malevolum solacii genus est turba miserorum.
Der Hinweis auf die große Menge der Unglücklichen ist ein schwacher Trost.
Seneca, Ad Marciam de consolatione 12,5

Mali principii malus finis. 3981
Eines schlimmen Anfangs schlimmes Ende.
Erasmus, Adagia 3886 (nach Stobaios)

Mali principii raro bonus exitus. 3982
Ein schlechter Anfang hat selten ein gutes Ende.
Walther, Proverbia sententiaeque 14324

Mali sunt homines, qui bonis dicunt male. 3983
Schlecht sind die Menschen, die von Guten schlecht reden.
Plautus, Bacchides 118

Malis displicere laudari est. 3984
Schlechten zu missfallen ist lobenswert.
Pseudo-Seneca, De remediis fortuitorum

Malitia ipsa maximam partem veneni sui bibit. 3985
Die Bosheit trinkt den größten Teil ihres Gifts selbst.
Seneca, Epistulae morales 81,22

Malitia ut peior veniat, se simulat bonam. 3986
Damit sich Bosheit steigert, heuchelt sie Güte.
Publilius Syrus, Sententiae 368

Malivolus animus abditos dentes habet. 3987
Bösartige Gesinning hat verborgene Zähne.
Publilius Syrus, Sententiae 341

3988 Malivolus semper sua natura vescitur.
Der Böswillige nährt sich immer aus seiner Natur.
Publilius Syrus, Sententiae 337

3989 Malleus / manubrio sapientior.
Der Hammer ist gescheiter als der Stiel.
Plautus, Epidicus 524–525

3990 Malleus maleficarum
der Hexenhammer

3991 Malo accepto stultus sapit.
Durch Schaden wird der Dumme klug.
Erasmus, Adagia 31 (nach Hesiod)

3992 Malo benefacere tandundem est periculum / quantum bono malefacere.
Einem Schlechten Gutes zu tun ist genauso gefährlich wie einem Guten Schlechtes zu tun.
Plautus, Poenulus 633–634

3993 Malo etiam parcas, si una est periturus bonus.
Auch einen Bösen muss man verschonen, wenn ein Guter mit ihm zugrunde ginge.
Publilius Syrus, Sententiae 345

3994 Malo gaudia temperare quam dolores compescere.
Ich will lieber die Freude mäßigen als den Schmerz unterdrücken.
Seneca, De vita beata 25,3

Malo hic esse primus quam Romae 3995
secundus.
Ich will lieber hier der Erste als in Rom der Zweite sein.
Plutarch, Caesar 11,3

Malos faciunt malorum falsa 3996
contubernia.
Der Umgang mit Schlechten macht schlecht.
Anthologia Latina 1.249,2 (Florus)

Maluerim veris offendere quam placere 3997
adulando.
Ich möchte lieber mit Wahrheiten Anstoß als mit Schmeichelei Gefallen erregen.
Seneca, De clementia 1.2,2

Malum consilium consultori est 3998
pessimum.
Ein schlechter Rat ist am schlechtesten für den Ratgeber selbst.
Hesiod, Erga 266 bei Varro, De re rustica 3.2,1

Malum est consilium, quod mutari non 3999
potest.
Schlecht ist ein Rat, der sich nicht verändern lässt.
Publilius Syrus, Sententiae 362

Malum est in necessitate vivere, sed in 4000
necessitate vivere necessitas nulla est.
Schlimm ist es, in Not zu leben, aber nichts nötigt dazu, in Not zu leben.
Epikur bei Seneca, Epistulae morales 12,10

4001 Malum ne alienum feceris tuum gaudium.
Mach nicht fremdes Leid zu deiner Freude.
Publilius Syrus, Sententiae A216

4002 malum necessarium
ein notwendiges Übel

4003 Malum nullum est sine aliquo bono.
Es gibt kein Übel, das nicht auch gute Seiten hat.
Plinius maior, Naturalis historia 27.9

4004 Malum vas non frangitur.
Ein schlechtes Gefäß zerbricht nicht.
Erasmus, Adagia 3199 (nach Apostolios)

4005 Malunt enim sub specie captivitatis vivere liberi quam sub specie libertatis esse captivi.
Sie wollen lieber unter dem Schein der Gefangenschaft frei leben, als unter dem Schein der Freiheit gefangen zu sein.
Salvianus, De gubernatione Dei 5.22

4006 Malus auctor etiam honestam rem turpem facit.
Ein schlechter Ratgeber macht sogar Gutes schlecht.
Publilius Syrus, Sententiae A251

Malus bonum ad se numquam 4007
consilium refert.
Ein Bösewicht bezieht einen guten Rat nie auf sich selbst.
Publilius Syrus, Sententiae 354

Malus fugit lucem ut diabolus crucem. 4008
Der Bösewicht scheut das Licht wie der Teufel das Kreuz.
Walther, Proverbia sententiaeque 14373

Malus quicumque in poena est, 4009
praesidium est bonis.
Die Bestrafung des Bösen dient dem Schutz der Guten.
Publilius Syrus, Sententiae 376

Manducemus et bibamus, cras enim 4010
morimur.
Lasst uns essen und trinken, denn morgen sind wir tot.
Augustinus, Sermones 361,5

Mane nobiscum, quoniam advesperascit 4011
et inclinata est iam dies.
Bleib bei uns, denn es will Abend werden, und der Tag hat sich geneigt.
Vulgata, Evangelium secundum Lucam 24,29

Maneant illi semel placita nec ulla in 4012
decretis eius litura sit.
Wofür man sich einmal entschieden hat, das soll gelten und bei diesen Entschlüssen darf es keine Veränderung geben.
Seneca, De vita beata 8,3

4013 manibus pedibusque
mit Händen und Füßen
Terenz, Andria 161

4014 Manifesta haud indigent probatione.
Offensichtliches braucht keinen Beweis.
Publilius Syrus, Sententiae 355

4015 Manifesta phrenesis, / ut locuples moriaris, egentis vivere fato.
Es ist offener Wahnsinn, in Not zu leben, um reich zu sterben.
Juvenal, Saturae 14,136–137

4016 Manifestae turpitudinis et confessionis est nolle nec iurare nec iusiurandum referre.
Nicht schwören oder einen Eid nicht ablegen zu wollen zeugt nicht eindeutig von Schändlichkeit und Schuldgeständnis.
Corpus Iuris Civilis, Digesta 12.2,38 (Paulus)

4017 manifestum iudicium
ein offenkundiges Urteil

4018 Mansuete immansueta tractanda sunt.
Grobheit muss man mit Sanftmut behandeln.
Seneca, De ira 3.27,3

4019 manu forti
mit starker Hand

4020 Manus fortium / dominabitur.
Die Hand der Tapferen wird herrschen.

Manus manum lavat. 4021
Eine Hand wäscht die andere.
Epicharm bei Petron, Satyricon 45,13

Manus puerorum facile implentur. 4022
Kinderhände sind bald gefüllt.
Bebel, Proverbia Germanica 251

mare caelo miscere 4023
das Meer mit dem Himmel mischen
Vergil, Aeneis 5.790–791

mare liberum 4024
das freie Meer

mare nostrum 4025
unser Meer, das Mittelmeer

Mare quidem commune certo est omnibus. 4026
Das Meer gehört sicher allen gemeinsam.
Plautus, Rudens 975

Mare verborum gutta rerum. 4027
Ein Meer an Worten, an Taten ein Tropfen.
Walther, Proverbia sententiaeque 14443a

maria montesque polliceri 4028
Meere und Berge versprechen
Sallust, De coniuratione Catilinae 23,3

maritale capistrum 4029
das Ehejoch
Juvenal, Saturae 6,43

4030 Mars dubius nec certa Venus: victique resurgunt, / quosque neges umquam posse iacere, cadunt.
Mars ist schwankend und Venus unzuverlässig: Besiegte stehen wieder auf, und es fällt, wen man für unüberwindlich hält.
Ovid, Amores 1.9,29–30

4031 Martyrium est semen Christianorum.
Das Martyrium ist der Same des Christentums.
Tertullian, Apologeticum 50,13

4032 Mater artium necessitas.
Die Not ist die Mutter der Künste.

4033 Materia vero non habet esse nisi per formam.
Der Stoff hat sein Sein erst durch die Form.
Thomas von Aquin, De ente et essentia 6

4034 Materiem superabat opus.
Das Werk übertraf den Stoff.
Ovid, Metamorphoses 2.5

4035 Matura, dum libido eadem haec manet.
Beeile dich, solange deine Lust andauert.
Terenz, Phormio 716

4036 Matura satio saepe decipit, sera numquam, quin mala sit.
Frühe Aussaat enttäuscht oft, späte nie, denn sie ist immer schlecht.
Columella, De re rustica 11.2,80

Mature fias senex, si diu velis senex esse. 4037
Man muss früh ein Greis werden, wenn man es lange sein will.
Cicero, Cato maior de senectute 32

Maxima de nihilo nascitur historia. 4038
Aus dem Nichts wird Geschichte geboren.
Properz, Elegiae 2.1,16

Maxima pars hominum morbo iactatur 4039
eodem.
Die meisten Menschen leiden an derselben Krankheit.
Horaz, Sermones 2.3,121

Maxima pars pecore amisso praesepia 4040
claudit.
Die meisten sperren den Stall zu, wenn das Vieh weg ist.
Palingenius, Zodiacus vitae 9.827

Maxima pars vitae elabitur male 4041
agentibus, magna nihil agentibus, tota vita aliud agentibus.
Der größte Teil unseres Lebens schwindet hin mit schlechten Geschäften, ein großer Teil mit Nichtstun, das ganze Leben mit Belanglosigkeiten.
Seneca, Epistulae morales 1,1

Maxima porro vitae iactura dilatio est. 4042
Der größte Verlust des Lebens entsteht, wenn man es aufschiebt.
Seneca, De brevitate vitae 9,1

4043 Maxima quaeque bona sollicita sunt nec ulli fortunae minus bene quam optimae creditur.
Gerade die größten Güter machen Sorgen, und keiner Vermögenslage misstraut man mehr als der besten.
Seneca, De brevitate vitae 17,4

4044 Maxima quaeque domus servis est plena superbis.
Die Häuser der Großen sind voll überheblicher Diener.
Juvenal, Saturae 5,66

4045 Maximae cuique fortunae minime credendum est.
Dem größten Glück darf man am wenigsten trauen.
Livius, Ab urbe condita 30.30,18

4046 Maximas vero virtutes iacere omnes necesse est voluptate dominante.
Die größten Tugenden bleiben wirkungslos, wenn die Vergnügungssucht herrscht.
Cicero, De finibus bonorum et malorum 2.117

4047 Maximum deorum donum est philosophia.
Das größte Geschenk der Götter ist die Liebe zur Weisheit.
Platon bei Pomponazzi, Tractatus de immortalitate animae 14

Maximum ergo solacium est cogitare id sibi accidisse, quod omnes ante se passi sunt omnesque passuri. 4048
Der größte Trost ist es also, zu erkennen, einem sei das widerfahren, was alle erlitten haben und alle erleiden werden.
Seneca, Ad Polybium de consolatione 1,4

Maximum hoc est et officium sapientiae et indicium, ut verbis opera concordent, ut ipse ubique par sibi idemque sit. 4049
Es ist das höchste Ziel der Weisheit und zugleich ihr Kennzeichen, dass die Worte mit den Taten übereinstimmen, dass der Mensch immer in Übereinstimmung mit sich selbst lebt.
Seneca, Epistulae morales 20,2

Maximum hoc habemus naturae meritum, quod virtus lumen suum in omnium animos permittit; etiam qui non sequentur illam, vident. 4050
Die größte Wohltat der Natur liegt darin, dass die Tugend ihr Licht für alle leuchten lässt; auch wer ihr nicht folgt, sieht sie.
Seneca, De beneficiis 4.17,4

Maximum indicium est malae mentis fluctatio et inter simulationem virtutum amoremque vitiorum assidua iactatio. 4051
Das sicherste Anzeichen für einen schwachen Geist ist das Schwanken und der ständige Wechsel zwischen der Vortäuschung von Tugenden und der Neigung zu Lastern.
Seneca, Epistulae morales 120,20

4052 Maximum remedium irae dilatio est.
Das beste Mittel gegen den Zorn ist der Aufschub.
Seneca, De ira 3.12,4

4053 Maximum vitae vitium est, quod imperfecta semper est, quod in diem aliquid ex illa differtur.
Der größte Fehler des Lebens ist, dass es immer unvollendet bleibt, dass jeden Tag etwas verschoben wird.
Seneca, Epistulae morales 101,8

4054 Maximum vivendi impedimentum est exspectatio, quae pendet ex crastino, perdit hodiernum.
Das größte Hemmnis, um zu leben, ist die Erwartung, die vom Morgen abhängig ist und das Heute verliert.
Seneca, De brevitate vitae 9,1

4055 Me lumen, vos umbra regit.
Mich leitet das Licht, euch der Schatten.

4056 mea parvitas
meine Wenigkeit

4057 Mea res agitur.
Es geht um meine Sache.
Seneca, Apocolocynthosis 9,6

Mecum tantum et cum libellis loquor. 4058
O rectam sinceramque vitam! O dulce otium honestumque ac fere omni negotio pulchrius!
Ich unterhalte mich nur mit mir und meinen Büchern. Welch echtes, ungetrübtes Leben! Welch süßer, ehrbarer Müßiggang, schöner fast als alle Tätigkeit.
Plinius, Epistulae 1.9,6

Media vita in morte sumus. 4059
Mitten wir im Leben sind / mit dem Tod umfangen.

Medice, cura te ipsum. 4060
Arzt, heile dich selber.

Medicina soror philosophiae. 4061
Die Heilkunst ist die Schwester der Philosophie.
Tertullian, De anima 2

Medicina vinci fata non possunt. 4062
Das Schicksal kann nicht durch Medizin besiegt werden.
Quintilian, Declamationes minores 268,10

Medicus curat, natura sanat. 4063
Der Arzt sorgt, die Natur heilt.
Walther, Proverbia sententiaeque 14564e

Mediocritas est inter nimium et parum. 4064
Die Mitte liegt zwischen zu viel und zu wenig.
Cicero, De officiis 1.89

4065 Mediocritas in omni re optima.
Mittelmaß ist in allem das Beste.
Cicero, De officiis 1.130 (Wahlspruch von Lübeck)

4066 Mediocriter nosse aliqua non nosse est.
Etwas nur mittelmäßig kennen heißt es nicht kennen.
Sententiae Varronis 27

4067 Melior est parva ira quam grande damnum.
Besser ein kleiner Zorn als ein großer Schaden.
Bebel, Proverbia Germanica 53

4068 Melior est tristitia risu, quia per tristitiam vultus corrigitur animus.
Traurigsein ist besser als Lachen, denn ein trauriges Gesicht bessert das Herz.
Vulgata, Liber Ecclesiastes 7,3

4069 Melior est usus rei quam possessio.
Eine Sache zu nutzen ist besser, als sie zu besitzen.
Auctoritates, Aristoteles, Ethica 17

4070 Melior mihi dextera lingua est.
Meine Hand dient mir besser als meine Zunge.
Ovid, Metamorphoses 9.29

4071 Meliora latent.
Das Bessere drängt sich nicht auf.
Ovid, Metamorphoses 1.502

Meliora praetervolant, deteriora 4072
succedunt.
Das Bessere fliegt vorbei, Schlechteres tritt an seine Stelle.
Seneca, Epistulae morales 108,25

Meliora sunt ea, quae natura, quam illa, 4073
quae arte perfecta sunt.
Besser ist, was die Natur, als was die Kunst vollendet hat.
Cicero, De natura deorum 2.87

Meliorem illum facies ferendo, utique 4074
peiorem exprobrando.
Bessern kannst du einen, wenn du ihn erträgst, durch Vorwürfe wird er in jedem Fall schlechter.
Seneca, De beneficiis 7.28,3

Meliorem mala, quem carpit, lingua 4075
iudicat.
Eine böse Zunge wertet auf, wen sie tadelt.
Caecilius Balbus, Sententiae (F) 114

Melius est demensum olerum cum 4076
caritate quam vitulus saginatus cum odio.
Besser ist ein karges Krautmahl mit Liebe als ein gemästeter Ochse mit Hass.
Vulgata, Liber proverbiorum 15,17

4077 Melius est enim praesentia damna contemnere quam exiguo quaestu perpetua commoda non habere.
Es ist besser, gegenwärtige Verluste in Kauf zu nehmen, als um eines geringen Gewinns willen auf dauerhafte Vorteile zu verzichten.
Cassiodor, Variae 4.36,1

4078 Melius homines exemplis docentur, quae imprimis hoc in se boni habent, quod approbant quae praecipiunt, fieri posse.
Die Menschen lernen besser durch Beispiele, die vor allem den Vorteil haben, dass sie das, was sie lehren, auch zeigen.
Plinius, Panegyricus 45,6

4079 melle litus gladius
das Schwert mit Honig bestrichen
Hieronymus, Epistulae 105,2

4080 Membra sumus corporis magni.
Wir sind Glieder eines großen Körpers.
Seneca, Epistulae morales 95,52

4081 membrum virile
das männliche Glied
Macrobius, Saturnalia 1.8,9

4082 Memento homo, quia pulvis es et in pulverem reverteris.
Gedenke, Mensch, dass du Staub bist und wieder zu Staub wirst.
Vulgata, Liber Genesis 3,19

Memento mori! 4083
Denk an den Tod!
Persius, Saturae 5,153

Memento mortis tuae et non peccabis. 4084
Denk an den Tod, und du wirst nicht sündigen.
Hieronymus, Epistulae 140,16

Memorandum 4085
Denkschrift

Memoria est thesaurus omnium rerum et custos. 4086
Das Gedächtnis ist Schatzkammer und Bewahrerin aller Dinge.
Cicero, De oratore 1.18

Memoria minuitur, nisi eam exerceas. 4087
Das Gedächtnis lässt nach, wenn man es nicht übt.
Cicero, Cato maior de senectute 21

Memoriam quoque ipsam cum voce perdidissemus, si tam in nostra potestate esset oblivisci quam tacere. 4088
Mit der Stimme hätten wir sogar noch das Gedächtnis verloren, wenn es in unserer Macht stünde, zu vergessen, wie zu schweigen.
Tacitus, De vita Iulii Agricolae 2,4

Mendacem memorem esse oportet. 408
Wer lügt, muss ein gutes Gedächtnis haben.
Quintilian, Institutio oratoria 4.2,91

4090 Mendaci homini ne verum quidem dicenti creditur.
Dem Lügner glaubt man nicht einmal, wenn er die Wahrheit sagt.
Cicero, De divinatione 2.146

4091 Mensque magis gracili corpore nostra valet.
Mein Geist ist stärker als mein schwacher Körper.
Ovid, Epistulae ex Ponto 1.5,52

4092 Meo sum pauper in aere.
Ich bin arm, doch ohne Schulden.
Horaz, Epistulae 2.2,12

4093 Metue senectam, non enim sola advenit.
Fürchte das Alter, denn es kommt nicht allein.
Erasmus, Adagia 1537 (nach Menandros)

4094 Metus interpres semper in deteriora inclinatus.
Die Furcht macht immer die Dinge schlimmer, als sie sind.
Livius, Ab urbe condita 27.44,10

4095 Mi neque amare aliam neque ab hac desistere fas est.
Mein Schicksal ist, weder eine andere zu lieben noch von dieser zu lassen.
Properz, Elegiae 1.12,19

Mihi enim liber esse non videtur, qui non aliquando nihil agit. 4096
Mir scheint nicht frei zu sein, wer gelegentlich nicht auch nichts tut.
Cicero, De oratore 2.24

Mihi heri et tibi hodie! 4097
Gestern mir und heute dir.

Mihi omne tempus est ad meos libros vacuum, numquam enim sunt illi occupati. 4098
Ich habe immer Zeit für meine Bücher, denn sie sind nie beschäftigt.
Cicero, De re publica 1.14

Mihi res, non me rebus subiungere conor. 4099
Die Dinge dienen mir, nicht ich ihnen.
Horaz, Epistulae 1.1,19

Militiae species amor est. 4100
Die Liebe ist eine Art Kriegsdienst.
Ovid, Ars amatoria 2.233

Mille animos excipe mille modis. 4101
Gewinne tausend Herzen auf tausend Arten.
Ovid, Ars amatoria 1.756

Mille ioci Veneris. 4102
Tausendfach sind die Spiele der Venus.
Ovid, Ars amatoria 3.787

4103 Mille modos inter leti mors una timori est, / qua coepere mori.
Unter den tausend Todesarten fürchtet man die eine, an der man zu sterben beginnt.
Lucanus, Bellum civile (Pharsalia) 3.689–690

4104 Minime sibi quisque notus est et difficillime de se quisque sentit.
Am wenigsten kennt man sich selber, und am schwersten fällt es, über sich selbst zu urteilen.
Cicero, De oratore 3.33

4105 Minimis momentis maximae temporum inclinationes fiunt.
Die kleinsten Ursachen haben die größten Folgen.
Cicero, Orationes Philippicae 5,26

4106 Minimum est, quod amantibus obstat.
Es sind Kleinigkeiten, die Liebenden im Weg stehen.
Ovid, Metamorphoses 3.453

4107 Minuentur atrae / carmine curae.
Die Sorgen werden durch ein Lied gemildert.
Horaz, Carmina 4.11,35–36

4108 Minuet vindicta dolorem.
Die Rache wird den Schmerz lindern.
Ovid, Amores 1.7,63

Minus decipitur, cui negatur celeriter. 4109
Wenn schnell verneint wird, wird die Enttäuschung kleiner.
Publilius Syrus, Sententiae 333

Minus dicito, quam facias. 4110
Versprich weniger, als du halten kannst.
Caecilius Balbus, Sententiae (W) 1,6

Minus gaudent, qui timuere nihil. 4111
Wer nichts fürchtet, hat weniger Freude.
Matial, Epigrammata 11.36,4

Minus mortem timet, qui minus deliciarum novit in vita. 4112
Wer im Leben weniger Vergnügungen hatte, fürchtet den Tod weniger.
Vegetius, Epitoma rei militaris 1.3,5

Minus saepe pecces, si scias, quod nescias. 4113
Wenn du weißt, was du nicht weißt, wirst du seltener Fehler machen.
Publilius Syrus, Sententiae 375

mirabile visu 4114
wunderbar anzusehen

Mirabilis est mundi fabrica, sed mirabilior fabricator. 4115
Wunderbar ist die Schöpfung, aber noch wunderbarer der Schöpfer.
Prosper Aquitanus, Liber sententiarum

4116 Miris modis di ludos faciunt hominibus, / mirisque exemplis somnia in somnis danunt: / ne dormientis quidem sinunt quiescere.
Ein sonderbares Spiel treiben die Götter mit den Menschen, und sonderbare Träume schicken sie im Schlaf; nicht einmal die Schlafenden lassen sie ruhen.
Plautus, Rudens 593–595

4117 Miscenda tamen ista et alternanda sunt, solitudo et frequentia.
Man muss zusammenbringen und miteinander abwechseln, Einsamkeit und Geselligkeit.
Seneca, De tranquillitate animi 17,3

4118 Miscentur tristia laetis.
Freude mischt sich mit Trauer.
Ovid, Fasti 6.463

4119 Miser est homo, qui amat.
Elend ist ein Mensch, der liebt.
Plautus, Asinaria 616

4120 Miser est, qui se non beatissimum iudicat, licet imperet mundo.
Unglücklich ist, wer sich nicht für den Glücklichsten hält, und sei er der Herr der Welt.
Epikur bei Seneca, Epistulae morales 9,20

4121 Misera est voluptas, ubi pericli memoria est.
Elend ist die Lust, wenn sie nur aus Erinnerung an Gefahr besteht.
Publilius Syrus, Sententiae 365

Misera mors sapienti non potest accidere. 4122
Einem Weisen kann kein elender Tod widerfahren.
Cicero, In Catilinam 4,3

Miserarum rerum portus est patientia. 4123
Geduld ist die Zuflucht in der Not.
Caecilius Balbus, Sententiae (F) 116

Misereor. 4124
Ich erbarme mich.

Miserere, domine! 4125
Erbarme dich, Herr!

Miserias lenit quies. 4126
Ruhe lindert das Leid.
Seneca, Medea 559

Misericordia vicina est miseriae. 4127
Erbarmen ist nahe der Erbärmlichkeit.
Seneca, De clementia 2.6,4

Misericordia vitium est animorum nimis miseria paventium. 4128
Mitleid ist eine Schwäche derer, die sich allzu sehr vor Unheil fürchten.
Seneca, De clementia 2.6,4

Miserrima est fortuna, quae inimico caret. 4129
Es ist ein böses Schicksal, wenn man keinen Feind kennt.
Publilius Syrus, Sententiae 315

4130 Miserrimum est timere, cum speres nihil.
Das Schlimmste muss man fürchten, wenn man keine Hoffnung mehr hat.
Seneca, Troades 425

4131 Miserum est opus / igitur demum fodere puteum, ubi sitis fauces tenet.
Es ist ein erbärmliches Werk, erst dann einen Brunnen zu graben, wenn der Durst die Kehle ausgetrocknet hat.
Plautus, Mostellaria 379–380

4132 Miserum est sine periclo nescire vivere.
Es ist erbärmlich, ohne Gefahr nicht leben zu können.
Publilius Syrus, Sententiae 329

4133 Miserum te iudico, quod numquam fuisti miser.
Ich halte dich für unglücklich, weil du niemals unglücklich warst.
Seneca, De providentia 4,3

4134 missa solemnis
feierliche Messe

4135 Mitium dominorum apud servos ipsa consuetudine metus exolescit.
Durch die Gewöhnung an milde Herrn schwindet bei Dienern der Respekt.
Plinius, Epistulae 1.4,4

Mitte, quod esse nequit, quarere, quod esse potest. 4136
Lass, was nicht sein kann, such, was sein kann.
Panfilus 450

Mobile mutatur semper cum principe vulgus. 4137
Wechselhaft ändert sich die Masse immer mit dem Führer.
Claudianus, De quarto consulatu Honorii Augusti 302

Mobilis et varia est ferme natura malorum. 4138
Launisch und wechselhaft ist meist die Natur der Bösen.
Juvenal, Saturae 13,236

Modice et modeste melius est vitam vivere. 4139
Es ist besser, maßvoll und bescheiden zu leben.
Plautus, Persa 346

Modicus cibi medicus sibi. 4140
Wer mäßig im Essen ist, ist sein eigener Arzt.
Walther, Proverbia sententiaeque 38294b

modus vivendi 4141
Die Art des Lebens

4142 Molestum est semper vitam incohare.
Es ist eine Last, mit dem Leben immer von vorn anzufangen.
Epikur bei Seneca, Epistulae morales 23,9

4143 Mons cum monte non miscetur.
Ein Berg vereinigt sich nicht mit einem Berg.
Erasmus, Adagia 2245 (nach Apostolios)

4144 Monstratur tranquillitas, si neque privatim neque publice multa aut maiora viribus nostris egerimus.
Wohlbehagen stellt sich ein, wenn wir weder privat noch öffentlich vieles unternehmen oder was unsere Kräfte übersteigt.
Seneca, De ira 3.6,3

4145 Monstro est avaritia similis.
Die Habsucht ist wie ein Monster.
Pseudo-Seneca, Liber de moribus 18

4146 Mora omnis odio est, sed facit sapientiam.
Zögern ist immer mühsam, doch es macht klug.
Publilius Syrus, Sententiae 311

4147 Mora semper amantes / incitat, exiguum si modo tempus habet.
Warten stachelt Liebende immer an, wenn es von kurzer Dauer ist.
Ovid, Ars amatoria 3.473–474

Morbum et pauperiem celare 4148
imprudentia est.
Krankheit und Armut geheim zu halten ist nicht klug.
Publilius Syrus, Sententiae A295

more claudi pilam tenere 4149
Ball spielen wie ein Lahmer
Cicero, In Pisonem 69

Mores quoque se inter ludendum 4150
simplicius detegunt.
Auch die eigene Moral zeigt sich leichter im Spielen.
Quintilian, Institutio oratoria 1.3,12

Mori est felicis, antequam mortem 4151
invocet.
Glücklich ist, wer stirbt, bevor er den Tod herbeiwünscht.
Publilius Syrus, Sententiae 313

Mori necesse est, sed non quotiens 4152
volueris.
Sterben muss jeder, doch nicht so oft, wie man es sich wünscht.
Publilius Syrus, Sententiae 319

Mori volenti desse mors numquam 4153
potest.
Den, der zu sterben wünscht, kann der Tod nie verfehlen.
Seneca, Phaedra 878

4154 Moriendum enim certe, et incertum an hoc ipso die.
Es ist sicher, dass man sterben muss, doch es ist nicht sicher, ob an diesem Tag.
Cicero, Cato maior de senectute 74

4155 Morimur, si moriamur.
Wir sterben, wenn wir sterben wollen.

4156 Morior: Desinam mori posse.
Ich sterbe: Ich kann also damit aufhören, sterben zu können.
Seneca, Epistulae morales 24,17

4157 Mors aliena monet propriae nos mortis ubique.
Der Tod eines anderen macht uns überall den eigenen Tod bewusst.
Columbanus, Praecepta vivendi 71

4158 Mors certa, hora incerta.
Der Tod ist gewiss, die Stunde ungewiss.
Inschrift auf Uhren

4159 Mors laborum ac miseriarum quies.
Der Tod ist Ruhe von Mühe und Elend.
Cicero, In Catilinam 4,7

4160 Mors meta malorum.
Der Tod ist das Ende aller Leiden.
Walther, Proverbia sententiaeque 15173

Mors misera non est, aditus ad mortem 4161
est miser.
Der Tod ist nicht schlimm; schlimm ist der Weg zu ihm.
Quintilian, Institutio oratoria 8.5,6

Mors omni aetati est communis. 4162
Kein Alter wird vom Tod verschont.
Cicero, Cato maior de senectute 68

Mors omnibus communis. 4163
Der Tod ist für alle gleich.
Erasmus, Adagia 2812 (nach Homer)

Mors quid est? aut finis aut transitus. 4164
Was ist der Tod? Entweder das Ende oder ein Übergang.
Seneca, Epistulae morales 65,24

Mors similis vitae, respondent ultima 4165
primis.
Der Tod hat Ähnlichkeit mit dem Leben, das Ende ist wie der Anfang.
Walther, Proverbia sententiaeque 15201

Mors sine Musis vita. 4166
Leben ohne die Musen ist Tod.
Walther, Proverbia sententiaeque 15201a

Mors sola fatetur / quantula sint 4167
hominum corpuscula.
Der Tod allein enthüllt, wie winzig der Leib des Menschen ist.
Juvenal, Saturae 10,172–173

4168 Mors tua vita mea.
Dein Tod ist mein Leben.
Walther, Proverbia sententiaeque 15212

4169 Mors ultima linea rerum est.
Mit dem Tod hört alles auf.
Horaz, Epistulae 1.16,79

4170 Morsque minus poenae quam mora mortis habet.
Der Tod ist eine geringere Strafe für mich als die Verzögerung des Todes.
Ovid, Heroides 10,80

4171 Mortale igitur omne animal.
Alles, was lebt, ist sterblich.
Cicero, De natura deorum 3.29

4172 Mortalia facta peribunt.
Die Taten der Sterblichen sind vergänglich.
Horaz, De arte poetica 68

4173 Mortalis nemo est, quem non attingat dolor morbusque.
Es gibt keinen Menschen, den nicht Schmerz und Krankheit berührten.
Euripides bei Cicero Tusculanae disputationes 3.59

4174 Mortem effugere nemo potest.
Dem Tod kann niemand entrinnen.
Cicero, Orationes Philippicae 8,29

Mortem ubi contemnas, viceris omnes metus. 4175
Wenn man den Tod verachtet, überwindet man alle Furcht.
Publilius Syrus, Sententiae 364

Mortis imago iuvat somnus, mors ipsa timetur. 4176
Als Abbild des Todes hat man den Schlaf gern, den Tod selbst fürchtet man.
Monosticha Catonis 19

Mortui non dolent. 4177
Tote leiden nicht.
Erasmus, Adagia 4135 (nach Sophokles)

Mortui viventes obligant. 4178
Die Toten verpflichten die Lebenden.

Mos summus est humanae vitae moderator et magistratus. 4179
Gewohnheit ist im Menschenleben die höchste Obrigkeit und Instanz.
Bacon, Sermones fideles 37

Motus autem animorum duplices sunt: alteri cogitationis, alteri appetitus; cogitatio in vero exquirendo maxime versatur, appetitus impellit ad agendum. 4180
Unsere inneren Regungen sind zweifach: die des Denkens und die des Begehrens; das Denken ist vor allem auf die Ermittlung der Wahrheit aus, das Begehren treibt zum Handeln an.
Cicero, De officiis 1.131–132

4181 Motus maiores expellunt minores.
Stärkere Bewegungen drängen die schwächeren zurück.
Auctoritates, Aristoteles, De sensu et sensato 28

4182 Movendo.
Durch Bewegung.

4183 Movens naturaliter prius est moto.
Das Bewegende ist seinem Wesen nach früher als das Bewegte.
Auctoritates, Aristoteles, Metaphysica 103

4184 Mulier / oboediens / regit / virum.
Eine gehorsame Frau beherrscht ihren Mann.
Rom, Piazza Barberini, Ecke Via Veneto / Via di S. Basilio

4185 Multa agendo nihil agens.
Mit großer Geschäftigkeit nichts tun.
Phaedrus, Liber fabularum 2.5,3

4186 Multa docet fames.
Vieles lehrt der Hunger.
Seneca, Epistulae morales 15,7

4187 Multa eveniunt homini, quae vult, quae non vult.
Vieles widerfährt einem Menschen, ob er will oder nicht.
Plautus, Trinummus 361

Multa experiendo fiunt, quae segnibus 4188
ardua videntur.
Wenn man wagt, gelingt viel, was Unentschlossenen nicht möglich scheint.
Tacitus, Annales 15.59,2

Multa ferunt anni venientes commoda 4189
secum, / multa recedentes adimunt.
Vieles Erfreuliche bringen die Jahre mit sich, wenn sie kommen, vieles nehmen sie mit sich, wenn sie gehen.
Horaz, De arte poetica 175–176

Multa fidem promissa levant. 4190
Viele Versprechungen mindern die Glaubwürdigkeit.
Horaz, Epistulae 2.2,10

Multa loquens et cuncta silens non 4191
ambo placemus.
Wenn der eine viel redet und der andere schweigt, finden wir nicht beide Beifall.
Ausonius, Epistulae 26,47

Multa magis quam multorum lectione 4192
formanda mens.
Der Geist muss mehr durch viel als durch vielerlei Lesen gebildet werden.
Quintilian, Institutio oratoria 10.1,59

Multa mentiuntur poetae. 4193
Viel lügen die Dichter.
Auctoritates, Aristoteles, Metaphysica 26

4194 Multa petentibus / desunt multa: bene est, cui deus obtulit / parca quod satis est manu.
Wer vieles begehrt, dem fehlt auch viel: Gut geht es, dem ein Gott mit gerade so viel gegeben hat, wie ausreicht.
Horaz, Carmina 3.16,42–44

4195 Multa quae praevideri non possunt, fortuito in melius casura.
Vieles, was man nicht vorhersehen kann, wird sich durch Zufall zum Guten wenden.
Tacitus, Annales 2.77,2

4196 Multa quam supervacua essent, non intelleximus, nisi deesse coeperunt.
Wie überflüssig vieles ist, merken wir erst, wenn es nicht mehr da ist.
Seneca, Epistulae morales 123,6

4197 Multa renascentur, quae iam cecidere, cadentque, / quae nunc sunt in honore vocabula, si volet usus.
Vieles, was schon verschwunden ist, wird wieder entstehen, und Worte, die jetzt Gewicht haben, werden verschwinden, wenn der Sprachgebrauch es will.
Horaz, De arte poetica 70–71

4198 Multa scit sapiens, quae cum nemine contulit.
Der Weise weiß vieles, was er mit niemandem teilt.
Sententiae Varronis 101

Multa sub vultu odia, multa sub osculo 4199
latent.
Viel Hass verbirgt sich unter einem Lächeln, viel unter einem Kuss.
Walther, Proverbia sententiaeque 15433b

Multa sunt autem, quae oportet 4200
accipere nec debere.
Es gibt vieles, was man annehmen muss, ohne zu Dank verpflichtet zu sein.
Seneca, De beneficiis 1.15,6

Multa sunt mirabilia, nihil vero homine 4201
mirabilius est.
Vieles ist wunderbar, doch nichts wunderbarer als der Mensch.
Sophokles, Antigone 332–333

Multae manus onus levius reddunt. 4202
Viele Hände machen die Last leichter.
Erasmus, Adagia 1295 (nach Hesiod)

Multae tribulationes iustorum. 4203
Der Gerechte muss viel erleiden.
Vulgata, Psalm 34,20

Multam enim malitiam docuit otiositas. 4204
Müßiggang lehrt viel Böses.
Vulgata, Liber Ecclesiasticus 33,29

4205 Multam possemus pacem habere, si non vellemus nos cum aliorum dictis et factis, quae ad nostram curam non spectant, occupare.
Wir könnten viel ruhiger leben, wenn wir uns nicht mit Worten und Taten anderer, die uns nichts angehen, beschäftigen wollten.
Thomas a Kempis, Imitatio Christi 1.11,1

4206 Multas amicitias silentium diremit.
Das Schweigen hat viele Freundschaften zerbrochen.
Erasmus, Adagia 1026 (nach Aristoteles)

4207 Multi ad fatum venere suum, / dum fata timent.
Viele hat ihr Schicksal ereilt, während sie es fürchteten.
Seneca, Oedipus 994–995

4208 Multi autem erunt primi novissimi, et novissimi primi.
Viele aber, die jetzt die Ersten sind, werden die Letzten, und die Letzten werden die Ersten sein.
Vulgata, Evangelium secundum Matthaeum 19,30

4209 Multi enim sunt vero vocati, pauci vero electi.
Denn viele sind gerufen, wenige aber auserwählt.
Vulgata, Evangelium secundum Matthaeum 22,14

Multi famam, conscientiam pauci verentur. 4210
Viele machen sich Sorgen um ihren guten Ruf, wenige um ihr Gewissen.
Plinius, Epistulae 3.20,9

Multi furantur clam, quae spernunt propalam. 4211
Viele tun heimlich, was sie öffentlich verdammen.
Publilius Syrus, Sententiae A114

Multi mentiuntur, ut decipiant, multi quia decepti sunt. 4212
Viele lügen, um zu hintergehen, viele, weil sie hintergangen wurden.
Seneca, De ira 2.29,2

Multi nimium, nemo satis. 4213
Viele haben zu viel, niemand genug.
Walther, Proverbia sententiaeque 15460a

Multi occulte se ipsos quaerunt in rebus quas agunt: et nesciunt. 4214
Viele suchen bei allem, was sie tun, insgeheim nur sich selbst, ohne es zu merken.
Thomas a Kempis, Imitatio Christi 1.14,6

Multi, qui tauros stimulant, sed rarus arator. 4215
Nicht alle, die ihre Ochsen antreiben, sind gute Bauern.
Walther, Proverbia sententiaeque 15468

4216 Multis eget, qui multa habet.
Wer viel besitzt, braucht viel.
Gellius, Noctes Atticae 9.8,1

4217 Multis enim serviet, qui corpori servit, qui pro illo nimium timet, qui ad illud omnia refert.
Vielen ist untertan, wer Sklave seines Körpers ist, wer allzu ängstlich mit ihm umgeht, wer alles auf ihn bezieht.
Seneca, Epistulae morales 14,1

4218 Multis enim simulationum involucris tegitur et quasi velis quibusdam obtenditur uniuscuiusque natura; frons, oculi, vultus persaepe mentiuntur, oratio vero saepissime.
Bei vielen verbirgt sich der wahre Charakter hinter Hüllen und Verstellungen und ist wie von einem Schleier überzogen; Stirn, Augen, Gesichtsausdruck lügen sehr oft, am meisten aber die Rede.
Cicero, Ad Quintum fratrem 1.1,15

4219 Multis ictibus deicitur quercus.
Mit vielen Hieben bringt man eine Eiche zu Fall.
Erasmus, Adagia 794 (nach Diogenianos)

4220 Multis minatur, qui uni facit iniuriam.
Für viele ist eine Bedrohung, wer einem Einzigen Unrecht zufügt.
Publilius Syrus, Sententiae 310

Multis si tua vita placuit, tibi placere non potest. 4221
Wenn dein Leben vielen gefällt, kann es dir selbst nicht gefallen.
Publilius Syrus, Sententiae A98

Multitudo omnis sicut natura maris per se immobilis est, venti et aurae cient. 4222
Jede Masse ist, wie das Meer, von Natur aus unbewegt, Winde und Lüfte sorgen für Bewegung.
Livius, Ab urbe condita 28.27,11

Multitudo temporis facit experientiam. 4223
Erfahrung kommt mit der Zeit.
Auctoritates, Aristoteles, Ethica 116

Multoque satius est paucis te auctoribus tradere quam errare per multos. 4224
Es ist viel besser, sich an wenige Schriftsteller zu halten, als sich von vielen verwirren zu lassen.
Seneca, De tranquillitate animi 9,4

Multoque se ipsum quam hostem superare operosius est. 4225
Es ist schwerer, sich selbst zu überwinden als den Feind.
Valerius Maximus, Facta et dicta memorabilia 4.1,2

Multorum opera res turbantur. 4226
Wenn viele mitmachen, gibt es Durcheinander.

4227 Multos fortuna liberat poena, metu neminem.
Viele befreit das Glück von Strafe, von Furcht keinen Einzigen.
Seneca, Epistulae morales 97,16

4228 Multos, qui speraverunt, decepit spes.
Viele Hoffende hat schon die Hoffnung getäuscht.
Plautus, Rudens 401

4229 Multos vitam differentes mors incerta praevenit: itaque omnis dies velut ultimus iudicandus est.
Vielen, die zu leben aufschieben, kommt der ungewisse Tod zuvor: Daher muss man jeden Tag für den letzten halten.
Pseudo-Seneca, Liber de moribus 10

4230 Multum adhuc restat operis.
Es bleibt noch viel zu tun.
Seneca, Epistulae morales 64,6

4231 Multum celeritas fecit, multum abstulit mora.
Viel vollbringt die Schnelligkeit, viel vereitelt der Aufschub.
Seneca, De beneficiis 2.6,1

4232 Multum clamoris, parum lanae.
Viel Lärm um wenig Wolle.
Walther, Proverbia sententiaeque 15564a

Multum egerunt, qui ante nos fuerunt, 4233
sed non peregerunt.
Viel haben die geleistet, die vor uns gelebt haben, aber sie haben nicht alles geleistet.
Seneca, Epistulae morales 64,9

Multum enim sibi adicit sibi virtus 4234
lacessita.
Tapferkeit gewinnt an Kraft, wenn man sie reizt.
Seneca, Epistulae morales 13,3

Multum et in se recedendum est: 4235
conversatio enim dissimilium bene composita disturbat et renovat affectus et quicquid imbecillum in animo nec percuratum est exulcerat.
Oft muss man auch Einkehr in sich selbst halten; das Gespräch mit Andersartigen stört das innere Gleichgewicht, weckt Leidenschaften und reißt innere Wunden, die nicht ganz geheilt sind, wieder auf.
Seneca, De tranquillitate animi 17,3

Multum facit, qui rem bene facit. 4236
Viel vollbringt, wer etwas gut macht.
Thomas a Kempis, Imitatio Christi 1.15,6

Multum illi dabis, etiam si nihil dederis 4237
praeter exemplum.
Du wirst viel geben, auch wenn du nichts gibst als dein Vorbild.
Seneca, Ad Helviam matrem de consolatione 18,8

4238 Multum in amore fides, multum constantia prodest.
Viel bewirkt in der Liebe die Treue, viel die Geduld.
Properz, Elegiae 2.26b,27

4239 Multum mentitur, qui multum vidit.
Wer viel gesehen hat, lügt viel.
Walther, Proverbia sententiaeque 38456

4240 Multum, non multa.
Viel, nicht vielerlei.

4241 Multum viva vox facit.
Das lebendige Wort wirkt viel.
Seneca, Epistulae morales 33,9

4242 Mundae vestis electio appetenda est homini.
Der Mensch muss saubere Kleidung achten.
Seneca, Epistulae morales 92,12

4243 Mundus est ingens deorum omnium templum.
Die Welt ist ein unermesslicher Tempel aller Götter.
Seneca, Epistulae morales 90,28

4244 Mundus vult decipi, ergo decipiatur.
Die Welt will betrogen werden, also werde sie betrogen.
nach Sebastian Brant, Narrenschiff 65

Munera, crede mihi, capiunt hominesque deosque. 4245
Glaub mir, Geschenke machen Menschen wie Götter gewogen.
Ovid, Ars amatoria 3.653

Mures etiam migraverunt. 4246
Selbst die Ratten haben das Weite gesucht.
Cicero, Ad Atticum 14.9,1

Mus miser est, antro qui tantum clauditur uno. 4247
Die Maus ist arm dran, die sich nur in einem Loch verstecken kann.
Walther, Proverbia sententiaeque 15767

Mus uni non fidit antro. 4248
Die Maus vertraut einem einzigen Schlupfloch nicht.
Plautus, Truculentus 868

Musicam docet amor. 4249
Liebe lässt Musik erklingen.
Erasmus, Adagia 3415 (nach Plutarch)

mutare quadrata rotundis 4250
Eckiges mit Rundem vertauschen

Mutare quod non possis, ut natum est, feras! 4251
Ertrage, was du nicht ändern kannst, so, wie es ist.
Publilius Syrus, Sententiae 370

4252 Mutat consilium mutato tempore prudens.
Wer klug ist, ändert mit den Umständen seinen Plan.
Celtis, Epigrammata 4.72,1

4253 Mutat via longa puellas.
Eine lange Reise verwandelt die Mädchen.
Properz, Elegiae 1.12,11

4254 mutatis mutandis
nach Änderung des zu Ändernden

N

4255 N. N. (Nomen nescio. – Nomen nominandum)
Der Name ist noch nicht bekannt. – Der Name muss noch genannt werden.

4256 Nam castum esse decdet pium poetam / ipsum, versiculos nihil necesse est.
Der Dichter selbst soll keusch und fromm sein, doch seine Verse brauchen es nicht.
Catull, Carmina 16,5–6

4257 Nam contemptu famae contemni virtutes.
Wer nicht auf seinen Ruf achtet, achtet auch nicht auf die Tugend.
Tacitus, Annales 4.38,5

Nam cum est omnium officiorum finis aliquis, tum optime libertati venia obsequio praeparatur. 4258
Wie alle Verpflichtungen ihre Grenze haben, so erreicht man sich durch Entgegenkommen das Einverständnis mit der eigenen Meinung.
Plinius, Epistulae 3.4,8

Nam cupide conculcatur nimis ante metutum. 4259
Mit Lust tritt man mit Füßen, was man voher gefürchtet hat.
Lukrez, De rerum natura 5.1140

Nam dives qui fieri vult, / et cito vult fieri. 4260
Wer reich werden will, will es schnell werden.
Juvenal, Saturae 14,176–177

Nam doli non doli sunt, nisi astu colas, / sed malum maxumum, si id palam provenit. 4261
List ist keine List, wenn sie nicht klug vorbereitet wird, sondern äußerst peinlich, wenn sie sich herumspricht.
Plautus, Captivi 221–222

Nam et omni miraculo, quod fit per hominem, maius miraculum est homo. 4262
Größer als alles Wunderbare, was Menschen machen, ist der Mensch selbst.
Augustinus, De civitate Dei 10.12

4263 Nam et pessimi exempli nec nostri saeculi est.
Das wäre ein schlechtes Beispiel, das nicht in unsere Zeit passt.
Plinius, Epistulae 10.97,2

4264 Nam et si ambulavero in valle umbrae mortis, non timebo mala, quoniam tu mecum es. Virga tua et baculus tuus, ipsa me consolata sunt.
Und ob ich schon wanderte im finstern Tal, fürchte ich kein Unglück; denn du bist bei mir, dein Stecken und Stab trösten mich.
Vulgata, Psalm 23,4

4265 Nam et sumus et nos esse novimus et id esse ac nosse diligimus.
Wir sind und wissen, dass wir sind, und dieses Sein und Wissen ist uns kostbar.
Augustinus, De civitate Dei 11.26

4266 Nam fugienda facit et facienda fugit.
Er tut, was er meiden, und meidet, was er tun sollte.
Anonymus Neveleti 50,2

4267 Nam inter cetera mala illud pessimum est, quod vitia ipsa mutamus.
Unter den übrigen Übeln ist das schlechteste, dass wir selbst unsere Fehler ändern.
Seneca, De otio 1,2

Nam interrogare sapienter est docere. 4268
Klug fragen heißt belehren.
Alkuin, Disputatio de rhetorica et de virtutibus 35

Nam magni interest, cui debeas. 4269
Es ist von größtem Interesse, wem man etwas schuldet.
Cicero, Ad familiares 15.11,2

Nam melius duo defendunt retinacula navem. 4270
Zwei Ankertaue sichern ein Schiff besser.
Properz, Elegiae 2.22,41

Nam non conveniens omnibus omnis erit. 4271
Nicht jede Farbe wird allen gefallen.
Ovid, Ars amatoria 3.188

Nam patientiam omnes recommendant: quamvis pauci tamen pati velint. 4272
Alle raten zur Geduld, doch nur wenige wollen sie aufbringen.
Thomas a Kempis, Imitatio Christi 2.12,26

Nam plerisque longiore tractatu vis quaedam et pondus accedit. 4273
Die meisten Dinge erhalten erst Kraft und Gewicht, wenn man sich länger mit ihnen beschäftigt.
Plinius, Epistulae 1.20,3

4274 Nam quae volumus, ea credimus libenter, et quae sentimus ipsi, reliquos sentire speramus.
Was man sich wünscht, das glaubt man gern, und man hofft, dass auch die anderen so denken wie man selbst.
Caesar, De bello civili 2.27,2

4275 Nam qui multa agit, saepe fortunae potestatem sui facit.
Wer viel tut, gibt dem Schicksal oft Macht über sich.
Seneca, De tranquillitate animi 13,2

4276 Nam qui non amat, is nullo fit dignus amore.
Wer nicht liebt, verdient auch keinerlei Liebe.
Palingenius, Zodiacus vitae 4.751

4277 Nam quod in iuventute non discitur, in matura aetate nescitur.
Was man in der Jugend nicht lernt, weiß man im Alter nicht.
Cassiodor, Variae 1.24,3

4278 Nam sapiens quidem pol ipsus fingit fortunam sibi.
Der Weise schafft sich sein Glück selbst.
Plautus, Trinummus 363

4279 Nam sese excruciat, qui beatis invidet.
Wer Glückliche beneidet, quält sich.
Anthologia Latina 1.712,3

Nam si amitti vita beata potest, beata esse non potest. 4280
Wenn man das glückliche Leben verlieren kann, kann es nicht glücklich sein.
Cicero, De finibus bonorum et malorum 2.86

Nam ut locus sine portu navibus esse non potest tutus, sic animus sine fide stabilis amicis non potest esse. 4281
Wie ein Ort ohne Hafen für Schiffe nicht sicher sein kann, so kann auch ein Herz ohne Treue für Freunde keinen festen Halt bieten.
Cicero, De inventione 1.47

Nam uxor contenta est, quae bona est, uno viro: / qui minus vir una uxore contentus siet? 4282
Eine wirklich gute Frau ist mit einem einzigen Mann zufrieden: Wie sollte ein Mann mit einer einzigen Frau weniger zufrieden sein?
Plautus, Mercator 824–825

Nam vigilare leve est, pervigilare grave est. 4283
Wachen ist leicht, die Nacht durchzuwachen schwer.
Matial, Epigrammata 9.68,10

Nam vita morti propior est cottidie. 4284
Das Leben nähert sich jeden Tag dem Tod.
Phaedrus, Liber fabularum 3. epil. 10

4285 Nascentes morimur, finisque ab origine pendet.
Schon mit der Geburt beginnen wir zu sterben, und das Ende hängt am Anfang.
Manilius, Astronomica 4.16

4286 Nascimur in lacrimis, lacrimabile ducimus aevum; / clauditur in lacrimis ultima nostra dies.
Unter Tränen werden wir geboren, wir führen ein tränenreiches Leben, unter Tränen endet unser letzter Tag.
Walther, Proverbia sententiaeque 38494c1

4287 Nascitur ex assiduitate laborum animorum hebetatio quaedam et languor.
Ständige Beanspruchung führt zu Abstumpfung und Erschöpfung.
Seneca, De tranquillitate animi 17,5

4288 Nati sumus ad congregationem hominum et ad societatem communitatemque generis humani.
Wir sind für die menschliche Geselligkeit gboren und zur Gemeinschaft und Verbundenheit mit der Menschheit.
Cicero, De finibus bonorum et malorum 4.4

4289 Natura abhorret vacuum.
Natur verabscheut Leere.
Rabelais, Gargantua 1,5 (nach Descartes)

Natura alterum alterius indigere voluit. 4290
Die Natur wollte, dass einer den anderen braucht.
Columella, De re rustica 12. pr. 6

Natura enim simplex. 4291
Die Natur ist einfach.

Natura in minimis maxima. 4292
Die Natur zeigt sich im Kleinen am größten.

Natura non facit saltus. 4293
Die Natur macht keine Sprünge.
Linné (1707–1778) nach Aristoteles

Natura sanat, medicus curat morbos. 4294
Die Natur heilt die Krankheiten, der Arzt behandelt sie.
Walther, Proverbia sententiaeque 15929

Natura semina nobis scientiae dedit, scientiam non dedit. 4295
Die Natur hat uns die Gabe zum Wissen gegeben, nicht das Wissen selbst.
Seneca, Epistulae morales 120,4

Naturae enim non imperatur nisi parendo. 4296
Der Natur kann man nur gebieten, indem man ihr gehorcht.
Bacon, Novum Organum 1, Aphor. 129

4297 Naturalia desideria finita sunt: ex falsa opinione nascentia, ubi desinant, non habent.
Die natürlichen Bedürfnisse sind begrenzt, was aus falsche Einbildung enstand, findet kein Ende.
Seneca, Epistulae morales 16,9

4298 Naturam frenare potes, sed vincere numquam.
Die Natur kann man zähmen, aber nie besiegen.
Palingenius, Zodiacus vitae 5.694

4299 Naturam quidem mutare difficile est.
Es ist schwer, sein Wesen zu ändern.
Seneca, De ira 2.20,2

4300 naufragia ex terra intueri
dem Schiffbruch vom Land aus zusehen

4301 navem in portu mergere
im Hafen Schiffbruch leiden
Seneca maior, Controversiae 2.6,4

4302 Navis annosa haudquaquam navigabit per mare.
Ein altes Schiff wird nicht mehr übers Meer fahren.
Erasmus, Adagia 1615 (nach Suidas)

4303 Ne ad aures quidem scalpendas otium est.
Es bleibt nicht einmal Zeit, sich am Ohr zu kratzen.
Erasmus, Adagia 1215 (nach Lukian)

Ne amare incipias, quem odisse olim 4304
possies.
Beginne nicht zu lieben, wen du einst hassen könntest.
Publilius Syrus, Sententiae A127

Ne avertas faciem tuam a me! 4305
Verbirg dein Angesicht nicht von mir!
Vulgata, Psalm 27,9

Ne cito loquaris, inania enim stultus 4306
pandit.
Sprich nicht voreilig, denn der Tor äußert Albernheiten.
Bias bei Burley, Liber de vita et moribus philosophorum

Ne credas aurum, quicquid resplendet 4307
ut aurum.
Halte nicht alles für Gold, was wie Gold glänzt.
Walther, Proverbia sententiaeque 15978

Ne derelinquas amicum antiquum: 4308
novus enim non erit similis illi.
Gib einen alten Freund nicht auf, denn du weißt nicht, ob du so viel an einem neuen hast.
Vulgata, Ecclesiasticus 9,14

Ne discere cessa! 4309
Hör nicht auf zu lernen!

4310 Ne pereant, lege mane rosas!
Pflücke die Rosen früh, damit sie nicht welken.
Anthologia Latina 1.84,9

4311 Ne perturbere, ac magis bono animo fac sis!
Lass dich nicht verwirren, sorg lieber dafür, dass du gut gesinnt bist.
Augustinus, De quantitate animi 61

4312 Ne praesentem aquam effundas, priusquam aliam sis adeptus!
Schütte das Wasser, das du hast, nicht weg, bevor du anderes hast!

4313 Ne spernas hominem in sua senectute, etenim ex nobis senescunt.
Verachte keinen Menschen wegen seines Alters, denn auch wir werden alt.
Vulgata, Liber Ecclesiasticus 8,7

4314 Ne tempora perde precando!
Verlier keine Zeit mit Gebeten!
Ovid, Metamorphoses 11.286

4315 Ne tua paeniteat caveas victoria temet.
Achte darauf, dass ein Sieg dich nicht reut.
Monosticha Catonis A2

4316 Nec auctorem respicias, sed auctoritatem.
Achte nicht auf den Ratgeber, sondern auf den Rat.
Tertullian, De corona militis 4

Nec caput nec pes sermoni apparet. 4317
Die Rede hat weder Kopf noch Fuß.
Plautus, Asinaria 729

Nec dives est, qui indiget aliquo, nec pauper, qui non indiget. 4318
Weder ist reich, wem etwas fehlt, noch arm, wem nichts fehlt.
Ambrosius, Epistulae 2,11

Nec enim eventus imputari debet cuiusque rei, sed consilium. 4319
Nicht, wie eine Sache ausgegangen ist, darf man jemand anrechnen, sondern die Absicht.
Seneca maior, Controversiae 10.3,11

Nec enim minus nostra sunt, quae animo complectimur, quam quae oculis intuemur. 4320
Was wir mit dem Geist erfassen, gehört nicht weniger zu uns, als was wir mit Augen sehen.
Cicero, Ad familiares 5.17,4

Nec enim satis est iudicare, quid faciendum non faciendumve sit, sed stare etiam oportet in eo, quod sit iudicatum. 4321
Es genügt nicht, zu entscheiden, was zu tun oder zu lassen sei, sondern man muss zu dem stehen, wofür man sich entschieden hat.
Cicero, De finibus bonorum et malorum 1.47

4322 Nec est gloriosa victoria, nisi ubi fuerint laboriosa certamina.
Ein Sieg ist nicht ehrenvoll, wenn ihm keine schweren Kämpfe vorausgegangen sind.
Ambrosius, De officiis 1.58

4323 Nec in eadem intentione aequaliter retinenda mens est, sed ad iocos devocanda.
Man darf den Geist nicht ständig in gleicher Anspannung halten, sondern muss ihm auch Erholung schaffen.
Seneca, De tranquillitate animi 17,4

4324 Nec invideamus altius stantibus: quae excelsa videntur, praerupta sunt.
Beneiden wir nicht die, die eine höhere Stellung haben: Was hoch aufragt, steht nah am Abgrund.
Seneca, De tranquillitate animi 10,5

4325 Nec lusisse pudet, sed non incidere ludum.
Man muss sich nicht dafür schämen zu spielen, aber wenn man das Spiel nicht beendet.
Horaz, Epistulae 1.14,36

4326 Nec manet ulla sui similis res.
Nichts bleibt sich selbst ähnlich.
Lukrez, De rerum natura 5.830

Nec me praeterit usum et esse et haberi 4327
optimum dicendi magistrum.
Mir ist wie allgemein bekannt, dass die Übung die beste Lehrerin der Rede ist.
Plinius, Epistulae 6.29,4

Nec mortem effugere quisquam nec 4328
amorem potest.
Weder dem Tod noch der Liebe kann jemand entrinnen.
Publilius Syrus, Sententiae 433

Nec multis ac nec nulli dicaris amicus! 4329
Sei nicht der Freund von vielen, aber auch nicht von keinem.
Walther, Proverbia sententiaeque 16223

Nec nocet admisso subdere calcar 4330
equo.
Einem galoppierenden Pferd die Sporen zu geben ist nicht schädlich.
Ovid, Epistulae ex Ponto 2.6,38

Nec petes, quod tu negabis, nec negabis 4331
quod petes.
Begehre nicht, was du ablehnst, und lehne nicht ab, was du begehrst.
Publilius Syrus, Sententiae A6

Nec quaerenda in ulla parte naturae 4332
ratio, sed voluntas.
Nicht Vernunft ist in irgendeinem Teil der Natur zu suchen, sondern Wille.
Plinius maior, Naturalis historia 37.60

4333 Nec quod fuimusve sumusve, / cras erimus.
Was wir waren oder sind, werden wir morgen nicht mehr sein.
Ovid, Metamorphoses 15.215–216

4334 Nec radicitus evelli mala posse putandum est.
Man glaube nicht, dass Übel mit der Wurzel herausgerissen werden können.
Lukrez, De rerum natura 3.310

4335 Nec sine te nec tecum vivere possum.
Weder ohne dich kann ich leben noch mit dir.
Ovid, Amores 3.11,39

4336 Nec sunt enim beati, quorum divitias nemo novit.
Die sind nicht glücklich, deren Reichtum niemand kennt.
Apuleius, Metamorphoses 5.10,5

4337 Nec te quaesiveris extra.
Such dich nicht außerhalb deiner selbst.
Persius, Saturae 1,7

4338 Nec tecum possum vivere nec sine te.
Ich kann weder mit dir leben noch ohne dich.
Matial, Epigrammata 12.46,2

4339 Nec tellus eadem parit omnia.
Ein und derselbe Boden erzeugt nicht alles.
Ovid, Ars amatoria 1.757

Nec temere nec timide. 4340
Weder unbesonnen noch furchtsam.

Nec tibi nobilitas poterit succurrere amanti. 4341
Wenn du liebst, kann dir auch deine adlige Herkunft nicht helfen.
Properz, Elegiae 1.5,23

Nec ulla perpetuam gratiam servat nisi modesta victoria. 4342
Nur ein maßvoller Sieg sorgt auf Dauer für gutes Einvernehmen.
Pseudo-Quintilian, Declamationes maiores 9,19

Nec vero habere virtutem satis est quasi artem aliquam nisi utare. 4343
Es reicht nicht, Tugend zu besitzen wie eine Kunst, wenn man sie nicht ausübt.
Cicero, De re publica 1.2

Nec vero imperia expetenda ac potius aut non accipienda interdum aut deponenda non numquam. 4344
Führungsämter sind nicht erstrebenswert; man sollte sie manchmal nicht annehmen oder niederlegen.
Cicero, De officiis 1.68

Nec veteris formae gratia tota perit. 4345
Die Anmut der früheren Schönheit ist noch zu erahnen.
Maximianus, Elegiae 2,32

4346 Nec violae semper nec hiantia lilia florent, / et riget amissa spina relicta rosa.
Nicht immer blühen Veilchen und sich öffnende Lilien, und wenn die Rose verblüht ist, bleibt der starre Dorn.
Ovid, Ars amatoria 2.115–116

4347 Nec vita nec fortuna propriast hominibus.
Weder Leben noch Glück ist der Menschen Eigentum.
Publilius Syrus, Sententiae 411

4348 Nec vixit male, qui natus moriens fefellit.
Nicht schlecht hat gelebt, wer von der Geburt bis zu seinem Tod nicht aufgefallen ist.
Horaz, Epistulae 1.17,10

4349 Nec, si non obstatur, propterea etiam permittitur.
Woran nichts hindert, das ist deshalb nicht schon erlaubt.
Cicero, Orationes Philippicae 13,14

4350 necessarium malum
ein notwendiges Übel

4351 Necesse est enim, ut veniant scandala.
Es muss ein Ärgernis kommen.
Vulgata, Evangelium secundum Matthaeum 18,7

Necesse est facere sumptum, qui quaerit lucrum. 4352
Wer Gewinn einstreichen will, muss erst zahlen.
Plautus, Asinaria 217

Necesse est initia inter se et exitus congruant. 4353
Anfang und Ende müssen zueinander passen.
Seneca, Epistulae morales 9,9

Necesse est maximorum minima esse initia. 4354
Die Anfänge der größten Dinge müssen ganz klein sein.
Publilius Syrus, Sententiae 390

Necesse est multos timeat, quem multi timent. 4355
Wen viele fürchten, der muss viele fürchten.
Laberius bei Seneca, De ira 2.11,3

Necesse est multum in vita nostra casus possit, quia vivimus casu. 4356
Notwendig spielt der Zufall im Leben eine wichtige Rolle, da wir durch Zufall leben.
Seneca, Epistulae morales 71,3

Necessitas ab homine, quae vult, impetrat. 4357
Die Notwendigkeit bewirkt beim Menschen, was sie will.
Publilius Syrus, Sententiae 403

4358 Necessitas dat legem, non ipsa accipit.
Die Notwendigkeit gibt das Gesetz, sie empfängt es nicht.
Publilius Syrus, Sententiae 399

4359 Necessitas egentem mendacem facit.
Die Not macht einen Armen zum Betrüger.
Publilius Syrus, Sententiae 407

4360 Necessitas feriis caret.
Not macht keine Ferien.
Palladius, Opus agriculturae 1.6,7

4361 Necessitas fortiter ferre docet, consuetudo facile.
Die Notwendigkeit lehrt tapfer ertragen, die Gewohnheit geduldig.
Seneca, De tranquillitate animi 10,1

4362 Necessitas non habet legem.
Not hat kein Gesetz.
Auctoritates, Aristoteles, De regimine principum 23

4363 Necessitas plus posse quam pietas solet.
Die Notwendigkeit kann mehr bewirken als die Fürsorge.
Seneca, Troades 581

4364 Necessitas quod celat, frustra quaeritur.
Was das Schicksal verbirgt, sucht man vergebens.
Publilius Syrus, Sententiae 418

Necessitas quod poscit, nisi des, eripit. 4365
Die Notwendigkeit nimmt, was sie verlangt, wenn du es nicht gibst.
Publilius Syrus, Sententiae 409

Necessitatem ferre, non flere addecet. 4366
Man muss die Notwendigkeit hinnehmen, nicht beweinen.
Publilius Syrus, Sententiae 434

Negandi causa avaro numquam deficit. 4367
Dem Geizigen fehlt nie ein Grund, abzulehnen.
Publilius Syrus, Sententiae 386

Neglegere laedentem est indicium virium. 4368
Wer über eine Kränkung hinwegsieht, zeigt Stärke.
Publilius Syrus, Sententiae A61

Neminem adversa fortuna comminuit, nisi quem secunda decepit. 4369
Das Unglück hat niemanden zerbrochen, es sei denn, das Glück habe ihn zuvor getäuscht.
Seneca, Ad Helviam matrem de consolatione 5,4

Neminem cito accusaris nec cito laudaveris. 4370
Beschuldige niemanden schnell, lobe aber auch keinen schnell.
Publilius Syrus, Sententiae A15

4371 Neminem illaesum fata transmittunt. Felix est non, qui aliis videtur, sed qui sibi.
Das Schicksal verschont niemanden. Glücklich ist nicht, wer anderen, sondern wer sich selbst so erscheint.
Pseudo-Seneca, De remediis fortuitorum

4372 Neminem pecunia divitem fecit.
Geld hat noch keinen reich gemacht.
Seneca, Epistulae morales 119,9

4373 Neminem prope magnorum virorum optimum et utilem filium reliquisse satis claret.
Es ist bekannt, dass kaum einer der Großen einen tüchtigen und ordentlichen Sohn hinterlassen hat.
Historiae Augustae scriptores, Septimius Severus 20,4

4374 Nemo absens diiudicetur.
Niemand soll in Abwesenheit verurteilt werden.

4375 Nemo adeo ferus est, qui non mitescere possit.
Niemand ist so wild, dass er nicht friedlich gestimmt werden könnte.
Horaz, Epistulae 1.1,39

4376 Nemo ante mortem beatus.
Niemand ist vor seinem Tod glücklich.
Ovid, Metamorphoses 3.136–137

Nemo athleta sine sudoribus coronatur. 4377
Kein Athlet erlangt den Siegerkranz ohne Schweiß.
Hieronymus, Epistulae 14,10

Nemo autem regere potest nisi qui et regi. 4378
Niemand kann herrschen, wenn er sich nicht auch beherrschen lässt.
Seneca, De ira 2.15,4

Nemo confidat nimium secundis, / nemo desperet meliora lassis. 4379
Niemand vertraue zu sehr dem Glück, niemand gebe im Unglück die Hoffnung auf.
Seneca, Thyestes 615–616

Nemo cum diabolo iocatur impune. 4380
Niemand treibt ungestraft mit dem Teufel sein Spiel.
Walther, Proverbia sententiaeque 16324a

Nemo enim est tam senex, qui se annum non putet posse vivere. 4381
Keiner ist so alt, dass er nicht glaubte, noch ein Jahr leben zu können.
Cicero, Cato maior de senectute 24

Nemo enim est, cui felicitas sua, etiam si cursu venit, satis faciat; queruntur et de consiliis et de processibus suis maluntque semper, quae reliquerunt. 4382
Es gibt keinen, der mit seinem Glück zufrieden ist, mag es sich auch noch so

schnell eingestellt haben. Man klagt über seine Vorstellungen und deren Entwicklung und will lieber zurückhaben, was man gerade aufgegeben hat.
Seneca, Epistulae morales 115,17

4383 Nemo enim patriam, quia magna est, amat, sed quia sua.
Niemand liebt sein Vaterland, weil es groß ist, sondern weil es das seine ist.
Seneca, Epistulae morales 66,26

4384 Nemo enim potest omnia scire.
Keiner kann alles wissen.
Varro, De re rustica 2.1,2

4385 Nemo enim potest personam diu ferre. Ficta cito in naturam suam recidunt.
Niemand kann auf Dauer eine Maske tragen. Wer sich verstellt, zeigt bald wieder sein eigenes Gesicht.
Seneca, De clementia 1.1,6

4386 Nemo est casu bonus, discenda virtus est.
Niemand ist ohne Grund gut, Tüchtigkeit muss erlernt werden.
Seneca, Epistulae morales 123,16

4387 Nemo est tam afflictus, quin, si nihil aliud studeat nisi id, quod agit, possit navare aliquid et efficere.
Niemand ist so verzweifelt, dass er nicht etwas bewirken und erreichen könnte, wenn er sich nur um das bemüht, was er gerade zu tun hat.
Cicero, Ad familiares 6.1,7

Nemo est tam fortis, quin rei novitate perturbetur. 4388
Keiner ist so geschützt, dass er nicht durch ein Ereignis überrascht werden könnte.
Caesar, De bello Gallico 6.39,3

Nemo extra ictum vulneris positus est. 4389
Niemand ist sicher vor Verwundungen.
Pseudo-Seneca, De remediis fortuitorum

Nemo facile cum fortunae suae condicione condordat. 4390
Keiner lebt ohne weiteres im Einklang mit seinem Schicksal.
Boethius, De consolatione philosophiae 2. p4

Nemo furatur alteri. 4391
Niemand stiehlt für einen anderen.
Plinius maior, Naturalis historia 12.51

Nemo immature moritur, qui moritur miser. 4392
Wer im Elend stirbt, stirbt nicht zu früh.
Publilius Syrus, Sententiae 420

Nemo ire quemquam publica prohibet via. 4393
Es kann einem keiner hindern, auf offener Straße zu gehen.
Plautus, Curculio 35

4394 Nemo ita despectus, quin possit laedere laesus.
Keiner ist so schwach, dass er, wenn man ihn verletzt, nicht wieder verletzen könnte.
Monosticha Catonis 44

4395 Nemo ita pauper vivit, quam pauper natus est.
Keiner lebt so arm, wie er geboren wurde.
Walther, Proverbia sententiaeque 16361

4396 Nemo iudex sine actore.
Wo kein Kläger ist, ist auch kein Richter.

4397 Nemo libenter recolit, qui laesit, locum.
Niemand kehrt gern dorthin zurück, wo er Unheil litt.
Phaedrus, Liber fabularum 1.18,1

4398 Nemo liber est, qui corpori servit.
Niemand ist frei, der dem Körper dient.
Seneca, Epistulae morales 92,33

4399 Nemo magister natus.
Niemand wird als Meister geboren.

4400 Nemo malus felix, minime corruptor.
Kein Verbrecher ist glücklich, am wenigsten ein Verräter.
Juvenal, Saturae 4,8

4401 Nemo me impune lacessit.
Niemand reizt mich ungestraft.

Nemo moritur nisi sua morte. 4402
Jeder stirbt seinen eigenen Tod.
Seneca, Epistulae morales 69,6

Nemo mortalium omnibus horis sapit. 4403
Kein Mensch ist alle Zeit klug.
Plinius maior, Naturalis historia 7.131

Nemo nascitur artifex. 4404
Niemand wird als Künstler geboren.
Walther, Proverbia sententiaeque 16377b

Nemo nascitur sapiens, sed fit. 4405
Niemand wird als Weiser geboren, sondern er wird es erst.
Seneca, De ira 2.10,6

Nemo nimium beatus est; ita nemo 4406
beato beatior.
Niemand ist im Übermaß glücklich; deshalb kann niemand glücklicher als glücklich sein.
Cicero, De finibus bonorum et malorum 5.81

Nemo nisi suo die moritur. 4407
Keiner stirbt vor seiner Zeit.
Seneca, Epistulae morales 69,6

Nemo non, cui alia desunt, hominis 4408
nomine apud me gratiosus est.
Jeder ist, weil er ein Mensch ist, willkommen, wenn er auch nichts weiter vorzuweisen hat.
Seneca, De clementia 1.1,3

4409 Nemo non, cum alteri prodest, sibi profuit.
Jeder, der einem anderen hilft, hilft zugleich auch sich selbst.
Seneca, Epistulae morales 81,19

4410 Nemo non didicisse mavult quam discere.
Jeder will lieber gelernt haben als zu lernen.
Quintilian, Institutio oratoria 3.1,6

4411 Nemo nostrum non peccat; homines sumus, non dei.
Keiner von uns ist vollkommen; wir sind Menschen, keine Götter.
Petron, Satyricon 75,1

4412 Nemo potest ad impossibile obligari.
Zu Unmöglichem kann niemand verpflichtet werden.
Liber Sextus Decretalium, Regulae iuris 6

4413 Nemo potest credere, nisi velit.
Glauben kann niemand, es sei denn, er will es.
Augustinus, De diversis quaestionibus ad Simplicianum 1.2,10

4414 Nemo potest duobus dominis servire.
Niemand kann zwei Herren dienen.
Vulgata, Evangelium secundum Matthaeum 6,24

Nemo praeceptis curat insaniam: ergo ne malitiam quidem. 4415
Niemand heilt mit Regeln den Wahnsinn, also auch nicht die Bosheit.
Seneca, Epistulae morales 94,36

Nemo propheta acceptus est in patria sua. 4416
Der Prophet gilt nichts in seinem Vaterland.
Vulgata, Evangelium secundum Lucam 4,24

Nemo prudens punit, quia peccatum est, sed ne peccetur; revocari enim praeterita non possunt, futura prohibentur. 4417
Kein Vernünftiger straft wegen einer Verfehlung, sondern um Verfehlungen zu verhüten. Denn Vergangenes lässt sich nicht ungeschehen machen, Künftiges aber vermeiden.
Platon bei Seneca, De ira 1.19,7

Nemo, quam bene vivat, sed quam diu, curat, cum omnibus possit contingere, ut bene vivant, ut diu, nulli. 4418
Niemand sorgt sich darum, wie gut er lebt, sondern wie lange, obwohl doch alle ein gutes, aber nicht ein langes Leben erreichen können.
Seneca, Epistulae morales 22,17

Nemo quidem sine aliqua iactura sanitatis expavit. 4419
Noch nie ist jemand zu Tode erschrocken ohne seiner Gesundheit zu schaden.
Seneca, Naturales quaestiones 6.29,2

4420 Nemo scit, ubi calceus urat, nisi qui eum portat.
Niemand weiß, wo einen der Schuh drückt, außer wer ihn trägt.
Walther, Proverbia sententiaeque 38690

4421 Nemo secure loquitur, nisi qui libenter tacet.
Niemand redet sicher, wenn er nicht gern schweigt.
Thomas a Kempis, Imitatio Christi 1.20,12

4422 Nemo sibi nascitur.
Keiner wird für sich allein geboren.
Erasmus, Adagia 3581 (nach Platon)

4423 Nemo sibi satis est. Eget omnis amicus amico.
Keiner hat an sich selbst genug. Jeder Freund braucht einen Freund.
Anonymus Neveleti 55,15

4424 Nemo sibi tantummodo errat, sed alieni erroris et causa et auctor est.
Niemand irrt nur für sich allein, sondern ist auch Anlass und Verursacher fremden Irrtums.
Seneca, De vita beata 1,4

4425 Nemo silens placuit, multi brevitate loquendi.
Niemand gefiel durch Schweigen, viele aber durch die Kürze ihrer Rede.
Ausonius, Epistulae 26,44

Nemo simul actor et iudex. 4426
Niemand kann zugleich Kläger und Richter sein.

Nemo sine vitio est. 4427
Niemand ist ohne Fehler.

Nemo solus satis sapit. 4428
Allein ist niemand weise.
Plautus, Miles gloriosus 885

Nemo sua sorte contentus. 4429
Keiner ist mit seinem Los zufrieden.
Walther, Proverbia sententiaeque 16454a

Nemo tenetur se ipsum prodere. 4430
Niemand ist verpflichtet, sich selbst zu belasten.

Nequam per verba, per odorem noscitur herba. 4431
Einen Taugenichts erkennt man an seinen Worten, ein Kraut an seinem Geruch.
Walther, Proverbia sententiaeque 16491

Neque enim aequus iudex aliam de sua, aliam de aliena causa sententiam fert. 4432
Ein gerechter Richter wird in eigener Sache genauso urteilen wie in fremder.
Seneca, De ira 1.14,2

4433 Neque enim omnes casus providere legum latores potuerunt.
Die Gesetzgeber konnten nicht alle Rechtsfälle voraussehen.
Quintilian, Declamationes minores 274,9

4434 Neque enim refert, qua via, sed quo tendas.
Es kommt nicht auf den Weg an, sondern auf das Ziel.
Erasmus, Institutio principis christiani 1

4435 Neque enim ulla est metuentibus quies.
Wer sich ängstigt, findet keine Ruhe.
Justinus, Epitoma historiarum Philippicarum 2.13,11

4436 Neque enim ulli patientius reprehenduntur, quam qui maxime laudari merentur.
Niemand lässt sich geduldiger tadeln, als wer besonders gelobt zu werden verdient.
Plinius, Epistulae 7.20,1

4437 Neque laus in copia neque culpa in penuria consistit.
Reichtum ist ebenso wenig ein Verdienst wie Armut eine Schuld.
Apuleius, Apologia 20

4438 Neque nulli sis amicus neque multis.
Sei weder mit keinem befreundet noch mit vielen.
Erasmus, Adagia 2537 (nach Hesiod)

Nequiquam sapit, qui sibi non sapit. 4439
Wer für sich nicht weise ist, ist vergebens weise.
Ennius bei Cicero, De officiis 3.62

Nequitia ipsa sui est poena. 4440
Unfähigkeit bestraft sich selbst.
Pseudo-Seneca, Liber de moribus 64

Nescio vos. 4441
Ich kenne euch nicht.
Vulgata, Evangelium secundum Matthaeum 25,12

Nescire autem, quid ante quam natus sis acciderit, id est semper esse puerum. 4442
Nicht zu wissen, was vor seiner Geburt geschehen ist, heißt so viel wie immer Kind bleiben.
Cicero, Orator 120

Nescire quaedam magna pars sapientiae est. 4443
Nichtwissen ist ein großer Teil der Weisheit.
Walther, Proverbia sententiaeque 38718d

Nescis, quid vesper vehat. 4444
Du weißt nicht, was der Abend bringt.
Macrobius, Saturnalia 1.7,12

Nescit amor perferre moras. 4445
Liebe duldet keinen Aufschub.
Walther, Proverbia sententiaeque 16549a

4446 Nescit amor priscis cedere imaginibus.
Die Liebe will sich nicht nach Ahnenbildern richten.
Properz, Elegiae 1.5,24

4447 Nescit homo vere, quid habet, nisi cessat habere.
Der Mensch weiß erst dann recht, was er hat, wenn er es nicht mehr hat.
Walther, Proverbia sententiaeque 16565

4448 Nescit, quo tendat, qui multas sequitur semitas.
Wer viele Wege verfolgt, kennt sein Ziel nicht.
Sententiae Varronis 88

4449 Nescit, quot digitos habet in manu.
Er weiß nicht, wie viele Finger er an einer Hand hat.
Plautus, Persa 187

4450 Nescitis, cuius spiritus estis.
Wisst ihr nicht, welch Geistes Kinder ihr seid?
Vulgata, Evangelium secundum Lucam 9,55

4451 Ni legem sequeris ludi, quid ludere quaeris?
Wenn du dich nicht an die Spielregeln halten willst, wozu willst du dann spielen?
Walther, Proverbia sententiaeque 16598

4452 nigrum in candida vertere
aus Schwarz Weiß machen
Juvenal, Saturae 3,30

Nihil ad rem. 4453
Das tut nichts zur Sache.

Nihil aeque sanitatem impedit quam remediorum crebra mutatio. 4454
Nichts behindert die Heilung mehr als ein häufiger Wechsel der Medizin.
Seneca, Epistulae morales 2,3

Nihil agendo homines male agere discunt. 4455
Durch Nichtstun lernen die Menschen Böses tun.
Cato bei Columella, De re rustica 11.1,26

Nihil aliis instrumentis opus est, satis nos instruxit ratione natura. 4456
Wir brauchen keine Arbeitsmittel, die Natur hat uns die Vernunft gegeben.
Seneca, De ira 1.17,2

Nihil aliud est ebrietas quam voluntaria insania. 4457
Trunkenheit ist nichts anderes als gewollter Wahnsinn.
Seneca, Epistulae morales 83,18

Nihil aliud necessarium, ut sis miser, quam ut te miserum credas. 4458
Man braucht sich nur unglücklich zu fühlen, um unglücklich zu sein.

4459 Nihil autem ordinatum est, quod praecipitatur et properat.
Nichts ist in der Ordnung, was überhastet und eilig gemacht wird.
Seneca, Epistulae morales 40,2

4460 Nihil cogitantium iucundissima vita est.
Wer nichts denkt, hat das angenehmste Leben.
Sophokles, Aiax 554

4461 Nihil dulcius est ultione.
Nichts ist süßer als Rache.
Quintilian, Declamationes minores 381,2

4462 Nihil enim aeque gratum est adeptis quam concupiscentibus.
Nichts bleibt, wenn man es erreicht hat, so interessant, wie als man es noch begehrte.
Plinius, Epistulae 2.15,1

4463 Nihil enim est tam contrarium rationi et constantiae quam fortuna.
Nichts widerspricht Vernunft und Dauer mehr als das Glück.
Cicero, De divinatione 2.18

4464 Nihil enim fieri sine causa potest; nec quicquam fit, quod fieri non potest.
Nichts kann ohne Grund geschehen, und nichts geschieht, was nicht geschehen kann.
Cicero, De divinatione 2.61

Nihil enim lacrima citius arescit. 4465
Nichts trocknet schneller als Tränen.
Rhetorica ad Herennium 2.50

Nihil enim semper floret, aetas succedit aetati. 4466
Nichts blüht immer, eine Zeit folgt der anderen.
Cicero, Orationes Philippicae 11,39

Nihil eorum, quae virtuti debentur, emere pecunia licet. 4467
Nichts von dem, was man der Tapferkeit schuldet, kann man mit Geld kaufen.
Valerius Maximus, Facta et dicta memorabilia 4.4,9

Nihil eripit Fortuna, nisi quod dedit. 4468
Das Schicksal raubt nur, was es zuvor gegeben hat.
Seneca, De constantia sapientis 5,4

Nihil esse tam sanctum, quod non violari, nihil tam munitum, quod non expugnari pecunia possit. 4469
Nichts ist so heilig, dass es mit Geld nicht entweiht, nichts so fest gefügt, dass es mit Geld nicht erobert werden könnte.
Cicero, In Verrem 1,4

Nihil est ab omni / parte beatum. 4470
Nichts ist in allen Teilen glücklich.
Horaz, Carmina 2.16,27

4471 Nihil est aliud bene et beate vivere nisi honeste et recte vivere.
Gut und glücklich zu leben ist doch nichts anderes als ehrenwert und rechtschaffen zu leben.
Cicero, Paradoxa Stoicorum 15

4472 Nihil est annis velocius.
Nichts Schnelleres gibt es als die Jahre.
Ovid, Metamorphoses 10.520

4473 Nihil est autem tam volucre quam maledictum, nihil facilius emittitur, nihil citius excipitur, latius dissipatur.
Nichts ist schneller als ein böses Wort, nichts wird so leicht ausgesprochen, so schnell gehört, so weit verbreitet.
Cicero, Pro Plancio 57

4474 Nihil est autem, quod tam deceat, quam in omni re gerenda consilioque capiendo servare constantiam.
Nichts aber ist besser, als bei allen Dingen und jedem Plan beharrlich zu bleiben.
Cicero, De officiis 1.125

4475 Nihil est difficilius quam differre gaudium, quod scias te non mereri.
Nichts ist schwieriger, als einen Genuss hinauszuzögern, von dem man weiß, dass man ihn nicht verdient.
Pseudo-Quintilian, Declamationes maiores 2,15

Nihil est durabile semper / sub coelo. 4476
Nichts dauert für immer unter der Sonne.
Palingenius, Zodiacus vitae 4.45–46

Nihil est enim difficilius quam magno dolori paria verba reperire. 4477
Nichts ist schwieriger, als Worte zu finden, die einem großen Schmerz angemessen sind.
Seneca, Ad Polybium de consolatione 3,3

Nihil est enim opere et manu factum, quod non conficiat et consumat vetustas. 4478
Es gibt nichtsvon Menschenhand Geschaffenes, das das Alter nicht verbraucht und zerstört.
Cicero, Pro Marcello 11

Nihil est enim simul et inventum et perfectum. 4479
Keine Erfindung ist von Anfang an vollkommen.
Cicero, Brutus 71

Nihil est in intellectu, quod non sit prius in sensu. 4480
Es gibt keine Erkenntnis, ohne dass eine sinnliche Wahrnehmung vorausgegangen ist.
Locke (1632–1704) nach Aristoteles, De anima

4481 Nihil est otiosum in natura, sed unicuique enti est opus attributum.
In der Natur ist nichts ohne Zweck, sondern einem jeden Seienden ist eine Aufgabe zugeordnet.
Auctoritates, Aristoteles, De anima 33

4482 Nihil est periculosius in hominibus mutata subito fortuna.
Nichts ist gefährlicher bei den Menschen als ein plötzlicher Wechsel des Schicksals.
Quintilian, Declamationes minores 260

4483 Nihil est, / quin male narrando possit depravarier.
Nichts, was nicht durch üble Nachrede entstellt werden kann.
Terenz, Phormio 696–697

4484 Nihil est sibi ipsi contrarium.
Nichts steht im Gegensatz zu sich selbst.
Auctoritates, Aristoteles, Physica 28

4485 Nihil est tam incredibile, quod non dicendo fiat probabile: nihil tam horridum, tam incultum, quod non splendescat oratione et tamquam excolatur.
Nicht ist so unglaublich, dass die Redekunst es nicht annehmbar machen könnte, nichts so schrecklich und unfein, dass es durch die Rede nicht Glanz erlangen und geadelt werden kann.
Cicero, Paradoxa Stoicorum 3

Nihil est toto, quod perstet, in orbe. / 4486
Cuncta fluunt, omnisque vagans formatur imago: / ipsa quoque assiduo labuntur tempora motu.
Auf der ganzen Welt gibt es nichts, was Bestand hätte. Alles fließt, jede Erscheinung bildet unbeständig sich neu. Selbst die Zeit gleitet in ständiger Bewegung dahin.
Pythagoras bei Ovid, Metamorphoses 15.177–179

Nihil ex his, quae habemus, 4487
necessarium est.
Nichts, was wir besitzen, ist notwendig.
Seneca, Epistulae morales 25,4

Nihil gravius quam destitutae spes 4488
torquet.
Nichts schmerzt mehr als enttäuschte Hoffnung.
Pseudo-Quintilian, Declamationes maiores 12,17

Nihil inanius quam multa scire. 4489
Nichts ist nutzloser, als vieles zu wissen.
Erasmus, Adagia 3651 (nach Athenaios)

Nihil inimicius quam sibi ipse. 4490
Kein größerer Feind als er sich selbst.
Cicero, Ad Atticum 10.12a,3

Nihil laudabile, quod cuique est 4491
possibile.
Was jeder kann, ist nicht lobenswert.
Sententiae Varronis 128

4492 Nihil magis quam amplitudo commendat.
Nichts macht mehr Eindruck als Größe.
Plinius, Epistulae 1.20,5

4493 Nihil melius aeterna lex fecit, quam quod unum introitum nobis ad vitam dedit, exitus multos.
Das ewige Gesetz hat nichts Besseres geschaffen, als dass es uns nur einen Eingang ins Leben gegeben hat, Ausgänge aber viele.
Seneca, Epistulae morales 70,14

4494 Nihil mihi videtur infelicius eo, cui nihil umquam evenit adversi.
Nichts scheint mir unglücklicher als jemand, dem nie etwas Unglückliches zugestoßen ist.
Seneca, De providentia 3,3

4495 Nihil minus est hominis occupati quam vivere: nullius rei difficilior scientia est.
Nichts versteht ein beschäftigter Mensch weniger als zu leben; keine Sache ist schwerer zu erlernen.
Seneca, De brevitate vitae 7,3

4496 Nihil miserum est, quod in naturam consuetudo perduxit; paulatim enim voluptati sunt, quae necessitate coeperunt.
Nichts ist beklagenswert, was die Natur zur Gewohnheit gemacht hat; denn was unter Zwang begonnen hat, wird nach und nach zum Vergnügen.
Seneca, De providentia 4,15

Nihil natura portionibus parit. 4497
Nichts schafft die Natur stückweise.
Plinius maior, Naturalis historia 17.177

Nihil ne in totum quidem diem certi est. 4498
Nicht einmal für einen ganzen Tag gibt es Sicherheit.
Seneca, Ad Polybium de consolatione 9,9

Nihil necesse sapienti est. 4499
Für den Weisen gibt es keinen Zwang.
Seneca, Epistulae morales 9,14

Nihil novi sub sole. 4500
Es gibt nichts Neues unter der Sonne.
Vulgata, Liber Ecclesiastes 1,10

Nihil peccat, nisi quod nihil peccat. 4501
Er hat keinen Fehler, außer dass er keinen Fehler hat.
Plinius, Epistulae 9.26,1

Nihil probat, qui nimium probat. 4502
Wer zu viel beweist, beweist nichts.

Nihil prodest bene te didicisse, facere si cesses bene. 4503
Es nützt nichts, dass du gut gelernt hast, wenn du aufhörst, gut zu handeln.
Walther, Proverbia sententiaeque 16650

4504 Nihil, quo stat loco, stabit; omnia sternet abducetque secum vetustas.
Nichts wird stehenbleiben, wo es jetzt steht; das Alter wird alles niederstürzen und mit sich reißen.
Seneca, Ad Marciam de consolatione 26,6

4505 Nihil rationis est, ubi semel affectus inductus est.
Die Vernunft ist machtlos, wenn die Leidenschaft regiert.
Seneca, De ira 1.8,1

4506 Nihil recte sine exemplo docetur aut discitur.
Ohne Beispiel lehrt und lernt man nichts recht.
Columella, De re rustica 11.1,4

4507 Nihil sciri potest, ne id ipsum quidem.
Man kann nichts wissen, noch nicht einmal dies.
Cicero, Academica priora 2.73

4508 Nihil spei ego credo: Omnes res spissas facit.
Nichts erwarte ich vom Hoffen: es macht alle Dinge langwierig.
Caecilius bei Nonius Marcellus, De compendiosa doctrina 4 (spissum)

4509 Nihil stultitia pacatum habet.
Dummheit hat keinen Frieden.
Seneca, Epistulae morales 59,8

Nihil sub sole novum. 4510
Nichts Neues unter der Sonne.
Vulgata, Liber Ecclesiastes 1,10

Nihil tam absurde dici potest, quod non 4511
dicatur ab aliquo philosophorum.
Nichts Absurdes kann es geben, dass ein Philosoph nicht sagen würde.
Cicero, De divinatione 2.119

Nihil tam firmum est, cui periculum 4512
non sit, etiam ab invalido.
Nichts ist so fest, dass ihm nicht sogar von Schwachem Gefahr drohte.
Curtius Rufus, Historiae Alexandri Magni 7.8,15

Nihil tam incertum nec tam 4513
inaestimabile est quam animi multitudinis.
Nichts ist so unsicher und so unberechenbar wie die Gesinnung der Masse.
Livius, Ab urbe condita 31.34,3

Nihil tam magnum est, quod perire non 4514
possit.
Nichts ist so groß, dass es nicht zugrunde gehen könnte.
Seneca, De beneficiis 6.31,10

Nihil tamen aeque oblectaverit animum 4515
quam amicitia fidelis et dulcis.
Nichts erfreut den Sinn so sehr wie aufrichtige und innige Freundschaft.
Seneca, De tranquillitate animi 7,1

4516 Nihil tamen aeque proderit quam quiescere et minimum cum aliis loqui, plurimum secum.
Nichts wird uns jedoch in gleicher Weise nützen, wie still zu sein, wenig mit anderen reden, viel mit sich selbst.
Seneca, Epistulae morales 105,6

4517 Nihil temere, nihil timide.
Nichts unbesonnen, nichts furchtsam.

4518 Nil actum crede, si quid superest agendum.
Halte nichts für getan, wenn noch etwas zu tun bleibt.
Lucanus, Bellum civile (Pharsalia) 2.657

4519 Nil adeo dulce est, quod non videatur amarum / et non displiceat, si plus duraverit aequo.
Nichts ist so süß, dass es nicht bitter erschiene und nicht missfiele, wenn es zu lange andauert.
Palingenius, Zodiacus vitae 2.394–395

4520 Nil adeo fortuna gravis miserabile fecit, / ut minuant nulla gaudia parte malum.
Das Schicksal hat nichts so schlimm gemacht, dass nicht irgendwo auch Freuden das Leid milderten.
Ovid, Epistulae ex Ponto 4.4,5–6

Nil agere semper infelici est optimum. 4521
Für einen Unglücklichen ist es immer am besten, nichts zu tun.
Publilius Syrus, Sententiae 377

Nil assuetudine maius. 4522
Nichts hat mehr Macht als die Gewohnheit.
Ovid, Ars amatoria 2.345

Nil carius emitur quam precibus. 4523
Nichts ist teurer erkauft, als worum man bitten muss.
Seneca, De beneficiis 2.1,4

Nil desperandum. 4524
Nicht verzweifeln.
Horaz, Carmina 1.7,27

Nil difficile volenti. 4525
Nichts ist schwer, wenn man will.
Cicero, Orator 33

Nil fidei verba timentis habent. 4526
Kein Verlass ist auf die Versprechungen eines Ängstlichen.
Anonymus Neveleti 31,10

Nil luce obscurius. 4527
Nichts ist verborgener als das Licht.
Newton (1643–1727)

Nil magis amat cupiditas, quam quod non licet. 4528
Nichts erregt mehr Begierde als das Verbotene.
Publilius Syrus, Sententiae 393

4529 Nil magnificum docebit, qui a se nil didicit.
Nichts Großes wird lehren, wer von sich selbst nichts gelernt hat.
Sententiae Varronis 67

4530 Nil melius lingua, lingua nil peius eadem.
Nichts ist besser als die Sprache, nichts unvollkommener als sie.
Walther, Proverbia sententiaeque 38811a1

4531 Nil melius sano monitu, nil peius iniquo.
Nichts ist besser als ein guter Rat, nichts schlechter als ein unangebrachter.
Anonymus Neveleti 26,15

4532 Nil melius vere quam cum ratione tacere.
Nichts ist besser, als mit Vernunft zu schweigen.
Walther, Proverbia sententiaeque 16763

4533 Nil nemo amittit umquam, nisi qui nil habet.
Wer nichts hat, kann auch nichts verlieren.
Caecilius Balbus, Sententiae (F) 126

4534 Nil nimis!
Nichts zu sehr!

Nil non acerbum prius quam maturum fuit. 4535
Alles war zuerst bitter, ehe es reif wurde.
Publilius Syrus, Sententiae 396

Nil non aut lenit aut domat diuturnitas. 4536
Es gibt nichts, was die Zeit nicht lindert oder erledigt.
Publilius Syrus, Sententiae 422

Nil novit, qui aeque omnia. 4537
Wer alles gleichermaßen weiß, weiß gar nichts.
Sententiae Varronis 84

Nil peccant oculi, si animus oculis imperet. 4538
Die Augen sündigen nicht, wenn der Sinn sie beherrscht.
Publilius Syrus, Sententiae 378

Nil perpetuum, pauca diuturna sunt. 4539
Nichts ist ewig, weniges von Dauer.
Seneca, Ad Polybium de consolatione 1,1

Nil petas, quod negaturus fuisti. 4540
Bitte um nichts, was du verweigert hättest.
Pseudo-Seneca, Liber de moribus 33

Nil poterit iusta tutior esse fuga. 4541
Nichts kann mehr Sicherheit verschaffen als rechtzeitige Flucht.
Walther, Proverbia sententiaeque 16806

4542 Nil praeter aequum.
Nichts, was nicht angemessen ist.

4543 Nil prodest bene te didicisse, facere si cesses bene.
Es nützt nichts, gut gelernt zu haben, wenn man zögert, gut zu sein.
Publilius Syrus, Sententiae A9

4544 Nil prodest, quod non laedere possit idem.
Was nicht auch schaden könnte, nützt nicht.
Ovid, Tristia 2.266

4545 Nil proprium ducas, quod mutari posset.
Nenne nicht dein Eigen, was sich ändern kann.
Publilius Syrus, Sententiae 379

4546 Nil rectum, nisi quod placuit sibi, ducunt.
Sie halten nur für richtig, was ihnen selbst gefällt.
Horaz, Epistulae 2.1,83

4547 Nil terribile nisi ipse timor.
Nichts ist schrecklich, außer der Furcht selbst.
Bacon, De dignitate et augmentis scientiarum 6.3, Exempla 21

Nil turpe ducas pro salutis remedio. 4548
Verachte nichts, was dir Rettung bringen kann.
Publilius Syrus, Sententiae 423

Nil valet ille labor, quam praemia nulla sequuntur. 4549
Eine Anstrengung, der kein Lohn zuteil wird, ist sinnlos.
Walther, Proverbia sententiaeque 16903

Nil volenti difficile. 4550
Für den, der will, ist nichts schwierig.
Walther, Proverbia sententiaeque 16924a

Nimia familiaritas parit contemptum. 4551
Allzu große Vertraulichkeit führt zu Verachtung.
Augustinus, Scala Paradisi 8

Nimio id, quod pudet, facilius fertur quam illud, quod piget. 4552
Wessen man sich schämt, erträgt man viel leichter, als worüber man sich ärgert.
Plautus, Pseudolus 281

Nimirum veri dantur mihi signa caloris: / nam sine amore gravi femina nulla dolet. 4553
Zweifellos bekomme ich Zeichen für echte Liebesglut: denn ohne wirklich zu lieben, zürnt keine Frau.
Properz, Elegiae 3.8,9–10

4554 Nimis severus est iniusto proximus.
Allzu große Strenge steht der Ungerechtigkeit sehr nahe.
Publilius Syrus, Sententiae A198

4555 Nimium ad rem in senecta attenti sumus.
Wir achten im Alter zu sehr aufs Geld.
Terenz, Adelphoe 954

4556 Nimium altercando veritas amittitur.
Unter zu viel Streit leidet die Wahrheit.
Publilius Syrus, Sententiae 416

4557 Nimium boni est, in morte cui nil sit mali.
Reichlich Gutes bringt der Tod dem, dem er kein Übel ist.
Publilius Syrus, Sententiae 430

4558 Nimium non placet, etiam quod bonum putatur.
Zu viel gefällt nicht, auch wenn es gut scheint.
Cassiodor, Variae 10.3,7

4559 Nisi caste, saltem caute.
Wenn schon nicht keusch, so doch vorsichtig.

4560 Nisi credideritis, non intellegetis.
Wenn ihr nicht glaubt, werdet ihr nicht erkennen.
Augustinus, Contra Academicos 3,43

Nisi Dominus aedificaverit domum, 4561
in vanum laboraverunt, qui aedificant eam.
Wenn der Herr nicht das Haus baut,
so arbeiten umsonst, die daran bauen.
Vulgata, Psalm 127,1

Nisi Dominus, frustra. 4562
Wenn Gott nicht mit dir ist, ist alles vergebens.

nisi fallor 4563
wenn ich mich nicht täusche

nisi me omnia fallunt 4564
wenn mich nicht alles täuscht
Cicero, Ad Atticum 8.7,1

nisi memoria forte defecerit 4565
wenn mich nicht etwa mein Gedächtnis im Stich lässt
Cicero, De finibus bonorum et malorum 2.44

nisi molestum est 4566
wenn es dir nicht lästig ist
Terenz, Adelphoe 806

Nisi per te sapias, frustra sapientem 4567
audias.
Wenn du nicht von selbst zur Vernunft kommst, hörst du vergeblich einem Weisen zu.
Publilius Syrus, Sententiae 427

4568 Nisi qui ipse amavit, aegre amantis ingenium inspicit.
Wer nicht selbst geliebt hat, blickt schwer in das Herz eines Liebenden.
Plautus, Miles gloriosus 638

4569 Nisi qui scit facere insidias, nescit metuere.
Wer nicht weiß, wie man Fallen stellt, weiß auch nicht, wie er sich davor hüten muss.
Publilius Syrus, Sententiae 414

4570 Nisi vindices delicta, improbitatem adiuves.
Wenn man Vergehen nicht ahndet, fördert man die Schlechtigkeit noch.
Publilius Syrus, Sententiae 394

4571 Nitimur in vetitum semper, cupimusque negata.
Wir streben immer nach dem Verbotenen und begehren das Versagte.
Ovid, Amores 3.4,17

4572 Nobile vincendi genus est patientia; vincit, / qui patitur; si vis vincere, disce pati!
Eine edle Art zu siegen ist Nachgiebigkeit; wer nachgiebig ist, siegt; willst du siegen, lerne nachzugeben.
Walther, Proverbia sententiaeque 16974

Nobile vindictae genus est ignoscere victo; / si veniam tribuas, iam satis ultus eris. 4573
Eine edle Art von Rache ist es, dem Besiegten zu verzeihen; wenn du Gnade walten lässt, hast du dich schon genug gerächt.
Hildebertus von Lavardin, De quattuor virtutibus vitae honestae

Nobilis equus umbra quoque virgae regitur. 4574
Ein edles Pferd lässt sich schon vom Schatten der Gerte lenken.
Curtius Rufus, Historiae Alexandri Magni 7.4,18

Nocens precatur, innocens irascitur. 4575
Ein Schuldiger bittet, ein Unschuldiger empört sich.
Publilius Syrus, Sententiae 410

Nocere facile est, prodesse difficile. 4576
Schaden ist leicht, nützen schwierig.
Quintilian, Institutio oratoria 8.5,6

Nocere nescit, qui se velle prodidit. 4577
Wer angekündigt hat zu schaden, kann nicht schaden.
Publilius Syrus, Sententiae A277

Nocte latent fures. 4578
Nachts sind die Diebe unsichtbar.
Catull, Carmina 62,34

4579 Nocte latent mendae, vitioque ignoscitur omni.
Nachts bleiben die Mängel verborgen und verzeiht man jeden Fehler.
Ovid, Ars amatoria 1.249

4580 noctem facere de die
aus Schwarz Weiß machen

4581 Noctes atque dies patet atri ianua Ditis.
Tag und Nacht steht das Tor zur finsteren Unterwelt offen.
Vergil, Aeneis 6.127

4582 Noctes vigilantur amarae.
Man durchwacht bittere Nächte.
Ovid, Heroides 12.171

4583 Nocumenta documenta.
Was schadet, belehrt.
Walther, Proverbia sententiaeque 17080d

4584 Nodus malus cuneumque postulat malum.
Ein grober Klotz verlangt auch nach einem groben Keil.
Walther, Proverbia sententiaeque 38844d

4585 nolens volens
ob man will oder nicht

Noli credere affectui tuo, qui nunc est: cito mutabitur in aliud. 4586
Verlass dich nicht auf deine Stimmung; sie wird sich schnell ändern.
Thomas a Kempis, Imitatio Christi 3.33,1

Noli curare aliena negotia. 4587
Kümmere dich nicht um fremde Geschäfte.

Noli equi dentes inspicere donati. 4588
Einem geschenkten Gaul schaut man nicht ins Maul.

Noli mala tua facere tibi ipse graviora et te querelis onerare! 4589
Mach dir deine Leiden nicht selbst schwerer und belaste dich nicht mit Wehklagen.
Seneca, Epistulae morales 78,13

Noli me tangere. 4590
Rühr mich nicht an!
Vulgata, Evangelium secundum Ioannem 20,17

Noli rogare, cum impetrare nolueris. 4591
Bitte nicht um etwas, wenn du es gar nicht haben willst.
Seneca, Epistulae morales 95,1

Noli tacere, quod velis intellegi. 4592
Schweig nicht über das, was andere verstehen sollen.
Publilius Syrus, Sententiae A183

4593 Noli timere, quia redemi te et vocavi te nomine tuo; meus es tu.
Fürchte dich nicht, denn ich habe dich erlöst; ich habe dich bei deinem Namen gerufen, du bist mein.
Vulgata, Liber Isaiae 43,1

4594 Noli turbare circulos meos!
Störe meine Kreise nicht.
Archimedes bei Valerius Maximus, Facta et dicta memorabilia 8,7 ext. 7

4595 Nolim esse, quo is est, loco.
Ich möchte nicht an seiner Stelle sein.

4596 Nolite iudicare, ut non iudicemini.
Richtet nicht, auf dass ihr nicht gerichtet werdet.
Vulgata, Evangelium secundum Matthaeum 7,1

4597 Nolle in causa est, non posse praetenditur.
Nicht zu wollen ist ein Grund, nicht zu können ist nur ein Vorwand.
Seneca, Epistulae morales 116,8

4598 Nolo esse laudator, ne videar adulator.
Ich will kein Lobredner sein, um nicht als Schmeichler zu erscheinen.

4599 Nomen est omen.
Der Name hat Bedeutung.

Nomen nescio. (N. N.) 4600
Der Name ist noch nicht bekannt.

Nomen nominandum. (N. N.) 4601
Der Name muss noch genannt werden.

Nomina sunt odiosa. 4602
Namen zu nennen ist heikel.
Cicero, Pro Sex. Roscio Amerino 47

Non aetate, verum ingenio apiscitur 4603
sapientia.
Nicht mit den Jahren, sondern mit Vernunft gelangt man zur Weisheit.
Plautus, Trinummus 367

Non affectatur oculus, quod non 4604
speculatur.
Was das Auge nicht sieht, erregt es nicht.
Walther, Proverbia sententiaeque 17207

Non aliter vivas in solitudine, aliter in 4605
foro.
Lebe für dich allein nicht anders als in der Öffentlichkeit.
Pseudo-Seneca, Liber de moribus 32

Non alligabis os bovi trituranti. 4606
Man soll dem Ochsen, der da drischt, nicht das Maul verbinden.
Vulgata, Epistula ad Corinthios 1.9,9

4607 Non assumes nomen Domini Dei tui in vanum.
Du sollst den Namen des Herrn, deines Gottes, nicht missbrauchen.
Vulgata, Liber Exodus 20,7

4608 Non avis aucupibus monstrat, qua parte petatur.
Der Vogel zeigt den Vogelfängern nicht, wie man ihn fangen kann.
Ovid, Ars amatoria 3.669

4609 Non bene cum parvis iunguntur grandia rebus.
Großes verbindet sich nicht ordentlich mit Kleinem.
Anthologia Latina 1.407,11

4610 Non bene cum sociis regna Venusque manent.
Liebe und Macht dulden keine Teilhaber.
Ovid, Ars amatoria 3.564

4611 Non bene olet, qui bene semper olet.
Wer immer gut riecht, riecht nicht gut.
Matial, Epigrammata 2.12,4

4612 Non bene pro toto libertas venditur auro; / hoc caeleste bonum praeterit orbis opes.
Alles Gold der Welt wiegt die Freiheit nicht auf; dieses himmlische Gut übertrifft alle Schätze der Welt.
Anonymus Neveleti 54, 25–26

Non bene, si tollas proelia, durat amor. 4613
Wenn man die kleinen Reibereien wegnimmt, hat die Liebe keinen Bestand.
Ovid, Amores 1.8,96

Non bis pueri sumus, ut vulgo dicitur, sed semper: verum hoc interest, quod maiora ludimus. 4614
Wir sind nicht zweimal Kinder, wie der Volksmund sagt, sondern unser Leben lang, nur mit dem Unterschied, dass es in den Spielen um Größeres geht.
Seneca bei Lactantius, Divinae institutiones 2.4,14

Non caret effectu, quod voluere duo. 4615
Was zwei sich wünschen, erfüllt sich immer.
Ovid, Amores 2.3,16

Non caret is, qui non desiderat. 4616
Wer nichts vermisst, dem fehlt auch nichts.
Cicero, Cato maior de senectute 47

Non cernitur illa (sc. sapientia) quidem oculis corporeis, sed et animo sui sunt oculi. 4617
Man sieht die Weisheit zwar nicht mit den Augen des Körpers, aber der Geist hat auch Augen.
Erasmus an Hutten (23.7.1519)

4618 Non cibus nobis, non umor, non vigilia, non somnus sine mensura quadam salubria sunt.
Weder Speise noch Trank, weder Wachen noch Schlaf sind uns förderlich ohne das richtige Maß.
Seneca, Naturales quaestiones 6.2,3

4619 Non cito perit ruina, qui rimam timet.
Wer auf Risse achtet, kommt nicht so schnell bei einem Einsturz um.
Publilius Syrus, Sententiae 380

4620 Non coerceri maximo, contineri minimo divinum est.
Vom Größten nicht eingeschränkt, vom Kleinsten umschlossen zu werden ist göttlich.
Ignatius von Loyola, Epitaph, Motto von Hölderlins Hyperion

4621 Non convalescit planta, quae saepe transfertur.
Eine Pflanze, die oft versetzt wird, wird nicht stark.
Seneca, Epistulae morales 2,3

4622 Non convenit ridiculum esse ita, ut ridendus ipse videaris.
Man sollte nichts so ins Lächerliche ziehen, dass man selbst lächerlich wird.
Caecilius Balbus, Sententiae (W) 1,19

Non corrigit, sed laedit, qui invitum regit. 4623
Wer jemand gegen seinen Willen leitet, bessert ihn nicht, sondern kränkt ihn.
Publilius Syrus, Sententiae 391

Non cuicumque datum est habere nasum. 4624
Nicht jeder hat eine feine Nase.
Matial, Epigrammata 1.41,18

Non curat numerum lupus. 4625
Der Wolf kümmert sich nicht um die Zahl.
Vergil, Bucolica 7,51–52

Non datur ad Musas currere lata via. 4626
Zu den Musen führt kein breiter Weg.
Properz, Elegiae 3.1,14

Non decipitur, qui scit se decipi. 4627
Wer weiß, dass er getäuscht wird, wird nicht getäuscht.

Non dediscitur virtus. 4628
Tugend verlernt man nicht.
Seneca, Epistulae morales 50,8

Non delectent verba nostra, sed prosint. 4629
Unsere Worte sollen nicht unterhaltsam, sondern nützlich sein.
Seneca, Epistulae morales 75,5

Non dimittam te, nisi benedixeris mihi. 4630
Ich lasse dich nicht, du segnest mich denn.
Vulgata, Liber Genesis 32,26

4631 Non dolore tantum, sed doloris opinione vexamur.
Nicht erst der Schmerz quält uns, sondern die Vorstellung von Schmerz.
Seneca, De constantia sapientis 5,2

4632 Non egent, qui sani sunt, medico, sed qui male habent.
Die Gesunden bedürfen des Arztes nicht, sondern die Kranken.
Vulgata, Evangelium secundum Lucam 5,31

4633 Non egere felicitate felicitas est.
Kein Glück zu brauchen ist Glück.
Seneca, De providentia 6,5

4634 Non ego sum, qui fueram.
Ich bin nicht mehr, der ich war.
Ovid, Tristia 3.11,25

4635 Non enim citamur ex censu.
Wir werden nicht nach Alter abberufen.
Seneca, Epistulae morales 12,6

4636 Non enim cogitationes meae cogitationes vestrae, neque viae vestrae viae meae.
Denn meine Gedanken sind nicht eure Gedanken, und eure Wege sind nicht meine Wege.
Vulgata, Liber Isaiae 55,8

Non enim est acceptio personarum apud Deum. 4637
Denn es ist kein Ansehen der Person vor Gott.
Vulgata, Epistula ad Romanos 2,11

Non enim est servare se obruere. 4638
Sich verstecken heißt nicht sich in Sicherheit bringen.
Seneca, De tranquillitate animi 5,4

Non enim habemus hic manentem civitatem, sed futuram inquirimus. 4639
Wir haben hier keine bleibende Stadt, sondern die zukünftige suchen wir.
Vulgata, Epistula ad Hebraeos 13,14

Non errat totum, faciens in calle regressum. 4640
Wer auf halbem Weg umkehrt, geht nicht ganz fehl.
Walther, Proverbia sententiaeque 17572

Non est bona valetudo mediocritas morbi. 4641
Eine leichte Krankheit ist noch keine Gesundheit.
Seneca, Epistulae morales 85,4

Non est bonum esse hominem solum. 4642
Es ist nicht gut, dass der Mensch allein sei.
Vulgata, Liber Genesis 2,18

4643 Non est, crede mihi, sapientia dicere ›Vivam.‹ / Sera nimis vita est crastina: vive hodie.
Glaub mir, es zeugt nicht von Weisheit, zu sagen: ›Ich werde leben.‹ Allzu spät ist es, morgen zu leben: Leb heute!
Matial, Epigrammata 1.15,11–12

4644 Non est enim in rebus vitium, sed in ipso animo.
Der Fehler liegt nicht in den Dingen, sondern in unserer Einstellung.
Seneca, Epistulae morales 17,12

4645 Non est miser, nisi qui se esse credit.
Unglücklich ist nur, wer es zu sein glaubt.
Sententiae Varronis 96

4646 Non est tuum, fortuna quod fecit tuum.
Was das Glück dir gibt, gehört dir nicht.
Seneca, Epistulae morales 8,10

4647 Non est vacuum in natura.
Die Natur kennt keine Leere.
Auctoritates, Aristoteles, Physica 130

4648 Non expedit omnia videre, omnia audire. Multae nos iniuriae transeant, ex quibus plerasque non accipit, qui nescit.
Es ist unnütz, alles zu sehen, alles zu hören. Viele Kränkungen blieben uns erspart, die meisten spürt man nicht, wenn man sie nicht kennt.
Seneca, De ira 3.11,1

Non extorquebis amari; / hoc alterna 4649
fides, hoc simplex gratia donat.
Liebe lässt sich nicht erzwingen; sie ist die Gabe gegenseitigen Vertrauens und offener Zuneigung.
Claudianus, Panegyricus dictus Honorio Augusto IV. consuli 282–283

Non fuit in solo Roma peracta die. 4650
Rom wurde nicht an einem Tag erbaut.
Walther, Proverbia sententiaeque 17813

Non habebis deos alienos coram me. 4651
Du sollst keine anderen Götter neben mir haben.
Vulgata, Liber Exodus 20,3

Non habet in manibus ventos, qui 4652
navigat aequor.
Wer zur See fährt, hat die Winde nicht in der Hand.
Walther, Proverbia sententiaeque 17840

Non habet omne, quod licet, 4653
voluptatem.
Nicht alles, was erlaubt ist, macht Spaß.
Quintilian, Declamationes minores 306,18

Non habet, unde suum paupertas pascat 4654
amorem.
Die Armut hat nichts, womit sie ihre Liebe nähren könnte.
Ovid, Remedia amoris 749

4655 Non ignara mali miseris succurrere disco.
Durch Elend lerne ich, den Armen zu helfen.
Vergil, Aeneis 1.630

4656 Non in pane solo vivet homo, sed in omni verbo, quod procedit de ore Dei.
Der Mensch lebt nicht vom Brot allein, sondern von einem jeglichen Wort, das durch den Mund Gottes geht.
Vulgata, Evangelium secundum Matthaeum 4,4 (nach Liber Deuteronomii 8,3)

4657 Non in solo pane vivit homo.
Der Mensch lebt nicht vom Brot allein.
Vulgata, Evangelium secundum Matthaeum 4,4

4658 Non intellecti nulla est curatio morbi.
Eine nicht erkannte Krankheit kann man nicht heilen.
Maximianus, Elegiae 3,55

4659 Non loqueris contra proximum tuum falsum testimomum.
Du sollst kein falsches Zeugnis reden wider deinen Nächsten.
Vulgata, Liber Exodus 20,16

4660 Non magister ad discipulum debet venire, sed discipulus ad magistrum.
Nicht der Lehrer muss zum Schüler kommen, sondern der Schüler zum Lehrer.
Historiae Augustae scriptores, Antoninus Pius 10,4

Non mihi mille placent, non sum desultor amoris. 4661
Mir gefallen nicht tausend, ich wechsle nicht ständig die Liebe.
Ovid, Amores 1.3,15

Non mortem timemus, sed cogitationem mortis. 4662
Nicht den Tod fürchten wir, sondern den Gedanken an den Tod.
Seneca, Epistulae morales 30,17

Non multa, sed multum. 4663
Viel, nicht vielerlei.
Plinius, Epistulae 7.9,15

Non mumero horas nisi serenas. 4664
Ich zähle nur die heiteren Stunden.
Inschrift auf Sonnenuhren

Non necesse habent sani medico. 4665
Die Gesunden brauchen keinen Arzt.
Vulgata, Evangelium secundum Marcum 2,17

Non oculi tacuere tui. 4666
Deine Augen haben nicht geschwiegen.
Ovid, Amores 2.5,17

Non omnia possumus omnes. 4667
Nicht alles können wir alle.
Vergil, Bucolica 8,63 (nach Lucilius)

Non omnibus omnia congruunt. 4668
Eines schickt sich nicht für alle.
Erasmus, Colloquia familiaria, Gerontologia

4669 Non placet ille mihi, quisquis placuit sibi multum.
Wer sich zu sehr gefällt, gefällt mir nicht.
Monosticha Catonis 11

4670 Non placet.
Nicht erlaubt.

4671 Non potest amor cum timore misceri.
Liebe lässt sich nicht mit Furcht paaren.
Seneca, Epistulae morales 47,18

4672 Non potest inveniri vita hominis carens molestia.
Man kann kein menschliches Leben finden, das frei von Mühsal ist.
Priscianus, Praeexercitamina, De sententia

4673 Non potest iterari, quod semel est omissum.
Was man einmal versäumt hat, kann man nicht nachholen.
Gaudentius, Sermones 9

4674 Non praeteritam, sed praesentem aspiciendam esse fortunam.
Nicht das vergangene Schicksal muss man bedenken, sondern das gegenwärtige.
Phaedrus, Liber fabularum, Appendix 31,1

4675 Non pudeat dicere, quod non pudet sentire.
Schäme dich nicht zu sagen, was zu denken du dich nicht schämst.
Cicero, De finibus bonorum et malorum 2.77

Non qua itur, sed qua eundum est, tibi eundum est. 4676
Du musst nicht den Weg gehen, den man geht, sondern den man gehen muss.
Seneca, De vita beata 1,3

Non quae vel quot legeris, sed quae vel quod scieris, attendendum. 4677
Es kommt nicht darauf an, was und wie viel man liest, sondern was und wie viel man weiß.
Sententiae Varronis 83

Non res, sed nobis rerum conceditur usus. 4678
Nicht die Dinge sind uns überlassen, sondern ihr Gebrauch.
Palingenius, Zodiacus vitae 2.561

Non satis est ullo tempore longus amor. 4679
Liebe ist zu keiner Zeit lang genug.
Properz, Elegiae 1.19,26

Non semper ea sunt, quae videntur; decipit / frons prima multos, rara mens intellegit, / quod interiore condidit cura angulo. 4680
Die Wirklichkeit entspricht nicht immer dem Schein; der erste Anblick täuscht viele, selten erkennt der Verstand, was tief im Herzen verborgen liegt.
Phaedrus, Liber fabularum 4.2,5–7

4681 Non semper erit aestas.
Der Sommer währt nicht ewig.
Erasmus, Adagia 3286 (nach Hesiod)

4682 Non semper idem floribus est honor / vernis.
Nicht immer blühen die Frühlingsblumen in gleicher Pracht.
Horaz, Carmina 2.11,9–10

4683 Non statim pusillum est, si quid maximo minus est.
Wenn etwas kleiner als das Größte ist, ist es nicht klein.
Seneca, Epistulae morales 100,9

4684 Non sum, qualis eram.
Ich bin nicht mehr, der ich war.
Horaz, Carmina 4.1,3

4685 Non ut diu vivas, curandum est, sed ut satis.
Man muss sich nicht darum sorgen, lange, sondern genug zu leben.
Seneca, Epistulae morales 93,2

4686 Nondum venit hora mea.
Meine Stunde ist noch nicht gekommen.
Vulgata, Evangelium secundum Ioannem 2,4

Nos autem beatam vitam in animi 4687
securitate et in omnium vacatione munerum ponimus.
Unter einem glücklichen Leben verstehen wir einen sicheren Geist und Freiheit von allen Pflichten.
Cicero, De natura deorum 1.53

Nos beatam vitam non depulsione mali, 4688
sed adeptione boni iudicamus.
Für uns besteht ein glückseliges Leben nicht daraus, Übel fern zu halten, sondern Gutes zu erreichen.
Cicero, De finibus bonorum et malorum 2.41

Nos enim, quicumque vivimus, nihil 4689
aliud esse / comperio quam simulacra et levem umbram.
Ich erkenne, dass wir Menschen nichts anderes sind als Truggestalten und flüchtiges Schattenbild.
Sophokles, Aiax 125–126

Nos homunciones sumus, omnia nobis 4690
negare non possumus.
Wir sind schwache Menschen, auf alles können wir nicht verzichten.
Seneca, Epistulae morales 116,7

Nos omnia nobis difficilia facilium 4691
fastidio fecimus.
Aus Widerwillen gegen alles Leichte haben wir uns alles schwer gemacht.
Seneca, Epistulae morales 90,18

4692 Nos quoque floruimus, sed flos erat ille caducus.
Auch ich stand in Blüte, aber die Blüte war vergänglich.
Ovid, Tristia 5.8,19

4693 Nosce te ipsum.
Erkenne dich selbst!
lateinische Version des delphischen Orakelspruchs

4694 Noscenda est mensura sui spectandaque rebus / in summis minimisque.
Man muss sein Maß finden und es im Großen und Kleinen beachten.
Juvenal, Saturae 11,35–36

4695 Nosse volunt omnes, mercedem solvere nemo.
Wissen wollen alle, dafür bezahlen keiner.
Juvenal, Saturae 7,157

4696 Noster in arte labor positus, spes omnis in illa.
Unsere Arbeit gilt der Kunst, sie gibt uns Hoffnung.
Ovid, Halieuticon 82

4697 Nostra nos sine comparatione delectent, numquam erit felix, quem torquebit felicior.
Ohne uns zu vergleichen, wollen wir genießen; nie wird glücklich sein, wen ein Glücklicherer beunruhigt.
Seneca, De ira 3.30,3

Nostra opinio et noster sensus saepe nos fallit. 4698
Unsere Meinung und unser Sinn täuschen uns oft.
Thomas a Kempis, Imitatio Christi 1.3,2

Nostrae cognitionis origo in sensu est etiam de his, quae sensum excedunt. 4699
Der Ursprung unserer Erkenntnis liegt in den Sinnen, selbst bei dem, was über die Sinne hinausgeht.
Thomas von Aquin, Summa contra gentiles 1.12

Nostrorum causa malorum / nos sumus. 4700
Die Ursache unserer Leiden sind wir selbst.
Leibniz, Essais de theodicee 241

nota bene (N. B.) 4701
gut zu merken

Nota habet sui quisque corporis vitia. 4702
Seine Gebrechen kennt jeder genau.
Seneca, Epistulae morales 68,7

Novo quidam amore veterem amorem tamquam clavo clavum eiciendum putant. 4703
Manche meinen, eine alte Liebe müsse durch eine neue wie ein Nagel durch einen Nagel ausgetrieben werden.
Cicero, Tusculanae disputationes 4.75

4704 Novos parans amicos, ne obliviscere veterum.
Wenn du neue Freundschaften schließt, vergiss die alten nicht.
Erasmus, Adagia 2280 (nach Apostolios)

4705 Nox consilium dabit.
Die Nacht bringt Rat.
Walther, Proverbia sententiaeque 18860d

4706 Nox est perpetua una dormienda.
Wir müssen eine unendliche Nacht schlafen.
Catull, Carmina 5,6

4707 Nox et amor vinumque nihil moderabile suadent, / illa pudore vacat, Liber Amorque metu.
Nacht, Liebe und Wein sind kein Maßstab; jener fehlt die Scham, Wein und Liebe der Furcht.
Ovid, Amores 1.6,59–60

4708 Nox nemini amica.
Die Nacht ist niemandes Freund.
Walther, Proverbia sententiaeque 18863a

4709 nox omnibus noctibus nigrior densiorque
eine Nacht, schwärzer und undurchdringlicher als alle Nächte
Plinius, Epistulae 6.16,17

4710 Noxiae poena par esto!
Die Strafe soll der Schuld angemessen sein!
Cicero, De legibus 3.36

Nubilo serena succedunt. 4711
Auf trübes Wetter folgt heiteres.
Seneca, Epistulae morales 107,8

Nuda per lusus pectora nostra patent. 4712
Im Spiel zeigt sich unser Inneres ungeschützt.
Ovid, Ars amatoria 3.372

Nudo detrahere vestimenta quis potest? 4713
Wer kann einem Nackten die Kleider wegnehmen?
Plautus, Asinaria 92

Nudus amor formae non amat artificem. 4714
Amor ist nackt, er liebt keine vorgetäuschte Schönheit.
Properz, Elegiae 1.2,8

Nulla aetas vacavit a culpa. 4715
Keine Zeit war frei von Lastern.
Seneca, Epistulae morales 97,1

Nulla autem tempestas magna perdurat; 4716
procellae quanto plus habent virium, tanto minus temporis.
Kein großes Unwetter dauert lange; je mehr Kraft die Stürme haben, desto kürzer dauern sie.
Seneca, Naturales quaestiones 7.9,3

Nulla certa felicitas est. 4717
Es gibt kein verlässliches Glück.
Seneca maior, Controversiae 2.1,9

4718 Nulla dies maerore caret.
Kein Tag ist ohne Sorge.
Seneca, Troades 77

4719 Nulla enim avaritia sine poena est, quamvis satis sit ipsa poenarum.
Keine Habgier bleibt ohne Strafe, obwohl sie selbst schon Strafe genug ist.
Seneca, Epistulae morales 115,16

4720 Nulla enim caritas ita plena est, ut augmenta non capiat.
Keine Liebe ist so vollkommen, dass sie nicht wachsen könnte.
Symmachus, Epistulae 7.63

4721 Nulla enim minantis auctoritas apud liberos est.
Wer droht, macht auf Freie keinen Eindruck.
Brutus und Cassius bei Cicero, Ad familiares 11.3,3

4722 Nulla enim remedia, quae vulneribus adhibentur, tam faciunt dolorem, quam quae sunt salutaria.
Kein Mittel, das auf Wunden gegeben wird, schmerzt so sehr wie das, das hilft.
Pseudo-Cicero, Epistula ad Octavianum 1

4723 Nulla enim res tantum ad dicendum proficit quantum scriptio.
Nichts übt besser in gewandter Rede wie das Schreiben.
Cicero, Brutus 92

Nulla enim vitae pars, neque publicis 4724
neque privatis neque forensibus neque domesticis in rebus, vacare officio potest.
Kein Teil des Lebens, weder öffentlioche noch private, weder in dinstlichen noch in familiären Angelegenheiten, kann frei sein von Pflichten.
Cicero, De officiis 1.4

Nulla est gloria praeterire asellos. 4725
Einen Esel zu überholen verdient keinen Beifall.
Matial, Epigrammata 12.36,13

Nulla est spes iuventutis, sese omnis 4726
amant.
Keine Hoffnung auf die Jugend, alle lieben sich selbst.
Plautus, Captivi 104

Nulla est voluptas, quae non assiduitate 4727
fastidium pariat.
Es gibt keine Lust, die auf Dauer nicht Überdruss erzeugt.
Plinius maior, Naturalis historia 12.81

Nulla ex huius vitae horis fluat 4728
felicitatem laedens.
Keine von den Stunden dieses Lebens möge im Vorübergehen das Glück beeinträchtigen.
Inschrift auf Sonnenuhren

4729 Nulla fides umquam miseros elegit amicos.
Wem es schlecht geht, den hat noch keiner zum Freund gewählt.
Lucanus, Bellum civile (Pharsalia) 8.535

4730 Nulla flendi maior est causa quam flere non posse.
Es gibt keinen größeren Grund zu weinen als nicht weinen zu können.
Seneca maior, Controversiae 4.1

4731 Nulla fluat, cuius meminisse non iuvet.
Keine soll vergehen, an die man sich nicht gern erinnert.
Inschrift auf Uhren

4732 Nulla herba aut vis mortis tela frangit.
Kein Kraut und keine Macht zerbricht die Waffen des Todes.
Walther, Proverbia sententiaeque 39054o

4733 Nulla homini maior poena est quam infelicitas.
Keine Strafe ist für den Menschen schwerer als Erfolglosigkeit.
Publilius Syrus, Sententiae 401

4734 Nulla iactura gravior est scienti quam temporis. Se utitur, qui tempore.
Kein Verlust wiegt für einen Weisen schwerer als der Zeitverlust. Wer die Zeit nützt, nützt sich selbst.
Sententiae Varronis 113–114

Nulla magna civitas diu quiescere 4735
potest; si foris hostem non habet, domi invenit.
Kein großer Staat kann lange in Frieden leben; wenn er keinen äußeren Feind hat, findet er einen inneren.
Livius, Ab urbe condita 30.44,8

Nulla non aetas moderante cursum / 4736
indiget freno.
Jedes Alter braucht einen Zügel, der seinen Lauf lenkt.
Balde, Carmina Lyrica 1.2,9–10

Nulla potentia longa est. 4737
Keine Macht ist von langer Dauer.
Ovid, Metamorphoses 2.416

Nulla potentia scelere quaesita diuturna. 4738
Keine Macht, die man durch Verbrechen errungen hat, ist von Dauer.
Curtius Rufus, Historiae Alexandri Magni 10.1,6

Nulla potentia supra leges esse debet. 4739
Über den Gesetzen darf es keine Macht geben.
Cicero, De domo sua 43

Nulla, quae multos amicos recipit, 4740
pausilla est domus.
Kein Haus ist so klein, dass es nicht viele Freunde aufnimmt.
Publilius Syrus, Sententiae A17

4741 Nulla regula sine exceptione.
Keine Regel ohne Ausnahme.

4742 Nulla reparabilis arte / laesa pudicitia est. Deperit illa semel.
Mit keiner Kunst lässt sich verlorene Unschuld wiederbringen; sie geht nur einmal verloren.
Ovid, Heroides 5,105–106

4743 Nulla res magis constat, quam quae precibus empta est.
Kein Ding kostet mehr, als was man mit Bitten erkauft hat.
Seneca, De beneficiis 2.1,4

4744 Nulla res multitudinem efficacius regit quam superstitio.
Keine Sache hat mehr Macht über die Menge als der Aberglaube.
Curtius Rufus, Historiae Alexandri Magni 4.10,7

4745 Nulla salus bello, pacem te poscimus omnes.
Im Krieg liegt kein Heil, Frieden wollen wir alle.
Vergil, Aeneis 11.362

4746 Nulla salus sine virtute, nulla virtus sine labore.
Kein Heil ohne Tapferkeit, keine Tapferkeit ohne Mühe.
volkstümlich

Nulla sors longa est: dolor ac voluptas / invicem cedunt; brevior voluptas. 4747
Nichts bleibt, Leid und Lust wechseln sich ab, aber die Lust ist kürzer.
Seneca, Thyestes 596–597

Nulla tam bona est fortuna, de qua nil possis queri. 4748
Kein Schicksal ist so gut, dass es nichts zu beklagen gäbe.
Publilius Syrus, Sententiae 384

Nulla tam facilis res, quin difficilis siet, / quam invitus facias. 4749
Nichts ist so einfach, dass es nicht schwierig wird, wenn man es widerwillig erledigt.
Terenz, Heauton timorumenos 805–806

Nulla tam modesta felicitas est, quae malignitatis dentes vitare possit. 4750
Es gibt kein Glück, und sei es noch so bescheiden, das den Zähnen der Bosheit entginge.
Valerius Maximus, Facta et dicta memorabilia 4.7, ext. 2

4751
Nulla vis maior pietate vera est.
Keine Macht übertrifft wahre Liebe.
Seneca, Thyestes 549

Nulla vita est non brevis. 4752
Kein Leben ist lang genug.
Seneca, Epistulae morales 77,20

4753 Nullae sunt inimicitiae nisi amoris acerbae.
Bittere Feindschaften kennt nur die Liebe.
Properz, Elegiae 2.8,3

4754 Nullam habet spem salutis aeger, quem ad intemperantiam medicus hortatur.
Ein Kranker, den der Arzt zur Maßlosigkeit ermuntert, kann nicht auf Heilung hoffen.
Seneca, Epistulae morales 123,17

4755 Nullaque res maius tempore robur habet.
Nichts hat größere Kraft als die Zeit.
Ovid, Epistulae ex Ponto 4.8,50

4756 Nulli ad aliena respicienti sua placent.
Wer auf Fremdes schielt, dem gefällt das Eigene nicht.
Seneca, De ira 3.31,1

4757 Nulli est homini perpetuum bonum.
Nichts Gutes hat man für immer.
Plautus, Curculio 189

4758 Nulli fere et magna bona et diuturna contingunt; non durat nec ad ultimum exit nisi lenta felicitas.
Keiner hat große Mittel, die von Dauer sind; nur langsam entwickelt sich beständiges Glück, das bis ans Ende dauert.
Seneca, Ad Marciam de consolatione 12,3

Nulli imponas, quod ipse non possis pati. 4759
Verlange von keinem, was du selbst nicht ertragen kannst.
Caecilius Balbus, Sententiae (F) 139

Nulli non senectas sua est; inaequalibus ista spatiis eodem natura dimittit: quicquid est, non erit, nec peribit, sed resolvetur. 4760
Alles hat sein Alter; in ungleichen Abständen führt die Natur alles an dasselbe Ziel: Was ist, wird nicht bleiben, aber auch nicht verderben, sondern sich auflösen.
Seneca, Epistulae morales 71,13

Nulli potest secura vita contingere, qui de producenda nimis cogitat. 4761
Niemand kann ein sorgenfreies Leben führen, der zu sehr versucht, es zu verlängern.
Seneca, Epistulae morales 4,4

Nulli sapere casu obtigit. 4762
Keiner ist durch Zufall weise.
Seneca, Epistulae morales 76,5

Nulli te facias nimis sodalem, / 4763
gaudebis minus et minus dolebis.
Sei mit keinem zu eng, du hast weniger Freude, aber auch weniger Schmerz.
Matial, Epigrammata 12.34,10–11

4764 Nullius boni sine socio iucunda possessio est.
Ohne einen Teilhaber macht kein Besitz Freude.
Seneca, Epistulae morales 6,4

4765 Nullius rei finis est, sed in orbem nexa sunt omnia, fugiunt ac sequuntur; diem nox premit, dies noctem, aestas in autumnum desinit, autumno hiems instat, quae vere compescitur.
Kein Ding hat ein Ende, sondern alles ist im Kreis miteinander verbunden, flieht und verfolgt uns; den Tag verdrängt die Nacht, der Tag die Nacht, der Sommer geht in den Herbst über, dem Herbst setzt der Winter zu, der durch den Frühling bezwungen wird.
Seneca, Epistulae morales 24,26

4766 Nullo actore nullus iudex.
Wo kein Kläger ist, ist auch kein Richter.

4767 Nullo in loco male audit misericordia.
Das Mitleid steht an keinem Ort in schlechtem Ruf.
Publilius Syrus, Sententiae 417

4768 Nullo modo sine amicitia firmam et perpetuam iucunditatem vitae tenere possumus neque vero ipsam amicitiam tueri, nisi aeque amicos et nosmet ipsos diligamus.
Ohne Freundschaft haben wir uns unter keinen Umständen verlässlich und dauerhaft Lebensfreude, eine Freundschaft kann man nur erhalten, wenn wir die Freunde ebenso lieben wie uns selbst.
Cicero, De finibus bonorum et malorum 1.67

nullo negotio 4769
ohne viele Umstände

Nullo potest peccato resistere, qui se non potest gubernare. 4770
Keiner Versuchung kann widerstehen, wer sich nicht beherrschen kann.
Pseudo-Seneca, Liber de moribus, Appendix

Nullum ad nocendum tempus angustum est malis. 4771
Böswillige haben immer Zeit zu schaden.
Seneca, Medea 292

Nullum bonum adiuvat habentem, nisi ad cuius amissionem praeparatus est animus. 4772
Kein Gut nützt seinem Besitzer, wenn er nicht dessen Verlust gewärtig ist.
Seneca, Epistulae morales 4,6

Nullum conscium peccatorum tuorum magis timueris quam temet ipsum. 4773
Fürchte keinen Mitwisser deiner Vergehen mehr als dich selbst.
Pseudo-Seneca, Liber de moribus 59

4774 Nullum enim dolorem longum esse, qui magnus est.
Kein Schmerz ist von langer Dauer, wenn er groß ist.
Seneca, Epistulae morales 30,14

4775 Nullum esse librum tam malum, ut non aliqua parte prodesset.
Kein Buch ist so schlecht, dass es nicht in irgendeinem Teil nützlich sein könnte.
Plinius, Epistulae 3.5,10

4776 Nullum est iam dictum, quod non sit dictum prius.
Nichts ist jemals gesagt worden, was andere nicht schon früher gesagt hätten.
Terenz, Eunuchus 41

4777 Nullum est ingenium tantum neque cor tam ferum, / quod non labascat lingua, mitiscat malo.
Keine Persönlichkeit ist so stark und kein Herz so grausam, dass es nicht durch die Sprache erschüttert und durch Unglück sanfter gestimmt werden könnte.
Accius bei Nonius Marcellus, De compendiosa doctrina 7

4778 Nullum est malum maius quam non posse ferre malum.
Kein Übel ist größer, als kein Übel ertragen zu können.

Nullum est odium perniciosius quam e beneficii violati pudore. 4779
Kein Hass ist zerstörerischer als der aus Scham, Dank schuldig geblieben zu sein.
Seneca, Epistulae morales 81,32

Nullum magnum ingenium sine mixtura dementiae fuit. 4780
Kein Genie ohne Anteile von Wahnsinn.
Seneca, De tranquillitate animi 17,10

Nullum maius boni imperii instrumentum quam bonos amicos esse. 4781
Es gibt kein besseres Instrument für eine gute Herrschaft als gute Freunde.
Tacitus, Historiae 4.7,3

Nullum saeculum magnis ingeniis clusum est. 4782
Keine Zeit ist großen Geistern verschlossen.
Seneca, Epistulae morales 102,22

Nullum simile quattuor pedibus currit. 4783
Kein Vergleich läuft auf vier Beinen.

Nullum sine auctoramento malum est. 4784
Kein Übel bleibt ohne Ansporn.
Seneca, Epistulae morales 69,4

Nullus agenti dies longus est. 4785
Wer arbeitet, kennt keinen langen Tag.
Seneca, Epistulae morales 122,3

4786 Nullus amor durat, nisi fructus servet amorem.
Keine Liebe kann dauern, wenn nicht ein Nutzen sie bewahrt.
Anonymus Neveleti 27,11

4787 Nullus contra fortunam inexpugnabilis murus est.
Gegen das Schicksal schützt keine Mauer.
Seneca, Epistulae morales 74,19

4788 Nullus dolor est, quem non longinquitas temporis minuat ac molliat.
Es gibt keinen Schmerz, den die Zeit nicht mindert und lindert.
Cicero, Ad familiares 4.5,6

4789 Nullus est bonus vel beatus, nisi volens.
Gut oder glücklich ist keiner gegen seinen Willen.
Auctoritates, Aristoteles, Ethica 53

4790 Nullus locus domestica sede iucundior.
Kein Ort ist besser als das Zuhause.
Cicero, Ad familiares 4.8,2

4791 Nullus propheta in patria.
Der Prophet gilt nichts in seinem Vaterland.
Vulgata, Evangelium secundum Matthaeum 13,57

4792 Numerantur enim sententiae, non ponderantur.
Die Stimmen werden gezählt, nicht gewogen.
Plinius, Epistulae 2.12,5

Numero Deus impari gaudet. 4793
Gott freut sich über eine ungerade Zahl.
Vergil, Bucolica 8,75

numerus clausus 4794
geschlossene Zahl

nummo uno 4795
eine Münze

Nummum quaerit pestilentia: duos illi da et ducat se. 4796
Die Pest verlangt ein Geldstück: Gib ihr zwei, und sie macht sich davon.
Augustinus, Sermones 167,4

Nummus autem instar fimi, non fructicat, nisi per terram dispergatur. 4797
Geld ist wie Dünger, es bringt erst dann Nutzen, wenn es verteilt wird.
Bacon, Sermones fideles 15

Numquam accedo, quin abs te abeam doctior. 4798
Niemals komme ich, ohne dass ich belehrt von dir wegginge.
Terenz, Eunuchus 791

Numquam autem invenietur, si contenti fuerimus inventis. 4799
Niemals wird man entdecken, wenn man sich mit dem Vorhandenem begnügt.
Seneca, Epistulae morales 33,10

4800 Numquam autem liquidum sincerumque ex turbido venit.
Aus einem aufgewühlten Sinn kommt nie ein klarer Gedanke.
Seneca, De clementia 2.6,1

4801 Numquam nimis dicitur, quod numquam satis discitur.
Nie wird zu oft gelehrt, was nie genug gelernt wird.
Epikur bei Seneca, Epistulae morales 27,9

4802 Numquam non miser est, qui, quod timeat, cogitat.
Nie ist ohne Elend, wer an das denkt, was er fürchtet
Publilius Syrus, Sententiae 413

4803 Numquam parum est, quod satis est, et numquam multum est, quod satis non est.
Was reicht, ist nie zu wenig, was nicht reicht, nie viel.
Seneca, Epistulae morales 119,7

4804 Numquam periclum sine periclo vincitur.
Gefahr lässt sich niemals ohne Gefahr überwinden.
Publilius Syrus, Sententiae 383

4805 Numquam perniciosa servant modum.
Schädliches hält niemals Maß.
Seneca, Epistulae morales 85,12

Numquam potest non esse virtuti locus. 4806
Niemals kann Tugend fehl am Platz sein.
Seneca, Medea 161

Numquam quippe sine dolore amittitur, 4807
nisi quod sine amore possidetur.
Ohne Schmerz verliert man niemals, außer man hat es ohne Liebe besessen.
Gregorius Magnus, Moralia in Iob 1.5

Numquam retrorsum. 4808
Niemals rückwärts.

Numquam sapiens irascitur. 4809
Der Weise ist niemals zornig.
Cicero, Pro Murena 62

Numquam sit tristis facies tibi in 4810
commodo alieno.
Mach niemals ein bitteres Gesicht beim Erfolg eines anderen.
Pseudo-Seneca, Liber de moribus 90

Numquam sumus singuli. 4811
Wir sind nie allein.
Seneca, Naturales quaestiones 4. pr. 2

Numquam, ubi diu fuit ignis, defecit 4812
vapor.
Niemals hat, wo es lange gebrannt hat, Rauch gefehlt.
Publilius Syrus, Sententiae 389

4813 Numquam vacat lascivire districtis nihilque tam certum est quam otii vitia negotio discuti.
Wer beschäftigt ist, hat niemals Zeit, über die Stränge zu schlagen, und auf nichts kann man sich mehr verlassen, als dass die Laster des Müßiggangs durch Tätigsein vermieden werden.
Seneca, Epistulae morales 56,9

4814 Nunc aut numquam!
Jetzt oder nie!

4815 Nunc autem manent fides, spes, caritas: tria haec. Maior autem horum est caritas.
Nun aber bleiben Glaube, Hoffnung, Liebe, diese drei; aber die Liebe ist die größte unter ihnen.
Vulgata, Epistula ad Corinthios 1.13,13

4816 Nunc ipsa vocat res.
Die Gelegenheit selbst ruft uns.
Vergil, Aeneis 9.320

4817 Nunc quidem paululum a sole.
Geh mir jetzt aus der Sonne.
Cicero, Tusculanae disputationes 5.92

4818 Nunc vino pellite curas!
Nun vertreibt die Sorgen mit Wein!
Horaz, Carmina 1.7,31

Nuntio vobis gaudium magnum. 4819
Ich verkündige euch große Freude.
Vulgata, Evangelium secundum Lucam 2,10

Nuptiae nuptiarum sunt occasiones. 4820
Hochzeiten sind Gelegenheiten für Hochzeiten.
Walther, Proverbia sententiaeque 39132c

Nusquam deveniet, qui, quot videt, 4821
sequitur calles.
Nirgends kommt hin, wer allen Pfaden folgt, die er sieht.
Sententiae Varronis 92

Nusquam est, qui ubique est. 4822
Wer überall ist, ist nirgends.
Seneca, Epistulae morales 2,2

Nusquam melius morimur homines, 4823
quam ubi libenter viximus.
Nirgendwo sterben wir Menschen besser, als wo wir gern gelebt haben.
Publilius Syrus, Sententiae 385

Nutritur vento, vento restinguitur 4824
ignis.
Feuer wird vom Wind gemacht, vom Wind wieder gelöscht.
Ovid, Remedia amoris 807

O

4825 O dulce nomen libertatis!
O süßer Begriff Freiheit!
Cicero, In Verrem 2.5,163

4826 O fallacem hominum spem!
Wie trügerisch sind die Hoffnungen der Menschen!
Cicero, De oratore 3.7

4827 O faustum et felicem diem!
Welch ein glücklicher und gesegneter Tag!
Terenz, Andria 956

4828 O matre pulchra filia pulchrior!
O schöner Mutter schönere Tochter!
Horaz, Carmina 1.16,1

4829 O quam bene cum quibusdam ageretur, si a se aberrarent.
Wie gut ginge es doch manchen Menschen, wenn sie von sich selbst loskommen könnten.
Seneca, Epistulae morales 104,8

4830 O quam contempta res est homo, nisi supra humana surrexerit!
Welch verächtliches Wesen ist der Mensch, wenn er sich nicht über Menschliches erhebt!
Seneca, Naturales quaestiones 1. pr. 5

O quam saepe malis generatur origo bonorum! 4831
Wie oft entsteht aus Bösem der Anfang von Gutem!
Namatianus, De reditu 1,491

O sancta simplicitas! 4832
O heilige Einfalt!
Johannes Hus (1370–1415)

Obiit. 4833
Er ist gestorben.

obiter dictum 4834
nebenbei gesagt

Obiurigationi blandum admisceas. 4835
Mische Liebkosungen unter deinen Tadel.
Publilius Syrus, Sententiae A30

Obtrectatio et livor pronis auribus accipiuntur. 4836
Eifersucht und Neid finden offene Ohren.
Tacitus, Historiae 1.1,2

Occaecat animos fortuna. 4837
Das Glück macht den Geist blind.
Livius, Ab urbe condita 5.37,1

Occasio receptus difficiles habet. 4838
Eine Gelegenheit kehrt kaum zurück.
Publilius Syrus, Sententiae 446

4839 Occasionem oblatam tenete!
Haltet die Gelegenheit fest!
Cicero, Orationes Philippicae 3,34

4840 Occultae musicae nullus est respectus.
Verborgene Musik wird nicht anerkannt.
Sueton, De vita Caesarum, Nero 20,1

4841 Oculi avidiores sunt quam venter.
Die Augen sind gieriger als der Magen.

4842 Oculi hominum insatiabiles.
Die Augen der Menschen sind unersättlich.
Vulgata, Liber proverbiorum 27,20

4843 Oculi sunt in amore duces.
Die Augen sind Führer der Liebe.
Properz, Elegiae 2.15,12

4844 oculos aperire
die Augen öffnen

4845 Oculum pro oculo et dentem pro dente.
Auge um Auge und Zahn um Zahn.
Vulgata, Liber Exodus 21,24

4846 oculus domini
das Auge des Herrn

4847 Oderint, dum metuant.
Sollen sie mich hassen, wenn sie mich nur fürchten.
Accius bei Cicero, Pro Sestio 102

Oderint, dum probent. 4848
Sie mögen mich hassen, wenn sie mir nur Recht geben.
Sueton, De vita Caesarum, Tiberius 59,2

Oderunt hilarem tristes tristemque 4849
iocosi.
Die Traurigen hassen den Heiteren, die Lustigen den Betrübten.
Horaz, Epistulae 1.18,89

Odi et amo; quare id faciam, fortasse 4850
requiris. / Nescio, sed fieri sentio et excrucior.
Ich hasse und liebe. Warum ich das tue, fragst du. Ich weiß es nicht, doch dass es geschieht, fühle ich und leide schrecklich.
Catull, Carmina 85

Odia qui nimium timet, / regnare 4851
nescit.
Wer Hass zu sehr fürchtet, versteht nicht zu regieren.
Seneca, Oedipus 703–704

Odit verus amor nec patitur moras. 4852
Wahre Liebe hasst Aufschub und lässt ihn nicht zu.
Seneca, Hercules furens 588

4853 Officium alterius multis narrare memento, / at quaecumque aliis benefeceris ipse, sileto.
Vergiss nicht, die Gefälligkeiten anderer vielen zu erzählen, doch was du selbst für andere geleistet hast, verschweige.
Disticha Catonis 1.15

4854 oleum addere camino
Öl ins Feuer gießen

4855 ominibus faustis
unter günstigen Vorzeichen

4856 Omne animal se ipsum diligit.
Jedes Lebewesen liebt sich selbst.
Cicero, De finibus bonorum et malorum 5.24

4857 Omne attingens suum finem est perfectum.
Vollkommen ist alles, was seinen Zweck erfüllt.
Auctoritates, Aristoteles, Metaphysica 141

4858 Omne bellum sumi facile, ceterum aegerrume desinere.
Krieg wird leicht begonnen, aber nur mit Mühe beendet.
Sallust, Bellum Iugurthinum 83

4859 Omne bonum aut Deus aut ex Deo.
Alles Gute ist entweder Gott oder kommt von Gott.
Augustinus, De libero arbitrio 3.128

Omne ens aut est sensibile aut 4860
intelligibile.
Alle Dinge sind entweder erkennbar oder denkbar.
Auctoritates, Aristoteles, De anima 160

Omne futurum incertum est. 4861
Alles Künftige ist unsicher.
Seneca, Ad Marciam de consolatione 23,1

Omne ignotum pro magnifico est. 4862
Was man nicht kennt, hält man für groß.
Tacitus, De vita Iulii Agricolae 30,4

Omne in amore malum, si patiare, leve 4863
est.
In der Liebe ist kein Übel schwer, wenn man es geduldig erträgt.
Properz, Elegiae 2.5,16

Omne initium difficile. 4864
Aller Anfang ist schwer.

Omne namque esse ex forma est. 4865
Jedes Sein ist Form.
Boethius, De sancta trinitate 2

Omne nimium vertitur in vitium. 4866
Alles Maßlose wird zum Laster.
Walther, Proverbia sententiaeque 19837

Omne, quod movetur, ab aliquo 4867
movetur.
Jede Bewegung geht von einem Beweger aus.
Auctoritates, Aristoteles, Physica 183

4868 Omne simile claudicat.
Jeder Vergleich hinkt.

4869 Omnem crede diem tibi diluxisse supremum.
Glaube, dass jeder Tag, der anbricht, dein letzter sein kann.
Horaz, Epistulae 1.4,13

4870 Omnes aequo animo parent, ubi digni imperant.
Geduldig gehorchen alle, wo Würdige herrschen.
Publilius Syrus, Sententiae 441

4871 Omnes cum secundae res sunt maxume, tum maxume / meditari secum oportet, quo pacto advorsam aerumnam ferant.
Wenn es einem am besten geht, sollte man sich bedenken, wie man ein Unglück ertragen könnte.
Terenz, Phormio 241–242

4872 Omnes homines naturaliter scire desiderant.
Alle Menschen streben von Natur aus nach Wissen.
Auctoritates, Aristoteles, Metaphysica 1

4873 Omnes mortales sese laudarier optant.
Alle Menschen wünschen gelobt zu werden.
Ennius, Annales frg. 560

Omnes tendunt ad gaudium, sed unde 4874
stabile magnumque consequantur, ignorant.
Alle suchen Freude, aber wo sie dauerhafte und große Freude finden, wissen sie nicht.
Seneca, Epistulae morales 59,15

Omnes vincit opes securam ducere 4875
vitam.
Ein Leben ohne Sorgen ist besser als jeder Reichtum.
Anonymus Neveleti 26,13

Omnes vulnerant, ultima necat. 4876
Alle verwunden, die letzte tötet.
Inschrift auf Sonnenuhren

Omni orationi cum is rebus, de quibus 4877
explicat, videtur esse cognatio.
Jede Rede muss dem, was sie ausdrückt, verwandt sein.
Cicero, Timaeus 8

Omnia aliena sunt, tempus tantum 4878
nostrum est.
Alles gehört anderen, nur die Zeit gehört uns.
Seneca, Epistulae morales 1,3

Omnia causa fiunt. 4879
Alles hat eine Ursache.
Cato, De agri cultura 21,4

4880 Omnia consulenda, sed non omnia sunt ab omnibus.
Alles will bedacht sein, doch alles nicht von allen.
Caecilius Balbus, Sententiae (F) 142

4881 Omnia cum amico delibera, sed de ipso prius!
Berate dich mit deinem Freund in allem, aber zuvor berate dich über ihn selbst.
Seneca, Epistulae morales 3,2

4882 Omnia cum quodam veniunt incommoda fructu.
Alle Nachteile führen auch einen Gewinn mit.
Walther von Châtillon, Alexandreis 3.273

4883 Omnia cum redeant, homini sua non redit aetas, / sed velut acris avis sic fugitiva volat.
Während alles sich erneuert, kehrt dem Menschen das Leben nicht zurück, sondern wie ein scheuer Vogel schwindet es flüchtig dahin.
Dracontius, Satisfactio 255

4884 Omnia ex opinione suspensa sunt; non ambitio tantum ad illam respicit et luxuria et avaritia: ad opinionem dolemus.
Alles hängt von der Einbildung ab; nicht nur Ehrgeiz, Verschwendung und Habsucht kommen aus ihr, auch den Schmerz bilden wir uns nur ein.
Seneca, Epistulae morales 78,13

Omnia fert aetas, animum quoque. 4885
Alles nimmt uns die Zeit, auch die Erinnerung.
Vergil, Bucolica 9,51

Omnia fert tempus, pariter rapit omnia tempus. 4886
Alles bringt die Zeit, und ebenso nimmt die Zeit alles.
Palingenius, Zodiacus vitae 6.346

Omnia fugere poterit homo praeter cor suum. 4887
Allem kann der Mensch entkommen, nur nicht seinem Herzen.
Isidor von Sevilla, Sententiae 2

Omnia homini, dum vivit, speranda sunt. 4888
Alles kann der Mensch hoffen, solange er lebt.
Telesphoros bei Seneca, Epistulae morales 70,6

omnia in omnibus 4889
alles in allem

Omnia in omnibus vitia sunt, sed non omnia in singulis exstant: hunc natura ad avaritiam impellit; hic in vino, hic libidini deditus est aut, si nondum deditus, ita formatus, ut in hoc illum mores sui ferant. 4890
Alle Fehler stecken in allen, aber nicht alle kommen bei jedem Einzelnen hervor:

Diesen treibt seine Natur zur Habgier; der ist dem Wein, der der Fleischeslust verfallen oder, wenn noch nicht verfallen, doch so veranlagt, dass ihn sein Charakter dazu drängt.
Seneca, De beneficiis 4.27,3

4891 Omnia in rebus humanis dubia, incerta, suspensa magisque omnia verisimilia quam vera.
Alles menschliche Wissen ist zweifelhaft, unsicher, vorläufig, alles ist eher wahrscheinlich als wahr.
Minucius Felix, Octavius 5,2

4892 Omnia leviora accident expectantibus.
Alles was man erwartet, trifft weniger schwer.
Seneca, De constantia sapientis 19,4

4893 Omnia mors aequat.
Der Tod macht alles gleich.
Claudian, De raptu Proserpinae 2,302

4894 Omnia mortalium opera mortalitate damnata sunt, inter peritura vivimus.
Alles Menschenwerk ist zur Sterblichkeit verurteilt, wir leben zwischen Vergänglichem.
Seneca, Epistulae morales 91,12

4895 Omnia mutantur, nihil interit.
Alles wechselt, nichts vergeht.
Ovid, Metamorphoses 15.165

Omnia nimirum habet, qui nihil concupiscit. 4896
Ohne Zweifel hat der alles, der nichts begehrt.
Valerius Maximus, Facta et dicta memorabilia 4.4,1

Omnia nobis mala solitudo persuadet. 4897
Zu allem Schlechten verführt uns die Einsamkeit.
Seneca, Epistulae morales 25,5

Omnia non pariter rerum sunt omnibus apta. 4898
Nicht alles passt in gleicher Weise für alle.
Properz, Elegiae 3.9,7

Omnia non properanti clara certaque erunt; festinatio improvida est et caeca. 4899
Für den, der mit Bedacht vorgeht, wird alles klar und sicher sein, Eile ist unvorsichtig und blind.
Livius, Ab urbe condita 22.39

Omnia possibilia credenti. 4900
Alles ist möglich für den, der glaubt.
Vulgata, Evangelium secundum Marcum 9.23

Omnia prius experiri verbis quam armis sapientem decet. 4901
Alles muss der Weise eher mit Worten als mit Waffen versuchen.
Terenz, Eunuchus 789

4902 Omnia, quae luxuriosi faciunt quaeque imperiti, faciet et sapiens, sed non eodem modo eodemque proposito.
Alles, was Sittenlose und Unerfahrene tun, tut auch der Weise, aber nicht auf dieselbe Weise und mit derselben Absicht.
Seneca bei Lactantius, Divinae institutiones 3.15,14

4903 Omnia, quae moventur, quando veniunt ad locum proprium, quiescunt.
Alles, was sich bewegt, ruht, wenn es an seinen ihm eigenen Ort gelangt.
Auctoritates, Aristoteles, De caelo et mundo 31

4904 Omnis nimia potentia saluberrime in brevitatem constringetur.
Allzu strenge Herrschaft verbraucht sich bald.
Seneca maior, Controversiae 7.8,1

4905 Omnis quantitas est divisibilis.
Jede Menge ist teilbar.
Auctoritates, Aristoteles, Physica 168

4906 Omnis stultidia laborat fastidio sui.
Alle Dummheit leidet an Selbstüberdruss.
Seneca, Epistulae morales 9,22

4907 Omnis vita servitium est.
Das ganze Leben ist Knechtschaft.
Seneca, De tranquillitate animi 10,3

Omnis voluptas, quamcumque arrisit, nocet. 4908
Jede Lust, mag sie auch lächeln, bringt Schaden.
Publilius Syrus, Sententiae 436

Omnium autem rerum nec aptius est quicquam ad opes tuendas ac tenendas quam diligi nec alienius quam timeri. 4909
Von allen Mitteln ist keines geeigneter, Macht zu sichern und zu bewahren, als geliebt, und keines unbrauchbarer, als gefürchtet zu werden.
Cicero, De officiis 2.23

omnium consensu 4910
Übereinstimmung mit allen

Omnium enim est finis rerum atque novissima meta. 4911
Alles hat ein Ende und ein letztes Ziel.
Palingenius, Zodiacus vitae 3.55

Omnium enim rerum principia parva sunt. 4912
Die Anfänge aller Dinge sind klein.
Cicero, De finibus bonorum et malorum 5.58

Omnium rerum cupido languescit, cum facilis occasio est. 4913
Das Verlangen nach allem lässt nach, wenn es einfach zu haben ist.
Plinius, Epistulae 8.20,1

4914 Omnium rerum mensura homo est.
Der Mensch ist das Maß aller Dinge.
Protagoras bei Sextus Empiricus, Skeptika 7,60

4915 Omnium rerum mors est extremum.
Der Tod ist das Ende aller Dinge.
Cicero, Ad familiares 6.21,1

4916 Onus est honos.
Würde ist eine Bürde.
Varro, De lingua Latina 5.73

4917 Opera pro pecunia!
Leistungen nur gegen Geld!
Plautus, Asinaria 172

4918 Opinio est ergo quae nos cruciat, et tanti quodque malum est, quanti illud taxavimus.
Einbildung ist es also, was uns quält, und jedes Leid wiegt nur so schwer, wie wir es zulassen.
Seneca, Ad Marciam de consolatione 19,1

4919 Oportet addiscentem credere.
Wer lernt, muss glauben.
Auctoritates, Aristoteles, De sophisticis elenchis 9

4920 Oportet agrum imbecilliorem esse quam agricolam.
Der Acker darf nicht stärker sein als der Bauer.
Columella, De re rustica 1.3,9

Opposita oppositis curantur. 4921
Gegensätzliches heilt man mit Gegensätzlichem.
Palingenius, Zodiacus vitae 5.794

Optanda mors est sine metu mortis 4922
mori.
Wünschenswert ist ein Tod, ohne Furcht vor dem Tod zu sterben.
Seneca, Troades 869

Optat ephippia bos piger, optat arare 4923
caballus.
Der langsame Ochse wünscht sich einen Reitsattel, das Pferd das Pfluggeschirr.
Horaz, Epistulae 1.14,43

Optima civilis belli defensio oblivio est. 4924
Der beste Schutz vor Bürgerkrieg ist das Vergessen.
Seneca maior, Controversia 32,5

optima fide 4925
in bestem Glauben

Optima quaeque dies miseris mortalibus 4926
aevi / prima fugit: subeunt morbi tristisque senectus; / et labor et durae rapit inclementia mortis.
Gerade die besten Tage im Leben der elenden Menschen entfliehen zuerst, es folgen Krankheiten und trauriges Alter; Mühsal und Unerbittlichkeit des Todes rafft uns dahin.
Vergil, Georgica 3.66–68

4927 Optime miserias ferunt, qui abscondunt.
In der Verborgenheit erträgt man Elend am besten.
Curtius Rufus, Historiae Alexandri Magni 5.5,11

4928 Optimum est alia insania frui.
Am besten ist es, aus den Fehlern anderer zu lernen.
Plinius maior, Naturalis historia 18.31

4929 Optimum est non nasci.
Am besten ist es, gar nicht erst geboren zu werden.
Erasmus, Adagia 1249

4930 Optimum est pati, quod emendare non possis.
Was man nicht verbessern kann, soll man ertragen.
Seneca, Epistulae morales 107,9

4931 Optimus est enim orator, qui dicendo animos audientium et docet et delectat et permovet.
Der beste Redner ist der, beim Reden seine Zuhörer belehrt, unterhält und anspornt.
Cicero, De optimo genere oratorum 3

4932 Optimus est portus paenitenti mutatio consilii.
Der sicherste Hafen für den Reumütigen ist die Änderung seiner Absicht.
Cicero, Orationes Philippicae 12,7

Optimus tamen modus est. Quis negat? 4933
Sed non minus non servat modum, qui infra rem, quam qui supra, qui astrictius, quam qui effusius dicit.
Maßhalten ist doch immer noch das Beste! Wer bestreitet das? Aber das Maß lässt ebenso vermissen, wer zu wenig, als wer zu viel sagt, wer zu knapp, als wer zu weitschweifig redet.
Plinius, Epistulae 1.20,20

Opus commendat artificem. 4934
Das Werk lobt den Meister.
Vulgata, Liber Ecclesiasticus 9,24

Opus Dei 4935
Werk Gottes

opus magnum 4936
Hauptwerk

Opus opificem probat. 4937
Das Werk empfiehlt den Meister.

Ora et labora. 4938
Bete und arbeite.
Wahlspruch der Benediktiner

Ora pro nobis. 4939
Bitte für uns.
Vulgata, Liber Iudith 8,29

Oratio cultus animi est. 4940
Die Sprache ist das Kleid der Seele.
Seneca, Epistulae morales 115,2

4941 Orior oriente sole, sole cadente cado.
Ich gehe mit Sonnenaufgang auf und falle, wenn die Sonne fällt.
Inschrift auf Sonnenuhren

4942 Ortus cuncta suos repetunt matremque requirunt.
Alles strebt nach seinem Ursprung zurück und sucht nach der Mutter.
Maximianus, Elegiae 1,221

4943 Oscula qui sumpsit, si non et cetera sumet, / haec quoque, quae data sunt, perdere dignus erit.
Wenn der, der sich Küsse nahm, das Übrige nicht nimmt, verdient er, auch das zu verlieren, was er erhalten hat.
Ovid, Ars amatoria 1.669–670

4944 Otia si tollas, periere Cupidinis arcus.
Wenn man zu tun hat, verliert der Bogen Amors seine Kraft.
Ovid, Remedia amoris 139

4945 Otio prodimur.
Muße verrät uns.
Plinius, Panegyricus 82,9

4946 otium cum dignitate
Muße mit Würde
Cicero, De oratore 1.1

Otium sine litteris mors est et hominis vivi sepultura. 4947
Muße ohne geistige Tätigkeit ist Tod und Begrabensein bei lebendigem Leib.
Seneca, Epistulae morales 82,3

P

p. e. (per exemplum) 4948
zum Beispiel

p. m. (post meridiem) 4949
nach dem Mittag

P. S. (post scriptum) 4950
Nachschrift

Pacem in terris 4951
Friede auf Erden

Pacta sunt servanda. 4952
Verträge sind einzuhalten.
Cicero, De officiis 3.92

pactum cum diabolo 4953
Teufelsbündnis

pactum tacitum 4954
stillschweigende Übereinkunft

4955 Palleat omnis amans, hic est color aptus amanti.
Jeder Liebende muss erbleichen, diese Farbe gehört zum Liebenden.
Ovid, Ars amatoria 1.729

4956 panem et circenses
Brot und Spiele
Juvenal, Saturae 10,81

4957 Papulas observatis alienas obsiti plurimis ulceribus.
Selbst bedeckt mit zahllosen Geschwüren seht ihr nur die Pickel der anderen.
Seneca, De vita beata 27,4

4958 par pari respondere
Gleiches mit Gleichem vergelten
Plautus, Truculentus 939

4959 Par pro pari referto.
Vergelte Gleiches mit Gleichem.
Terenz, Eunuchus 445

4960 Parabile est, quod natura desiderat, et appositum: ad supervacua sudatur.
Leicht ist, was die Natur benötigt, und schon vorhanden: Schwitzen muss man für Überflüssiges.
Seneca, Epistulae morales 4,10–11

Parce gaudere oportet et sensim queri. 4961
Man soll sich maßvoll freuen und in aller Stille klagen.
Phaedrus, Liber fabularum 4.18,9

Parcendum est animo miserabile vulnus habenti. 4962
Eine Seele mit einer Mitleid erregenden Verletzung muss geschont werden.
Ovid, Epistulae ex Ponto 1.5,23

Parem laudare pertinet ad gloriam. 4963
Es ehrt einen Gegner zu loben.
Publilius Syrus, Sententiae A93

Parens iratus in se est crudelissimus. 4964
Ein zorniger Vater ist am grausamsten gegen sich selbst.
Publilius Syrus, Sententiae 466

Parentes obiurgatione digni sunt, qui nolunt liberos suos severa lege proficere. 4965
Die Eltern verdienen Vorwürfe, die nicht wollen, dass ihre Kinder mit strengen Regeln aufwachsen.
Petron, Satyricon 4,1

Pares cum paribus facillime congregantur. 4966
Gleich und Gleich gesellt sich gern.
Cicero, Cato maior de senectute 7

4967 Pareto legi, quam tibi ipse scripseris.
Gehorch dem Gesetz, das du dir selbst gegeben hast.
Publilius Syrus, Sententiae A168

4968 Parit enim conversatio contemptum; raritas conciliat admirationem.
Täglicher Umgang führt zu Geringschätzung, sich rar machen erhält die Bewunderung.
Apuleius, De deo Socratis 4

4969 Pars benefici est, quod petitur si cito neges.
Es ist eine gute Tat, wenn man eine Bitte schnell abschlägt.
Macrobius, Saturnalia 2.7,11

4970 Pars magna bonitatis est velle fieri bonum.
Ein guter Charakter ist zum großen Teil der Wille, gut zu werden.
Seneca, Epistulae morales 34,3

4971 Pars maior lacrimas ridet et intus habet.
Der größte Teil lacht mit Tränen im Herzen.
Matial, Epigrammata 10.80,6

4972 pars pro toto
der Teil für das Ganze

4973 Pars sanitatis velle sanari fuit.
Ein Teil der Genesung ist der Wille zu genesen.
Seneca, Phaedra 249

Pars vitae, quoties perditur hora, perit. 4974
Ein Teil des Lebens geht verloren, wenn eine Stunde verloren wird.

Partem habere melius quam toto privari. 4975
Einen Teil zu haben ist besser, als alles zu verlieren.
Walther, Proverbia sententiaeque 39388h

Partes meae non desiderabuntur. 4976
An mir soll es nicht fehlen.
Cicero, Ad Atticum 7.26,2

Parturient montes, nascetur ridiculus mus. 4977
Die Berge kreißen, geboren wird eine lächerliche Maus.
Horaz, De arte poetica 139

Parum eget, qui parum cupit. 4978
Wenig vermisst, wer nur wenig begehrt.
Walther, Proverbia sententiaeque 39390a

Parum est aegrum non esse: fortem et laetum et alacrem volo. Prope abest ab infirmitate, in quo sola sanitas laudatur. 4979
Nicht genug, nicht krank zu sein: Ich fordere Kraft, Frohsinn, Begeisterung. Der ist beinahe krank, an dem es nur die Gesundheit zu loben gibt.
Tacitus, Dialogus de oratoribus 23,4

4980 Parum est autem luxuriae, quod naturae satis est.
Was der Natur genügt, ist der Genusssucht nicht genug.
Seneca, De vita beata 13,4

4981 Parva enim magnis saepe rectissime conferuntur.
Kleines wird oft zu Recht mit Großem verglichen.
Cicero, Orator 14

4982 Parva necat morsu spatiosum vipera taurum.
Schon der Biss einer winzigen Viper tötet einen Stier.
Ovid, Remedia amoris 421

4983 parvis componere magna
Großes mit Kleinem vergleichen

4984 Parvus error in principio maximus erit in fine.
Ein kleiner Fehler am Anfang hat am Ende größte Folgen.
Auctoritates, Aristoteles, De caelo et mundo 19

Pater noster, qui es in caelis: 4985
sanctificetur nomen tuum. Adveniat regnum tuum. Fiat voluntas tua, sicut in caelo et in terra. Panem nostrum supersubstantialem da nobis hodie. Et dimitte nobis debita nostra, sicut et nos dimittimus debitoribus nostris. Et ne nos inducas in tentationem, sed libera nos a malo. Amen.
Vater unser im Himmel, geheiligt werde dein Name. Dein Reich komme. Dein Wille geschehe, wie im Himmel, so auf Erden. Unser tägliches Brot gib uns heute. Und vergib uns unsere Schuld, wie auch wir vergeben unseren Schuldigern. Und führe uns nicht in Versuchung, sondern erlöse uns von dem Bösen. Amen.
Vulgata, Evangelium secundum Matthaeum 6,9–13

Patiens et fortis se ipsum felicem facit. 4986
Der Geduldige und der Tapfere machen ihr Glück selbst.
Publilius Syrus, Sententiae 464

Patientia pars magna iustitiae est. 4987
Gerechtigkeit besteht zu einem großen Teil aus Geduld.
Plinius, Epistulae 6.2,8

Patior sine crimine poenam. 4988
Ohne Schuld erleide ich Strafe.
Ovid, Metamorphoses 9.372

4989 Patitur hoc improvida mortalium plerumque condicio, ut, cum laedere putatur, consulat et, cum consulere videtur, affligat.
Das blinde Los des Menschen lässt es oft zu, dass man hilft, wenn man zu verletzen meint, und verletzt, wenn man zu helfen scheint.
Cassiodor, Variae 7.47,1

4990 Patriae inserviendo consumor.
Im Dienst des Vaterlands verbrauche ich mich.

4991 pauca, sed bona
wenig, aber gut

4992 Pauci sunt, qui consilio se suaque disponant: ceteri, eorum more, quae fluminibus innatant, non eunt, sed feruntur.
Es sind wenige, die ihr Leben mit Bedacht planen; die Übrigen lassen sich treiben wie die, die in einem strömenden Fluss nicht schwimmen.
Seneca, Epistulae morales 23,8

4993 Paucis qui plurima dicit, dicit optime.
Mit wenig Worten das meiste sagen, ist am besten gesprochen.
Caecilius Balbus, Sententiae (F) 145

Paucos servitus, plures servitutem tenent. 4994
Wenige hält die Abhängigkeit, viele halten an der Abhängigkeit fest.
Seneca, Epistulae morales 22,11

Paulatim longius itur. 4995
Allmählich kommt man weiter.

Paulisper laxatus amor decedere coepit. 4996
Lockert sie sich ein wenig, beginnt die Liebe zu schwinden.
Monosticha Catonis 15

Paupertas est, non quae pauca possidet, sed quae multa non possidet. 4997
Armut ist nicht, wenig zu haben, sondern vieles nicht zu haben.
Seneca, Epistulae morales 87,39

Pax vobiscum! 4998
Friede sei mit euch!

Peccatum qui non punit, peccari imperat. 4999
Wer Vergehen nicht bestraft, fordert zu Vergehen auf.
Publilius Syrus, Sententiae A264

Pecunia non olet. 5000
Geld stinkt nicht.
Sueton, De vita Caesarum, Vespasianus 23,3

5001 Pecunia omnia effici possunt.
Geld kann alles erreichen.
Cicero, In Verrem 2.3,155

5002 Pecuniae imperare, haud servire addecet.
Über Geld soll man herrschen, nicht ihm dienen.
Publilius Syrus, Sententiae A46

5003 Peior odio amoris simulatio.
Geheuchelte Liebe ist schlimmer als Hass.
Plinius, Panegyricus 85,1

5004 per amica silentia lunae
unter dem freundlichen Schweigen des Monds
Vergil, Aeneis 2.255

5005 Per aspera ad astra.
Auf steinigen Wegen zu den Sternen.
Seneca, Hercules furens 437

5006 per exemplum
zum Beispiel

5007 Per istam sanctam unctionem indulgeat tibi Dominus, quicquid deliquisti. Amen.
Mit dieser heiligen Ölung möge dir der Herr alles vergeben, was du gesündigt hast. Amen.
Kirchenlatein (Formel der letzten Ölung)

Per partes pervenietur ad totum. 5008
Über die Teile gelangt man zum Ganzen.
Seneca, Epistulae morales 108,2

per pedes 5009
zu Fuß

per procura (pp. oder ppa.) 5010
in Vollmacht

per se 5011
für sich, von sich aus

Perenne coniugium animus, non corpus facit. 5012
Das Herz verleiht einer Ehe Dauer, nicht der Körper.
Publilius Syrus, Sententiae 481

Perficiendum est, si quid agere aut proficere vis, ut homines te non solum audiant, verum etiam libenter studioseque audiant. 5013
Wenn man etwas erreichen will, müssen die Menschen einen nicht nur hören, sondern auch gern und aufmerksam hören.
Cicero, Divinatio in Q. Caecilium 39

Perfida, sed quamvis perfida, cara tamen. 5014
Treulos, aber, obwohl treulos, doch liebenswert.
Tibull (Lygdamus), Elegiae 3.6,56

5015 Perfugium videtur omnium laborum et sollicitudinum esse somnus; at ex eo ipso plurimae curae metusque nascuntur.
Zuflucht vor allen Mühen und Sorgen ist nur scheinbar der Schlaf; dabei ist er selbst die Wurzel vieler Zweifel und Ängste.
Cicero, De divinatione 2.150

5016 Periculosum est credere et non credere.
Gefährlich ist es zu glauben und nicht zu glauben.
Phaedrus, Liber fabularum 3.10,1

5017 Periculosum sola innocentia vivere.
Es ist gefährlich, in reiner Unschuld zu leben.
Livius, Ab urbe condita 2.3,5

5018 Periculum eius esse debet, cuius est commodum.
Wer den Vorteil hat, muss auch das Risiko tragen.
Rechtsregel

5019 Permissa putantur omnia, quae non sunt prohibita.
Als erlaubt gilt alles, was nicht verboten ist.
Rechtsregel

5020 Permitte divis cetera!
Das Weitere überlass den Göttern!
Horaz, Carmina 1.9,9

Perpetuo vincit, qui utitur clementia. 5021
Wer Milde walten lässt, gewinnt immer.
Publilius Syrus, Sententiae 500

Perpetuum mobile 5022
sich unendlich bewegend
Caspar Schott, Technica curiosa 10,1

persona non grata 5023
nicht gern gesehener Mensch

Persta atque obdura! 5024
Harre aus und bleibe hart!
Horaz, Sermones 2.5,39

Perturbant homines non res ipsae, sed de rebus opiniones. 5025
Nicht die Dinge selbst beunruhigen die Menschen, sondern ihre Meinungen über die Dinge.
Epiktet, Enchiridion 6

Pessima res publica, plurimae leges. 5026
Je schlechter der Staat, desto mehr Gesetze.
Tacitus, Annales 3.27,3

Pessimis etenim displicere est laudari. 5027
Den Schlechten missfallen heißt gelobt werden.
Pseudo-Seneca, Liber de moribus 40

Pessimum inimicorum genus laudantes. 5028
Die schlimmsten Feinde sind die Lobredner.
Tacitus, De vita Iulii Agricolae 41,1

5029 Pessimus imperator, qui sibi ipsi non potest imperare.
Der schlimmste Herrscher ist, wer sich selbst nicht beherrschen kann.
Walther, Proverbia sententiaeque 39534 (nach Plutarch)

5030 Petite, et dabitur vobis; quaerite, et invenietis; pulsate, et aperietur vobis.
Bittet, so wird euch gegeben; suchet, so werdet ihr finden; klopfet an, so wird euch aufgetan.
Vulgata, Evangelium secundum Matthaeum 7,7

5031 Piger ipse sibi obstat.
Der Faule ist sein eigener Feind.
Vergil, Aeneis 10.284

5032 Pinguis amor nimiumque patens in taedia nobis / vertitur et, stomacho dulcis ut esca, nocet.
Allzu friedliche und zugängliche Liebe verkehrt sich in Langeweile und schadet, wie dem Magen zu süße Speise.
Ovid, Amores 2.19,25–26

5033 Pisces natare oportet.
Der Fisch will schwimmen.
Petron, Satyricon 39,2

5034 Piscis minutos magnus comest.
Der große Fisch frisst die kleinen.
Varro, Saturae Menippeae: (Marcopolis 2)

Piscis nequam est nisi recens. 5035
Ein Fisch taugt nur, wenn er frisch ist.
Plautus, Asinaria 178

Piscis primum a capite foetet. 5036
Ein Fisch stinkt zuerst am Kopf.
Erasmus, Adagia 3197

Placebo. 5037
Ich werde gefallen.

Placet. 5038
Es gefällt.

Plena errorum sunt omnia. 5039
Alles ist voller Irrtümer.
Cicero, Tusculanae disputationes 1.105

Plenius aequo / laudat venales qui vult 5040
extrudere merces.
Mehr, als sich gehört, preist seine Waren an, wer sie loswerden will.
Horaz, Epistulae 2.2,11

pleno iure 5041
mit vollem Recht

Plenus est amor amari, plenus est 5042
dulcedinis.
Die Liebe ist voll Bitterkeit, aber auch voll Süße.
Walther, Proverbia sententiaeque 39563d4

5043 Plenus venter facile de ieiuniis disputat.
Ein voller Bauch redet leicht über das Fasten.
Hieronymus, Epistulae 58,2

5044 Plenus venter non studet libenter.
Ein voller Bauch studiert nicht gern.
Walther, Proverbia sententiaeque 21595

5045 Pleraque in iure non legibus, sed moribus constant.
Recht gründet vielfach nicht auf Gesetze, sondern auf Gewohnheit.
Quintilian, Institutio oratoria 5.10,13

5046 Plerumque enim, dum mutatur locus, mutatur et mentis affectus.
Ein Ortsechsel hat meist auch einen Wechsel der Ansichten zur Folge.
Isidor von Sevilla, Sententiae 2

5047 Plerumque omnis dolor per lacrimas effluit.
Jeder Schmerz löst sich meist in Tränen.
Seneca maior, Controversiae 10.1,6

5048 Plura sunt, quae nos terrent quam quae premunt, et saepius opinione quam re laboramus.
Es gibt mehr, was uns ängstigt, als was uns bedrückt, und wir leiden öfter unter unserer Einstellung als an der Wirklichkeit.
Seneca, Epistulae morales 13,4

pluralis maiestatis 5049
Plural der Würde

pluralis modestiae 5050
Plural der Bescheidenheit

Plurimum ad inveniendum contulit, qui 5051
speravit posse reperiri.
Viel hat zu einer Entdeckung beigetragen, wer hoffte, sie könne gemacht werden.
Seneca, Naturales quaestiones 6.5,2

Plurimum potest consuetudo; quae si 5052
gravis est, alit vitium.
Viel vermag Gewohnheit; ist sie stark, nährt sie die Schwäche.
Seneca, De ira 2.20,2

Plus docet, quam scit. 5053
Er lehrt mehr, als er weiß.
Petron, Satyricon 46,6

Plus dolet, quam necesse est, qui ante 5054
dolet, quam necesse est.
Mehr als nötig leidet, wer schon leidet, bevor es nötig ist.
Seneca, Epistulae morales 98,8

plus minusve 5055
mehr oder weniger

5056 Plus nobis videmur posse, quam possumus.
Wir bilden uns ein, mehr zu können, als wir können.
Seneca, De tranquillitate animi 6,2

5057 plus oculis suis amare
mehr lieben als seine Augen
Catull, Carmina 3,4

5058 Plus operis est in eo, ut proposita custodias, quam ut honesta proponas.
Es ist anstrengender, seinen Vorsätzen zu folgen, als gute Vorsätze zu fassen.
Seneca, Epistulae morales 16,1

5059 Plus ostentatio doloris exigit quam dolor: quotus quisque sibi tristis est?
Das Zeigen des Schmerzes beansprucht einen mehr als der Schmerz selbst. Wie viele sind für sich allein traurig?
Seneca, Epistulae morales 99,16

5060 Plus potest, qui plus valet.
Je mehr einer gilt, desto mehr vermag er.
Plautus, Truculentus 812

5061 plus quam possis audere
mehr wagen, als man kann
Quintilian, Institutio oratoria 1.1,32

Plus scire velle, quam sit satis, intemperantiae genus est. 5062
Mehr wissen wollen, als nötig ist, ist eine Art von Unmäßigkeit.
Seneca, Epistulae morales 88,36

Plus semper in se continet, quod est minus. 5063
Ein Mehr schließt immer ein Weniger ein.
Liber Sextus Decretalium, Regulae iuris 35

Plus significas, quam loqueris. 5064
Du deutest mehr an, als du sagst.
Seneca, Epistulae morales 59,5

Plus sonat, quam valet. 5065
Es tönt mehr, als es bewirkt.
Seneca, Epistulae morales 40,5

Plus tamen timor quam ira celeritatis habet. 5066
Angst ist aber schneller als Zorn.
Livius, Ab urbe condita 6.32,10

Plus tibi virtus tua dedit, quam fortuna abstulit. 5067
Deine Tapferkeit hat dir mehr gebracht, als dir das Schicksal geraubt hat.
Cicero, Ad familiares 5.18,1

Poena potest demi, culpa perennis erit. 5068
Eine Strafe kann erlassen werden, die Schuld wird bleiben.
Ovid, Epistulae ex Ponto 1.1,64

5069 poeta doctus
der gebildete Dichter

5070 poeta laureatus
der gelobte Dichter

5071 Poetis mentiri licet.
Poeten dürfen lügen.
Plinius, Epistulae 6.21,5

5072 pollice verso
mit gesenktem Daumen
Juvenal, Saturae 3,36

5073 pollices premere
die Daumen drücken
Plinius maior, Naturalis historia 28.25

5074 Pone irae frena modumque!
Lege deinem Zorn Zügel und Maß an.
Juvenal, Saturae 8,88

5075 Pone seram, cohibe. – Sed quis custodiet ipsos / custodes?
Schieb einen Riegel vor, sperr zu! – Wer aber wird die Wächter bewachen?
Juvenal, Saturae 6,347–348

5076 pons asinorum
Eselsbrücke

5077 pontifex maximus
oberster Priester

Porta itineri longissima est. 5078
Wegzugehen dauert bei der Reise am längsten.
Varro, De re rustica 1.2,2

Portatur leviter, quod quisque portat libenter. 5079
Man trägt leicht, was man gern trägt.
Walther, Proverbia sententiaeque 21951

Possunt, quia posse videntur. 5080
Sie können, weil sie zu glauben zu können.
Vergil, Aeneis 5.231

post Christum natum (p. Chr. n.) 5081
nach Christi Geburt

Post coitum omne animal triste. 5082
Nach dem Geschlechtsverkehr sind alle Lebewesen traurig.

post festum 5083
nach dem Fest

post homines natos 5084
seit es Menschen gibt

post hominum memoriam 5085
seit Menschengedenken

post meridiem (p. m.) 5086
nach dem Mittag

post mortem 5087
nach dem Tod

5088 Post mortem in morte nihil est, quod metuam mali.
Außer dem Tod ist im Tod kein Übel, das ich fürchten müsste.
Plautus, Captivi 741

5089 Post mortem nihil est ipsaque mors nihil, / velocis spatii meta novissima.
Nach dem Tod kommt das Nichts, der Tod selbst ist das Nichts, das letzte Ziel einer schnellen Bahn.
Seneca, Troades 397–398

5090 Post mortem omnia finiuntur, etiam ipsa.
Nach dem Tod ist alles vollendet, auch dieser selbst.
Seneca bei Tertullian, De anima 42,2

5091 post scriptum
Nachschrift

5092 Postremus dicas, primus taceas.
Sprich als Letzter, schweig als Erster!
Marcius Vates bei Isidor von Sevilla, Etymologiae (Origines) 6.8,12

5093 Potentissimus est, qui se habet in potestate.
Die größte Macht hat, wer sich selbst in der Gewalt hat.
Seneca, Epistulae morales 90,34

Potius sero quam numquam. 5094
Besser zu spät als nie.
Livius, Ab urbe condita 4.2,11

pp. / ppa. (per procura) 5095
in Vollmacht

Praecipue festis soleo laudare diebus / 5096
summa voce Deum populosque ad sacra ciere.
Besonders an den Festtagen pflege ich mit mächtiger Stimme Gott zu loben und die Leute zum Gottesdienst zu rufen.
Inschrift auf Glocken

Praecogitati mali mollis ictus venit. 5097
Ein vorausgesehenes Unglück trifft weniger schwer.
Seneca, Epistulae morales 76,34

praesens absens 5098
anwesend und doch abwesend

Praesentem decet laudare, premere 5099
absentem non decet.
Anwesende soll man loben, Abwesende nicht herabsetzen.
Caecilius Balbus, Sententiae (F) 151

Praesentia domini provectus est agri. 5100
Die Gegenwart des Herrn fördert den Ackerbau.
Palladius, Opus agriculturae 1.6

5101 praeter propter (p. p.)
ungefähr; mehr oder weniger

5102 Praeterita magis reprehendi possunt quam corrigi.
Geschehenes kann man eher tadeln als verbessern.
Livius, Ab urbe condita 30.30,7

5103 Praeterita mutare non possumus.
Geschehenes kann man nicht ungeschehen machen.
Cicero, In Pisonem 59

5104 Prima creterra ad sitim pertinet, secunda ad hilaritatem, tertia ad voluptatem, quarta ad insaniam.
Der erste Krug ist gegen den Durst, der zweite für die Heiterkeit, der dritte für die Lust, der vierte für den Wahnsinn.
Apuleius, Florida 20,1

5105 primo loco
an erster Stelle

5106 Primordia cuncta pavida sunt.
Jeder Anfang ist mit Angst verbunden.
Cassiodor, Variae 1.40

5107 primum movens
der erste Anstoß

5108 Primum non nocere.
Vor allem nicht schaden.
nach Hippokrates

Primus est deorum cultus deos credere. 5109
Der beste Gottesdienst ist, an sie zu glauben.
Seneca, Epistulae morales 95,50

primus inter pares 5110
der Erste unter Gleichen

Principiis enim cognitis multo facilius 5111
extrema intellegetis.
Hat man erst den Anfang verstanden, wird man das Übrige viel leichter verstehen.
Cicero, Pro Cluentio 11

principium contradictionis 5112
Satz vom Widerspruch

Principium dimidium totius. 5113
Der Anfang ist die Hälfte des Ganzen.
Erasmus, Adagia 139 (nach Platon, Nomoi 6,753e)

principium exclusi tertii 5114
Satz vom ausgeschlossenen Dritten
nach Aristoteles, Metaphysik 1011b–1012a

Principium finemque simul prudentia 5115
spectat.
Wer klug ist, beachtet zugleich auf Anfang und Ende.
Panfilus 335

principium rationis sufficientis 5116
Satz vom hinreichenden Grund

5117 Pro captu lectoris habent sua fata libelli
Bücher haben ihre Schicksale je nach Auffassungsgabe des Lesers.
Terentianus Maurus, De litteris 1286

5118 pro centum (p. c.)
von hundert

5119 pro domo
für das eigene Haus

5120 pro et contra
Für und Wider

5121 pro forma
der Form wegen

5122 pro iuventute
für die Jugend

5123 pro mille
von tausend

5124 pro posse et nosse
nach bestem Wissen und Können

5125 pro re nata
unter den gegebenen Umständen

5126 pro tempore
für die Zeit

5127 Probatum est.
Es hat sich bewährt.

Procul ex oculis, procul ex mente. 5128
Aus den Augen, aus dem Sinn.

Profice et ante omnia hoc cura, ut constes tibi! 5129
Entwickle dich weiter, und vor allem sorg dafür, dass du dir treu bleibst.
Seneca, Epistulae morales 35,4

Progredimur, quo ducit quemque voluptas. 5130
Wir gehen, wohin die Lust einen jeden führt.
Lukrez, De rerum natura 2.258

Promissa serva! 5131
Halte, was du versprochen hast!
Valerius Flaccus, Argonautica 8.419

Promoveatur, ut amoveatur. 5132
Man soll ihn befördern, um ihn loszuwerden.

Prompte et sincere. 5133
Bereit und aufrichtig.

Prona est timoris semper in peius fides. 5134
Furcht neigt immer dazu, ans Schlimmere zu glauben.
Seneca, Hercules furens 316

Prope est, ut inique puniat, qui nimis. 5135
Nahe daran, ungerecht zu strafen, ist, wer zu sehr straft.
Seneca, De clementia 1.14,3

5136 Proprium humani ingenii est odisse, quem laeseris.
Es ist menschlich, den zu hassen, den man verletzt hat.
Tacitus, De vita Iulii Agricolae 42,4

5137 Prosit!
Es möge nützen!

5138 Prospera animos efferunt.
Erfolg macht übermütig.
Seneca, Agamemnon 252

5139 Prospera omnes sibi vindicant, adversa uni imputantur.
Erfolge nehmen alle für sich in Anspruch; Misserfolg wird nur einem zur Last gelegt.
Tacitus, De vita Iulii Agricolae 27,1

5140 Proximus est melior vicinus fratre remoto.
Der nächste Nachbar ist besser als ein entfernter Bruder.
Abaelard, Carmen ad Astralabium 487

5141 Proximus sum egomet mihi.
Ich bin mir selbst der Nächste.
Terenz, Andria 636

5142 Prudens disce pati cuncta: beatus eris
Lerne klug alles zu ertragen, und du wirst glücklich sein.
Erasmus, Elegia de patientia 104

Prudentis hominis est nosse mensuram suam. 5143
Ein kluger Mensch kennt seine Grenzen.
Hieronymus, Epistulae 61,3

Pueri delicati nihil cessatione melius existimant. 5144
Verwöhnte Kinder genießen nichts mehr als Untätigkeit.
Cicero, De natura deorum 1.102

Pugnandum tamquam contra morbum, sic contra senectutem. 5145
Gegen das Alter muss man wie gegen eine Krankheit ankämpfen.
Cicero, Cato maior de senectute 35

punctum saliens 5146
der springende Punkt

Pungit, non perforat. 5147
Er stichelt nur, er sticht nicht richtig.
Seneca, De beneficiis 1.4,1

Q

Qua licet et sequitur, pudor est miscendus amori. 5148
Wo es erlaubt ist und sich ergibt, muss sich Scham unter die Liebe mischen.
Ovid, Heroides 4,9

5149 Quae acciderunt, accidere possunt.
Was geschehen ist, kann wieder geschehen.
Livius, Ab urbe condita 28.41,13

5150 Quae dant, quaeque negant, gaudent tamen esse rogatae.
Ob sie sich hingeben oder verweigern, sie sind erfruet, gefragt worden zu sein.
Ovid, Ars amatoria 1.345

5151 Quae enim seminaverit homo, haec et metet.
Denn was der Mensch sät, das wird er ernten.
Vulgata, Epistula ad Galatas 6,7

5152 Quae enim videntur, temporalia sunt; quae autem non videntur, aeterna sunt.
Denn was sichtbar ist, das ist zeitlich; was aber unsichtbar ist, das ist ewig.
Vulgata, Epistula ad Corinthios 2.4,18

5153 Quae fato manent, quamvis significata, non vitantur.
Seinem Schicksal kann man, selbst wenn es sich vorher ankündigt, nicht entrinnen.
Tacitus, Historiae 1.18,1

5154 Quae fugiunt, celeri carpite poma manu!
Pflückt die Früchte, die vergänglich sind, mit rascher Hand!
Ovid, Ars amatoria 3.576

Quae fuit durum pati, / meminisse dulce est. 5155
Süß ist die Erinnerung an das, was schwer zu ertragen war.
Seneca, Hercules furens 656–657

Quae maior voluptas quam fastidium ipsius voluptatis? 5156
Welcher Genuss kann größer sein als die Verachtung des Genusses?
Tertullian, De spectaculis 29,2

Quae medicamenta non sanant, ferrum sanat, quae ferrum non sanat, ignis sanat quae vero ignis non sanat, insanabilia reputari oportet. 5157
Was Medikamente nicht heilen, heilt das Eisen, was das Eisen nicht heilt, heilt das Feuer. Was aber Feuer nicht heilt, muss als unheilbar gelten.
Hippokrates, Aphorismen 7,87

Quae modo pugnarunt, iungunt sua rostra columbae. 5158
Tauben, die gerade noch miteinander kämpften, sind jetzt am Schnäbeln.
Ovid, Ars amatoria 2.465

Quae ordinem habent, bene reminiscibilia sunt. 5159
Was eine Ordnung hat, lässt sich gut erinnern.
Auctoritates, Aristoteles, De memoria et reminiscentia 65

5160 Quae regio in terris nostri non plena laboris?
Welche Gegend auf Erden ist nicht voll von Mühsal?
Vergil, Aeneis 1.460

5161 Quae sit libertas, quaeris? Nulli rei servire, nulli necessitati, nullis casibus, fortunam in aequum deducere.
Worin die Freiheit besteht, fragst du? Keiner Macht dienen, keinem Zwang, keinem Zufall, und das Schicksal mit Gleichmut ertragen.
Seneca, Epistulae morales 51,9

5162 Quae supra nos, nihil ad nos.
Was über uns ist, geht uns nichts an.
Lactantius, Divinae institutiones 3.20,10

5163 Quaedam delectant, quae postmodum non delectant.
Manches verschafft einem nur am Anfang Vergnügen.
Auctoritates, Aristoteles, Ethica 201

5164 Quaedam enim falsa veri speciem ferunt.
Manches Falsche trägt den Schein des Wahren.
Seneca, De ira 2.22,2

Quaedam enim iura non scripta, sed omnibus scriptis certiora sunt. 5165
Manche Gesetze sind nicht aufgeschrieben, aber gültiger als die aufgeschriebenen.
Seneca maior, Controversiae 1.1,14

Quaedam ergo nos magis torquent quam debent; quaedam ante torquent quam debent; quaedam torquent, cum omnino non debeant. Aut augemus dolorem aut praecipimus aut fingimus. 5166
Manches quält uns mehr als nötig, manches quält uns, bevor es nötig ist; manches quält uns, obwohl es überhaupt nicht nötig ist. Wir steigern den Schmerz oder nehmen ihn vorweg oder bilden ihn uns ein.
Seneca, Epistulae morales 13,5

Quaedam remedia graviora ipsis periculis sunt. 5167
Manche Heilmittel sind gefährlicher als die Krankheiten selbst.
Seneca maior, Controversiae 6.7

Quaedam tempora eripiuntur nobis, quaedam subducuntur, quaedam effluunt; turpissima tamen est iactura, quae per neglegentiam fit. 5168
Ein Teil unserer Zeit wird uns geraubt, ein Teil gestohlen, ein Teil verflüchtigt sich; am schlimmsten ist der Verlust, der durch Nachlässigkeit entsteht.
Seneca, Epistulae morales 1,1

5169 Quaedam virtutes stimulis, quaedam frenis egent.
Manche Tugenden bedürfen der Sporen, manche der Zügel.
Seneca, De vita beata 25,5

5170 Quaenam perversi rabies tam stulta cerebri, / dum mala formides, nec bona posse pati!
Welch perverser Wahnsinn eines dummen Gehirns, auch Gutes nicht ertragen zu können, weil man Schlechtes befürchtet!
Namatianus, De reditu 1,445–446

5171 Quaeris, quid profecerim? Amicus esse mihi coepi.
Du fragst, was ich gewonnen habe? Ich bin mir selbst Freund geworden.
Hekaton bei Seneca, Epistulae morales 6,7

5172 Quaerit aquas in aquis.
Er sucht Wasser im Wasser.
Ovid, Amores 2.2,43

5173 Quaevis terra patria.
Jedes beliebige Land ist Heimat.
Erasmus, Adagia 1193

5174 Quale principium, talis et clausula.
Wie der Anfang, so das Ende.
Hieronymus, Epistulae 69,9,7

5175 Qualis artifex pereo!
Welch ein Künstler stirbt mit mir!
Sueton, De vita Caesarum, Nero 49,1

Qualis dominus, talis et servus. 5176
Wie der Herr, so auch der Diener.
Petron, Satyricon 58,3

Qualis sit animus, ipse animus nesciet. 5177
Wie die Seele ist, weiß die Seele nicht.
Cicero, Tusculanae disputationes 1.53

Qualis vir, talis oratio. 5178
Wie der Mann, so seine Rede.
Pseudo-Seneca, Liber de moribus 73

Quam bene vivas refert, non quam diu. 5179
Es kommt nur darauf an, wie gut du lebst, nicht wie lange.
Seneca, Epistulae morales 101,15

Quam dulce est cupiditates fatigasse ac 5180
reliquisse!
Wie süß ist es, seine Begierden ausgelebt und hinter sich zu haben!
Seneca, Epistulae morales 12,5

Quam multi indigni luce sunt, tamen 5181
dies oritur!
Wie viele haben es nicht verdient, die Sonne zu sehen, dennoch bricht der Tag an!
Seneca, De beneficiis 1.1,11

5182 Quam ob rem relinquet vir patrem suum et matrem et adhaerebit uxori suae; et erunt in carnem unam.
Darum wird ein Mann seinen Vater und seine Mutter verlassen und an seinem Weibe hangen, und sie werden sein ein Fleisch.
Vulgata, Liber Genesis 2,24

5183 Quam saepe veniam, qui negavit, petit!
Wie oft bittet einer um Verzeihung, die er selbst verweigert hat!
Seneca, De ira 2.34,4

5184 Quamquam longissimus dies cito conditur.
Auch der längste Tag vergeht wie im Flug.
Plinius, Epistulae 9.36,4

5185 Quamquam ridentem dicere verum / quid vetat?
Doch was hindert daran, mit Lachen die Wahrheit zu sagen?
Horaz, Sermones 1.1,24–25

5186 Quamvis acerbus qui monet, nulli nocet.
Eine Ermahnung mag noch so bitter sein, schadet nicht.
Publilius Syrus, Sententiae 568

5187 Quamvis vetus arbustum posse transferri.
Auch ein noch alter Baum kann verpflanzt werden.
Seneca, Epistulae morales 86,14

Quando quidem accepto claudenda est ianua damno. 5188
Nach eingetretenem Schaden muss man die Tür schließen.
Juvenal, Saturae 13,129

Quanto perditior quisque est, tanto acrius urget. 5189
Je schlechter es einem geht, desto strenger ist man gegen andere.
Horaz, Sermones 1.2,15

Quanto plura parasti, / tanto plura cupis. 5190
Je mehr du dir geschaffen hast, desto mehr begehrst du.
Horaz, Epistulae 2.2,147–148

Quantum animis erroris inest! 5191
Wie viel Irrtum steckt im Geist!
Ovid, Fasti 2.789

Quantum oculis, animo tam procul ibit amor. 5192
Wie aus den Augen, so wird die Liebe auch aus dem Herzen verschwinden.
Properz, Elegiae 3.21,10

quantum opus est et quantum satis est 5193
so viel, wie nötig, und so viel, wie ausreicht
Quintilian, Institutio oratoria 4.2,45

quasi 5194
gewissermaßen

5195 Quasi modo
Gleichsam wie

5196 Quasi nix tabescit dies.
Der Tag schmilzt dahin wie Schnee.
Plautus, Stichus 648

5197 quasi umbra sequi
wie ein Schatten folgen
Plautus, Casina 92

5198 Quem bono tenere non potueris, contineas malo.
Wen man im Guten nicht halten kann, den halte man im Bösen.
Publilius Syrus, Sententiae 553

5199 Quem di diligunt / adulescens moritur.
Wen die Götter lieben, der stirbt jung.
Plautus, Bacchides 816–817

5200 Quem putas perisse, praemissus est.
Wer wie du meinst untergegangen ist, ist uns vorausgegangen.
Seneca, Epistulae morales 99,7

5201 Quem taurum metuis, vitulum mulcere solebas.
Den Stier, der dir Angst einjagt, hast du als Kalb gestreichelt.
Ovid, Ars amatoria 2.341

Quemadmodum omnium rerum, sic 5202
litterarum quoque intemperantia laboramus: Non vitae, sed scholae discimus.
Wie bei allem, so leiden wir auch bei der Wissenschaft an Maßlosigkeit: Wir lernen nicht für das Leben, sondern für die Schule.
Seneca, Epistulae morales 106,12

Quemcumque dederit exitium casus, 5203
feram!
Welches Ende mir das Schicksal auch bestimmt hat, ich werde es ertragen.
Seneca, Phaedra 138

Quemcumque quaerit calamitas, facile 5204
invenit.
Wen das Unheil sucht, den findet es leicht.
Publilius Syrus, Sententiae 515

Qui amant, ipsi sibi somnia fingunt. 5205
Die Liebenden malen sich in ihren Träumen das Glück.
Vergil, Bucolica 8,108

Qui amat periculum, in illo peribit. 5206
Wer die Gefahr liebt, kommt darin um.
Vulgata, Liber Ecclesiasticus 3,27

Qui amicus est, amat; qui amat, non 5207
utique amicus est.
Ein Freund liebt, doch wer liebt, ist nicht immer ein Freund.
Seneca, Epistulae morales 35,1

5208 Qui asinum non potest, stratum caedit.
Wer den Esel nicht schlagen kann, schlägt den Sattel.
Petron, Satyricon 45,8

5209 Qui bene vult fari, debet bene praemeditari.
Wer gut reden will, muss zuvor gut denken.
Walther, Proverbia sententiaeque 23854

5210 Qui, cum dolet, blanditur, post tempus sapit.
Wer vor Schmerzen verrückt wird, wird später weise.
Publilius Syrus, Sententiae 506

5211 Qui domum intraverit, nos potius miretur quam supellectilem nostrum.
Wer unser Haus betritt, soll eher uns bewundern als unser Haus.
Seneca, Epistulae morales 5,6

5212 Qui dormit, non peccat.
Wer schläft, sündigt nicht.
Walther, Proverbia sententiaeque 24061a1

5213 Qui imperia libens excipit, partem acerbissimam servitutis effugit, facere, quod nolit.
Wer Befehle willig vollzieht, kommt um das Bitterste an der Knechtschaft herum, zu tun, was er nicht will.
Seneca, Epistulae morales 61,3

Qui iusiurandum servat, quovis 5214
pervenit.
Wer seinen Eid hält, gelangt überall hin.
Publilius Syrus, Sententiae 513

Qui loquitur, quod vult, quod non vult, 5215
saepius audit.
Wer sagt, was er will, bekommt öfter zu hören, was er nicht will.
Walther, Proverbia sententiaeque 24191

Qui monet, quasi adiuvat. 5216
Warnen ist auch helfen.
Plautus, Curculio 460

Qui nescit, quid quaerit, nescit, quid 5217
invenit.
Wer nicht weiß, was er sucht, weiß auch nicht, was er gefunden hat.
Auctoritates, Aristoteles, Metaphysica 84

Qui nil potest sperare, desperet nihil. 5218
Wer nichts hoffen kann, braucht auch nicht zu verzweifeln.
Seneca, Medea 163

Qui nimium probat, nihil probat. 5219
Wer zu viel beweist, beweist nichts.
volkstümlich

Qui nolet fieri desidiosus, amet! 5220
Wer nicht träge werden will, der soll lieben!
Ovid, Amores 1.9,46

5221 Qui non est mecum, contra me est.
Wer nicht für mich ist, ist gegen mich.
Vulgata, Evangelium secundum Matthaeum 12,30

5222 Qui non litigat, caelebs est.
Wer nicht im Streit lebt, ist Junggeselle.
Hieronymus, Adversus Iovinianum 1,28

5223 Qui non respicit initium, non prospicit finem.
Wer nicht auf den Anfang zurückblickt, blickt auch nicht voraus auf das Ende.
Augustinus, De civitate Dei 7.7

5224 Qui non zelat, non amat.
Wer nicht eifersüchtig ist, liebt nicht.
Augustinus, Contra Adimantum 13,2

5225 Qui noverit mulierem unam, omnes noverit.
Wer eine einzige Frau kennt, kennt alle.
Walther, Proverbia sententiaeque 39847g5

5226 Qui peccare se nescit, corrigi non vult.
Wer seine Verfehlungen nicht kennt, will sich nicht bessern.
Seneca, Epistulae morales 28,9

5227 Qui pote transferre amorem, pote deponere.
Wer seine Liebschaften wechseln kann, der kann auch der Liebe entsagen.
Publilius Syrus, Sententiae 534

Qui poterit sanum fingere, sanus erit. 5228
Wer so tun kann, als sei er gesund, wird gesund werden.
Ovid, Remedia amoris 504

Qui secum loqui poterit, sermonem 5229
alterius non requiret.
Wer mit sich selbst sprechen kann, wird kein Verlangen nach einem Gespräch mit anderen tragen.
Cicero, Tusculanae disputationes 5.117

Qui secundos optat eventus, dimicet 5230
arte, non casu.
Wer Erfolg haben will, muss taktisch kämpfen, nicht aufs Geratewohl.
Johannes Saresberiensis, Policraticus 6.19

Qui seminant in lacrimis, in exultatione 5231
metent.
Die mit Tränen säen, werden mit Freuden ernten.
Vulgata, Psalm 126,5

Qui timide rogat, / docet negare. 5232
Wer schüchtern bittet, ermutigt abzulehnen.
Seneca, Phaedra 593–594

Quia non erit impossibile apud Deum 5233
omne verbum.
Denn für Gott ist nichts unmöglich.
Vulgata, Evangelium secundum Lucam 1,37

5234 Quia ventum seminabunt et turbinem metent.
Denn sie säen Wind und werden Sturm ernten.
Vulgata, Prophetia Osee 8,7

5235 Quicquid animum erexit, etiam corpori prodest.
Was den Geist aufrichtet, nützt auch dem Körper.
Seneca, Epistulae morales 78,3

5236 Quicquid discis, tibi discis.
Was du auch lernst, du lernst alles für dich.
Petron, Satyricon 46,8

5237 Quicquid exspectatum est diu, levius accidit.
Womit man schon lange gerechnet hat, das trifft einen weniger hart.
Seneca, Epistulae morales 78,29

5238 Quicquid facere te potest bonum, tecum est.
Was dich gut machen kann, steckt alles in dir.
Seneca, Epistulae morales 80,3

5239 Quid est deus? Mens universi.
Was ist Gott? Die Seele des Weltalls.
Seneca, Naturales quaestiones 1. pr. 13

5240 Quid est sapientia? Semper idem velle atque idem nolle.
Was heißt Weisheit? Stets dasselbe wollen und dasselbe nicht wollen.
Seneca, Epistulae morales 20,5

Quid in otio facio? Ulcus meum curo. 5241
Was ich während der Muße tue? Ich pflege meine Wunde.
Seneca, Epistulae morales 68,8

Quid non sentit amor? 5242
Was entgeht schon der Liebe?
Ovid, Metamorphoses 4.68

quid pro quo 5243
etwas für etwas

Quid quisque possit, nisi temptando 5244
nesciat.
Was einer kann, merkt er erst, wenn er es versucht.
Publilius Syrus, Sententiae A300

Quid rectum sit, apparet, quid expediat, 5245
obscurum est.
Was richtig ist, liegt auf der Hand, was nützlich, bleibt verborgen.
Cicero, Ad familiares 5.19,2

Quid sit futurum cras, fuge quaerere 5246
et / quem fors dierum cumque dabit, lucro, / appone nec dulcis amores / sperne, puer, neque tu choreas, / donec virenti canities abest / morosa.
Hüte dich zu fragen, was morgen sein mag, und nimm jeden Tag, den das Schicksal dir schenken wird, als Gewinn, und weise süße Liebe und Tanz nicht von dir, solange du noch kräftig bist und das mürrische Alter fern.
Horaz, Carmina 1.9,13–18

5247 Quidam ante vivere desierunt, quam incIperent.
Manche haben schon zu leben aufgehört, bevor sie damit begonnen haben.
Seneca, Epistulae morales 23,11

5248 Quis fallere possit amantem?
Wer könnte eine Liebende täuschen?
Vergil, Aeneis 4.296

5249 Quisquis plus iusto non sapit, ille sapit.
Weise ist, wer es nicht über die Maßen ist.
Matial, Epigrammata 14.210,2

5250 Quisquis ubique habitat, nusquam habitat.
Wer überall wohnt, wohnt nirgends.
Matial, Epigrammata 7.73,6

5251 Quisquis videtur dimissus esse, dilatus est.
Scheinbare Verschonung ist nur Aufschub.
Seneca, De providentia 4,7

5252 Quo die infra voluptatem fuerit, et infra dolorem erit.
Wenn einer dem Sinnengenuss verfallen ist, ist er auch dem Schmerz ausgeliefert.
Seneca, De vita beata 4,4

5253 Quo plus recipit animus, hoc se magis laxat.
Je mehr der Geist in sich aufnimmt, desto aufnahmefähiger wird er.
Seneca, Epistulae morales 108,2

Quod cum magno labore acquiritur, 5254
magis diligitur.
Was man mit großer Mühe erreicht, schätzt man mehr.
Auctoritates, Aristoteles, Ethica 184

Quod cupio, mecum est; inopem me 5255
copia fecit.
Was ich begehre, besitze ich; das Besitzen hat mich arm gemacht.
Ovid, Metamorphoses 3.466

Quod datur ex facili, longum male 5256
nutrit amorem.
Was zu leicht gewährt wird, hält die Liebe kaum am Leben.
Ovid, Ars amatoria 3.579

Quod erat demonstrandum. 5257
Was zu beweisen war.
nach Euklid (um 300 v. Chr.)

Quod erat faciendum. 5258
Was zu tun war.
Seneca, Epistulae morales 76,26

Quod ergo Deus coniunxit, homo non 5259
separet.
Was Gott verbunden hat, soll der Mensch nicht scheiden.
Vulgata, Evangelium secundum Matthaeum 19,6

5260 Quod in se iucundissimum omnis voluptas habet, in finem sui differt.
Den größten Reiz spart die Lust bis zum Schluss auf.
Seneca, Epistulae morales 12,5

5261 Quod laboriosius acquiritur, magis diligitur.
Was große Mühe gemacht hat, wird mehr geachtet.
Auctoritates, Aristoteles, Ethica 164

5262 Quod latet, ignotum est: ignoti nulla cupido.
Was verborgen ist, ist unbekannt; Unbekanntes weckt kein Verlangen.
Ovid, Ars amatoria 3.397

5263 quod libet
was gefällt

5264 Quod libet, licet.
Erlaubt ist, was gefällt.
Rhetorica ad Herennium 4.34

5265 Quod licet, ingratum est, quod non licet, acrius urit.
Was erlaubt ist, ist nicht reizvoll, was verboten ist, regt stärker an.
Ovid, Amores 2.19,3

5266 Quod mirabile est, delectabile est.
Was wunderbar ist, wirkt wohltuend.
Auctoritates, Aristoteles, Rhetorica 56

Quod natum est, properat mori. 5267
Was geboren wurde, strebt dem Tod zu.
Seneca, Hercules Oetaeus 1099

Quod non exspectas, ex transverso fit. 5268
Was nicht erwartet wird, kommt unvermutet.
Petron, Satyricon 55,3

Quod periit, periit. 5269
Was vorbei ist, ist vorbei.
Plautus, Cistellaria 703

Quod rarum, carum. 5270
Was selten ist, ist teuer.

Quod ratio non quit, saepe sanavit mora. 5271
Was die Vernunft nicht zu heilen vermag, hat oft die Zeit geheilt.
Seneca, Agamemnon 130

Quod scripsi, scripsi. 5272
Was ich geschrieben habe, habe ich geschrieben.

Quod sis, esse velis, nihilque malis. 5273
Du musst das sein wollen, was du bist, und nichts mehr.
Matial, Epigrammata 10.47,12

5274 Quod tu es, ego fui; quod ego sum, et tu eris.
Was du bist, bin ich gewesen; was ich bin, wirst auch du sein.
Corpus Inscriptionum Latinarum XI 6243 (Grabinschrift)

5275 Quod vis facere, fac cito.
Was du tun willst, tu es schnell.

5276 Quodcumque celes, ipse tibi fias timor.
Was du auch zu verbergen hast, fürchte dich vor dir selber.
Publilius Syrus, Sententiae 512

5277 Quomodo fabula, sic vita: non quam diu, sed quam bene acta sit, refert.
Das Leben ist mit dem Theaterstück vergleichbar: Nicht auf die Länge kommt es an, sondern auf das gute Spiel.
Seneca, Epistulae morales 77,20

5278 Quoque magis tegitur, tectus magis aestuat ignis.
Je mehr man sie verstecken will, desto stärker lodert die Liebesglut.
Ovid, Metamorphoses 4.64

5279 Quos deus perdere vult, dementat prius.
Wen Gott verderben will, schlägt er zuvor mit Wahnsinn.
Publilius Syrus, Sententiae 612

Quot caelum stellas, tot habet tua Roma puellas. 5280
So viele Sterne am Himmel, so viele Mädchen hat dein Rom.
Ovid, Ars amatoria 1.59

Quot capita, tot sententiae. 5281
So viele Köpfe, so viele Meinungen.
Terenz, Phormio 454

Quota sit hora, petis, dum petis, hora fugit. 5282
Wenn du fragst, wie spät es ist, flieht die Stunde schon davon.
Inschrift auf Sonnenuhren

R

Rapiamus, amici, / occasionem de die. 5283
Ergreifen wir, Freunde, die Gelegenheit, die der Tag bietet.
Horaz, Iambi 13,3–4

Rapit omnia casus. 5284
Der Zufall reißt alles mit sich.
Lucanus, Bellum civile (Pharsalia) 7.487

Rara iuvant. 5285
Seltenes gefällt.
Martial, Epigrammata 4.29,3

5286 Rarum esse oportet, quod diu carum velis.
Was wertvoll bleiben soll, muss selten sein.
Publilius Syrus, Sententiae 572

5287 Rarum est enim, ut satis se quisque vereatur.
Es ist selten, dass man genügend Respekt vor sich selbst hat.
Quintilian, Institutio oratoria 10.7,24

5288 Ratio est vitae in multam concedere turbam.
Vernunftig im Leben ist, viel unter Leute zu kommen.
Sententiae Varronis 9

5289 Rationi nulla resistunt.
Der Vernunft kann nichts widerstehen.
Manilius, Astronomica 1.541

5290 Rebus in angustis facile est contemnere vitam; / fortiter ille facit, qui miser esse potest.
In Lebensgefahr ist es leicht, das Leben gering zu achten; tapfer handelt, wer Schlechtes ertragen kann.
Matial, Epigrammata 11.56,15–16

5291 Rebus novis nova ponenda nomina.
Neuen Dingen muss man auch neue Namen geben.
Cicero, De natura deorum 1.44

Rectae ac bonae voluntatis non dux, 5292
sed comes sit voluptas.
Für den rechten und guten Willen soll die Lust nicht Führerin, sondern nur Gefährtin sein.
Seneca, De vita beata 8,1

Recte facti fecisse merces est. 5293
Der Lohn der guten Tat besteht darin, sie getan zu haben.
Seneca, Epistulae morales 81,19

Reddenda terrae est terra. 5294
Die Erde ist der Erde zurückzugeben.
Euripides bei Cicero, Tusculanae disputationes 3.59

Reficit animos ac reparat varietas. 5295
Abwechslung erfrischt und entspannt den Geist.
Quintilian, Institutio oratoria 1.12,4

Regi frenis nequit / et ira. 5296
Zorn kann mit Zügeln nicht gebändigt werden.
Seneca, Troades 279–280

Regnare non vult, esse qui invisus 5297
timet.
Wer fürchtet, gehasst zu werden, will nicht herrschen.
Seneca, Phoenissae 654

Regnum servatur per amicos. 5298
Die Herrschaft wird durch Freunde gesichert.
Auctoritates, Aristoteles, Politica 94

5299 Relinquendum rumoribus tempus, quo senescant.
Man muss den Gerüchten Zeit geben, zu verkümmern.
Tacitus, Annales 2.77

5300 Reluctante natura irritus labor est.
Wenn die Natur widerstrebt, ist alle Mühe umsonst.
Seneca, De tranquillitate animi 6,4

5301 Rem enim opinor spectari oportere, non verba.
Die Sache muss man meiner Meinung nach betrachten, nicht die Worte.
Cicero, Tusculanae disputationes 5.32

5302 Rem tene, verba sequentur.
Halte dich an die Sache, die Worte werden folgen.
Cato bei Julius Victor, Ars rhetorica 197

5303 Repetitio est mater studiorum.
Wiederholung ist die Mutter des Studierens.
Cassiodor, Institutiones divinarum et saecularium litterarum pr. 7

5304 Rerum enim copia verborum copiam gignit.
Der Menge der Dinge folgt die Menge der Wörter.
Cicero, De oratore 3.125

Rerum omnium custos memoria. 5305
Das Gedächtnis bewahrt alle Dinge.
Cicero, Partitiones oratoriae 3

Rerum omnium magister usus. 5306
Aller Dinge Lehrer ist die Übung.

Res est inquieta felicitas, ipsa se exagitat. 5307
Das Glück ist ein unruhiges Ding, es verändert sich von selbst.
Seneca, Epistulae morales 36,1

Res est magna tacere. 5308
Schweigen ist eine große Sache.
Matial, Epigrammata 4.80,6

Res humanae fragiles caducaeque sunt. 5309
Die Dinge der Menschen sind zerbrechlich und hinfällig.
Cicero, Laelius de amicitia 102

Res ipsa testis est. 5310
Die Sache selbst ist Zeuge.
Plautus, Aulularia 421

Res loquentur nobis tacentibus. 5311
Die Dinge reden, auch wenn wir schweigen.
Seneca, De beneficiis 2.11,6

Res loquitur ipsa. 5312
Die Sache spricht für sich selbst.
Cicero, Pro Milone 53

5313 Res magni discriminis consiliis nulla est tam inimica quam celeritas.
Nichts ist für Entscheidungen von großer Tragweite schädlicher als Eile.
Livius, Ab urbe condita 31.32,2

5314 Res timida est omnis miser.
Jeder Unglückliche ist ein furchtsames Ding.
Ovid, Epistulae ex Ponto 2.7,37

5315 Respice post te, te hominem esse memento!
Blick zurück; erinnere, dass du nur ein Mensch bist.
Tertullian, Apologeticum 33,4

5316 Respondent extrema primis, media utrisque, omnia omnibus.
Das Letzte entspricht dem Ersten, das Mittlere beiden, alles allem.
Cicero, De finibus bonorum et malorum 5.83

5317 restitutio in integrum
Wiedereinsetzung in den vorigen Stand
Cicero, Pro Cluentio 98

5318 Ride, si sapis.
Lach, wenn du klug bist.
Matial, Epigrammata 2.41,1

5319 Ridebis et licet rideas.
Du wirst lachen und du darfst lachen.
Plinius, Epistulae 1.6,1

Rivalem patienter habe! 5320
Ertrage deinen Rivalen mit Geduld!
Ovid, Ars amatoria 2.539

Roganti melius quam imperanti pareas. 5321
Einer Bitte folgt man lieber als einem Befehl.
Publilius Syrus, Sententiae 579

Roma non fuit una die condita. 5322
Rom wurde nicht an einem Tag erbaut.
Walther, Proverbia sententiaeque 26933a

Rosam, quae praeteriit, ne quaeras iterum. 5323
Such nicht die Rose, die verblüht ist.
Erasmus, Adagia 1540 (nach Diogenianos)

Rotat omne fatum. 5324
Jedes Schicksal dreht sich.
Seneca, Thyestes 618

Ruborem amico excutere amicum est perdere. 5325
Einen Freund erröten machen heißt ihn verlieren.
Publilius Syrus, Sententiae 576

Ruit hora. 5326
Die Zeit eilt dahin.
Persius, Saturae 5,153

S

5327 Sacrilegia minuta puniuntur, magna in triumphis feruntur.
Kleine Verbrechen werden bestraft, große gefeiert.
Seneca, Epistulae morales 87,23

5328 Saepe ad retinendam vitam prosunt ipsa pericula.
Gerade die Gefahren helfen oft, Leben zu erhalten.
Quintilian, Declamationes minores 292

5329 Saepe autem ne utile quidem est scire, quid futurum sit; miserum est enim nihil proficientem angi.
Oft ist es nicht einmal nützlich, die Zukunft zu wissen. Denn es ist schlecht, sich ohne Aussicht auf Besserung zu fürchten.
Cicero, De natura deorum 3.14

5330 Saepe autem satius fuit dissimulare quam ulcisci.
Oft ist es besser, etwas zu übersehen als es zu bestrafen.
Seneca, De ira 2.33,1

5331 Saepe bona materia cessat sine artifice.
Oft bleibt ein guter Stoff ungenutzt, weil der Künstler fehlt.
Seneca, Epistulae morales 47,16

Saepe calamitatis solacium est nosse sortem suam. 5332
Oft ist es ein Trost im Unglück, sein Schicksal zu kennen.
Curtius Rufus, Historiae Alexandri Magni 4.10,26

Saepe creat molles aspera spina rosas. 5333
Oft bringt ein stechender Dorn sanfte Rosen hervor.
Ovid, Epistulae ex Ponto 2.2,34

Saepe dat una dies, quod totus denegat annus. 5334
Oft gibt eine einzige Stunde, was das Jahr verweigert hat.
Walther, Proverbia sententiaeque 27101

Saepe desperatio spei causa est. 5335
Verzweiflung ist oft ein Grund zur Hoffnung.
Curtius Rufus, Historiae Alexandri Magni 5.4,31

Saepe ego temptavi curas depellere vino: / at dolor in lacrimis verterat omne merum. 5336
Oft habe ich versucht, die Sorgen mit Wein zu vertreiben, aber der Schmerz verwandelte den Wein in Tränen.
Tibull, Elegiae 1.5,37–38

5337 Saepe enim causa moriendi est timide mori.
Oft ist die Angst vor dem Tod die Ursache für den Tod.
Seneca, De tranquillitate animi 11,4

5338 Saepe error ingens sceleris obtinuit locum.
Oft erlangt ein großer Irrtum den Rang eines Verbrechens.
Seneca, Hercules furens 1238

5339 Saepe est etiam sub palliolo sordido sapientia.
Sogar unter einem schmutzigen Mantel verbirgt sich oft Weisheit.
Caecilius Statius bei Cicero, Tusculanae disputationes 3.56

5340 Saepe facit metui non metuenda metus.
Furcht lässt oft fürchten, was man nicht zu fürchten braucht.
Anonymus Neveleti 28,8

5341 Saepe inter fortunam maximam et ultimam nihil interest.
Das größte Glück ist auch oft das letzte.
Seneca, De beneficiis 6.33,2

5342 Saepe labor siccat lacrimas et gaudia fundit.
Oft trocknet Mühsal die Tränen und schafft Freuden.
Monosticha Catonis 36

Saepe latet vitium proximitate boni. 5343
Oft verbirgt sich das Laster in der Nähe des Guten.
Ovid, Ars amatoria 2.662

Saepe maximum pretium est, pro quo nullum datur. 5344
Am wertvollsten ist oft, was es umsonst gibt.
Seneca, Epistulae morales 42,8

Saepe mora melior. 5345
Zögern ist oft besser.
Sidonius Apollinaris, Epistulae 2.6,1

Saepe premente deo fert deus alter opem. 5346
Wenn ein Gott uns verfolgt, bringt oft ein anderer Hilfe.
Ovid, Tristia 1.2,4

Saepe, qui misereri potuit, misericordiam rogat. 5347
Oft bittet um Mitleid, wer Mitleid hätte zeigen können.
Seneca maior, Controversiae 9.27,20

Saepe refert animus lusus gravitate carentes. 5348
Oft erinnert sich mein Sinn an Spiele,
die ohne Zweck waren.
Ovid, Epistulae ex Ponto 1.9,9

Saepe simultates ira morata facit. 5349
Unterdrückter Zorn macht oft Feindschaften.
Ovid, Amores 1.8,82

5350 Saepe summa ingenia in occulto latent.
Oft bleiben die größten Genies im Verborgenen.
Plautus, Captivi 165

5351 Saepe tacens odii semina vultus habet.
Oft zeigt ein schweigender Mund den Anfang des Hasses.
Ovid, Ars amatoria 3.512

5352 Saepe tacens vocem verbaque vultus habet.
Ein schweigendes Gesicht spricht oft viele Worte.
Ovid, Ars amatoria 1.574

5353 Saepe te considera.
Prüfe dich oft.
Phaedrus, Liber fabularum 3.8,1

5354 Saepius opinione quam re laboramus.
Öfter leiden wir unter der Einbildung als unter der Wirklichkeit.
Seneca, Epistulae morales 13,4

5355 Saevis inter se convenit ursis.
Die wilden Bären vertragen sich untereinander.
Juvenal, Saturae 15,164

5356 Saevit infelix amor.
Unselige Liebe ist rasend.
Seneca, Medea 136

Salve! 5357
Sei gegrüßt!

Sapiens in se reconditur, secum est. 5358
Der Weise kehrt in sich zurück, ruht in sich selbst.
Seneca, Epistulae morales 9,16

Sapientem locupletat ipsa natura. 5359
Seine Natur selbst bereichert den Weisen.
Cicero, De finibus bonorum et malorum 2.90

Sapienti aetas condimentum, sapiens 5360
aetati cibus est.
Das Alter ist Würze der Weisheit, oft zehrt es die Weisheit auf.
Plautus, Trinummus 368

Sapientia est omnium bonarum artium 5361
mater.
Weisheit ist die Mutter aller schönen Künste.

Sapientia est scientia primarum et 5362
altissimarum causarum.
Weisheit ist das Wissen um die ersten und tiefsten Gründe.
Auctoritates, Aristoteles, Metaphysica 11

Sapientia non est in litteris. 5363
Weisheit ruht nicht auf Gelehrsamkeit.
Seneca, Epistulae morales 88,32

5364 Satius est otiosum esse quam nihil agere.
Müßigsein ist besser als Nichtstun.
Plinius, Epistulae 1.9,8

5365 Satius est suadere et expugnare affectus, non circumscribere.
Es ist besser, der Leidenschaften völlig Herr zu werden, als sie zu begrenzen.
Seneca, Epistulae morales 87,41

5366 Satius est supervacua scire quam nihil.
Es ist noch besser, Überflüssiges zu wissen als gar nichts.
Seneca, Epistulae morales 88,45

5367 satius sero quam numquam
lieber zu spät als nie
Valerius Maximus, Facta et dicta memorabilia 8.7, ext. 8

5368 Satura quidem tota nostra est.
Die Satire jedenfalls ist ganz unsere Stärke.
Quintilian, Institutio oratoria 10.1,93

5369 Saxa loquuntur.
Die Steine reden.
Lucanus, Bellum civile (Pharsalia) 6.618

5370 Saxum volutum non obducitur musco.
Ein Stein, der bewegt wird, wird nicht von Moos bedeckt.
Erasmus, Adagia 2374 (nach Apostolios)

Sceleris in scelere supplicium. 5371
Die Strafe für ein Verbrechen ist im Verbrechen selbst.
Seneca, Epistulae morales 97,14

Scientia inflat. 5372
Wissen bläht auf.
Vulgata, Epistula ad Corinthios 1.8,1

Scire cupis, quae sit famae via certa parandae? / Talem te praesta, qualem te poscis haberi. 5373
Du möchtest wissen, welches der sichere Weg zu gutem Ruf ist? Zeig dich so, wie du gesehen sein willst.
Muretus, Institutio puerilis 65–66

Scire est reminisci. 5374
Wissen heißt sich erinnern.
Cicero, Cato maior de senectute 78

Scire tuum nihil est, nisi te scire hoc sciat alter. 5375
Dein Können ist nichts wert, wenn niemand weiß, was du kannst.
Persius, Saturae 1,27

Scire uti felicitate maxima est felicitas. 5376
Sein Glück zu gebrauchen wissen ist das größte Glück.
Publilius Syrus, Sententiae A208

5377 Sci vias!
Wisse die Wege!
Hildegard von Bingen (1098–1179)

5378 Se contentus est sapiens.
Der Weise genügt sich selbst.
Seneca, Epistulae morales 9,13

5379 Se damnat iudex, innocentem qui opprimit.
Sich selbst verurteilt der Richter, der einen Unschuldigen verurteilt.
Publilius Syrus, Sententiae 614

5380 Se ipse amans sine rivali.
Wer sich selbst liebt, hat keinen Rivalen.
Cicero, Ad Quintum fratrem 3.6,4

5381 Se mortuo terram misceri ignibus iubet.
Er erklärt, nach seinem Tod solle die Erde in Flammen aufgehen.
Seneca, De clementia 2.2,2

5382 Se posse plus iratus, quam possit, putat.
Der Zornige glaubt mehr zu können, als er kann.
Publilius Syrus, Sententiae 584

5383 Se vincere ipsum longe est difficillimum.
Sich selbst zu besiegen ist bei weitem das Schwierigste.
Publilius Syrus, Sententiae A192

Secreto amicos admone, lauda palam. 5384
Mahne deine Freunde heimlich, lobe sie öffentlich.
Publilius Syrus, Sententiae A103

Secunda felices, adversa magnos 5385
probant.
Das Glück erweist den Erfolg, das Unglück die Größe eines Menschen.
Plinius, Panegyricus 31,1

Secunda in paupertate fortuna est fides. 5386
In Armut ist Vertrauen ein großes Glück.
Publilius Syrus, Sententiae 597

Secunda non habent umquam modum. 5387
Glück kennt niemals ein Maß.
Seneca, Oedipus 694

Secundae res acrioribus stimulis animos 5388
explorant, quia miseriae tolerantur, felicitate corrumpimur.
Glückliche Umstände stellen uns auf eine härtere Probe, weil man Not erträgt, vom Glück aber verdorben wird.
Tacitus, Historiae 1.15,3

Secundas fortunas decent superbiae. 5389
Zum Erfolg gehört der Stolz.
Plautus, Stichus 300

5390 Sed apud alios loqui videlicet didicerat, non multum ipse se cum.
Vor anderen zu sprechen hatte er gelernt, nicht viel mit sich selbst.
Cicero, Tusculanae disputationes 5.103

5391 Sed dum abest, quod avemus, id exsuperare videtur / cetera; post aliud, cum contigit illud, avemus; / et sitis aequa tenet vitai semper hiantes.
Solange uns fehlt, was wir wünschten, erscheint es uns wertvoller als alles; sobald es erlangt ist, begehren wir etwas anderes; und so hält immer der gleiche Durst uns fest, die wir nach dem Leben hecheln.
Lukrez, De rerum natura 3.1082–1084

5392 Sed facilis cuivis rigidi censura cachinni.
Aber leicht fällt es einem jeden, mit bitterem Lächeln zu tadeln.
Juvenal, Saturae 10,31

5393 Sed fugit interea, fugit irreparabile tempus.
Aber es flieht inzwischen, es flieht die unwiederbringliche Zeit.
Vergil, Georgica 3.284

Sed humanum est: ad hoc genitus es, ut 5394
perderes, ut perires, ut sperares, metueres, alios teque inquietares, mortem et timeres et optares et, quod est pessimum, numquam scires, cuius esses status.
Doch es ist das Los des Menschen: du bist dazu geboren, zu verlieren, zu hoffen, zu fürchten, andere und dich selbst zu beunruhigen, den Tod zu scheuen und herbeizuwünschen und, was das Schlimmste ist, nie zu wissen, woran du bist.
Seneca, Ad Marciam de consolatione 17,1

Sed in tumultu festinatio quoque tarda 5395
est.
In der Aufregung ist sogar die Hast langsam.
Curtius Rufus, Historiae Alexandri Magni 9.9,12

Sed mihi quisquam non videtur errare, 5396
cum aliquid nescire se scit, sed cum se putat scire, quod nescit.
Mir scheint keiner zu irren, wenn er weiß, dass er etwas nicht weiß, wohl aber, wenn er zu wissen glaubt, was er nicht weiß.
Augustinus, Epistulae 199,52

Sed miserere tui rabido nec perditus 5397
ore / fumantem nasum vivi temptaveris ursi.
Hab Mitleid mit dir und versuch dich nicht mit wütendem Mund an der schnaubenden Nase eines lebenden Bären.
Matial, Epigrammata 6.54,27–28

5398 Sed morte magis metuenda senectus.
Mehr als den Tod muss man das Alter fürchten.
Juvenal, Saturae 11,45

5399 Sed nihil est, quod non arte curaque, si non potest vinci, mitigetur.
Es gibt nichts, was sich durch Fürsorge, wenn schon nicht bewältigen, so doch erträglicher machen ließe.
Plinius, Epistulae 8.4,4

5400 Sed numquam nimis dicitur, quod numquam satis discitur.
Was nie genug gelernt wird, wird nicht oft genug gesagt.
Seneca, Epistulae morales 27,9

5401 Sed omnem consolationem vincit dolor.
Der Schmerz ist stärker als jeder Trost.
Cicero, Ad Atticum 12.14,3

5402 Sed si sapis, omnia humana condicione metire: simul et quod gaudes et quod times, contrahe.
Wenn du weise bist, miss alles an der Bedingung des Menschen: begrenze die Freuden und die Ängste.
Seneca, Epistulae morales 110,4

5403 Sed timidi est optare necem.
Sich den Tod zu wünschen zeugt von Feigheit.
Ovid, Metamorphoses 4.115

Sed ubi metus nullus, emendatio proinde nulla. 5404
Wo die Furcht fehlt, gibt es auch keine Besserung.
Tertullian, De paenitentia 2,2

Semper avarus eget. 5405
Der Geizige ist immer arm.
Horaz, Epistulae 1.2,56

semper et ubique 5406
immer und überall

Semper fidelis. 5407
Immer zuverlässig.

Semper homo bonus tiro est. 5408
Ein guter Mensch bleibt immer ein Anfänger.
Matial, Epigrammata 12.51,2

semper idem 5409
immer derselbe

Semper inops, quicumque cupit. 5410
Wer nie genug bekommt, ist immer arm.
Claudianus, In Rufinum 1,200

Semper propter rebus bonis deteriora collimitant. 5411
Glück und Unglück grenzen immer aneinander
Julius Valerius, Res gestae Alexandri 1,13

5412 Semper, quod postremum adiectum sit, id rem totam videri traxisse.
Immer scheint das, was zuletzt hinzugekommen ist, die ganze Sache entschieden zu haben.
Livius, Ab urbe condita 27.45,5

5413 Semper voluptas famem sui habet et transacta non satiat.
Die Lust hat immer Heißhunger auf sich selbst und sättigt nicht, wenn sie vorüber ist.
Hieronymus, Epistulae 21.13

5414 Senectus enim insanabilis morbus est.
Das Alter ist eine unheilbare Krankheit.
Seneca, Epistulae morales 108,28

5415 Senectus, quam, ut adipiscantur, omnes optant, eandem accusant adepti.
Das Alter, das alle zu erreichen wünschen, beklagen sie, wenn sie es erreicht haben.
Cicero, Cato maior de senectute 4

5416 Senes interdum delirant.
Alte spielen zwischendurch verrückt.
Plautus, Epidicus 393

5417 Senescimus; effugit aetas: / Utere rene tuo!
Wir werden alt, die Zeit flieht dahin: Nütze deine Lenden!
Ausonius, Epigrammata 34,1–2

Senesco multa in dies addiscens. 5418
Ich werde alt, indem ich jeden Tag viel hinzulerne.
Cicero, Cato maior de senectute 50

Sensus, non aetas invenit sapientiam. 5419
Verstand, nicht das Alter führt zur Weisheit.
Publilius Syrus, Sententiae 590

Sentire dicitur dupliciter, scilicet habere 5420
sensum et uti sensu.
Denken bedeutet beides, Verstand haben und ihn gebrauchen.
Auctoritates, Aristoteles, Topica 73

Sentit amans sua damna fere. 5421
Der Liebende weiß seine Verdammnis.
Ovid, Tristia 4.1,33

Sentit enim vim quisque suam, quod 5422
possit abuti.
Jeder kennt seine Stärken und seine Schwächen.
Lukrez, De rerum natura 5.1033

series implexa causarum 5423
die verwickelte Reihe der Ursachen
Seneca, De beneficiis 4.7,2

Sermo animi imago est: ut vir, sic 5424
oratio.
Die Sprache ist ein Spiegelbild der Seele: Wie der Mann, so seine Rede.
Publilius Syrus, Sententiae A156

5425 Sermo datur cunctis, animi sapientia paucis.
Die Sprache haben alle bekommen, Weisheit des Herzens nur wenige.
Disticha Catonis 1.10,2

5426 Sermo / haud dubie ostendit mores animumque latentem.
Die Sprache Verrät die Gesinnung und geheime Gedanken.
Palingenius, Zodiacus vitae 4.624–625

5427 Sero in periclis est consilium quaerere.
Zu spät ist es, in der Gefahr nach Rat zu fragen.
Publilius Syrus, Sententiae 625

5428 Sero venientes male sedentes.
Wer zu spät kommt, sitzt schlecht.
Walther, Proverbia sententiaeque 28122

5429 Serum est cavendi tempus in mediis malis.
Zu spät sieht man sich vor, wenn man mitten im Unheil steckt.
Seneca, Thyestes 487

5430 Serva me, servabo te.
Hilf mir, und ich werde dir helfen.
Petron, Satyricon 44,3

5431 Serva ordinem, et ordo servavit te.
Bewahre die Ordnung, und die Ordnung wird dich bewahren.

Serva tempus. 5432
Vergeude keine Zeit!
Inschrift auf Sonnenuhren

Servandus ergo est omni diligentia 5433
raro inventus amicus; est enim alter ego.
Da man einen Freund nur selten findet, muss man ihn mit aller Sorgfalt fest halten; er ist nämlich ein zweites Ich.
Pseudo-Seneca, Liber de moribus 20

Servi ut taceant: iumenta loquentur et 5434
canis et postes et marmora.
Mögen auch die Sklaven schweigen, so reden doch das Vieh, der Hund, die Tür, der Marmor.
Juvenal, Saturae 9,103

Serviet aeternum, qui parvo nesciet 5435
uti.
Ewig Sklave wird sein, wer nicht mit wenig zu leben versteht.
Horaz, Epistulae 1.10,41

Sese omnes amant. 5436
Alle lieben nur sich selbst.
Plautus, Captivi 477

Sex horis dormire sat est iuvenique 5437
senique.
Sechs Stunden schlafen ist genug für Junge wie Alte.
Regimen sanitatis Salernitanum, Somnus

5438 Si ad naturam vives, numquam eris pauper; si ad opiniones, numquam eris dives.
Wenn du nach der Natur lebst, wirst du nie arm, wenn nach Wunschbildern, nie reich.
Epikur bei Seneca, Epistulae morales 16,7

5439 Si alteram talem victoriam reportavero, mea erit pernicies.
Wenn ich noch einen solchen Sieg erringe, bin ich verloren.
Pyrrhus bei Plutarch, Moralia 184c

5440 Si causae non reperiuntur rerum, res tamen ipsae observari animadvertique possunt.
Wenn man die Ursachen nicht herausfinden kann, kann man doch die Wirkungen feststellen und untersuchen.
Cicero, De divinatione 2.47

5441 Si computes annos, exiguum tempus: si vices rerum, aevum putes.
Zählst du die Jahre: eine kurze Zeit, die Wechselfälle des Schicksals, eine halbe Ewigkeit.
Plinius, Epistulae 4.24,6

5442 Si cupis placere multis, displice primum tibi.
Wenn du vielen gefallen willst, missfalle zuerst dir selbst.
Walther, Proverbia sententiaeque 42456

Si futura scire mens est, consulas, quod praeterit. 5443
Wenn du die Zukunft erfahren willst, zieh die Vergangenheit zu Rate.
Walther, Proverbia sententiaeque 42510

Si hortum in bibliotheca habes, deerit nihil. 5444
Wenn du in deiner Bibliothek einen Garten hast, wird nichts fehlen.
Cicero, Ad familiares 9.4

Si mihi perget, quae volt, dicere, ea, quae non volt, audiet. 5445
Wenn er mir weiterhin sagt, was er will, wird er zu hören bekommen, was er nicht will.
Terenz, Andria 920

Si nihil discis, dediscis. 5446
Wenn du nichts lernst, verlernst du alles.
Caecilius Balbus, Sententiae (W) 3,6

Si nil velis timere, metuas omnia. 5447
Wenn du nichts fürchten willst, musst du alles fürchten.
Publilius Syrus, Sententiae 598

Si non proficimus, mox deficimus. 5448
Wenn wir keine Fortschritte machen, verfallen wir.
Cyrillus, Speculum sapientiae 1.1

5449 Si non sufficiant tibi res, tu suffice rebus.
Wenn deine Habe dir nicht genügt, genüge du deiner Habe!
Quid suum virtutis 1121

5450 Si non vis alii parcere, parce tibi!
Wenn du schon auf andere nicht achten willst, achte auf dich!
Anonymus Neveleti 55,16

5451 Si omnia fecit, ut sanaret, peregit partes suas medicus.
Wenn der Arzt alles zur Heilung getan hat, hat er seinen Teil getan.
Seneca, De beneficiis 7.14,3

5452 Si qua venit sero, magna ruina venit.
Kommt die Leidenschaft spät, kommt eine große Katastrophe.
Properz, Elegiae 2.25,28

5453 Si qua voles apte nubere, nube pari.
Willst du dich glücklich verheiraten, wähle einen Mann, der dir entspricht.
Ovid, Heroides 9,32

5454 Si quando fatuo delectari volo, non est mihi longe quaerendus: me rideo.
Wenn ich einmal über einen Narren lachen will, muss ich nicht lange suchen: Ich lache über mich.
Seneca, Epistulae morales 50,2

Si quid est, quo teneris, aut expedi aut incide. 5455
Wenn es etwas gibt, was dich beengt, so mach dich davon frei oder zerschlage es.
Seneca, Epistulae morales 17,1

Si sapis, / quod scis, nescis. 5456
Wenn du weise bist, weißt du nicht, was du weißt.
Terenz, Eunuchus 721–722

Si steteris, retrocedis. 5457
Stillstand ist Rückschritt.

Si stimulos pugnis caedis, manibus plus dolet. 5458
Wenn man mit Fäusten auf Stacheln schlägt, schmerzen die Hände mehr.
Plautus, Truculentus 768

Si tibi cura mei, sit tibi cura tui! 5459
Wenn du dich um mich kümmerst, dann kümmere dich auch um dich!
Ovid, Heroides 13,164

Si vis amari, ama! 5460
Wenn du geliebt werden willst, liebe!
Seneca, Epistulae morales 9,6

Si vis omnia tibi subicere, te subice rationi. 5461
Willst du dir alles unterwerfen, dann unterwirf dich der Vernunft.
Seneca, Epistulae morales 37,4

5462 Si vis pacem, para bellum!
Wenn du Frieden willst, rüste zum Krieg!

5463 Sibi quisque dat mores, ministeria casus assignat.
Seine Moral bestimmt man selbst, seine Aufgaben gibt der Zufall.
Seneca, Epistulae morales 47,15

5464 Sibi quisque peccat.
Jeder sündigt auf eigene Gefahr.
Petron, Satyricon 45,9

5465 Sibi quisque profecto / est deus; ignavis precibus Fortuna repugnat.
Doch ist sich jeder selbst ein Gott; das Glück wehrt sich gegen feige Gebete.
Ovid, Metamorphoses 8.72–73

5466 Sibi quisque proximus est.
Jeder ist sich selbst der Nächste.
Disticha Catonis 1.40,2

5467 Sibi servire gravissima est servitus.
Sich selbst zu dienen ist die wichtigste Art der Knechtschaft.
Seneca, Naturales quaestiones 3. pr. 17

5468 Sibi uni fortunam debet.
Er verdankt seinen Erfolg sich selbst.

5469 sic!
so

Sic cum inferiore vivas, quemadmodum 5470
tecum superiorem velis vivere.
Verkehre mit einem Untergebenen so, wie du dir wünschst, dass ein Vorgesetzter mit dir verkehrt.
Seneca, Epistulae morales 47,11

Sic demus, quomodo vellemus 5471
accipere.
Lasst uns so geben, wie wir gern erhalten würden.
Seneca, De beneficiis 2.1,1

Sic erat in fatis. 5472
So war es vorherbestimmt.
Ovid, Fasti 1.481

Sic erunt novissimi primi et primi 5473
novissimi. Multi enim sunt vocati, pauci vero electi.
Also werden die Letzten die Ersten und die Ersten die Letzten sein. Denn viele sind berufen, aber wenige sind auserwählt.
Vulgata, Evangelium secundum Matthaeum 20,16

sic et non 5474
so und nicht

Sic, ne perdiderit, non cessat perdere 5475
lusor.
Um nicht zu verlieren, hört der Spieler nicht auf zu verlieren.
Ovid, Ars amatoria 1.451

5476 Sic novus atque novum vinum veterascat amicus.
Ein neuer Freund muss wie ein neuer Wein erst altern.
Monosticha Catonis A37

5477 sic passim
so weit und breit

5478 Sic transit gloria mundi.
So vergeht die Herrlichkeit der Welt.
Vulgata, Epistula Ioannis 1.2,17

5479 Sic vive cum hominibus, tamquam deus videat.
Lebe so mit den Mitmenschen, als ob Gott es sähe.
Seneca, Epistulae morales 10,5

5480 Sicut equus ad cursum, bos ad arandum, canis ad indagandum, sic homo ad agendum et laborandum natus est.
Wie das Pferd zum Rennen, der Ochse zum Pflügen, der Hund zum Aufspüren, so ist der Mensch zum Handeln und Arbeiten geboren.
Aristoteles bei Cicero, De finibus bonorum et malorum 2.40

Sicut est autem, ut teneatur ad audiendum, delectandus auditor, ita flectendus, ut moveatur ad agendum. 5481
Wie man den Zuhörer erheitern muss, um seine Aufmerksamkeit zu fesseln, so muss man ihn rühren, um ihn zum Handeln zu bewegen.
Augustinus, De doctrina Christiana 4,27

Sicut umbra dies nostri. 5482
Unsere Tage sind wie ein Schatten.
Inschrift auf Sonnenuhren

Signa suo nomine! 5483
Sag seinen Namen.

signa temporum 5484
Zeichen der Zeit

signatura rerum 5485
Kennzeichnung der Dinge

signatus septem sigillis 5486
mit sieben Siegeln versiegelt

Silentium sapientibus responsi loco est. 5487
Schweigen ist für den Weisen so viel wie antworten.
Walther, Proverbia sententiaeque 29623f

Simile gaudet simili. 5488
Gleiches erfreut sich an Gleichem.
Erasmus, Adagia 121 (nach Platon)

5489 Similia similibus curantur.
Gleiches heilt man mit Gleichem.
Walther, Proverbia sententiaeque 29639f

5490 Simillimum oblivioni silentium.
Schweigen ist dem Vergessen ähnlich.
Barclay

5491 Sincerum est nisi vas, quodcumque infundis, acescit.
Wenn ein Gefäß nicht sauber ist, wird alles, was man hineingießt, sauer.
Horaz, Epistulae 1.2,54

5492 Sine amicitia vita est nulla.
Ohne Freundschaft ist das Leben nichts.
Cicero, Laelius de amicitia 86

5493 Sine amore iocisque / nil est iucundum.
Ohne Lust und Liebe ist nichts begehrenswert.
Horaz, Epistulae 1.6,65 66

5494 Sine anima corpus, hoc est sine amicis homo.
Ein Körper ohne Seele, das ist ein Mensch ohne Freunde.
Publilius Syrus, Sententiae A242

5495 sine anno
ohne Jahresangabe

Sine Cerere et Libero friget Venus. 5496
Ohne Essen und Trinken friert die Liebe.
Terenz, Eunuchus 732

sine cura 5497
ohne Mühe

sine ira et studio 5498
ohne Zorn und Mühe

Sine labore non tenditur ad requiem, 5499
nec sine pugna pervenitur ad victoriam.
Ohne Arbeit kommt man nicht zur Ruhe, und ohne Kampf gelangt man nicht zum Sieg.
Thomas a Kempis, Imitatio Christi 3.19,17

Sine lumine pereo. 5500
Ohne Licht bin ich verloren.
Inschrift auf Sonnenuhren

Sine missione nascimur. 5501
Ohne Auftrag werden wir geboren.
Seneca, Epistulae morales 37,2

Sine nomine vulgus. 5502
Namenlos ist die Menge.
Vergil, Aeneis 9.343

Sine pennis volare haud facile est. 5503
Ohne Federn fliegen ist nicht leicht.
Plautus, Poenulus 871

5504 Sine sole sileo.
Ohne Sonne schweige ich.
Inschrift auf Sonnenuhren

5505 Singula de nobis anni praedantur euntes: / eripuere iocos, venerem, convivia, ludum.
Eins nach dem anderen rauben uns die Jahre, wenn sie dahingehen: Entwendet haben sie Scherze, Liebe, Trinkgelage, Spiel.
Horaz, Epistulae 2.2,55–56

5506 Singulas dies singulas vitas puta.
Sieh jeden einzelnen Tag als ein einziges Leben an.
Seneca, Epistulae morales 101,10

5507 Singuli dies aliquid subtrahunt viribus.
Jeder einzelne Tag mindert unsere Kraft.
Seneca, Epistulae morales 26,4

5508 Sint temporalia in usu, aeterna in desiderio.
Nutze die Zeit, begehre das Ewige.
Thomas a Kempis, Imitatio Christi 3.16,6

5509 Sint, ut sunt, aut non sint.
Sie sollen sein, wie sie sind, oder sie sollen nicht sein.

5510 Sit tibi terra levis!
Möge die Erde dir leicht sein.
Matial, Epigrammata 9.29,11

Sola dosis facit venenum. 5511
Allein die Menge macht das Gift aus.
Paracelsus (1493–1541)

sola fide 5512
allein durch den Glauben
Vulgata, Epistula ad Romanos 3,28

sola gratia 5513
allein durch die Gnade

Solent extrema facere securos mala. 5514
Maßloses Unheil macht sicher.
Seneca, Oedipus 386

Soli Deo gloria! 5515
Gott allein sei die Ehre!
Vulgata, Epistula ad Timotheum 1.1,17

Solis par hominis cursus fit, meta sed 5516
impar: / si cadit ille, redit, si cadit iste, perit.
Die Bahn der Sonne entspricht der des Menschen, doch mit unterschiedlicher Wende: Fällt jene, kehrt sie zurück, fällt dieser, stirbt er.
Inschrift auf Sonnenuhren

Solitudinem adeat, qui vult innocenter 5517
vivere.
Wer in Unschuld leben will, muss in die Einsamkeit gehen.
Publilius Syrus, Sententiae A99

5518 Solum igitur ad occupatos praesens pertinet tempus, quod tam breve est, ut arripi non possit, et id ipsum illis districtis in multa subducitur.
Die Gegenwart gehört nur den Geschäftigen, weil sie so kurz ist, dass man sie nicht fassen kann, und gerade sie entzieht sich denen, die vielseitig beschäftigt sind.
Seneca, De brevitate vitae 10,6

5519 Somnia fallaci ludunt temeraria nocte.
Belanglose Träume treiben ihr Spiel in trügerischer Nacht.
Tibull (Lygdamus), Elegiae 3.4,7

5520 Somnia, quae mentes ludunt volitantibus umbris, / non delubra deum nec ab aethere numina mittunt, / sed sibi quisque facit.
Die Träume, die die Sinne betören mit tanzenden Schatten, kommen nicht aus göttlichen Hallen und nicht von den Göttern, sondern jeder macht sie sich selbst.
Petron in Anthologia Latina 1.651,1–3

5521 Somnus et vinum inimicissima diligentiae.
Schlaf und Wein sind die größten Feinde der Sorgfalt.
Columella, De re rustica 11.13

5522 Somnus imago mortis.
Der Schlaf ist das Spiegelbild des Todes.
Cicero, Tusculanae disputationes 1.92

Sordidius multo vivimus, quam nascimur. 5523
Wir leben viel erbärmlicher, als wir geboren werden.
Publilius Syrus, Sententiae A181

Sors est sua cuique ferenda. 5524
Jeder muss sein eigenes Los tragen.
Manilius, Astronomica 4.22

Sors pariter nos una manet. 5525
Ein und dasselbe Los wartet in gleicher Weise auf uns.
Dracontius, Orestis tragoedie 183

Spatio brevi / spem longam reseces! 5526
Beschränke deine Hoffnung auf eine kurze Lebenszeit!
Horaz, Carmina 1.11,6–7

Spatiosa via est, quae ducit ad perditionem, et multi sunt, qui intrant per eam. 5527
Der Weg ist breit, der zur Verdammnis führt, und es sind viele, die darauf wandeln.
Vulgata, Evangelium secundum Matthaeum 7,13

Spectatum veniunt; veniunt, spectentur ut ipsae. 5528
Sie kommen, um zu sehen; sie kommen aber auch, um gesehen zu werden.
Ovid, Ars amatoria 1.99

5529 Speculum mentis est facies et taciti oculi cordis fatentur arcana.
Das Gesicht ist der Spiegel des Geistes und schweigsame Augen offenbaren die Geheimnisse des Herzens.
Hieronymus, Epistulae 54,13

5530 Speculum siquidem cordis hominum verba sunt.
Die Worte der Menschen sind ein Spiegel ihres Herzens.
Cassiodor, Variae 6.9,4

5531 Spem metus sequitur.
Die Hoffnung wird von Furcht begleitet.
Seneca, Epistulae morales 5,7

5532 Spem teneo, salutem amisi.
Ich halte noch an der Hoffnung fest; mein Glück habe ich bereits verloren.
Plautus, Mercator 592

5533 spemque metumque inter dubii
schwankend zwischen Hoffnung und Furcht
Vergil, Aeneis 1.218

5534 Sperne repugnando tibi tu contrarius esse: / conveniet nulli, qui secum dissidet ipse.
Leiste deinem wahren Wesen keinen Widerstand: Wer mit sich selbst uneins ist, stimmt mit niemand überein.
Disticha Catonis 1.4

Spes autem non confundit. 5535
Hoffnung aber lässt nicht zu Schanden werden.
Vulgata, Epistula ad Romanos 5,5

Spes est, quae pascat amorem. 5536
Hoffnung ist es, was die Liebe am Leben hält.
Ovid, Metamorphoses 9.749

Spes facit illecebras visuque libido movetur. 5537
Die Hoffnung schafft Anreize, und vom Anblick wird die Lust geweckt.
Monosticha Catonis 56

Spes improbissimas complectuntur insperata assecuti. 5538
Wer unverhofften Erfolg hatte, macht sich die übertriebensten Hoffnungen.
Seneca, De clementia 1.1,7

Spes sibi quisque. 5539
Hoffnung ist jeder sich selbst.
Vergil, Aeneis 11.309

Spiritus quidem promptus est, caro vero infirma. 5540
Der Geist ist willig, aber das Fleisch ist schwach.
Vulgata, Evangelium secundum Marcum 14,38

spiritus rector 5541
leitender Geist

5542 spiritus sanctus
Heiliger Geist

5543 Spiritus, ubi vult, spirat.
Der Geist weht, wo er will.
Vulgata, Evangelium secundum Ioannem 3,8

5544 stante pede
stehenden Fußes

5545 status nascendi
Zustand des Entstehens

5546 status quo
gegenwärtiger Zustand

5547 Stulte, stude!
Dummkopf, lerne!

5548 Stultitiam dissimulare non potes nisi taciturnitate.
Dummheit kann man nur durch Schweigen verbergen.

5549 Stultorum infinitus est numerus.
Die Zahl der Dummen ist unendlich.

5550 Stultorum plena sunt omnia.
Die Welt ist ein Irrenhaus.
Cicero, Ad familiares 9.22,4

Stultum est aliis imperare velle, qui 5551
haud possit sibi.
Es ist töricht, wenn einer über andere herrschen will, der nicht über sich selbst herrschen kann.
Publilius Syrus, Sententiae A278

Stultum facit fortuna, quem vult 5552
perdere.
Zum Narren macht das Glück, wen es vernichten will.
Publilius Syrus, Sententiae 612

Stultus quiete consistens sapiens 5553
reputatur.
Ein Tor, der sich still verhält, geht als Weiser durch.
Walther, Proverbia sententiaeque 30489a

Sua cuique voluptas. 5554
Jeder hat sein eigenes Vergnügen.
Ovid, Ars amatoria 1.749

Sua quemque premit terroris imago. 5555
Jeden bedrängt sein eigenes Schreckensbild.
Lucanus, Bellum civile (Pharsalia) 7.773

Suam quisque homo rem meminit. 5556
Jeder denkt an seine eigenen Angelegenheiten.
Plautus, Mercator 1011

5557 Suavis laborum est praeteritorum memoria.
Süß ist die Erinnerung an vergangene Mühen.
Euripides bei Cicero, De finibus bonorum et malorum 2.195

5558 Sub noctem cura recursat.
Während der Nacht kehrt die Sorge zurück.
Vergil, Aeneis 1.662

5559 sub poena
unter Androhung von Strafe

5560 sub sigillo silentii
unter dem Siegel der Verschwiegenheit

5561 Sub sole nihil perfectum.
Es gibt nichts Vollkommenes unter der Sonne.

5562 Successore novo vincitur omnis amor.
Jede Leidenschaft wird von einer folgenden verdrängt.
Ovid, Remedia amoris 462

5563 Sufficit diei malitia sua.
Jeder Tag hat seine Plage.
Vulgata, Evangelium secundum Matthaeum 6,34

5564 sui generis
einzigartig

Suis qui nescit parcere, inimicis favet. 5565
Wer seine Freunde nicht zu schonen weiß, bevorzugt seine Feinde.
Publilius Syrus, Sententiae 605

summa cum laude 5566
mit höchstem Lob

summa summarum 5567
alles in allem
Plautus, Truculentus 4

summam manum addere 5568
letzte Hand anlegen

summum bonum 5569
das höchste Gut

Summum bonum est animi concordia. 5570
Das höchste Gut ist der Einklang der Seele mit sich selbst.
Seneca, De vita beata 8,6

Summum cape et medium habebis. 5571
Greif nach dem Höchsten, und du wirst Mittleres erreichen.
Erasmus, Adagia 1225 (nach Zenodotos)

Summum nec metuas diem nec optes. 5572
Fürchte den letzten Tag nicht, aber sehne ihn auch nicht herbei.
Matial, Epigrammata 10.47,13

5573 Sunt bona, sunt quaedam mediocria, sunt mala plura.
Manches ist gut, manches mittelmäßig, das meiste schlecht.
Matial, Epigrammata 1.16,1

5574 Sunt enim, ut scis, virtutibus vitia confinia.
Wie du weißt, grenzen die Tugenden nahe an Laster.
Seneca, Epistulae morales 120,8

5575 Sunt facta verbis difficiliora.
Handeln ist schwieriger als reden.
Cicero, Ad Quintum fratrem 1.4,5

5576 Sunt molles in calamitate mortalium animi.
Weich sind die Herzen der Menschen im Unglück.
Tacitus, Annales 4.68,3

5577 Sunt pueri pueri, pueri puerilia tractant.
Kinder sind Kinder, Kinder treiben Kindisches.
Walther, Proverbia sententiaeque 43400a

5578 Sunt pueri pueri, vivunt pueriliter illi.
Kinder sind Kinder und leben kindlich.
Walther, Proverbia sententiaeque 30798

5579 Sunt superis sua iura.
Die Götter haben ihre eigenen Gesetze.
Ovid, Metamorphoses 9.500

Sunt verba et voces. 5580
Da ist Wort und Zuspruch.
Horaz, Epistulae 1.1,34

Suo enim quisque studio maxime ducitur. 5581
Jeder wird am meisten von seinem eigenen Aufgabenbereich bestimmt.
Cicero, De finibus bonorum et malorum 5.5

suo iure 5582
mit vollem Recht

suo loco 5583
an seinem Ort

surdis auribus dicere 5584
tauben Ohren predigen

Surge et ambula. 5585
Steh auf und wandle!

sursum deorsum 5586
auf und ab
Cicero, Ad Atticum 5.10,5

suum cuique 5587
Jedem das Seine

Suum cuique placet. 5588
Jedem gefällt das Eigene.
Plinius maior, Naturalis historia 14.71

T

5589 Taceat, qui magna molitur.
Wer Großes leistet, soll nicht darüber reden.
volkstümlich

5590 Tacendo non incurritur periculum.
Wer schweigt, lebt gefahrlos.
Walther, Proverbia sententiaeque 30952a

5591 Tacens contradicere videtur.
Wer schweigt, scheint zu widersprechen.
Rechtsregel

5592 Tacent: satis laudant.
Sie schweigen, damit loben sie schon genug.
Terenz, Eunuchus 476

5593 Taceo, video.
Ich sehe, ich schweige.
Wahlspruch Elisabeths I. von England

5594 taliter qualiter
so gut es eben geht
Crotus Rubeanus, Epistulae obscurorum virorum 1.48

5595 Tam deest avaro, quod habet, quam quod non habet.
Dem Geizigen fehlt sowohl, was er hat als was er nicht hat.
Publilius Syrus, Sententiae 628

Tam diu ab isto periculo aberit hic populus, quam diu sciet ferre frenos. 5596
Ein Volk wird so lange keine Gefahr darstellen, als es die Zügel zu tragen vermag.
Seneca, De clementia 1.4,2

Tam diu discendum est, quam diu nescias. 5597
Man muss so lange lernen, wie man nicht weiß.
Seneca, Epistulae morales 76,3

Tam ego homo sum quam tu. 5598
Ich bin ebenso gut ein Mensch wie du.
Plautus, Asinaria 490

Tam felix utinam quam pectore candidus essem! 5599
Wäre ich doch so glücklich, wie ich reinen Herzens bin!
Ovid, Epistulae ex Ponto 4.14,43

Tam laboriosus es, ut post te non respicias? 5600
Steckst du so voll Arbeit, dass du nicht hinter dich blicken kannst?
Petron, Satyricon 57,7

Tam omnibus ignoscere crudelitas quam nulli. 5601
Allen zu verzeihen ist genauso gefühllos wie keinem.
Seneca, De clementia 1.2,2

5602 tam similem sibi quam ovo ovum
einander so ähnlich wie ein Ei dem anderen
Seneca, Apocolocyntosis 11,5

5603 Tam times, quam timeris.
Fürchte dich, wie andere dich fürchten.
Minucius Felix, Octavius 37,9

5604 Tam Venus otia amat: qui finem quaeris amoris / – cedit amor rebus –, res age, tutus eris.
So sehr liebt Venus den Müßiggang: Suchst du ein Ende der Liebe – die Liebe weicht der Arbeit –, so arbeite, und du bist sicher.
Ovid, Remedia amoris 143–144

5605 Tamen est dolendi modus, non est timendi.
Der Schmerz hat Grenzen, die Furcht hat keine.
Plinius, Epistulae 8.17,6

5606 Tangit et ira deos.
Auch Götter werden vom Zorn berührt.
Ovid, Metamorphoses 8.279

5607 Tanti re vera estis, quantum habetis.
Ihr geltet nur so viel, wie ihr habt.
Apuleius, Apologia 24

Tanto brevius omne, quanto felicius tempus. 5608
Umso kürzer scheint alles, je glücklicher die Zeit ist.
Plinius, Epistulae 8.14,10

Tanto quisque fit veritati vicinior, quanto se esse longius ab ea fuerit arbitratus. 5609
Je weiter entfernt jemand sich von der Wahrheit glaubt, desto näher kommt er ihr.
Isidor von Sevilla, Sententiae 3

Tantum aevi longinqua valet mutare vetustas! 5610
So viel vermag der Zeiten Lauf zu ändern!
Vergil, Aeneis 3.415

Tantum ne noceas, dum vis prodesse, videto! 5611
Achte nur darauf, nicht zu schaden, wenn du helfen willst.
Ovid, Tristia 1.1,101

Tantum, quantum possum. 5612
Soviel in meiner Macht steht.
Wahlspruch Friedrichs III. von Sachsen

Tantummodo incepto opus est, cetera res expediet. 5613
Es bedarf nur eines Anfangs, der Rest geschieht von selbst.
Sallust, De coniuratione Catilinae 20,10

5614 Tarda fluit pigris, velox operantibus hora.
Langsam verstreicht die Zeit den Untätigen, schnell den Beschäftigten.
Inschrift auf Sonnenuhren

5615 Tarda venit dictis difficilisque fides.
Langsam und widerwillig folgt den Worten der Glaube.
Ovid, Fasti 3.350

5616 Tarde irascitur vir gravis.
Ein besonnener Mann gerät langsam in Zorn.
Publilius Syrus, Sententiae 685

5617 Tarde velle nolentis est.
Langsam wollen ist nicht wollen.
Seneca, De beneficiis 2.5,4

5618 Tardi ingenii est rivulos consectari, fontes rerum non videre.
Es ist Schwerfälligkeit, Rinnsalen nachzuspüren und nicht die Quellen zu sehen.
Cicero, De oratore 2.117

5619 Taurum tollet, qui vitulum sustulerit.
Einen Stier wird tragen, wer zuvor ein Kalb getragen hat.
Petron, Satyricon 25,6

Te ad humana converte: videbis gentes populosque universos mutasse sedem. 5620
Blick auf die Menschen: Du siehst, dass die ganze Menschheit ständig ihren Wohnsitz wechselt.
Seneca, Ad Helviam matrem de consolatione 7,1

Te de aliis quam alios de te suaviust / fieri doctos. 5621
Besser, du lernst von anderen als andere von dir.
Plautus, Persa 540–541

Te hominem esse memento! 5622
Gedenke, dass du ein Mensch bist.

Te semper anteit saeva necessitas. 5623
Die grausame Notwendigkeit geht dir immer voran.
Horaz, Carmina 1.35,17

Te tua, me delectant mea. 5624
Dich freut das Deine, mich das Meine.
Cicero, Tusculanae disputationes 5.63

telo suo pellere 5625
mit eigenen Waffen schlagen
Plautus, Amphitruo 269

Temeritas sub titulo fortitudinis latet. 5626
Leichtsinn verbirgt sich unter dem Begriff der Tapferkeit.
Seneca, Epistulae morales 45,7

5627 Tempora labuntur more fluentis aquae.
Die Zeit gleitet dahin wie fließendes Wasser.
Inschrift auf Sonnenuhren

5628 Tempora labuntur, tacitisque senescimus annis, / et fugiunt freno non remorante dies.
Die Zeit verstreicht, unmerklich werden wir alt, und die Tage fliehen dahin, ohne dass ein Zügel sie aufhält.
Ovid, Fasti 6.771–772

5629 Tempora laudantur, si non peiora sequantur.
Man lobt die Umstände, wenn nicht schlimmere folgen.
Walther, Proverbia sententiaeque 31203

5630 Tempora mutantur, nos et mutamur in illis.
Die Zeiten ändern sich, und wir verändern uns mit ihnen.
Wahlspruch Kaiser Lothars I.

5631 Tempora ne culpes, cum sit tibi causa doloris.
Such die Schuld nicht bei den Umständen, wenn du dein Leid selbst verursacht hast.
Disticha Catonis 2.30

Tempora sic fugiunt pariter pariterque sequuntur, / et nova sunt semper. 5632
So fliehen in gleicher Weise die Zeiten dahin und in gleicher Weise folgen sie aufeinander und sind doch immer neu.
Ovid, Metamorphoses 15.183–184

Tempora tempore tempera. 5633
Mildere die Umstände durch die Zeit.
Walther, Proverbia sententiaeque 31219a

Tempore qui longo steterit, male curret. 5634
Was lange gestanden ist, wird schlecht laufen.
Ovid, Tristia 5.12,25

Tempori aptari decet. 5635
Man muss sich den Zeiten anpassen.
Seneca, Medea 175

Temporis unius honesta avaritia est. 5636
Mit seiner Zeit zu geizen ist ehrenwerter Geiz.
Seneca, De brevitate vitae 3,1

Tempus abire tibi est. 5637
Es ist an der Zeit, dass du gehst.
Horaz, Epistulae 2.2,215

Tempus autem est pars quaedam aeternitatis. 5638
Die Zeit ist ein Abschnitt der Ewigkeit.
Cicero, De inventione 1.39

5639 Tempus est mensura motus rerum mobilium.
Die Zeit ist das Maß für die Bewegung alles Beweglichen.
Auctoritates, Aristoteles, Physica 139

5640 Tempus est nos de illa perpetua iam, non de hac exigua vita cogitare.
Es ist an der Zeit, dass wir an jenes ewige Leben denken und nicht mehr an dieses kurze.
Cicero, Ad Atticum 10.8,8

5641 Tempus facit aerumnas leves.
Die Zeit lindert den Kummer.
Seneca, Thyestes 305

5642 Tempus fugit.
Die Zeit flieht dahin.
Inschrift auf Uhren

5643 Tempus nos avidum devorat et chaos.
Uns verschlingt die Zeit und das Chaos.
Seneca, Troades 400

5644 Tempus unum est, quod ne gratus quidem potest reddere.
Zeit ist das Einzige, was nicht einmal ein Dankbarer zurückgeben kann.
Seneca, Epistulae morales 1,3

5645 Tene mensuram et respice finem.
Halte Maß und bedenke das Ende.

Tene, quod bene. 5646
Halte dich an Bewährtes.
Seneca maior, Controversiae 10. 5,10

Tenue est mendacium: perlucet, si diligenter inspexeris. 5647
Lügen sind fadenscheinig; betrachtet man sie sorgfältig, schimmern sie durch.
Seneca, Epistulae morales 79,18

terra incognita 5648
unbekanntes Land

Terra pilae similis nullo fulcimine nixa, / aere subiecto tam grave pendet onus. 5649
Die Erde schwebt wie eine Kugel, von keiner Stütze gehalten, mit ihrem schweren Gewicht auf der tragenden Luft.
Ovid, Fasti 6,269–270

Terram scrutamur: pectus scrutari piget. 5650
Wir durchforschen die Erde, das Herz wollen wir nicht erkunden.
Publilius Syrus, Sententiae A145

Terretur minimo pennae stridore columba, / unguibus, accipiter, saucia facta tuis. 5651
Die Taube erschrickt über das geringste Flattern, wenn du, Habicht, sie einmal mit deinen Krallen verwundet hast.
Ovid, Tristia 1.1,75–76

5652 Tertium non datur.
Ein Drittes gibt es nicht.
Cicero, Ad familiares 9. 22,1

5653 tertius gaudens
der lachende Dritte

5654 Testes non numerantur, sed ponderantur.
Zeugen werden nicht gezählt, sondern gewogen.
Plinius, Epistulae 2.12,5

5655 testimonium paupertatis
Armutszeugnis

5656 Testudo collecta in suum tegimen tuta est.
Die Schildkröte ist unter ihrem Schild sicher.
Livius, Ab urbe condita 36.32,6

5657 theatrum mundi
Welttheater

5658 Tibi astra non mentiuntur, sed tu ipse. Quod deciperis, tibi imputa!
Nicht die Sterne belügen dich, sondern du dich selbst. Dass du betrogen wirst, rechne dir an!
Johannes Saresberiensis, Policraticus 2.24

5659 Tibi di, quaecumque preceris, / commoda dent!
Die Götter mögen dir deine Wünsche erfüllen!
Horaz, Sermones 2.8,75–76

Tibi ut opus est facto, face. 5660
Handle, wie du handeln musst.
Terenz, Heauton timorumenos 80

Timendi causa est nescire. 5661
Unwissenheit ist die Ursache der Furcht.
Seneca, Naturales quaestiones 6.3,4

Timeo lectorem unius libri. 5662
Ich fürchte den, der nur ein einziges Buch gelesen hat.
nach Thomas von Aquin (um 1225–1274)

Timere debet, quisquis alii sustinet / 5663
nocere, peius ipsi ne eveniat malum.
Wer einem anderen schaden will,
muss fürchten, dass es ihm selbst
noch schlimmer ergeht.
Phaedrus, Liber fabularum, Appendix Gudiana 20,22–23

Timet timentes. 5664
Er fürchtet die, die Furcht haben.
Seneca, Oedipus 706

Timidus vocat se cautum, parcum 5665
sordidus.
Der Ängstliche hält sich für vorsichtig, der Geizhals als sparsam.
Publilius Syrus, Sententiae A116

5666 Timor ipse malorum / saepe supervacuos cogit habere metus.
Die Furcht vor Unglück zwingt oft zu überflüssigen Ängsten.
Ovid, Epistulae ex Ponto 2.7,5–6

5667 Timor ungulas mihi alas fecerat.
Die Angst hatte mir die Hufe zu Flügeln gemacht.
Apuleius, Metamorphoses 6.26,3

5668 Tolerabile est semel anno insanire.
Einmal im Jahr darf man verrückt sein.
Seneca bei Augustinus, De civitate Dei 6.10

5669 Tolerabilius est faciliusque non acquirere quam amittere.
Erträglicher und leichter ist es, nicht zu erwerben als zu verlieren.
Seneca, De tranquillitate animi 8,3

5670 Tolle digitum.
Streck den Finger aus!
Erasmus, Adagia 2314

5671 Tolle, lege!
Nimm auf und lies!
Augustinus, Confessiones 8.12

5672 Tolle pecuniam: bella sustuleris, sustuleris seditiones.
Schaff das Geld ab, und du hast Kriege und Aufstände abgeschafft.
Quintilian, Declamationes minores 321,18

Tollenti onus auxiliare, deponenti nequaquam! 5673
Hilf dem, der eine Last aufnimmt, nicht dem, der sie ablegt.

tondere usque ad vivam cutem 5674
bis auf die lebendige Haut scheren
Plautus, Bacchides 242

Tot capita, tot sensus. 5675
So viele Köpfe, so viele Meinungen.
Walther, Proverbia sententiaeque 31477a

Tota flebilis vita est: urgebunt nova incommoda, priusquam veteribus satisfeceris. 5676
Unser ganzes Leben ist elend: Neues Unglück bricht herein, ehe man mit dem alten fertig geworden ist.
Seneca, Ad Marciam de consolatione 10,7

Tota philosophorum vita commentatio mortis est. 5677
Das ganze Leben der Philosophen ist Vorbereitung auf den Tod.
Cicero, Tusculanae disputationes 1.75

Tota vita hominis unus est dies. 5678
Das ganze menschliche Leben ist ein einziger Tag.
Pseudo-Quintilian, Declamationes maiores 4,9

5679 Tota vita nihil aliud quam ad mortem iter est.
Das ganze Leben ist nichts anderes als eine Reise zum Tod.
Seneca, Ad Polybium de consolatione 11,2

5680 Totaque res vacillat et claudicat.
Die ganze Sache schwankt und hinkt.
Cicero, De natura deorum 1.107

5681 Totis corporibus nihil esse utilius sale et sole.
Für den ganzen Körper gibt es nichts Nützlicheres als Salz und Sonne.
Plinius maior, Naturalis historia 31.102

5682 totis viribus
mit allen Kräften

5683 toto corde
von ganzem Herzen

5684 toto pectore
mit ganzem Herzen

5685 Totum hoc, quo continemur, et unum est et deus; et socii eius sumus et membra.
Dieses Alles, das uns umschließt, ist das Eine und ist Gott; und wir sind seine Teile und Glieder.
Seneca, Epistulae morales 92,30

Totum igitur in eo est, ut tibi imperes. 5686
Alles kommt also darauf an, dass du dich selbst beherrschst.
Cicero, Tusculanae disputationes 2.53

Totum nihil aliud est nisi omnes partes simul sumptae. 5687
Das Ganze ist nichts anderes als alle Teile zusammengenommen.
Auctoritates, Aristoteles, Physica 43

Totus homuncio nil est. 5688
Das ganze Menschenleben ist ein Nichts.
Petron, Satyricon 34,10

Tractant fabrilia fabri. 5689
Handwerker betreiben ihr Gewerbe.
Horaz, Epistulae 2.1,116

tragoedias agere in nugis. 5690
aus nichts eine Tragödie machen
Cicero, De oratore 2. 205

Trahimur omnes studio laudis. 5691
Wir alle sind vom Streben nach Ruhm bestimmt.
Cicero, Pro Archia 26

Trahit sua quemque voluptas. 5692
Jeden zieht an, was er begehrt.
Vergil, Bucolica 2,65

5693 Tranquillas etiam naufragus horret aquas.
Der Schiffbrüchige fürchtet das Meer, auch wenn es ruhig ist.
Ovid, Epistulae ex Ponto 2.7,8

5694 Tranquillo quilibet gubernator est.
Bei ruhiger See kann jeder Steuermann sein.
Seneca, Epistulae morales 85,34

5695 Transeat hic sine nube dies!
Dieser Tag soll ohne Wolke vorübergehen!
Properz, Elegiae 3.10,5

5696 Transit umbra, sed lux permanet.
Schatten gehen vorüber, doch das Licht bleibt.
Inschrift auf Sonnenuhren

5697 Tristia maestum / vultum verba decent.
Traurige Worte stehen einem betrübtem Gesicht wohl an.
Horaz, De arte poetica 105–106

5698 Tristis eris, si solus eris.
Wenn du allein bist, wirst du traurig sein.
Ovid, Remedia amoris 583

5699 Tristitia inter omnes animae passiones magis corpori nocet.
Traurigkeit schadet von allen Leidenschaften der Seele dem Körper am meisten.
Thomas von Aquin, Summa theologiae 1.2,37,4

Tristitiam, si potis, ne admittas; si minus, ne ostenderis. 5700
Lass, wenn du kannst, keine Traurigkeit zu, wenn doch, zeig sie nicht.
Publilius Syrus, Sententiae A121

Truditur dies die / novaeque pergunt interire lunae. 5701
Ein Tag wird vom anderen verdrängt, und neue Monde gehen unaufhörlich unter.
Horaz, Carmina 2.18,15–16

Tu es Petrus et super hanc petram aedificabo ecclesiam meam et tibi dabo claves regni coelorum. 5702
Du bist Petrus, und auf diesen Felsen werde ich meine Kirche bauen, und ich werde dir die Schlüssel des Himmelreiches geben.
Vulgata, Evangelium secundum Matthaeum 16,18

Tu loca, quae nimium grata fuere, cave! 5703
Hüte dich vor Orten, die dir allzu wertvoll waren!
Ovid, Remedia amoris 738

Tu mihi sola places. 5704
Du gefällst mir als Einzige.
Ovid, Ars amatoria 1.42

5705 Tu modo, dum lucet, fructum ne desere vitae: / omnia si dederis oscula, pauca dabis.
Versäume nur nicht, solange es Tag ist, die Früchte des Lebens: Gibst du auch alle Küsse, du gibst zu wenige.
Properz, Elegiae 2.15,49–50

5706 Tu ne cede malis, sed contra audentior ito.
Weiche dem Unglück nicht aus, sondern geh mutiger ihm entgegen.
Vergil, Aeneis 6.95

5707 Tu ne quaesieris, scire nefas, quem mihi, quem tibi / finem di dederint.
Frag nicht – keiner weiß es –, welches Ende die Götter mir, welches sie dir gesetzt haben.
Horaz, Carmina 1.11,1–2

5708 Tu nescies, quod scis, si sapies.
Du wirst nicht wissen, was du weißt, wenn du weise bist.
Terenz, Heauton timorumenos 748

5709 Tu quam loquaris, audias libentius.
Hör besser zu, statt zu reden.
Publilius Syrus, Sententiae A119

Tu quamcumque deus tibi fortunaverit horam / grata sume manu neu dulcia differ in annum. 5710
Wenn Gott dir eine glückliche Stunde schenkt, nimm sie mit dankbarer Hand und verschieb ihren Genuss nicht auf später.
Horaz, Epistulae 1.11,22–23

Tu, / quid de quoque viro et cui dicas, saepe videto. 5711
Achte darauf, was du über jemanden sagst und wem du es sagst.
Horaz, Epistulae 1.18,67–68

Tu quod cavere possis, stultum admittere est. 5712
Es ist dumm, hinzunehmen, was du vermeiden könntest.
Terenz, Eunuchus 761

Tu quod es, e populo quilibet esse potest. 5713
Was du bist, kann jeder andere auch sein.
Matial, Epigrammata 5.13,10

Tu quoque, Brute, mi fili? 5714
Auch du, mein Sohn, Brutus?
nach Sueton, De vita Caesarum, Caesar 82,2

Tu si hic sis, aliter sentias. 5715
An meiner Stelle würdest du anders denken.
Terenz, Andria 310

5716 Tua quod nihil refert, ne cures.
Kümmere dich nicht um Dinge, die dich nichts angehen.
Plautus, Stichus 320

5717 Tua quod nil refert, percontari desinas!
Hör auf zu erforschen, was dich nichts angeht.
Terenz, Hecyra 810

5718 Tuam nescis.
Deine kennst du nicht.
Inschrift auf Uhren

5719 Tum demum homines nostra intellegimus bona, / cum, quae in potestate habuimus, ea amisimus.
Wir Menschen erkennen den Wert unseres Eigentums erst, wenn wir seinen Besitz eingebüßt haben.
Plautus, Captivi 142–143

5720 Tunc omnia iure tenebis, / cum poteris rex esse tui.
Dann wirst du mit Recht alles beherrschen, wenn du Herr deiner selbst sein kannst.
Claudianus, De quarto consulatu Honorii Augusti 261–262

5721 Tunica propior pallio est.
Das Hemd ist mir näher als der Rock.
Plautus, Trinummus 1154

Turba facit dubium coeptaque nostra tenet. 5722
Die verwirrende Vielfalt verunsichert und hemmt unser Vorhaben.
Ovid, Fasti 4.784

Turbida mens nescit vitiis inponere frena. 5723
Ein wirrer Geist kann die Laster nicht zügeln.
Petrus Blesensis, Carmina 6,9

Turpe est aliud loqui, aliud sentire; quanto turpius aliud scribere, aliud sentire. 5724
Schändlich ist, anders zu reden, als man denkt; umso schändlicher, anders zu schreiben, als man denkt.
Seneca, Epistulae morales 24,19

Turpe est bellum gerere, quocum vixti familiariter. 5725
Es ist schändlich, mit einem Krieg zu führen, mit dem man eng zusammengelebt hat.
Publilius Syrus, Sententiae A129

Turpe est odisse, quem laudes. 5726
Es ist schändlich zu hassen, den man loben müsste.

Turpe quid ausurus te sine teste time. 5727
Hast du etwas Schändliches vor, fürchte dich auch ohne Zeugen vor dir selbst.
Anacharsis bei Pseudo-Ausonius, Septem sapientum sententiae 43

5728 Turpe senilis amor.
Ein verliebter Greis ist eine Schande.
Ovid, Amores 1.9,4

5729 Turpia ne dixeris, paulatim enim pudor per verba dediscitur.
Sprich nicht unanständig, denn nach und nach verlernt man mit den Worten die Scham.
Pseudo-Seneca, Liber de moribus 120

5730 Turpis avis, proprium qui foedat stercore nidum.
Das ist ein hässlicher Vogel, der sein eigenes Nest mit seinem Mist beschmutzt.
Walther, Proverbia sententiaeque 31979

5731 Tuta me media vehat / vita decurrens via.
Auf dem Mittelweg führe das Leben mich sicher.
Seneca, Oedipus 890–891

5732 Tuta scelera esse possunt, secura esse non possunt.
Verbrechen können risikolos sein, aber nicht ohne Sorgen.
Seneca, Epistulae morales 97,13

5733 Tutemet mirabere.
Du wirst dich wundern.
Terenz, Heauton timorumenos 374

Tutissimum est inferre, cum timeas, gradum. 5734
Am sichersten ist es, anzugreifen, wenn man sich fürchtet.
Seneca, Phaedra 722

Tutius est aptumque magis discedere pace. 5735
Sicherer ist es und zweckvollerr, sich in Frieden zu trennen.
Ovid, Remedia amoris 669

Tutum carpit inanis iter. 5736
Wer nichts hat, reist sicher.
Pseudo-Ovid, Nux 44

Tutum silentii praemium. 5737
Sicherheit ist der Lohn fürs Schweigen.
Erasmus, Adagia 2403 (nach Apostolios)

Tutus in mensa capitur angusta cibus. / Venenum in auro bibitur. 5738
Sicher speist man an einem kargen Tisch; Gift trinkt man aus Goldpokalen.
Seneca, Thyestes 452–453

Tyrannus contrariis in contraria agitur; nam cum invisus sit, quia timetur, timeri vult, quia invisus est. 5739
Der Tyrann wird von einem Extrem ins andere getrieben; denn während er gehasst wird, weil er gefürchtet wird, will er gefürchtet werden, weil er gehasst wird.
Seneca, De clementia 1.12,4

U

5740 Ubi amici, ibidem opes.
Wo Freunde sind, da ist Reichtum.
Plautus, Truculentus 885

5741 Ubi amor, ibi dolor.
Wo Liebe ist, ist auch Leid.
Bebel, Proverbia Germanica 555

5742 Ubi amor, ibi oculus.
Wo Liebe ist, da ist das Auge.
Johannes Saresberiensis, Policraticus 3. 12

5743 Ubi bene, ibi patria.
Wo es mir gut geht, da ist das Vaterland.
Cicero, Tusculanae disputationes 5.108

5744 Ubi dolor, ibi digitus.
Wo es weh tut, legt man den Finger drauf.
Walther, Proverbia sententiaeque 32040

5745 Ubi enim est thesaurus tuus, ibi est et cor tuum.
Denn wo euer Schatz ist, da ist auch euer Herz.
Vulgata, Evangelium secundum Matthaeum 6,21

Ubi enim sunt duo vel tres congregati in 5746
nomine meo, ibi sum in medio eorum.
Denn wo zwei oder drei versammelt sind in meinem Namen, da bin ich mitten unter ihnen.
Vulgata, Evangelium secundum Matthaeum 18,20

Ubi est, mors, victoria tua? Ubi est, 5747
mors, stimulus tuus?
Tod, wo ist dein Stachel, Hölle, wo ist dein Sieg?
Vulgata, Epistula ad Corinthios 1.15,55

Ubi intenderis ingenium, valet; si 5748
lubido possidet, ea dominatur, animus nihil valet.
Wenn man seinen Geist anspannt, ist er leistungsfähig; wird er von der Lust beherrscht vermag er nichts.
Sallust, De coniuratione Catilinae 51,3

Ubi ipse metuas, consultores praevenis. 5749
Wenn du selbst Zweifel hast, kommst du deinen Ratgebern zuvor.
Caecilius Balbus, Sententiae (F) 187

Ubi lex, ibi poena. 5750
Wo ein Gesetz, da gibt es auch Strafe.
Cicero, In Verrem 2.1,124

Ubi libertas, ibi patria. 5751
Wo Freiheit ist, ist das Vaterland.
Walther, Proverbia sententiaeque 32053a

5752 Ubi malos praemia sequuntur, haud facile quisquam gratuito bonus est.
Wenn den Schlechten Belohnungen zuteil werden, ist kaum noch jemand uneigennützig gut.
Sallust, Historiae, Oratio Philippi 9

5753 Ubi maxime gaudebis, metues maxime.
Wo man sich am meisten freut, wird man am meisten fürchten.
Publilius Syrus, Sententiae A152

5754 Ubi multa consilia, ibi sunt multa falsa.
Wo viele Ratschläge sind, da sind viele falsch.
Cyrillus, Speculum sapientiae 1.10

5755 Ubi sis cum tuis et bene sis, patriam non desideres.
Wenn die Deinen um dich sind, fehlt dir die Heimat nicht.
Publilius Syrus, Sententiae 635

5756 Ubi societas, ibi ius.
Wo Gemeinschaft ist, da gibt es Recht.
Cicero, De legibus 1.42

5757 Ubi sum, ibi non sum; ubi non sum, ibi est animus.
Wo ich bin, da bin ich nicht; wo ich nicht bin, da ist mein Geist.
Plautus, Cistellaria 211–212

Ubi timor, ibi et pudor. 5758
Wo Furcht herrscht, herrscht auch Scham.
Erasmus, Adagia 164 (nach Diogenianos)

Ubi turpis est medicina, sanari piget. 5759
Wenn die Medizin abscheulich ist, ekelt man sich vor der Heilung.
Seneca, Oedipus 517

Ubi uber, ibi tuber. 5760
Wo viel Busen ist, da schwillt er auch.
Apuleius, Florida 4,18

Ubicumque ars ostentatur, veritas abesse 5761
videtur.
Überall, wo Kunst zur Schau gestellt wird, scheint die Wahrheit zu fehlen.
Quintilian, Institutio oratoria 9.3,102

Ubicumque dulce est, ibi et acidum 5762
invenies.
Wo immer Süßes ist, findet sich auch Bitteres.
Petron, Satyricon 56,6

Ubicumque est intellectus, est liberum 5763
arbitrium.
Überall, wo es Erkenntnis gibt, da gibt es auch freien Willen.
Thomas von Aquin, Summa theologiae 1.59,3

ulteriora mirari, praesentia sequi 5764
das Vergangene bewundern, der Gegenwart folgen
Tacitus, Historiae 4.8,2

5765 Ultima forsan.
Vielleicht ist es deine letzte.
Inschrift auf Uhren

5766 Ultima latet.
Die letzte ist verborgen.
Inschrift auf Uhren

5767 Ultima necat.
Die letzte tötet dich.
Inschrift auf Uhren

5768 Ultima semper / expectanda dies homini, dicique beatus / ante obitum nemo supremaque funera debet.
Der Mensch muss immer den letzten Tag erwarten, und vor seinem Heimgang und letzten Geleit darf keiner glücklich genannt werden.
Ovid, Metamorphoses 3.135–137

5769 Ultimam time.
Fürchte die Letzte.
Inschrift auf Sonnenuhren

5770 Ultimum malorum est e vivorum numero exire, antequam moriaris.
Das größte aller Übel ist, schon vor seinem Tod die Zahl der Lebenden zu verringern.
Seneca, De tranquillitate animi 5,5

5771 Ultio doloris confessio est.
Rache ist Bekenntnis des Schmerzes.
Seneca, De ira 3.5,8

ululas Athenas portare 5772
Eulen nach Athen tragen
Cicero, Ad familiares 6. 3,4

Umbram suam metuit. 5773
Er fürchtet seinen Schatten.
Q. Cicero, Commentariolum petitionis 9

Una dies aperit, conficit una dies. 5774
Ein Tag öffnet, ein Tag beendet das Leben.
Ausonius, Edyllion 14,40

Una est catena, quae nos alligatos tenet, 5775
amor vitae.
Eine einzige Kette hält uns gefesselt, die Liebe zum Leben.
Seneca, Epistulae morales 26,10

Una hirundo non facit ver. 5776
Eine Schwalbe macht noch keinen Sommer.
Erasmus, Adagia 694 (nach Zenobios)

una voce 5777
eine Stimme

Unicuique dedit vitium natura creato. 5778
Jedem Wesen gab die Natur einen Mangel.
Properz, Elegiae 2.22,17

Unicuique virtuti finitimum vitium 5779
reperietur.
Zu jeder Tugend findet sich ein Laster.
Cicero, De inventione 2.165

5780 unio mystica
geheimnisvolle, mystische Vereinigung

5781 Unum bonum est, quod beatae vitae causa et firmamentum est, sibi fidere.
Ein einziges Gut ist Ursache und Gewähr für ein glückliches Lebens: Selbstvertrauen.
Seneca, Epistulae morales 31,3

5782 Unum cum noris, omnes noris.
Wenn du einen kennst, kennst du alle.
Terenz, Phormio 265

5783 Unum habet assidua infelicitas bonum, quod, quos semper vexat, novissime indurat.
Ein Gutes hat dauerndes Unglück, dass es die, die es ständig quält, zuletzt hart macht.
Seneca, Ad Helviam matrem de consolatione 2,3

5784 Unumquodque resolvitur in id, ex quo componitur.
Alles löst sich auf in das, woraus es zusammengesetzt ist.
Auctoritates, Aristoteles, Physica 106

5785 Unumquodque tunc dicitur perfectum, cum attingit virtutem eius propriam.
Alles kann dann als vollendet gelten, wenn es seine ihm gemäße Form erreicht.
Auctoritates, Aristoteles, Physica 187

Unus autem dies gradus vitae est. 5786
Jeder Tag ist eine Stufe im Leben.
Seneca, Epistulae morales 12,6

Unus dies poenam affert, quam multi citant. 5787
Ein einziger Tag bringt die Strafe, die viele fordern.
Publilius Syrus, Sententiae 632

unus multorum 5788
einer von vielen

unus pro omnibus 5789
einer für alle

Unusquisque sua noverit ire via. 5790
Jeder lerne seinen Weg zu gehen.
Properz, Elegiae 2.25,38

urbi et orbi 5791
die Stadt und die Welt
Cicero, In Catilinam 1,9

Urget diem nox et dies noctem. 5792
Die Nacht schließt sich dem Tag an und der Tag der Nacht.
Horaz, Iambi 17,25

Urimur et caecum pectora vulnus habent. 5793
Ich brenne, und mein Herz hat eine unsichtbare Wunde.
Ovid, Heroides 4,20

5794 usque ad finem
bis zum Ende

5795 Usu crescit amor omnis, decrescit abusu, / omnis et impastus attenuatur amor.
Jede Liebe wächst, wenn man sie gebraucht, schwindet, wenn man sie missbraucht; auch jede nicht erwiderte Liebe nimmt ab.
Walther, Proverbia sententiaeque 32291

5796 Usus legum corrector.
Gesetze werden durch Gebrauch verbessert.
Livius, Ab urbe condita 45.32,7

5797 Usus magister est optimus.
Übung ist der beste Lehrmeister.
Cicero, De oratore 1.15

5798 Usus me genuit, mater peperit Memoria: / Sophiam vocant me Graii, vos Sapientiam.
Erfahrung hat mich gezeugt, Erinnerung zur Welt gebracht, Weisheit nennen mich die Griechen, Klugheit ihr.
Afranius bei Gellius, Noctes Atticae 13.8,3

5799 Usus meditando varias extudit artes.
Die Erfahrung entwickelt durch Gebrauch die verschiedenen Künste.
Vergil, Georgica 1.133

5800 Usus tyrannus.
Die Gewohnheit ist ein Tyrann.
nach Herodotos, Historiae 3. 38

Usus unus est legum corrector. 5801
Der Gebrauch ist das Einzige, was Gesetze verbessert.
Livius, Ab urbe condita 45.32,7

Ut ager quamvis fertilis sine cultura 5802
fructuosus esse non potest, sic sine doctrina animus.
Wie ein Acker, mag er auch fruchtbar sein, ohne Pflege keine Früchte tragen kann, so der Geist ohne Bildung.
Cicero, Tusculanae disputationes 2.13

ut aliquid fecisse videamur 5803
damit es scheint, als hätten wir etwas getan
Lactantius, Divinae institutiones 7.4,4

Ut aliquid fiat. 5804
Damit etwas geschieht.

Ut ameris, ama. 5805
Liebe, um geliebt zu werden.
Matial, Epigrammata 6.11,10

ut autem a facillimis ordiamur 5806
um mit dem Einfachsten zu beginnen
Cicero, De finibus bonorum et malorum 1.13

Ut cavere decet, timere non decet, sic 5807
gaudere decet, laetari non decet.
Wie man vorsichtig, aber nicht furchtsam sein soll, so soll man sich freuen, aber nicht ausgelassen sein.
Cicero, Tusculanae disputationes 4.66

5808 Ut desint vires, tamen est laudanda voluntas.

Mögen auch die Kräfte fehlen, ist doch der gute Wille zu loben.

Ovid, Epistulae ex Ponto 3.4,79

5809 ut dictum

wie gesagt

5810 Ut dominam teneas nec te mirere relictum, / ingenii dotes corporis adde bonis.

Verbinde geistige Gaben mit deinen körperlichen Vorzügen, damit du deine Geliebte hältst und dich nicht wundern musst, wenn sie dich verlässt.

Ovid, Ars amatoria 2.111–112

5811 Ut enim causa, quid sit effectum, indicat, sic quod effectum est, quae fuerit causa, demonstrat.

Wie die Ursache anzeigt, was die Wirkung ist, so zeigt die Wirkung, was die Ursache war.

Cicero, Topica 67

5812 Ut enim hominis decus ingenium, sic ingenii ipsius lumen est eloquentia.

Wie der Geist das ist, was den Menschen auszeichnet, so ist die Beredsamkeit das, was eben dem Geist Glanz verleiht.

Cicero, Brutus 59

Ut enim quisque sordidissimus 5813
videbitur, ita libentissime severitate iudicandi sordes suas eluet.

Je schmutziger einer erscheint, desto eher wird er sich durch Härte seines Urteils rein waschen wollen.

Cicero, Orationes Philippicae 1,20

Ut enim terrae variis mutatisque 5814
seminibus, ita ingenia nostra nunc hac nunc illa meditatione recoluntur.

Wie Böden durch die Abwechslung mit verschiedenen Aussaaten wieder zu Kräften kommen, so auch unser Geist, indem er sich bald hierin, bald in etwas anderem bildet.

Plinius, Epistulae 7.9,7

Ut ex studiis gaudium, sic studia 5815
hilaritate proveniunt.

Wie durch Studien ein Glücksgefühl entsteht, so entstehen aus diesem Frohsinn Studien.

Plinius, Epistulae 8.19,2

Ut fragilis glacies interit ira mora. 5816

Wie zerbrechliches Eis vergeht der Zorn mit der Zeit.

Ovid, Ars amatoria 1.374

Ut fructus florem, sequitur dulcedo 5817
laborem.

Wie die Frucht der Blüte, so folgt die Süße der Arbeit.

Walther, Proverbia sententiaeque 32404

5818 Ut hora, sic dies nostri super terram.
Wie die Stunde, so fliehen unsere Erdentage dahin.
Inschrift auf Sonnenuhren

5819 Ut illum di perdant, primus qui horas repperit!
Die Götter sollen den vernichten, der die Stunden erfunden hat!
Aquilius bei Gellius, Noctes Atticae 3.3,5

5820 Ut in corporibus, sic in imperio gravissimus est morbus, qui a capite diffunditur.
Wie beim Körper, so ist auch beim Staat die Krankheit am schlimmsten, die sich vom Kopf aus verbreitet.
Plinius, Epistulae 4.22,7

5821 Ut in vita, sich in studiis pulcherrimum et humanissimum existimo severitatem comitatemque miscere, ne illa in tristitiam, haec in petulantiam excedat.
Wie im Leben, so halte ich es auch bei den Studien für das Schönste und Menschlichste, Ernst mit Frohsinn zu mischen, damit jener nicht in Unmut, dieser nicht in Übermut ausartet.
Plinius, Epistulae 8.21,1

5822 Ut moderata quies prodest viresque ministrat, / sic hebetat corpus nimia ingeniumque retundit.
Wie maßvolle Ruhe nützlich ist und Kräfte bildet, so schwächt übermäßige den Körper und lässt den Geist verkommen.
Muretus, Institutio puerilis 29–30

Ut mors, sic somnus miseros felicibus 5823
aequat.
Wie der Tod macht auch der Schlaf die Unglücklichen den Glücklichen gleich.
Palingenius, Zodiacus vitae 3.654

Ut quimus, quando, ut volumus, non 5824
licet.
Wir handeln, wie wir können, wenn nicht erlaubt ist zu handeln, wie wir wollen.
Terenz, Andria 805

Ut quisque contemptissimus et ludibrio 5825
est, ita solutissimae linguae est.
Je verächtlicher und lächerlicher einer ist, umso loser ist sein Mundwerk.
Seneca, De constantia sapientis 11,3

Ut saepe summa ingenia in occulto 5826
latent!
Wie oft doch höchste Begabung im Verborgenen bleibt!
Plautus, Captivi 165

Ut te videam, aliquid et loquere. 5827
Sprich, damit ich dich sehe.
Sokrates bei Apuleius, Florida 2

Ut valeas, multa dolenda feres. 5828
Um zu genesen, musst du viele Schmerzen ertragen.
Ovid, Remedia amoris 226

5829 Utendum est aetate: cito pede labitur aetas.
Man muss die Zeit nutzen; mit schnellem Fuß eilt die Zeit dahin.
Ovid, Ars amatoria 3.65

5830 Utrumque enim vitium est, et omnibus credere et nulli.
Beides ist falsch, allen zu glauben und keinem.
Seneca, Epistulae morales 3,4

V

5831 Vade in pace.
Geh hin in Frieden.
Vulgata, Evangelium secundum Marcum 5,34

5832 Vade mecum.
Geh mit mir.
Rabelais, Gargantua 2,28

5833 Vae soli!
Weh dem, der allein ist.
Vulgata, Liber Ecclesiastes 4,10

5834 Vae victis!
Wehe den Besiegten!
Livius, Ab urbe condita 5. 48,9

5835 Vanaque sollicitis incutit umbra metum.
Ängstlichen flößt schon der Schatten Furcht ein.
Ovid, Epistulae ex Ponto 2.7,14

Vanescitque absens et novus intrat amor. 5836
Die Liebe zum Abwesenden verflüchtigt sich, und eine neue Liebe beginnt.
Ovid, Ars amatoria 2.358

varia 5837
Verschiedenes

velim nolim 5838
ob ich will oder nicht

Velle non discitur. 5839
Wollen lässt sich nicht lernen.
Seneca, Epistulae morales 81,13

Velle parum est; cupias, ut re potiaris, oportet. 5840
Zu wollen ist zu wenig: Du musst dich der Sache zu bemächtigen suchen.
Ovid, Epistulae ex Ponto 3.1,35

Veni, vidi, vici. 5841
Ich kam, sah und siegte.
Sueton, De vita Caesarum, Caesar 37,2

Veniam pro laude peto. 5842
Statt Lob bitte ich um Nachsicht.
Ovid, Tristia 1.7,31

Venimus ad summum fortunae. 5843
Wir haben den Gipfel des Glücks erreicht.
Horaz, Epistulae 2.1,32

5844 Venit amor gravius quo serius.
Je später die Liebe kommt, umso heftiger brennt sie.
Ovid, Heroides 4,19

5845 Venit dies magnus irae.
Gekommen ist der große Tag des Zorns.
Vulgata, Apocalypsis Ioannis 6,17

5846 Venit post multos una serena dies!
Nach langer Zeit kam endlich ein heiterer Tag.
Tibull (Lygdamus), Elegiae 3.6,32

5847 Vera quidem moneo, sed prosunt quid mihi vera?
Meine Warnungen sind wahr, aber was hilft mir die Wahrheit?
Tibull, Elegiae 2.4,51

5848 Vera redit facies, assimulata perit.
Das wahre Gesicht zeigt sich, wenn die Maske fällt.
Petron, Satyricon 80,9

5849 Vera voluptas erit voluptatum contemptio.
Wahre Lust wird erst die Verachtung der Lust bringen.
Seneca, De vita beata 4,2

5850 Verae amicitiae sempiternae sunt.
Wahre Freundschaften sind von Dauer.
Cicero, Laelius de amicitia 32

Verba dat omnis amor. 5851
Jede Liebe gibt schöne Worte.
Ovid, Remedia amoris 95

Verba docent, exempla trahunt. 5852
Worte belehren, Beispiele reißen mit.
Seneca, Epistulae morales 6,5

verba in ventos dare 5853
in den Wind reden
Ovid, Amores 1. 6,42

Veritas filia temporis. 5854
Die Wahrheit ist die Tochter der Zeit.
Gellius, Noctes Atticae 12.11,7

Veritas in omnem partem sui eadem est. 5855
Die Wahrheit ist in jedem ihrer Teile immer dieselbe.
Seneca, Epistulae morales 79,18

Veritatis enim absolutio semper est simplex. 5856
Die vollkommene Wahrheit ist immer einfach.
Ammianus Marcellinus, Res gestae 14.10,13

Veritatis simplex oratio est. 5857
Die Sprache der Wahrheit ist einfach.
Euripides bei Seneca, Epistulae morales 49,12

Verte omnis tete in facies! 5858
Verwandle dich in jede Gestalt!
Vergil, Aeneis 12.891

5859 Verte subito!
Rasch wenden!

5860 Verum est, quod pro salute fit mendacium.
Zur Wahrheit wird, wenn es ums Leben geht, die Lüge.
Publilius Syrus, Sententiae 636

5861 Verum gaudium res severa est.
Wahre Freude ist eine ernste Sache.
Seneca, Epistulae morales 23,4

5862 Verum nescimus sine causa.
Die Wahrheit kennen wir nur, wenn wir die Ursache erkennen.
Auctoritates, Aristoteles, Metaphysica 40

5863 Vetera quae nunc sunt, fuerunt olim nova.
Was jetzt alt ist, war auch einmal neu.
Quintilian, Institutio oratoria 8.3,34

5864 Veto.
Ich verbiete.

5865 vexata quaestio
eine lästige Frage

5866 Vi et virtute.
Mit Kraft und Tapferkeit.

5867 Via eunti aliquid extremum est.
Wer unterwegs ist, hat ein Ziel.
Seneca, Epistulae morales 16,9

Via hostibus, qua fugiant, munienda. 5868
Den Feinden soll man einen Fluchtweg bahnen.
Vegetius, Epitoma rei militaris 3.21,3

via media 5869
Mittelweg

Viam qui nescit, qua deveniat ad mare, / eum oportet amnem quaerere comitem sibi. 5870
Wer den Weg nicht kennt, der ihn zum Meer führt, muss sich einen Fluss als Begleiter suchen.
Plautus, Poenulus 627–628

Viator, viator: Quod tu es, ego fui; quod nunc sum, et tu eris. 5871
Wanderer, Wanderer: Was du bist, war ich einst; was ich jetzt bin, wirst du einst sein.
Corpus Inscriptionum Latinarum XI 6243

vice versa 5872
wechselweise

Vicina sunt vitia virtutibus. 5873
Die Laster liegen nahe bei den Tugenden.
Hieronymus, Dialogus contra Luciferianos 15

Victi vicimus. 5874
Besiegt, haben wir gesiegt.
Plautus, Casina 510

5875 Vide, non tantum an verum sit, quod dicis, sed an ille, cui dicitur, veri patiens sit.
Achte nicht nur darauf, ob, was du sagst, wahr ist, sondern ob der, dem du die Wahrheit sagst, sie auch ertragen kann.
Seneca, De ira 3.36,4

5876 Videmus nunc per speculum in aenigmate; tunc autem facie ad faciem.
Wir sehen jetzt durch einen Spiegel in einem dunklen Wort; dann aber von Angesicht zu Angesicht.
Vulgata, Epistula ad Corinthios 1.13,12

5877 Videndum est non modo, quid quisque loquatur, sed etiam quid quisque sentiat atque etiam de qua causa quisque sentiat.
Man muss nicht nur darauf achten, was einer sagt, sondern auch was einer denkt und sogar warum er so denkt.
Cicero, De officiis 1.147

5878 Videntes non vident.
Mit sehenden Augen sehen sie nicht.
Vulgata, Evangelium secundum Matthaeum 13,13

5879 Video meliora proboque, / deteriora sequor.
Ich erkenne das Bessere und heiße es gut, aber dem Schlechteren folge ich.
Ovid, Metamorphoses 7.20–21

Vigilate ergo, quia nescitis, qua hora 5880
Dominus vester venturus sit.
Darum wacht, denn ihr wisst nicht, zu welcher Stunde euer Herr kommen wird.
Vulgata, Evangelium secundum Matthaeum 24,42

Vim suscitat ira. 5881
Der Zorn weckt Kräfte.
Vergil, Aeneis 5.454

Vina parant animos faciuntque caloribus 5882
aptos: / cura fugit multo diluiturque mero.
Der Wein weckt die Lebensgeister und bringt sie in Wallung: Die Sorgen fliehen und lösen sich auf mit viel Wein.
Ovid, Ars amatoria 1.237–238

Vina parant animum Veneri, nisi 5883
plurima sumas.
Wein macht zur Liebe bereit, wenn man ihn nicht zuviel trinkt.
Ovid, Remedia amoris 805

Vina quies sequitur. 5884
Dem Wein folgt die Ruhe.
Ovid, Fasti 3.305

Vince mero curas et, quicquid forte 5885
remordet, / comprime deque animo nubila pelle tuo.
Besiege die Sorgen mit Wein und verdräng, was dich etwa quält, und vertreib die Wolken aus deinem Herzen.
Anthologia Latina 1.449,1–2

5886 Vincere scis, Hannibal, victoria uti nescis.
Zu siegen verstehst du, Hannibal, den Sieg zu nutzen verstehst du nicht.
Livius, Ab urbe condita 22.51,4

5887 Vincere vult animos, non satiare Venus.
Die Sinne überwältigen, nicht befriedigen will Venus.
Ausonius, Epigrammata 56,2

5888 Vincit omnia veritas.
Die Wahrheit siegt über alles.
Vergil, Georgica 1. 145 bzw. Bucolica 10,69

5889 vinculum matrimonii
das Band der Ehe

5890 Vino aluntur vires, sanguis colusque hominum.
Der Wein belebt die Kraft, das Blut und die Lebensdauer der Menschen.
Plinius maior, Naturalis historia 23.37

5891 Vino diffugiunt mordaces sollicitudines.
Beim Wein fliehen die nagenden Sorgen dahin.
Horaz, Carmina 1.18,4

5892 Vinum animi speculum.
Der Wein ist der Spiegel der Seele.
Walther, Proverbia sententiaeque 33462b

Vinum laetificat cor hominis. 5893
Der Wein erfreue des Menschen Herz.
Vulgata, Psalm 104,15

Vinum novum, amicus novus. 5894
Ein neuer Wein ist wie ein neuer Freund.
Vulgata, Liber Ecclesiasticus 9,15

Virtus ipsa pretium sui. 5895
Die Tugend trägt ihren Lohn in sich.
Seneca, De vita beata 9,4

Vis experiri amicum? Calamitosus fias. 5896
Willst du einen Freund erproben? Werde unglücklich!
Sententiae Varronis 21

Vis tu nosse hominem, qualis sit, perspice amicos. 5897
Willst du wissen, wie jemand ist, lern seine Freunde kennen.
Palingenius, Zodiacus vitae 10.92

vita activa 5898
tätiges Leben

Vita brevis, ars longa. 5899
Das Leben ist kurz, die Kunst ist lang.
Seneca, De brevitate vitae 1,1
(nach Hippokrates)

vita contemplativa 5900
besinnliches Leben

5901 Vita enim mortuorum in memoria est posita vivorum.
Das Leben der Verstorbenen ist aufgehoben in der Erinnerung der Lebenden.
Cicero, Orationes Philippicae 9,10

5902 Vita hominum altos recessus magnasque latebras habet.
Das menschliche Leben hat tiefe Abgründe und geräumige Schlupfwinkel.
Plinius, Epistulae 3.3,6

5903 Vita somnium breve.
Das Leben ist nur ein kurzer Traum.
nach Calderon (1600–1681)

5904 Vitam in peregrinatione exigentibus hoc evenit, ut multa hospitia habeant, nullas amicitias.
Wer sein Leben auf Reisen verbringt, erlebt, dass er viele Gastfreunde hat, aber keine wirklichen Freunde.
Seneca, Epistulae morales 2,2

5905 Vitam nobiscum dividit somnus.
Der Schlaf teilt das Leben mit uns.
Seneca, Epistulae morales 117,32

5906 Vitam regit fortuna, non sapientia.
Nicht die Weisheit, das Glück regiert unser Leben.
Theophrast bei Cicero, Tusculanae disputationes 5.25

Vitemus oculos hominum, si linguas minus facile possimus. 5907
Wir wollen die Augen der Menschen meiden, wenn wir schon ihren Zungen nicht leicht entkommen können.
Cicero, Ad familiares 9.2,2

Vitia sua confiteri sanitatis indicium est. 5908
Seine Fehler zu bekennen ist ein Anzeichen der Besserung.
Seneca, Epistulae morales 53,8

viva voce 5909
mit lebendiger Stimme

Vivere est cogitare. 5910
Leben heißt erkennen.
Cicero, Tusculanae disputationes 5.111

Vivere tota vita discendum est et, quod magis fortasse miraberis, tota vita discendum est mori. 5911
Zu leben muss man das ganze Leben lernen und – worüber du dich vielleicht wunderst – das ganze Leben muss man lernen zu sterben.
Seneca, De brevitate vitae 7,3

Vivere vis: scis enim? 5912
Leben willst du? Verstehst du das denn?
Seneca, Epistulae morales 77,17

Vivorum meminerimus. 5913
Denken wir an die Lebenden.
Petron, Satyricon 43,1

5914 Vivos voco, mortuos plango, fulgura frango.
Ich rufe die Lebenden, ich beklage die Toten, ich breche die Blitze.
Inschrift auf einer Glocke im Münster von Schaffhausen, Motto zu Schillers »Glocke«

5915 Vix quemquam invenies, qui possit aperto ostio vivere.
Du wirst kaum einen finden, der bei offener Tür leben könnte.
Seneca, Epistulae morales 43,4

5916 Volat hora sine mora.
Die Stunde enteilt ohne Verweilen.
Inschrift auf Uhren

5917 volatilis aetas
die flüchtige Zeit

5918 Volo et mente tota volo.
Ich will, und ich will mit ganzem Sinn.
Seneca, Epistulae morales 71,36

Voluptas e difficili data dulcissima est. 5919
Am süßesten ist die Lust, wenn sie schwer erreicht wurde.
Publilius Syrus, Sententiae 630

Voluptates commendat rarior usus. 5920
Seltener Genuss steigert das Vergnügen.
Juvenal, Saturae 11,208

Voluptati soror est tristities. 5921
Die Traurigkeit ist die Schwester der Lust.
Walther, Proverbia sententiaeque 34142c

Votis suis amor plerumque praecurrit. 5922
Die Liebe eilt meist ihren Wünschen voraus.
Plinius, Epistulae 4.15,11

Vultus loquitur, / quodcumque tegis. 5923
Dein Gesicht verrät alles, was du verheimlichst.
Seneca, Hercules Oetaeus 705–706

Literatur

Bayer, Karl: Expressis verbis. Lateinische Zitate für alle Lebenslagen, Düsseldorf 1996.
Bayer, Karl: Nota bene! Das lateinische Zitatenlexikon, Düsseldorf 2003.
Bury, Ernst: In medias res. Lexikon lateinischer Zitate und Wendungen, Berlin 2004.
Kasper, Muriel: Lateinisches Zitaten-Lexikon, Stuttgart 2000.
Kudla, Hubertus: Lexikon der lateinischen Zitate, München 2001.

Stichwortregister

A

B

C

D

E

H

M

N

O

P

R

S

T

U

V

W